泰安检察技术研究所智慧检察系列丛书

民事如天

MIN SHI RU TIAN

——新时代——
民事司法制度完善
与效能转化

滕艳军　宋宝娟　于　潇 / 著

中国检察出版社

图书在版编目（CIP）数据

民事如天：新时代民事司法制度完善与效能转化 / 滕艳军，宋宝娟，于潇著. — 北京：中国检察出版社，2020.7
ISBN 978-7-5102-2453-9

Ⅰ.①民… Ⅱ.①滕… ②宋… ③于… Ⅲ.①民事诉讼—司法制度—研究—中国 Ⅳ.① D925.104

中国版本图书馆 CIP 数据核字（2020）第 107867 号

民事如天：新时代民事司法制度完善与效能转化
滕艳军　宋宝娟　于　潇　著

出版发行：	中国检察出版社
社　　址：	北京市石景山区香山南路 109 号（100144）
网　　址：	中国检察出版社（www.zgjccbs.com）
编辑电话：	（010）86423704
发行电话：	（010）86423726　86423727　86423728
	（010）86423730　68650016
经　　销：	新华书店
印　　刷：	北京玺诚印务有限公司
开　　本：	710mm×960mm　16 开
印　　张：	24.5
字　　数：	384 千字
版　　次：	2020 年 7 月第一版　2020 年 7 月第一次印刷
书　　号：	ISBN 978-7-5102-2453-9
定　　价：	80.00 元

检察版图书，版权所有，侵权必究
如遇图书印装质量问题本社负责调换

序 言

民生无小事，民事大如天！

习近平总书记指出："我们要依法保障全体公民享有广泛的权利，保障公民的人身权、财产权、基本政治权利等各项权利不受侵犯，保证公民的经济、文化、社会等各方面权利得到落实，努力维护最广大人民根本利益，保障人民群众对美好生活的向往和追求。我们要依法公正对待人民群众的诉求，努力让人民群众在每一个司法案件中都能感受到公平正义，决不能让不公正的审判伤害人民群众感情、损害人民群众权益。"

民事案件事关人民群众切身利益，案件量大、涉及面广。据最高人民法院工作报告显示，2013年至2017年，最高人民法院受理案件82383件，审结79692件；地方各级人民法院受理案件8896.7万件，审结、执结8598.4万件。其中，各级法院审结一审民事案件3139.7万件，审结一审商事案件1643.8万件，受理执行案件2224.6万件、执结2100万件。2018年，最高人民法院受理案件34794件，审结31883件；地方各级人民法院受理案件2800万件，审结、执结2516.8万件。据最高人民检察院工作报告显示，2013年1月至2018年9月，各级检察机关共受理民事申诉信访74.5万件次，办结各类民事申请监督案件57.9万件，其中通过抗诉、检察建议等方式提出监督意见27.1万件；2018年，提出民事抗诉3933件，同比上升25.1%；提出再审检察建议4087件，同比上升32.1%；严惩虚假诉讼，监督纠正 1484 件，同比上升 48.4%；监督、支持法院依法执行，提出检察建议 23814 件，同比上升 12.7%。①正如张军检察长所强调的，中国特色社会主义进入新时代，我国社会主要矛盾转化，人民群众对民主、法治、公平、正义、安全、环境等方面的更高需求，不仅体现在刑事案件中，而且更多体现在民事案件里。

新时代民事司法，要求我们在司法实践中坚持"以人民为中心"的司法理念，尊重当事人的诉讼主体地位，对当事人负责，受当事人监督，让当事人信赖。司法者应当将人道精神和人文关怀贯穿于审判与监督全过程，使当事人在一个公正文明的空间里受到体面和有尊严的对待，让在矛盾冲突中受到伤害的当事人感受司法过程的温暖。司法工作的专业化、中立性等要求，并不排除司法的人文关怀。司法者要带着对当事人的深厚感情处理每一起案件，真心实意为当事人排忧解难，让当事人从内心信仰法律、信任法院和检察院，信从裁判和监督。我们要坚守司法的人民性，"本着良知和正义适用法律，拉近司法与人民群众之间的距离""要让当事人感受到一种法律的觉悟，让社会流传一种法律的文化，最终形成一种法律的生活方式"。

新时代民事司法，要求我们在司法实践中准确定位并充分发挥司法的各项功能，完善各项司法制度，以更好地促进法律实施，彰显法律精神。我们要充分发挥好司法的权利救济功能，全面保障宪法和法律规定的各项权利，重点解决好群众关心关注的现实权益；要充分发挥好司法的公权制约功能，加强对行政权力运行的规范、监督和制约，维护社会主义法治的重要价值取向；要充分发挥好司法的纠纷终结功能，不断提高化解纠纷、服判息诉的能力，实现案

---

① 此处及本书所引相关数据均系根据各级人民法院、人民检察院工作报告、专项报告、新闻发布会及相关理论研究文章综合整理得出，仅反映事务发展变化的趋势。本文所引案例，文中当事人的姓名、名称均为化名。

结事了人和的诉讼目标；要不断完善公正、高效、权威的司法制度，以制度为保障，不断提升司法公信力。公正是权威的获得途径，高效是公正的具体表现，权威是维护公正的基本条件。只有公正、高效、权威三者合一的司法制度，才能促使法院的审判活动和检察院的监督活动得到社会公众的广泛尊崇和客观评判，裁判结果得到当事人的习惯认同和自觉执行。党的十九届四中全会指出，要坚持和完善中国特色社会主义制度，推进国家治理体系和治理能力现代化，把我国制度优势更好地转化为国家治理效能。民事司法制度同样要经过司法者的践行，转化为司法治理效能，以良法善治保障社会稳定和进步。

新时代民事司法，要求我们在司法实践中着力培育民众法律信仰。美国当代著名法学家伯尔曼有句名言："法律必须被信仰，否则将形同虚设。"法律的力量，来自司法的善良和公正，来自权力的谦抑和自律，来自由此生成的社会理性和法律信仰。对法律的信仰，是法治国家的题中应有之义，也是和谐社会的重要基石。信仰和法律就像是一条河的两岸，任何一边坍塌，河水都会泛滥。现实中，一些群体性事件的发生，一些非理性方式的表达，凸显了部分民众法律信仰的缺失。"信法不如信访，信访不如信网""大闹大解决，小闹小解决，不闹不解决"，甚至滥用私刑成为一些人解决问题的最后选择，这值得我们深思。当事人通过司法途径解决经济纠纷，是基于对法院的信任、对法律的信仰。如果社会公平正义的"最后防线"就此失守，人们对法律的信仰无所附着，那会带来怎样的危害？本可在法律框架下化解的矛盾纠纷，会因渠道不畅，救济不力，被耽搁、被累积、被激化，最终成为社会不和谐的根源。法律信仰的生成，司法者责无旁贷。对于全体民众而言，建立起法律的信仰，仍任重道远；对于司法者而言，促使民众建立起法律的信仰，路在脚下。

是为序。

目 录

序 言 ……………………………………………………………… 1

民事检察篇

民事检察工作回顾、总结与展望 ………………………………… 3
民事诉讼精准监督的实现路径与制度保障 ……………………… 13
民事行政诉讼监督提质增效的路径探析 ………………………… 22
民事裁判结果监督标准实证研究
——以最高人民检察院近年办理的 200 余件民事案件为研究对象 …… 36
民事裁判结果监督案件受理标准实证研究 ……………………… 65
民事行政审判违法行为监督实证研究 …………………………… 73
民事裁判结果类案监督实证研究 ………………………………… 86
民事检察听证制度实证研究 ……………………………………… 97
民事调解检察监督存在的主要问题与优化路径
——以重庆市 10 个基层检察院开展情况为例 ………………… 107
民事虚假诉讼检察监督实证研究 ………………………………… 119
疫情防控背景下民事检察制度的效能转化 ……………………… 137
民法典与民事检察的内在契合与协调共进 ……………………… 146

民事诉讼篇

无救济即无权利：司法信息公开的救济机制探析……………………151

借贷行为与投资行为的区分标准
　　——名为借款但参与公司经营管理的应认定为投资 …………159

基于职、绩、责的考量：合议庭绩效考评制度的科学构建…………165

法治思维的内涵解读与司法践行路径探析
　　——以人民法院工作为视角 …………………………………178

破解鉴定人出庭难困局
　　——我国民事诉讼中鉴定人出庭作证制度的思考与构建 ……186

能动司法语境下法院诉前调解制度的思考与构建……………………200

我国法官选拔制度的改革与完善………………………………………213

公益诉讼篇

新时代检察机关提起公益诉讼制度的职能定位………………………227

检察机关生态环境保护监督机制的价值考量与制度设计……………231

论立体化生态检察监督模式的构建……………………………………245

制度设计：检察机关提起公益诉讼十二题……………………………249

"美丽中国"视域下检察机关提起公益诉讼制度的现状分析、问题检视
　　与进阶保障 ……………………………………………………260

检察机关一审败诉行政公益诉讼案件实证研究………………………271

司法文书篇

黄洁明案民事抗诉书……………………………………………291

郑桂林案民事抗诉书……………………………………………306

陈德心案民事抗诉书……………………………………………316

应贤喜案民事抗诉书……………………………………………326

李花荣案民事抗诉书……………………………………………333

唐秀华案民事抗诉书……………………………………………341

哈尔滨市不锈钢制品厂案民事抗诉书…………………………350

湖南湘龙超市有限公司案民事抗诉书…………………………357

深圳土畜产茶叶进出口有限公司案民事抗诉书………………363

民事检察篇

民事检察工作回顾、总结与展望[*]

民事检察是中国特色社会主义检察制度的重要组成部分，是检察机关法律监督职责在民事诉讼领域的具体体现。自1988年以来，民事检察走出了一条从无到有、从小到大、稳步发展的道路，为服务大局、保障民生，促进司法公正，维护社会公平正义发挥了积极作用。但民事检察工作与宪法法律赋予的职责和新时代人民群众更高的期待相比，还存在不小差距。对于新时代民事检察工作如何创新发展，最高检党组旗帜鲜明地指出，刑事、民事、行政以及公益诉讼"四大检察"要全面协调充分发展，并在内设机构改革过程中将原民事行政检察厅分设为民事检察厅和行政检察厅，不断充实民事检察力量。2019年7月，郭声琨书记在政法领域全面深化改革推进会上再次强调，要推动"四大检察"全面协调充分发展，并推动加强对民事案件审判的检察监督制度机制建设。应当说，民事检察工作迎来了历史上最好的发展契机。当此时机，本文拟对民事检察工作的发展历程进行梳理，并为新时代如何做强民事检察工作建言献策。

一、回顾：民事检察工作的发展历程

从历史渊源看，新中国民事检察的历史可以追溯到新中国成立初期。1949年《中央人民政府最高人民检察署试行组织条例》、1951年《中央人民政府最高人民检察署暂行组织条例》、1954年《中华人民共和国人民检察院组织法》都对检察机关履行民事检察职责作了相应规定。后来由于检察机关在"文革"期间被撤销，民事检察随之中断。1978年检察机关恢复重建之初，没有组织开展民事检察工作。1979年颁布的《中华人民共和国人民检察院组织

---

* 本文刊载于《人民检察》2019年第23期，系《人民检察》"法治中国建设70年"征文。

法》也没有民事检察的相关内容。直到1982年《中华人民共和国民事诉讼法（试行）》颁布，检察机关民事审判监督职能首次被法律明确。但由于种种原因，民事检察工作一直没有普遍开展。

（一）从无到有，民事检察工作在探索中起步（1988年至2000年）

1988年初，时任最高检检察长杨易辰在第八次全国检察工作会议和向全国人大所作的工作报告中均提出："检察机关要参与民事行政诉讼，以保障国家法律的统一实施。"当年4月，最高人民检察院成立民事、行政诉讼监督研究小组，6月，下发《关于开展民事、行政诉讼监督调查研究和试点工作的通知》，9月，正式成立民事行政检察厅。在最高检的部署下，一些地方检察院相继成立民事检察机构，探索尝试办理民事检察案件。因此，一般将1988年作为民事检察工作起步之年。

1991年，《中华人民共和国民事诉讼法》颁布，立法正式确立了民事检察制度，规定了检察机关有权通过抗诉对民事审判实行法律监督。1991年8月，新疆伊犁州检察院办理了全国首例民事抗诉案。1993年11月，最高检首次向最高人民法院提出民事抗诉。民事检察工作由此拉开帷幕。

1995年3月，在黑龙江佳木斯召开的"部分地区民事行政检察工作现场经验交流会"上，最高检确定了"敢抗、会抗、抗准"的办案原则，后又提出了"以办理抗诉案件为重心，抓好办案效率、办案质量和办案效果三个基本环节"的办案指导思想，明确了民事检察工作的办案方针和基本任务。1998年后，各地检察机关按照"公正执法，加强监督，依法办案，从严治检，服务大局"的检察工作方针，试行抗诉案件公开审查制度，推行主诉检察官办案责任制，办案数量大幅度增长。同时，在民事检察工作中注意发现和查处隐藏在裁判不公背后的司法人员徇私舞弊、枉法裁判问题，办理了一批有影响的案件。

1988年至2000年是民事检察工作试点探索、全面起步阶段，全国检察机关共受理民事申诉案件40万余件，立案审查17万余件，向人民法院提出抗诉近6万件。在此阶段，各级检察机关普遍建立了民事检察机构，一支有较好政治、业务素质的干部队伍初步形成。

（二）从小到大，民事检察工作在改革中不断发展完善（2001年至2010年）

2001年8月，最高检召开"全国检察机关第一次民事行政检察工作会议"，提出"维护司法公正，维护司法权威"的指导思想，确定了"两率提高、结构改变、业务规范、整体推进"的工作思路，初步构建起以《人民检察院民事行政抗诉案件办案规则》为代表的制度体系，也标志着检察机关对民事检察性质和规律的认识与把握更加全面、更加系统，以民事审判监督为核心的中国特色民事检察理论和制度初步定型，民事检察工作进入新的发展阶段。

一是各级检察机关以办案为中心，办案规模大幅提升。受理案件、提出抗诉案件数成倍增长，2001年，全国检察机关提出民事抗诉达到1.6万件，创造了民事检察抗诉数量的最高值。在加大办案力度的基础上，加强抗诉书说理，建立抗诉案件跟踪监督机制，切实提高抗诉案件质量，并对大量不立案、不抗诉案件开展服判息诉工作。总结办案经验，最高检制定了《人民检察院民事行政抗诉案件办案规则》《关于完善抗诉工作与职务犯罪侦查工作内部监督制约机制的规定》等规范性文件，严格办案程序，规范执法行为，增强法律监督的整体合力与实效。

二是积极落实中央司法改革方案，不断进行实践探索。根据中央要求，高检院承担了"完善检察机关对民事、行政诉讼实施法律监督的范围和程序""完善检察机关对民事执行工作实施法律监督的范围和程序"等司法改革任务，并取得阶段性成果。各级检察机关积极探索督促起诉、支持起诉、对民事执行和调解活动的监督、对非讼程序的监督等工作，创造并广泛适用再审检察建议开展对同级法院的监督。

三是加强理论研究，推动立法完善。高检院与学术界深入合作，承办中国法学会民事诉讼法学年会，邀请专家学者座谈，共同研究民事检察监督的意义、性质和地位等，使民事检察工作获得了更多理论认同。全国检察机关积极参与2007年对民事诉讼法的修改工作，提出的细化抗诉事由、明确再审期限、明确"上级抗上级审"的原则等方案被立法采纳。

2001年至2010年是民事检察工作制度定型、蓬勃发展的阶段，民事检察在检察制度体系中的地位作用全面提升，各项办案机制逐步健全，呈现出生效裁判监督、息诉、执行活动监督、督促起诉、支持起诉、审判人员与执行人员职务犯罪线索移送等相结合的格局，民事检察队伍日益壮大，开创了民事检察工作新局面。

（三）稳步发展，民事检察工作迎来新纪元（2010年至今）

2010年最高检召开"全国检察机关第二次民事行政检察工作会议"，全面阐述了民事检察工作的法律监督属性、职能定位和基本要求，民事检察工作开始进入构建多元化监督格局、跨越式发展的新阶段。

一是全面贯彻修改后的民事诉讼法。2012年，《中华人民共和国民事诉讼法》进行修改，民事检察监督职能进一步拓展，监督范围、手段和方式进一步完善。最高检起草制定了《人民检察院民事诉讼监督规则（试行）》，指导各级检察机关强化对民事裁判结果的监督，推进执行监督工作，依法开展对审判人员违法行为的监督工作，加强类案监督和典型案件办理，构建和推进民事检察多元化监督格局。四级检察机关纵向注重加强业务指导、案件督办，横向注重加强与其他业务部门的协调配合，建立健全线索双向移送、双向反馈机制，进一步增强监督合力。

二是围绕大局，突出监督重点。最高检新一届党组讲政治，顾大局，高度关注民生，先后制定了实施服务经济发展新常态、保障健康中国建设、服务打好"三大攻坚战"等司法办案指导意见，召开长江经济带检察工作座谈会，引导全国检察机关发挥民事行政检察职能服务经济社会发展大局。加强弱势群体权益保护，2018年春节前，部署开展协助解决农民工讨薪问题专项监督，支持5566名农民工提起民事诉讼，帮助追回劳动报酬4605万余元。为加强基层检察院工作，部署开展"基层民事行政检察工作推进年"活动。针对民间借贷、以物抵债、企业破产等领域为获取非法利益而虚构事实打"假官司"的问题，2015年起部署开展民事虚假诉讼专项监督活动，重点监督涉案人员众多的"规模性造假"和中介服务机构"居间造假"，着力维护诉讼秩序和司法权威。对涉嫌虚假诉讼犯罪的，及时督促公安机关立案侦查。针对执行案款滞留、执行款物管理混乱等问题，"两高"联合部署执行案款集中清理活动，促进一大批滞留在法院账户上的执行案款发放给申请执行人。

2018年3月，最高检又部署开展非诉执行监督专项活动，从源头上促进仲裁、公证及行政行为依法规范进行。

三是聚焦问题，提升监督效果。各级检察机关注意深挖隐藏在裁判、执行不公背后的违法犯罪问题，依法开展对审判、执行人员违法行为的监督工作，对监督中发现的涉嫌犯罪或违法线索，及时移送职务犯罪侦查部门。2013年开始，浙江省检察院将审判人员违法行为监督作为民事行政检察的牛鼻子来抓，出台《关于建立全省民行审判人员违法行为监督一体化机制的意见（试行）》，充分运用调查核实权，查处司法不公背后的审判人员违法行为，取得明显成效。2018年6月，最高检在河南新乡召开全国检察机关虚假诉讼和审判人员违法监督现场会，要求各级检察机关以虚假诉讼监督和审判人员违法行为监督为主要重点，加大监督力度，提升监督效果。2018年11月，最高检针对法院公告送达中的问题，向最高人民法院发出检察建议，效果良好。

2010年至今，是民事检察工作不断深化、日趋成熟，并进一步拓展职能、跨越式发展的重要阶段。全面推进依法治国的战略部署、新时代经济社会的快速发展，都为民事检察的创新发展提供了丰厚的实践基础和广阔的发展空间，这一阶段民事检察工作从制度到实践均取得了令人瞩目的重大进展。

二、总结：民事检察工作的经验与启示

30多年来，民事检察工作在困难中发展，在挫折中探索，在改革中创新，走过了不平凡的发展道路并取得了历史性进步，所取得的成绩来之不易，所积累的经验弥足珍贵。这些基本经验和启示是：

（一）始终坚持围绕大局谋划和推进工作

服务大局、保障民生是检察机关的政治责任，也是民事检察工作的着力点与出发点。党的十八大以来，党中央确立了一系列新战略、新部署，各级检察机关以习近平新时代中国特色社会主义思想为指导，提高政治站位，增强服务大局的自觉性，以实际行动回应党和人民的新期待、新要求。回顾30多年的发展历程，民事检察工作始终坚持党的绝对领导，不折不扣执行党的方针政策，坚定不移地走中国特色社会主义法治道路。在各个历史时期，最

高检都要求各级检察机关自觉接受领导和监督，积极向党委和人大汇报民事检察工作。2012年和2018年，全国人大常委会两次专门听取最高人民检察院关于民事检察工作的专题报告，2018年10月，第十三届全国人大常委会第六次会议首次对"两高"进行专题询问，张军检察长回答了有关加强民事检察监督的问题。

（二）始终体现立检为公、司法为民的人民属性

30多年来，民事检察工作牢牢把握以人民为中心的发展理念，深刻领会民事检察的历史使命，将保护人民群众利益作为工作重点，回应人民群众对司法公正的期待，满足人民群众对美好生活的需要，切实办好每一起监督案件，让人民群众感受到公平正义。2008年，浙江嘉兴市院办理了283名下岗职工养老保险合同纠纷民事抗诉案件，并在再审阶段与法院共同促成当事人和解，职工的合法权益得到保障。该案被作为全国检察机关"服务民生典范"案例予以推广。

（三）始终把强化执法办案作为主责主业

强化法律监督，关键在办案。民事检察30多年的发展历程表明，抓好执法办案，是做好监督工作的生命线。无论是工作探索起步阶段的"以办理抗诉案件为中心，抓好办案效率、办案质量和办案效果三个基本环节"，还是工作初步发展阶段的"两率提高、结构改变、业务规范、整体推进"，尤其是进入新时代后张军检察长提出的"在办案中监督，在监督中办案"，无不强调了执法办案的重要性。民事检察从单一抗诉发展到抗诉、检察建议、再审检察建议并用，从对裁判结果的监督发展到对包括执行、调解等诉讼全过程的监督，从对事对案的监督发展到对事对案监督与对人监督的结合，从1997年受理案件4万件，发展到2017年受理案件近20万件，民事检察工作深耕监督主责主业，不断提高监督规模。2018年以来，最高检新一届党组多次强调要以当事人、社会公众实实在在的获得感为目标，充分运用政治智慧、法律智慧、监督智慧，办好不同类型的民事检察监督案件。不简单追求案件数量，努力提高监督层次，办精品案、办典型案，"抗诉一案，影响一片，教育社会面"。探索与违法审判责任追究相衔接的审判人员违法行为监督机制，提高检

察建议质量，努力把检察建议做成刚性、做到刚性。张军检察长带头列席最高人民法院审判委员会，最高人民检察院制定民事行政诉讼监督案件专家委员会工作办法，邀请专家对民事案件进行咨询论证。围绕执法办案采取了一系列举措，监督质效得到明显提升。

（四）始终以改革创新作为工作发展的动力

改革创新是民事检察工作发展的不竭动力，民事检察工作自改革探索起步，并始终在改革探索中不断前行。党的十八大以来，为解决影响工作发展的体制机制性障碍，民事检察工作全面扎实推进改革，促使法律多次修改，制度不断完善，工作取得突破性进展。在监督范围上，民事检察监督最初仅仅局限于对生效判决、裁定的监督，各级检察机关在实践中探索对执行活动、对违法调解、对审判中的违法情形乃至对损害国家利益、社会公共利益行为的监督，直接推动了民事诉讼法的多次修改。在监督方式和手段上，从仅有抗诉一种方式，到实践中广泛运用再审检察建议、检察建议，并通过调查核实查明案件事实，这些行之有效的实践经验转化为改革成果，最终被法律所吸收，丰富了民事检察的职能和内容。当前，随着司法改革不断推进和相关法律法规的修改，民事检察工作将继续坚持从实际出发，不断总结监督规律，以问题为导向，在更高起点上谋划和推进改革，使改革创新继续成为新时代民事检察工作创新发展的强大动力。

（五）始终以队伍的专业化建设作为推进工作的基础

建设一支正规化、专业化队伍是做好民事检察工作的组织保障。多年来，民事检察工作注重狠抓队伍的专业化建设，特别是坚持把政治建设摆在首位，坚持从严治检，扎实开展党风廉政建设，确保检察权依法正确行使。通过多年的执法实践及组织业务培训、案件评查、业务竞赛等活动，民事检察干部的监督能力和水平不断提高，涌现出众多模范检察官。按照张军检察长"重自强"的要求，民事检察工作将进一步优化机构和办案组织建设，改革创新人才引进、使用机制，通过招录、选调、遴选等途径充实办案力量，优化队伍专业结构，进一步提高监督能力和监督水平。

三、展望：实现新时代民事检察工作创新发展

中国特色社会主义进入了新时代，人民需要的深刻变化，经济发展的深刻调整，科学技术的深刻革命，社会结构的深刻变动，思想观念的深刻转变，给民事检察工作带来了前所未有的新挑战。2018年以来，高检院新一届党组以习近平新时代中国特色社会主义思想为指导，提出了新时代检察工作创新发展的新理念、新思路。其中一个鲜明的特点是将民事检察工作提高到一个前所未有的高度，揭示了民事检察工作在未来检察事业大格局中的重要地位，强调要做强民事检察工作，切实解决刑事检察与民事检察、行政检察、公益诉讼检察发展不平衡的问题，补强民事检察工作长期薄弱的短板，实现刑事、民事、行政、公益诉讼"四大检察"全面协调充分发展。

一是准确把握新时代经济社会发展的大局，切实担负起民事检察工作的新使命。改革发展稳定需要提供强有力的法治保障，检察机关对此肩负重要职责。民事检察工作要自觉聚焦大局、服务大局、保障大局，主动适应社会经济发展新形势新任务，立足本职，进一步找准围绕中心、服务大局的切入点和着力点，勇于承担起为新时代经济社会持续健康发展保驾护航的新使命。要坚持把法律监督与维护稳定、化解风险、促进发展统筹起来，主动服务保障打好防范化解重大风险、精准脱贫、污染防治三大攻坚战，为全面建成小康社会提供有力司法保障。积极投入重大社会稳定风险防范化解专项行动，贯彻新时期"枫桥经验"，畅通群众申诉渠道，依法公正处理民事检察监督案件，促进社会稳定。密切关注社会反映强烈的企业融资互联互保案件和产权纠纷案件，防范和化解金融风险，支持民营企业规范发展，营造诚信有序的市场环境。积极参与扫黑除恶专项斗争，对黑恶势力强迫交易、高利放贷、"套路贷"、恶意逃债、虚假诉讼等非法活动，综合运用刑事、民事等手段加强法律监督。深入贯彻中央精准扶贫的要求，依法惩治恶意欠薪，积极推动司法救助和农民工权益保障工作。

二是深入贯彻新时代检察工作的总体要求，树立民事检察工作的新理念。高检院新一届党组认真贯彻习近平新时代中国特色社会主义思想，明确提出"讲政治、顾大局、谋发展、重自强"的总体要求，要求以理念变革引领民事行政检察工作创新发展。要树立双赢多赢共赢的理念。检察机关对民事诉讼

的法律监督，不是你错我对的零和博弈，也不是高人一等。监督机关与被监督机关目标一致，方向相同，赢则共赢，损则同损，所以要与审判机关、行政机关形成良性、互动、积极的工作关系，使法律监督在出发点和落脚点上、在主观和客观方面都发挥促进规范司法和依法行政的作用，共同维护司法公正，维护法治权威。要树立精准监督的理念。监督必须考虑政治效果、社会效果、法律效果的有机统一，通过个案的公平正义来引领司法进步、促进社会进步。通过优化监督实现强化监督，防止片面追求监督数量。优先选择在司法理念方面有纠偏、创新、进步、引领价值的典型案件进行监督，抗诉一件促进解决一个领域、一个地方、一个时期司法理念、政策、导向的问题，发挥对类案的案例指导作用。对类案背后反映的社会生活、行政管理以及司法审判等方面的问题，建议有关部门从源头上加强规范治理。要树立智慧借助的理念。充分发挥社会力量特别是专家学者、律师、退休法官，以及有法律背景的人大代表、政协委员等的作用，借助他们的实践经验、法律和政治智慧，帮助我们提升民事行政检察监督能力。对民事检察监督案件涉及的法律理论问题、监督的社会效果、案件对司法价值判断的引领作用等，邀请法律专家进行深入论证。要树立统筹发展的理念。按照诉讼监督的规律，构建各级检察院各有侧重、密切配合、全面履职的民事检察监督格局。上级检察院依据本院受理的申诉案件、了解的全局性情况和办理个案反映出的倾向性问题，加大对下指导力度。加强基层基础建设，切实激发基层检察院民事检察工作活力。

三是深刻理解新时代检察工作创新发展的方向，探索完善民事检察全面均衡发展的新格局。民事检察工作要提高政治站位，深刻理解"两个一百年"奋斗目标的重大战略意义，围绕新时代新目标谋划好新时代民事检察工作的转型升级。适应司法体制改革要求，研究针对最高人民法院巡回法庭、知识产权法庭、知识产权法院、互联网法院、金融法院等的监督路径和方式，确保监督全覆盖。要形成一流的民事检察监督业态，即有诉必理，有错必纠，有责必问，发现、办理典型案件，加强类案监督和专项监督，推动民事诉讼监督有效开展。要探索构建一流的民事检察运行体系，建立充分体现民行检察职能特色，符合诉讼规律、监督规律、司法规律的检察一体化工作机制，建立既突出检察官的主体地位、提升职业荣誉，又增强办案组织的团队协作、防控职业风险的一流司法办案模式，努力让案件定分止争，让被监督者真正接受，让人民群众在每一个监督案件中感受到公平正义。

四是紧密围绕新时代人民群众对检察工作的新要求，努力实现民事检察的新作为。要深刻把握人民群众对美好生活需要中的司法内涵，切实解决人民群众司法需求发展中的不平衡和不充分问题。坚持以人民为中心的发展思想，及时更新司法理念。要把人民满意作为衡量公平正义的唯一标准，综合运用法律监督手段，协同行政执法部门、公安机关、监察委员会增强治理合力。充分保障人民对民事检察工作的知情权、参与权、表达权、监督权。自觉接受人大监督、政协民主监督、群众监督、舆论监督等各种形式的人民监督。把民事检察打造成民生检察的品牌，重点聚焦环境、教育、就业、医疗、居住、公共安全等民生领域强化民事诉讼监督，重点保护妇女儿童、老年人、残疾人等特殊群体合法权益，突出办理涉及人民群众最关心最直接最现实的利益问题的诉讼监督案件。坚持以办案为中心，以办案实效赢得社会对民事检察工作的更大认同，努力建设有中国特色的民事检察制度体系。

回望过去，民事检察成绩斐然。展望未来，在推进新时代检察工作创新发展新格局中，民事检察责任重大，前景光明。我们要以"永不懈怠的精神状态和一往无前的奋斗姿态"，积极推动新时代民事检察工作的发展完善，为法治中国建设和伟大复兴中国梦的实现贡献智慧和力量！

民事诉讼精准监督的实现路径与制度保障[*]

针对当前民事诉讼监督质效不高、权威不足的情况,最高人民检察院(以下简称最高检)新一届党组和张军检察长明确提出,民事诉讼监督要树立精准监督的理念,在精准监督上下功夫,通过优化监督实现强化监督,即优先选择在司法理念方面有纠偏、创新、进步、引领价值的典型案件,争取抗诉一件促进解决一个领域、一个地方、一个时期司法理念、政策、导向的问题,发挥对类案的案例指导作用,防止通过粗放式办案片面追求办案数量。最高检发布的《2018—2022年检察改革工作规划》亦明确指出,要健全以"精准化"为导向的民事诉讼监督机制。"理念一新天地宽"。民事诉讼监督理念的变革必然带来监督标准、监督方式、监督程序、监督机制的变革与重塑。在"四大检察"格局已显、民事行政检察机构分设的利好背景下,如何以新理念引领民事检察工作创新发展,真正做强民事检察工作,成为摆在我们面前的一道重要课题。

一、贯彻民事诉讼精准监督理念需要厘清的几个关系

(一)厘清权力监督与权利救济的关系

民事诉讼监督的本质是检察机关对人民法院行使审判权的监督,是检察机关对公权力监督的重要内容之一。检察机关进行民事诉讼监督的最终目的,在于纠正人民法院在审判权行使过程中的违法行为及由此带来的不法后果,

---

[*] 本文刊载于《人民检察》2019年第10期,系国家检察官学院2019年度课题"民事诉讼精准监督的价值、路径与保障"研究成果。

具体表现为民事裁判结果监督和审判人员违法行为监督。[①] 对当事人私权利的救济是检察机关进行审判权监督带来的客观效果，是民事诉讼监督的副产品。检察机关加强民事诉讼监督，在一定程度上契合了当事人对私权利救济的需求，但不能据此将检察机关定位为当事人私权利的救济机关，这亦有违"人民检察院是国家的法律监督机关"这一宪法定位。民事诉讼精准监督并未改变民事诉讼监督的本质，而是对监督标准、监督质效等提出了更高的要求。只有厘清权力监督与权利救济的关系，才能实现对监督标准、监督方式、监督程序和监督机制的变革和重塑，把精准监督的各项要求落到实处。例如，强调民事诉讼精准监督的公权力监督本质，可以为检察机关扩大依职权监督找到法理依据，从而克服目前民事诉讼监督案源制度设计中过多依赖当事人申请监督所带来的弊端，进而为办理虚假诉讼监督案件和限缩复查案件、实现精准监督的目标提供制度保障。

（二）厘清对事监督与对人监督的关系

民事诉讼监督的对象是法官的裁判行为与裁判结果（包括调解），既包括对事的监督，也包括对人（法官）的监督。民事诉讼精准监督必须坚持对事监督与对人监督相结合。其中在对事监督方面，既要加强对具有纠偏、创新、进步、引领价值的裁判结果监督案件的办理，也要加强对深层次违法行为的监督；在对人监督方面，要构建与司法责任制相适应的监督机制，促使监督效果直接触及法官的切身利益。2018年，全国检察机关"监督纠正1484件'假官司'，同比上升48.4%；对涉嫌犯罪的起诉500人，同比上升55.3%"。[②] 在上述虚假诉讼监督案件中，虽有部分当事人以虚假诉讼罪被追究刑事责任，但进行虚假裁判、调解的法官多未承担相应的司法责任。民事诉讼精准监督在加强对事监督的同时，应当加大对人的监督力度，及时采取监督措施促使法院追究法官的违法裁判责任，实现对事监督与对人监督双向关照。

[①] 广义上民事诉讼监督包括民事裁判结果监督、审判人员违法行为监督和执行监督等内容，狭义上民事诉讼监督仅包括民事裁判结果监督和审判人员违法行为监督。从最高人民检察院《关于人民检察院加强对民事诉讼和执行活动法律监督工作情况的报告》相关表述来看，显系采狭义内涵。

[②] 参见2019年3月12日张军检察长在第十三届全国人民代表大会第二次会议上所作的最高人民检察院工作报告。

（三）厘清办案数量与办案质效的关系

民事诉讼精准监督要做到办案数量与办案质效的有机统一。第一，民事诉讼精准监督与保持适度办案规模并不矛盾。2018年最高人民法院审结案件31883件，地方各级人民法院审结、执结案件2516.8万件，其中大部分为民事案件。同期，最高人民检察院提出民事抗诉33件，地方各级检察院提出民事抗诉3900件、提出再审检察建议4087件。民事诉讼监督案件数量与审判执行案件数量对比严重失衡，说明扩大案源并保持适度办案规模仍是当前民事检察部门的重要任务。民事诉讼精准监督并非不追求办案规模，而是追求具有更高质效的办案规模，通过"挤水分"达到办案数量与办案质效的有机统一。第二，民事诉讼监督中大量不支持监督案件的价值不能予以否定。2018年全国检察机关不支持监督案件数约为3万件，约占当年民事裁判结果监督案件数的60%。通过这部分案件的办理，检察机关可以有效维护法院的审判权威、促进社会矛盾化解以及保护相关当事人的合法权益，产生良好的法律效果和社会效果。另外，精准监督与不支持监督是民事诉讼监督的一体两面，只有对每一个监督线索依法审查后，检察机关才能作出监督与否的决定，不能用精准监督案件的价值否定大量不支持监督案件的价值。

（四）厘清个案监督与类案监督的关系

民事诉讼精准监督在性质上属于个案监督，精准的个案监督可以发挥对类案的案例指导作用。民事诉讼类案监督则是对同类案件或同类问题进行研究，并以类案检察建议的方式进行监督，旨在统一监督标准并促进法院减少类案裁判差异。具体而言，类案监督包括对同类案件中同类问题的监督、对不同类案件中同类问题的监督以及对同类案件中不同类问题的监督三种情形。从案由来看，民事诉讼监督案件主要集中于合同纠纷，且其中以借款合同、买卖合同和建设工程施工合同居多。从监督事由来看，民事诉讼监督案件主要集中于适用法律确有错误、认定基本事实缺乏证据证明、有新的证据足以推翻原判决。"与个案监督相比，民事检察类案监督具有能动性、对事性、普遍性、建设性等特点和优势，能够扩大检察监督的范围，预防类似问题发生，拓展监督职能，提高监督的效率和效益，增强监督效果。"① 2018年最高人民检察院就人民法院在民事公告送达中存在的不规范问题向最高人民法院发出类案检察建议，指出人民法院在民事公告送达中存在的主要问题并提出建议，效果良好。民事诉讼监督应当坚持精准监督与类案监督相结合，以此不断提升民事诉讼监督的质效。

（五）厘清监督与支持的关系

民事诉讼监督实质上是启动纠错程序，促进审判机关重新审视并自我纠错。"监督不是你错我对的零和博弈，也不是高人一等。"监督机关与审判机关责任和目标是共同的，两者要形成良性、互动、积极的工作关系，使法律监督在出发点和落脚点上、在主观和客观方面都发挥促进审判机关更全面更深刻理解法律的作用，共同维护司法公正、提高司法公信力。② 通过精准监督，能够有效提升监督权威，促使审判机关自动纠错。同时，通过精准监督，科学把握案件的受理条件和监督条件，可以有效防止不符合受理条件的案件进入监督程序，防止对不符合监督条件的案件启动再审程序，充分维护裁判结果的既判力和稳定性。即精准监督寓支持于监督之中，在监督中支持，在支持中监督，从而实现双赢多赢共赢以及政治效果、社会效果和法律效果的有机统一。

二、民事诉讼精准监督的实现路径

（一）科学界定民事诉讼精准监督的监督标准

民事诉讼精准监督应当坚持法定性标准与必要性标准相结合。法定性标准是就民事诉讼监督的依据而言的，主要是指检察机关应当依据《民事诉讼法》第200条的相关规定来审查民事裁判结果和民事审判活动的违法性。必要性标准是就民事诉讼监督的效果而言的，主要是指检察机关应当结合监督

---

① 李敏：《民事检察类案监督的界定及其实施路径》，载《中州学刊》2017年第7期。
② 参见2018年10月24日张军检察长在第十三届全国人大常委会第六次会议上所作的民事诉讼和执行活动法律监督专项报告。

的社会效果、裁判作出时的司法政策和社会背景等因素对监督的必要性进行审查，在对相关因素综合考量后再作出是否予以监督的决定。例如，对于终审判决在认定事实或适用法律方面存在一定错误，但实体判决结果正确或者相对公正的，一般不宜进行监督；对于终审判决存在程序瑕疵，但未影响实体判决结果的，一般不宜进行监督；要适当偏重办案的社会效果和政治效果，以能否实现监督的目的来判断，其着眼点不应局限于个案公正，而应立足于整体法律价值的实现；要适当兼顾判决作出时的司法政策以及相关司法政策出台的社会背景，切忌机械监督、就案办案；要适当尊重法官的自由裁量权，对于法官行使自由裁量权有一定的合理依据，但在比例分配方面稍有不当的案件，一般不宜进行监督。

科学界定民事诉讼精准监督的标准，应当注意以下问题：第一，民事诉讼精准监督不是选择性监督。强调办理在司法理念方面有纠偏、创新、进步、引领价值的典型案件，旨在扩大民事诉讼监督的影响力，有效树立监督权威，并非选择性监督。只要案件符合法律规定的监督条件，均应予以监督，这是民事诉讼监督的原则和底线。精准监督是在"四大检察"发展不平衡、对法院的监督权威尚未有效树立的情况下所采取的一种司法策略，是对当前有限的民事诉讼监督资源的合理运用，是做强民事检察工作的有效途径。第二，民事案件的典型性不同于刑事案件的典型性。刑事案件往往与人的自由与生命密切相关，其本身易引起关注而成为影响力案件，监督一案即可达到影响一片、教育社会面的目的。民事案件多与人的经济利益相关，虽然物权、合同、侵权、劳动、公司等民事商事领域有着丰富庞杂的法律适用规则，但具体的个案在实践中影响力较小。对此，进行精准监督的思路应当是先从普通个案中总结和发现可能影响一个领域、一个地方、一个时期司法理念与政策导向的问题，进而把案件办成典型性案件，进而发挥对类案的指导作用。切忌根据民事诉讼监督案件的标的大小和社会影响判断案件是否具有典型性。

（二）合理设置民事诉讼精准监督的监督方式

《2018—2022年检察改革工作规划》中提出要完善抗诉、再审检察建议、纠正意见、检察建议等多元化监督格局。全国人大常委会法制工作委员会在给最高检的相关答复函（法工办发〔2019〕72号）中指出，民事诉讼法以及其他法律未规定人民检察院在行使对民事审判活动和民事执行活动的法律监督职权时可用提出纠正意见，因此人民检察院不应采取提出纠正意见的方式。据个人理解，民事诉讼精准监督主要系根据案件是否具有典型性来设置监督方式：对于在司法理念方面有纠偏、创新、进步、引领价值的典型案件，一般选择提请抗诉的监督方式，由上级检察机关进行监督；对不具有典型性但依法应予监督的案件，一般选择再审检察建议的方式，由同级检察机关进行监督；对无须改变裁判结果的瑕疵类案件，一般选择检察建议的方式进行监督，并倡导进行类案总结并发类案检察建议，不提倡多发个案检察建议。

需要指出的是，根据《民事诉讼法》第208条的规定，抗诉与再审检察建议在适用条件方面是相同的，只是对监督主体提出了不同要求。确立再审检察建议的初衷在于加强同级监督，破解民事诉讼监督案件"倒三角"的情况。而根据民事诉讼监督规则的相关规定，再审检察建议在适用范围上排除了实体法上的"适用法律确有错误"和"审判人员审理该案件时有贪污受贿、徇私舞弊、枉法裁判行为"两种情形，在程序上排除了"判决、裁定是经同级人民法院再审后作出"和"判决、裁定是经同级人民法院审判委员会讨论作出"两种情形，这种设定并无法律依据，且在多数情况下对再审检察建议与抗诉的适用范围仍无法作出适当区分。民事诉讼精准监督对监督方式的设置，合理区分了抗诉、再审检察建议、检察建议的适用范围，可考虑在修改民事诉讼监督规则时予以确认。在实践中应当致力于把抗诉和再审检察建议均做到刚性、做成刚性，这是作出上述区分并实现民事诉讼精准监督的重要保障。

（三）优化设计民事诉讼精准监督的监督程序

目前，为了引导各级民事检察部门树立精准监督和借助外脑的办案理念，不断完善办案程序，切实提高办案的精准度和监督的权威性，最高检民事检察部门已发通知要求省级院对提请最高检抗诉的民事诉讼监督案件，必须经过本院检察委员会讨论和专家咨询委员会咨询论证。该通知的目的在于进一步规范省级院提请抗诉案件的办理程序，最大限度发挥民事诉讼监督的效能，实现精准监督所要求的政治效果、社会效果和法律效果的有机统一，并非为了限缩案件数量而阻碍省级院依法提请抗诉。根据民事诉讼监督规则的相关规定，检察机关提出再审检察建议应当经过本院检察委员会讨论决定，但对于提请或提出抗诉是否应当经过本院检察委员会讨论决定并未作出规定，本次修改民事诉讼监督规则时对此应当予以明确。

为了进一步优化司法资源配置，提升司法效率，实现精准监督的工作目标，最高检民事检察部门已出台《关于实行案件繁简分流暂行工作办法》，就所办理的省级院提请抗诉案件、最高法诉讼结果监督案件、复查案件实行繁简分流，根据具体情况分别适用简易程序和普通程序。适用简易程序的案件在调取法院卷宗、撰写审查报告、集体讨论以及向领导报批等环节上有所简化，可资借鉴。在此需指出，监督程序的设计与司法权的配置密切相关，对监督程序的设计不能突破或限缩本轮司法责任制改革中所配置的检察官办案权限，务必通过监督程序的设计保障和监督检察官依法行使职权。

（四）建立健全民事诉讼精准监督的工作机制

一是健全检察一体化工作机制，形成四级院分工负责、各有侧重的工作格局。按照民事诉讼监督规律，不同层级检察院民事检察工作的侧重点应有所不同，应当积极引导省级院和市级院以生效裁判结果监督为重点，基层院以审判人员违法行为监督和执行监督为重点，形成分工负责、各有侧重的工作格局。同时，积极发挥检察一体化工作优势，加强各级院之间、各检察业务部门之间线索移送、案件调查、出庭、诉讼监督等业务协作，健全案件审核报备和督办转办交办机制，形成办案合力。二是建立科技借助工作机制，充分运用信息化智能化手段推进民事检察工作。要深化民事检察工作与现代科技深度融合，完善统一业务应用系统，推进智慧检务工程，全面构建应用层、支撑层、数据层有机结合的新时代智慧检察生态。要依托人工智能、大数据等技术，统筹研发智能辅助办案和管理系统，完善关键信息自动抓取、类案分析、结果比对、办案瑕疵提示、超期预警等功能，促进法律统一适用，助力提高司法质量、效率和公信力。三是健全借助"外脑"工作机制，充分发挥民事专家委员会的优势作用。从近年来省级院报送的提请抗诉案件来看，其支持率尚未超过50%，这与提请抗诉案件质量、上级院与下级院对抗诉标准的把握以及信访问题等多种因素相关，在此情形下，最高检要求省级院提请抗诉案件必须经过本院专家委员会咨询论证有一定的现实意义，但从长线考虑，做强民事检察工作必须处理好"重自强"与借助"外脑"之间的关系，防止过分依赖"外脑"而导致检察官怠于履职尽责。

三、民事诉讼精准监督的制度保障

（一）民事诉讼监督效果的刚性保障

提出抗诉是目前民事诉讼监督最具刚性的监督手段，但从监督效果来看，其仍存在刚性不足的问题。进行民事诉讼精准监督，必须建立健全监督效果的刚性保障制度。一是建立案件跟踪监督制度。对检察机关提出抗诉后，在法定时限内未予裁定再审或长期未审结的案件，应当定期跟踪查询案件进展，督促审判机关提升工作效率。例如，河南省院针对抗诉案件法院审理周期较长、严重影响办案效率和监督效果的情况，对全省 2016 年 1 月至 2018 年 8 月期间的抗诉案件审理进度和审判结果进行了专项核查统计，并对选取其中 10 起长期未审结、当事人反映强烈的案件，向河南省法院发出督促函，省法院在对相关案件进行核查督办后最终对 9 名相关工作人员分别作出行政记过、诫勉谈话等处分，促使全省法院审理抗诉案件规范化水平不断提升，取得了良好的法律效果和社会效果。二是健全案件跟进监督制度。对检察机关抗诉后法院拒不改判的案件、提出再审检察建议后拒不采纳的案件，应当在分析研判的基础上采取跟进监督措施，强化监督效果。在监督实践中，跟进监督案件数量相对较少，跟进监督制度运行效果并不理想。为此，检察机关应当明确规定跟进监督案件的办理程序，用足用好后续监督手段，不断增强民事诉讼监督的刚性。

（二）民事诉讼监督调查核实权的强制性保障

调查核实是检察机关正确有效行使民事诉讼监督职权的必要措施。新修订的《人民检察院组织法》第 21 条和 2012 年修订的《民事诉讼法》第 210 条均明确规定，人民检察院因民事诉讼监督的需要可以进行调查核实，有关单位和个人应当予以配合。《人民检察院民事诉讼监督规则（试行）》第 65 条至第 73 条对检察机关需要进行调查核实的情形、调查核实措施、调查核实程序及有关单位和个人的配合义务进行了详细规定。但在监督实践中，调查核实制度的运行情况并不理想，其主要原因在于调查核实权缺乏强制性保障，即相关立法对于无正当理由拒绝配合甚至阻碍调查的情形并没有规定处罚措施。《民事诉讼法》第114条规定：有关单位拒绝或者妨碍人民法院调查取证的，人民法院除责令其履行协助义务外，并可以予以罚款。人民法院对有上述行为的单位，可以对其主要负责人或者直接责任人员予以罚款；对仍不履行协助义务的，可以予以拘留；并可以向监察机关或者有关机关提出予以纪律处分的司法建议。希望立法机关在民事审判和监督中，对法院的调查取证权和检察院的调查核实权予以同等保障，明确规定有关单位和个人对检察机关的调查核实不予配合时，检察机关可以采取的处罚措施；同时，在调查核实措施方面，明确规定检察机关因民事诉讼监督所需，可以约谈和询问案件承办法官，了解案件审理和执行情况。

（三）民事诉讼监督制度运行的规范化保障

2012年民事诉讼法修订后，最高检及时制定了民事诉讼监督规则，保障和规范检察机关依法履行民事检察职责。但随着监督实践的发展和监督理念的更新，民事诉讼监督规则的部分规定已不适应新时代民事检察工作创新发展的要求，有必要及时作出修改，以此加强民事诉讼监督制度运行的规范化保障。主要涉及以下几个方面：一是修改完善案件受理制度，适当扩大检察机关依职权监督的范围，并明确将虚假诉讼监督列入依职权监督的范围。二是进一步理顺案件审查办理机制，建立案件繁简分流工作机制，合理配置司法资源，提升司法效率。三是在精准监督理念的指引下，明确抗诉与再审检察建议的适用范围，不断增强抗诉的精准度和监督的权威性。四是对案件复查制度的存废表明态度，建议将复查案件的启动方式设置为依职权，取消依申请的启动方式。五是进一步严格提请抗诉案件办理程序，适当引入专家委员会制定。六是增加民事诉讼类案监督的相关规定，突出民事诉讼监督案件的办理效果。七是明确跟进监督案件的启动和办理程序，不断增强民事诉讼监督的刚性。

民事行政诉讼监督提质增效的路径探析 *

民事行政诉讼监督是民行检察工作的传统业务。根据相关统计数据，2013年至2017年，全国检察机关对认为确有错误的民事行政生效裁判、调解书提出抗诉2万余件，人民法院已改判、调解、发回重审、和解撤诉1.2万件，采纳率约为60%；提出再审检察建议2.4万件，人民法院已采纳1.6万件，采纳率约为66.67%。① 在刑事检察与民事检察、行政检察、公益诉讼检察工作发展不平衡的背景下，民事行政诉讼监督呈现出监督质量不高、监督效果不显、监督刚性不强、监督权威未能有效树立的势弱特点。如何通过民事行政诉讼监督案件的办理，做实做优做强民事行政检察工作，是当前检察机关亟待解决的一个问题。本文认为，主要可以从以下路径进行探析。

一、更新监督理念

张军检察长在讲话和有关文件中，就新时代检察工作创新发展提出了一系列新理念，民事行政诉讼监督应当遵循这些新理念，探寻提质增效的新思路、新方法。一是以办案为中心，在办案中监督、在监督中办案。2017年全国检察机关受理生效裁判结果监督、审判人员违法行为监督、执行监督等各类民事行政诉讼监督案件10万余件。2018年上半年，案件受理数量同比呈上升趋势。办案是当前民事行政诉讼监督第一位的工作任务，也是开展法律监督、深耕主责主业的重要基础和手段，应当以"以办案为中心"的监督理念来促进和支持依法、正确、优质、高效办案。民事行政诉讼监督的本质和核心是对公权力的监督，应当把对人民法院民事行政审判权和执行权行使活动

---

* 本文刊载于《人民检察》2018年第22期，系中国行为法学会"中国法律实施论坛"征文。

① 相关数据来源于最高人民检察院于2018年3月9日在第十三届全国人民代表大会第一次会议上所作的工作报告。

的监督寓于办案，落实在具体的诉讼监督案件办理过程中。二是诉讼监督与审判执行形成良性互动，实现民事行政诉讼监督双赢多赢共赢。民事行政诉讼监督旨在启动法定的纠错程序，提醒、促进被监督者重新审视并自我纠错。诉讼监督与审判执行并不矛盾，正如张军检察长所强调的，不同执法司法机关应当树立、养成共同的执法司法理念，防止一个案件在不同的阶段或因不同的人去执行而导致各取所需、各有所重，影响执法司法效果。三是通过精准抗诉，达到抗诉一案、警示一片、教育社会面的目的。应当加强类案监督、办理影响力案件和典型性案件，增强抗诉的精准度和权威性，实现办案政治效果、社会效果和法律效果的有机统一，努力达到"让人民群众在每一个司法案件中都感受到公平正义"的司法目标，切忌因办案理念存在偏差而陷入机械司法的误区。

二、提升监督能力

2013年最高人民检察院出台的《关于深入推进民事行政检察工作科学发展的意见》就民事行政检察工作明确提出了敢于监督、善于监督的基本要求。其中对于敢于监督，要求检察人员忠实履行法律监督职责，依法监督纠正裁判不公、审判人员违法、违法执行、滥用职权等问题，切实维护司法公正。对于善于监督，要求检察人员从民事、行政和检察监督的特点出发，运用恰当的监督方式和方法，正确把握检察监督介入的时机、方式和程度，努力增强监督效果。但目前民事行政诉讼监督案件的办理，仍然存在不敢监督、不善监督的问题。这两个问题都与监督能力不足密切相关。民事行政诉讼监督工作要实现创新发展，必须"重自强"，着重提升以下几个方面的监督能力。

（一）监督线索发现能力

2013年至2017年，最高人民法院受理案件82383件，审结79692件；地方各级人民法院受理案件8896.7万件，审结、执结8598.4万件。[①] 上述案件大部分为民事（包括商事）案件。同期，全国检察机关对认为确有错误的民事行政生效裁判、调解书提出抗诉2万余件，提出再审检察建议2.4万件，对审判程序中的违法情形提出检察建议8.3万件，对民事执行活动提出检察建议12.4万件。监督案件数量与审判执行案件数量对比的严重失衡，说明目前检察机关在民事行政诉讼监督线索发现方面，尚存在能力不足的问题，今后可以在当事人依申请监督的基础上，逐步扩大检察机关依职权监督的案件范围，不断探索涉及损害国家利益和社会公共利益，审判执行人员贪污受贿、徇私舞弊、枉法裁判以及虚假诉讼等方面案件线索发现的机制和途径。

（二）监督案件审查能力

案件审查是民事行政诉讼监督案件办理的关键环节。民事行政诉讼监督主要在于审查审判执行活动及其结果的违法性，其判断的主要依据为《民事诉讼法》第200条关于再审事由的十三项规定。[②] 从省级院的提请抗诉案件来看，涉及最多的监督事由主要是原裁判认定的基本事实缺乏证据证明和原裁判适用法律确有错误，以该两项监督事由进行监督的案件占省级院提请抗诉案件数量的70%以上。本文此处重点阐述对该两项事由如何进行审查和把握。

如何认定原裁判认定的基本事实缺乏证据证明？首先必须指出，对原裁判的结果有实质影响、用以确定当事人主体资格、案件性质、具体权利义务和民事责任等主要内容所依据的事实，才可认定为基本事实。在监督过程中，主要应就案件基本事实进行审查并结合相关证据来判断该基本事实是否"缺乏证据证明"，进而作出抗诉与否的决定。笔者认为，从监督实践来看，只要能够证明终审判决在认定案件基本事实时存在以下违法性，即可据以提出抗诉：一是终审判决在认定案件基本事实方面存在明显的计算错误，

---

① 相关数据来源于最高人民法院于2018年3月9日在第十三届全国人民代表大会第一次会议上所作的工作报告。

② 实务界有人提出应根据民事再审与民事检察监督的不同性质和功能区分二者的提起事由，实现二者各司其职、功能互补。参见路志强：《民事检察监督制度的立法完善——以民事诉讼法相关规定为视角》，载《人民检察》2017年第22期。

例如计算方式错误、计算依据错误、计算项目重复或漏项等，进而导致终审判决在当事人具体权利义务的分配上存在明显不公；二是终审判决在认定案件基本事实方面存在矛盾，即对相互矛盾的涉案证据均予以确认或采信，导致对案件基本事实认定混乱且实体判决结果缺乏合理依据；三是终审判决对案件基本事实能够查清而未予查清，片面地依据一方当事人提交的并不充分或有瑕疵的证据作出判决，导致实体判决不公；四是终审判决所采信的证据足以使人产生合理怀疑，但终审判决对此未予调查核实或在调查后仍片面采信，导致终审判决缺乏公信力；五是终审判决对证据的采信明显不符合高度盖然性的证明标准，所采信的主要证据证明力明显不足或足以被其他证据所否定。

　　如何认定原裁判适用法律确有错误？最高人民检察院《民事诉讼监督规则（试行）》对原裁判适用法律确有错误的情形进行了重点列举与兜底规定。但在监督实践中，随着审判人员整体素质的提升，诸如适用的法律已经失效或者尚未实施、违反法律溯及力规定等"技术类"错误的比例逐渐减少。原裁判适用法律确有错误的情况一般集中在法律关系的认定和法律责任的确定等方面，应加大这两方面的审查力度。具体而言：一是适用的法律与案件性质明显不符。这种情况主要是指原裁判确定了错误的案由，进而导致适用了与案件性质不相符的法律条文。二是认定法律关系主体错误。这种情况主要是指原裁判将与案件无关的人错误认定为法律关系的主体，或者对真正的法律关系主体未予认定。三是认定法律关系性质错误。这种情况主要是指原裁判误将当事人之间存在的 A 法律关系性质认定为 B 法律关系。四是认定法律行为效力错误。这种情况主要是指对法律行为是否成立、是否生效、是否变更、是否解除以及是否应当承担法律责任等问题的认定，因违反有关法律规定而出现错误。五是确定民事责任明显违背当事人有效约定或法律规定。这种情况主要是指在当事人之间有合法约定或者法律有明确规定的情况下，原裁判未依照当事人的约定或者法律规定确定义务人应承担的法律责任，而导致裁判结果出现错误。六是举证责任分配失当导致裁判结果存在错误。这种情况多见于案件事实难以查清的案件中，出现这种情况的主要原因是审判人员对举证责任分配规则把握不清或为了达到一定的非法目的而刻意为之。

(三)检察法律文书说理能力

检察中心工作是办案,释法说理是办案工作的有机组成部分。通过释法说理不断提升检察法律文书的品质,是落实张军检察长"为人民群众提供更优质的法治产品、检察产品"要求的重要方式,也有利于强化对检察权行使的监督,提升司法公信力。在检察业务中,民事行政检察与民生最为相关,其监督结果最能直接反映人民群众对法治、公平、正义等方面的新期待新需求是否得到满足。为此,在办理民事行政诉讼监督案件时,应重点对以下类型案件的处理决定进行释法说理。一是当事人对检察环节司法办案的公正性存在质疑,可能引发涉检网络舆情的案件;二是涉及群体性利益、可能引发上访或者群体性事件的案件;三是当事人对适用法律存在误解,释法说理有利于明确法律含义、阐明适用法律理由的案件;四是涉及重大国家利益和社会公共利益的案件;五是涉及老年人、妇女、未成年人、残疾人等特殊群体的案件。

毋庸讳言,现阶段在民事行政诉讼监督案件中作出的抗诉文书和不支持监督文书还存在不够规范和说理不深不透的问题。例如在提请上级检察院抗诉的案件中,有的下级检察院"一提了之",在向法院提出抗诉的案件中,有的检察机关也是"一抗了之",不重视法律文书的质量,而是简单地把矛盾纠纷推向上级检察院或者人民法院。在精准抗诉理念的指引下,抗诉文书的说理尤为重要,应当围绕案件事实、证据、程序和法律适用依法进行说理,根据案件的性质特点、复杂程度、社会关注度有针对性地进行说理,综合考虑说理对象的实际需求、文化程度、心理特征等讲求说理的方式方法,做到法、理、情相结合,实现三个效果的有机统一。另外,对作出不支持监督申请、终结审查等终局性处理的案件,亦应加大释法说理的力度,获取当事人对处理决定的认同,有效化解社会矛盾。

三、统一监督标准

据不完全统计,近年来省级院提请最高人民检察院抗诉的民事行政案件的支持率约为40%。支持率相对较低的原因何在?如果排除提抗质量的因素,首要原因应是上下级检察机关对抗诉标准的把握不一致。最高人民检察院《关于深入推进民事行政检察工作科学发展的意见》对民事行政诉讼监督标准有一个概括性的表述:"办理抗诉案件,应当从证据采信、事实认定和法律适用等方面严格把握抗诉标准,同时应当综合考虑裁判的社会效果和作出时的司法政策、社会背景。"笔者认为,在民事行政诉讼监督标准的把握方面,应当坚持法定性标准与必要性标准相结合。法定性标准是就民事行政诉讼监督的依据而言的,主要是指检察机关应当依据《民事诉讼法》第200条的相关规定来审查民事裁判结果的违法性。必要性标准是就民事行政诉讼监督的效果而言的,主要是指检察机关在坚持法定性标准的同时,应当结合监督的社会效果、裁判作出时的司法政策和社会背景等因素对监督的必要性进行审查,在对相关因素综合考量后再作出是否予以监督的决定。本文此处重点阐述民事行政诉讼监督的必要性标准。

对于必要性标准,可以从以下几方面来把握。一是对于终审判决在认定事实或适用法律方面存在一定错误,但实体判决结果正确或者相对公正的,一般不宜提出抗诉。这一点主要是从实体正义的角度来考虑的。二是对于终审判决存在程序瑕疵,但未影响实体判决结果的,一般不宜提出抗诉;对于终审判决存在重大程序错误,可能影响实体判决结果的,一般应予提出抗诉。这一点主要是从程序正义的角度来考虑的。在对民事裁判结果进行监督时,应当侧重于进行实体审查。在实体判决结果存在问题的情况下,审理程序中存在的问题可以作为抗诉的补强理由。三是在办案的法律效果与社会效果相冲突的情况下,适当偏重办案的社会效果。适当偏重办案的社会效果,应当通过目标分析的方式,以能否实现监督的目的来判断,其着眼点不应仅限于个案公正,而应立足于整体法律价值的实现。四是在依法监督的同时,要适当兼顾判决作出时的司法政策以及相关司法政策出台的社会背景,切忌机械适用法律而无视监督的社会效果。司法政策是司法机关所制定的对司法活动进行指引和规范的规则[①],可以作为法无明文规定事项的办案依据,也可以为正当地解释法律提供一定的政策依据。五是在依法监督的同时,适当尊重法

---

① 李大勇:《论司法政策的正当性》,载《法律科学》2017年第1期。

官的自由裁量权。① 笔者认为，自由裁量权是法官在案件审理过程中，在正确认定事实和适用法律的基础上，基于案件的基本情况，根据公正、衡平的法律精神和法律原则，对案件事实或者适用法律问题酌情作出裁判，或者是在多种合法的法律解决方案之间进行合理选择。对此应当把握的原则是：对于法官毫无根据地行使自由裁量权，导致责任比例严重失当的案件，应当予以抗诉；对于法官行使自由裁量权有一定的合理依据，但在比例分配方面稍有不当的案件，一般不宜提出抗诉。对此，还要结合其他抗诉事由一并进行审查。在多数情况下，可以把法官行使自由裁量权失当作为提出抗诉的补强理由来使用。六是既要依法保护弱势群体利益，又要杜绝以此为由转移信访矛盾。目前各地出现的一个不良倾向是通过提请抗诉转移信访矛盾。信访问题需要通过多方面的努力来化解，不能简单地通过提请抗诉或者提出抗诉把信访矛盾转移到上级检察机关或者人民法院。七是应适当考虑案件中存在的问题是否必须通过抗诉途径来解决，以及能否通过抗诉途径来解决。如果案件中存在的问题通过其他方式解决效果更好，则应通过其他方式来解决，这是抗诉手段的替代性问题。

四、规范监督程序

规范合理的监督程序，是提升办案质效的有力保障。在办理民事行政诉讼监督案件的过程中，要树立严格的程序意识，从立案、分案、审查、讨论、报批、决定、出庭等各个环节不断规范办案程序。在司法责任制改革过程中，最高人民检察院民事行政检察厅制定了《民事行政检察厅贯彻落实司法责任制改革实施细则（试行）》，对双重审查、多组讨论、联席会议、审批权限等程序性事项作出了详细的规定，对各级检察机关办理诉讼监督案件具有示范意义。在规范监督程序方面，以下几个问题尚需深化研究。

一是民事行政诉讼监督案件繁简分流的问题。目前在监督实践中案件办

---

① 有学者将自由裁量分为狭义的自由裁量与广义的自由裁量。狭义的自由裁量是指英美法系的法官可以自由造法，即新创设一个规则处理案件的方式所进行的裁量；广义的自由裁量是指在法院审判工作中，法官根据法律（包括司法解释），依据法庭查明的事实，在个人法律意识支配下作出裁判的过程。参见张军：《法官的自由裁量权与司法正义》，载《法律科学》2015 年第 4 期。

理超期问题时有发生，这固然是因为部分承办人怠于履职尽责，但人力不足的客观实情是为主因。为此，应当继续完善案件繁简分流的机制和措施，特别是在简化复查案件的受理和办理程序上下功夫。从高检院机关内部的案件受理情况来看，民事复查案件数量已超过省级院提请抗诉案件数量，而民事复查案件的支持率粗略估计应在5%以内，庞大的案件数量与微弱的监督效果形成了显明的对比。办理复查案件意在加强上级院对下级院的监督制约，而不是对审判执行公权力进行监督制约，这与精准监督的理念并不契合，应严控其受理条件、简化办理程序，并赋予办案检察官较高的办案权限。

二是民事行政诉讼监督案件听证的问题。《人民检察院民事诉讼监督规则（试行）》中设立了案件听证程序，其主要目的是通过当面听取申请人和其他当事人的意见，保证检察机关正确认定案件事实，提高对人民法院审判执行活动是否违法的判断准确率。目前存在的突出问题是听证程序在监督实践中利用率较低，制度价值不显。据了解，高检院机关内部在办理民事行政诉讼监督案件中尚未使用过听证程序，从省级人民检察院提请抗诉的案件来看，亦鲜有使用听证程序的情况。在民事行政诉讼监督案件办理时，虽然应当以书面审查为主，但对于一些事实较为复杂的案件，实有必要听取当事人陈述和答辩，并对调查取证的情况发表意见。今后应适当增加使用听证程序的案件比例，通过监督过程中当事人的对抗性互动，提升案件事实判断和案件实体处理的精准性。

三是民事行政诉讼监督案件出席再审法庭的问题。根据《人民检察院民事诉讼监督规则（试行）》的规定，检察人员出席再审法庭的任务，其一是宣读抗诉书，其二是对依职权调查的证据予以出示和说明，其三是对人民法院再审庭审活动实行法律监督。与出席刑事抗诉案件法庭需参与证据质证、法庭辩论不同，检察人员出席民事再审法庭的任务相对简单和容易，且因恪守公权力监督的本质属性而无须对当事人之间的民事纠纷深度参与。在监督实践中，这种"旁观者"的身份一定程度上导致出席民事再审法庭形式化和制度空转。另外，随着人民法院庭审录音录像、庭审直播等做法的推开，庭审活动进一步公开化，检察人员出庭监督庭审活动的必要性亦大打折扣。如果把民事行政诉讼监督的价值定位为启动再审纠错程序，那么在将民事行政抗诉书发送到人民法院的时刻，再审程序即已进入启动程序。在这种情况下，有必要对民事行政诉讼监督案件出席再审法庭的价值定位及制度存废再做思考。

四是民事行政诉讼监督案件办理借用"外脑"的问题。张军检察长提出，检察机关办理抗诉案件要特别注意发挥社会力量——专家学者、专职律师、有法律背景的人大代表、政协委员的作用，充分用好"外脑"。2018年7月29日，最高人民检察院民事行政诉讼监督案件专家委员会成立，并召开了第一次专家论证会。借用"外脑"，提请专家就重大疑难复杂案件、有重大社会影响的案件、新类型案件、具有类案指导意义的案件进行咨询论证，应当成为民事行政诉讼监督案件办案程序中的重要一环。下一步应就专家不同意见的采纳问题、专家论证意见的使用问题、专家论证程序的规范问题及参与论证专家的选择问题进一步作出规范。

五、优化监督方式

优化监督方式是指检察机关在办理民事行政诉讼监督案件时应当区分抗诉、再审检察建议和检察建议等监督方式的适用情形，在综合考量的基础上选取最为适当的监督方式，以实现最优的监督效果。如何区分抗诉、再审检察建议和检察建议等监督方式的适用情形？从最高人民检察院《民事诉讼监督规则（试行）》第83条至第87条的规定来看，再审检察建议在适用范围上排除了实体法上的"适用法律确有错误"和"审判人员审理该案件时有贪污受贿、徇私舞弊、枉法裁判行为"两种情形，在程序上排除了"判决、裁定是经同级人民法院再审后作出"和"判决、裁定是经同级人民法院审判委员会讨论作出"两种情形，但是在多数情况下，再审检察建议与提请抗诉的适用范围是重合的，因而在监督实践中有必要对其作出适当区分。

具体而言：第一，对涉及适用法律错误类与审判人员违法类监督事由的案件，根据相关规定应当提请上一级人民检察院抗诉。第二，对涉及事实认定错误类和程序违法类监督事由的案件，原则上以向同级人民法院提出再审检察建议为宜，但是以下两种情况除外：一是案件比较重大或者裁判确实明显不公、发生了重大错误的情形，一般应当提请上一级人民检察院抗诉。二是原裁判是经同级人民法院再审后作出的，或者原裁判是经同级人民法院审判委员会讨论作出的，应当提请上一级人民检察院抗诉。第三，对于不宜提出抗诉或再审检察建议的瑕疵案件以及不适用再审程序的案件，可以通过检察建议的方式进行监督。另外，在监督实践中，对于裁判结果虽有错误，但错误部分的数额较小，对当事人的实体权益无重大影响的，或裁判结果虽有瑕疵但并未达到抗诉标准或者抗诉预期效果不甚明显的案件，可积极促成当事人和解，以矫正裁判结果中存在的错误或瑕疵。

在优化监督方式方面，张军检察长提出了"增强检察建议刚性"的要求，具体到民事行政诉讼监督领域中，应当是指把裁判结果监督再审检察建议、审判人员违法行为监督检察建议、执行监督检察建议做成刚性、做到刚性。笔者认为，可从以下几方面进行规范：一是提升检察建议质量。建立检察建议质效评估机制，确保检察建议内容精准、依据充分、切实可行；严格执行检察建议报上一级检察院备案制度和不当检察建议撤销制度，加强对检察建议的备案审查和质量评查。二是强化后续监督。建立检察建议跟踪制度，及时掌握法院对每一个检察建议的采纳、落实情况以及未被采纳的原因，定期进行总结分析；严格执行检察建议跟进制度，对法院未在规定的期限内作出处理并书面回复的，或者对检察建议的处理结果错误的，依法提请上级检察院抗诉或以其他适当方式监督。三是建立倒逼机制。建立检察建议在媒体公告、宣告制度和检察建议落实情况向党委、人大年度报告制度或集中通报制度，形成一定的舆论压力，倒逼法院接受和自觉履行检察建议。四是加强类案监督。对民事诉讼中同类问题适用法律不一致的，在多起案件中适用法律存在同类错误的，以及办案程序违法或不当需要改正的等情形，及时做好总结和归纳，适时提出类案检察建议。也可采取向法院发出年度民事诉讼监督情况通报，或者公开发表年度民事诉讼监督白皮书等形式，增强类案监督的实效。①

---

① 参见最高人民检察院民事行政检察厅2018年7月31日下发的《关于加大民事行政诉讼监督案件办理力度，切实提高抗诉和检察建议精准度与权威性的通知》。

六、重视调查核实

目前，民事行政诉讼监督以书面审查为主的原则，导致检察人员办理案件的司法亲历性不足[①]，进而导致在疑难复杂案件的事实认定及事实不清时必要的自由心证等方面无所适从。增强民事行政诉讼监督案件办理的司法亲历性，是民事行政诉讼监督提质增效的客观需要，其最为有效的方式即为调查核实。调查核实属于监督手段的范畴，《人民检察院民事诉讼监督规则（试行）》第五章第三节从需调查核实的情形、调查核实措施、调查核实程序及拒绝调查的法律责任等方面，对调查核实作出了详细规定，但受传统办案思维和方式所限，调查核实在民事行政诉讼监督实践中并未受到足够重视。对此，一方面应加大调查核实在民事行政诉讼监督中的适用力度和适用范围，增强监督实效；另一方面应对调查核实的适用进行规范，做到合法合理适用。在监督实践中，应当着重注意以下几点：

第一，检察机关行使调查核实权应当与其公权力监督属性相适应，不应当超越监督职能，为一方当事人收集证据甚至成为一方当事人的"代理人"，导致民事行政诉讼结构失衡。换言之，调查核实的事项应当严格限制在与判断民事行政诉讼过程和结果是否符合法律规定有关。另外，虽然《人民检察院民事诉讼监督规则（试行）》第65条规定了"仅通过阅卷及审查现有材料难以认定"的限定条件，但在监督过程中应当赋予检察人员在判断案件是否符合上述限定条件方面必要的自由裁量权，即如果检察人员在审查案件时认为需要采取相应调查核实措施，一般应予允许。

第二，检察机关采取的调查核实措施应当适当。一是要使询问当事人或者案外人成为办案常态，必要时辅之以听证程序。询问当事人是最为简便的调查措施，对于增强检察办案的司法亲历性，增进对案件事实的了解至关重要。二是要根据办案的切实需要，调取相关证据或咨询专业人员、相关部门、行业协会的意见。三是要严控鉴定、评估、审计、勘验的适用情形，对于在

[①] 司法亲历性是指司法人员应当亲身经历案件审理的全过程，直接接触和审查各种证据，特别是直接听取诉讼双方的主张、理由、依据和质辩，直接听取其他诉讼参与人的言词陈述，并对案件作出裁判。检察监督的司法属性，决定了在办案过程中也要贯彻司法亲历性，但严格程度跟法院存在区别。参见朱孝清：《与司法亲历性有关的两个问题》，载《人民检察》2015年第19期。

诉讼过程中已经进行过鉴定、评估、审计、勘验的，一般不再委托鉴定、评估、审计、勘验。对于终审判决所采信的鉴定意见、评估意见、审计意见等证据，如果有证据能够证明存在相关人员不具有资格、作出程序严重违法、结论明显依据不足等情形，可据以提出抗诉或再审检察建议。四是要严格遵守"人民检察院调查核实，不得采取限制人身自由和查封、扣押、冻结财产等强制性措施"的规定。

第三，检察机关进行调查核实必须严格遵循调查核实程序。《人民检察院民事诉讼监督规则（试行）》第71条规定："人民检察院调查核实，应当由二人以上共同进行。调查笔录经被调查人校阅后，由调查人、被调查人签名或盖章。被调查人拒绝签名盖章的，应当记明情况。"正确规范行使调查核实权，对于维护被调查人的合法权益，确保民事行政诉讼监督的精准性具有重要意义。检察机关在进行调查核实时必须严格遵守上述程序性规定，规范调查核实行为。

第四，检察机关调查核实结果的运用应当区分不同情形。一是作为新证据使用。例如在某公司与郑某种植合同纠纷中（高检民监〔2015〕279号），通过检察机关调查核实，潍坊市生姜行业协会对潍坊地区生姜加工出口行业中"包洗成品"交易习惯出具的说明、潍坊出入境检验检疫局出具的《2007—2010年度潍坊辖区输日保鲜姜价格情况及潍坊某食品有限公司输日保鲜姜情况》，证据内容相对完整，证明效力相对较高，能够作为足以推翻原判决的新证据来使用。二是作为抗诉与否的理由在文书中写明。例如在某公司与苏某买卖合同纠纷（高检民监〔2015〕262号）中，苏某一方在检察机关询问时关于涉案设备系作价700万元作为其出资、结汇的理由是支付购房款、拍卖公司背书的原因等相关表述，均与相关证据相悖，可以作为抗诉的理由予以引用。再如在某光明公司与某海峡公司合资合作开发房地产合同纠纷中（高检民监〔2016〕220号），某光明公司在检察机关询问时所述的内容，实际上等同于承认双方针对判决结果的履行达成了新的协议，据此可以作为不支持监督申请的理由予以引用。

第五，在虚假诉讼监督中应当高度重视调查核实权的运用。虚假诉讼是指当事人以规避法律、法规或国家政策谋取非法利益为目的，通过恶意串通并虚构事实，借用合法的民事程序骗取法院文书，从而侵害国家利益、社会公共利益或案外人合法权益的行为，危害性巨大。全国检察机关"2016年以来共向人民法院提出抗诉或再审检察建议3877件，对构成犯罪的起诉452人"①，案件数量仍相对较低。在虚假诉讼监督实践中，必须增强调查核实意识，积极运用调查核实措施，通过缜密的调查取证来查明案件基本事实。在虚假诉讼的多发领域，应当明确调查核实的重点内容。例如，对于民间借贷纠纷，应当着重调查借款的支付方式、债权人和债务人的经济状况以及执行款流转情况；对于离婚析产纠纷，应当着重调查是否通过诉讼转移夫妻共同财产、逃避夫妻共同债务或者增加夫妻一方的义务；对于房地产权属纠纷，应当着重调查涉案房地产是否存在法律、行政法规或国家政策禁止、限制转让的情形，是否存在当事人规避法律以房抵债的情形；对于以国有企业、集体企业为被告的财产纠纷，应当着重调查是否存在虚构法律关系侵吞国家、集体资产的情形；等等。

七、凝聚监督合力

民事行政诉讼监督提质增效，必须坚持检察一体化工作机制，强化协作配合，凝聚监督合力。一是严格落实民事行政检察部门与刑事检察部门之间的线索双移送、结果双反馈制度，增强民事行政诉讼监督与刑事诉讼监督的合力。应当准确区分刑事犯罪与民事行政纠纷的界限，加强刑事犯罪制裁与民事行政权益保护的衔接，综合运用刑事、民事、行政检察监督手段，有效整合监督力量和资源。二是严格落实民事行政检察部门与法官职务犯罪侦查部门之间的线索双移送、结果双反馈制度，增强民事行政诉讼监督与法官职务犯罪侦查预防工作的合力。"对人的监督才是最有威慑力的监督"。② 在履行民事行政诉讼监督职能过程中，应当重点发现并移送涉嫌民事枉法裁判罪，执行判决、裁定失职罪，执行判决、裁定滥用职权罪的犯罪线索，为法官职务犯罪侦查部门立案侦查提供必要的专业协助。对法官职务犯罪侦查等部门移送的审判、执行人员贪污受贿、徇私舞弊、枉法裁判等行为的线索，应当

---

① 相关数据来源于最高人民检察院2018年3月9日在第十三届全国人民代表大会第一次会议上所作的工作报告。

② 张雪樵：《把握新时代新要求，开创民事行政检察新局面》，载《人民检察》2018年第4期。

及时依职权对其经办的民事行政案件进行监督。三是明确各级检察机关在民事行政诉讼监督中的工作重点，促进同级监督与提请上级检察机关监督优势互补，增强上下级检察机关之间的工作合力，努力形成上下联动、密切配合的民事行政检察工作格局。①

---

① 参见最高人民检察院《关于深入推进民事行政检察工作科学发展的意见》（高检发〔2013〕6号）第19条至第20条的相关规定。

民事裁判结果监督标准实证研究[*]

——以最高人民检察院近年办理的200余件民事案件为研究对象

民事裁判结果监督案件的办理是民事检察工作的传统业务,相较于公益诉讼等新的业务增长点,其目前发展正处于瓶颈期。所谓"瓶颈",主要是指民事裁判结果监督案件办理质量不是很高,效果不是很好,监督权威没有有效地树立。近年来省级院提请最高人民检察院抗诉的民事裁判结果监督案件的支持率仅为40%,如果排除提抗质量的因素,首要原因即为上下级检察机关对监督标准的把握不一致。《人民检察院民事诉讼监督规则(试行)》(以下简称《民事诉讼监督规则》)第4条规定:"人民检察院办理民事诉讼监督案件,应当以事实为依据,以法律为准绳,坚持公开、公平、公正和诚实信用原则,尊重和保障当事人的诉讼权利,监督和支持人民法院依法行使审判权和执行权。"检察机关在办理民事抗诉案件时,总的原则和标准应当是"以事实为依据,以法律为准绳"。在这一点上,民事裁判结果监督与民事审判是相通的。最高人民检察院《关于深入推进民事行政检察工作科学发展的意见》(高检发〔2013〕6号)对民事裁判结果监督标准有了一个更为具体的阐述。该意见第11条规定:"办理抗诉案件,应当从证据采信、事实认定和法律适用等方面严格把握抗诉标准,同时应当综合考虑裁判的社会效果和作出时的司法政策、社会背景。"上述规定是目前检察机关在民事裁判结果监督标准方面的主要规定,但因相对比较原则和抽象,不利于在监督实践中予以运用。本课题在对最高人民检察院近年办理的200余件民事裁判结果监督案件进行实证研究的基础上,提出了法定性标准、必要性标准和适当性标准三项标准,

---

[*] 本文系2017年度中国行为法学会研究课题"民事案件抗诉标准研究"阶段性成果之一。本文所引案例中当事人的姓名、名称均为化名。

以期对民事裁判结果监督案件的办理有所裨益。

一、法定性标准

法定性标准是就民事裁判结果监督的依据而言的。民事裁判结果监督主要在于审查民事裁判结果的违法性，而目前对民事裁判结果违法性的判断依据主要是《中华人民共和国民事诉讼法》（以下简称《民事诉讼法》）第200条关于再审事由的十三项规定。民事裁判结果监督的法定性标准，主要是指检察机关应当依据《民事诉讼法》第200条的相关规定来审查民事裁判结果的违法性。从这一角度来讲，民事裁判结果监督事由与法院再审事由是相通的。[①] 根据《民事诉讼法》第200条的相关规定，监督事由主要涉及事实问题和法律问题两个方面。涉及事实问题的监督事由主要包括：有新的证据，足以推翻原判决、裁定的；原判决、裁定认定的基本事实缺乏证据证明的；原判决、裁定认定事实的主要证据是伪造的；原判决、裁定认定事实的主要证据未经质证的；据以作出原判决、裁定的法律文书被撤销或者变更的。上述几项监督事由均与实体问题相关。涉及法律问题的监督事由可以分为两类。第一类主要与实体问题相关，主要包括：原判决、裁定适用法律确有错误的；原判决、裁定遗漏或者超出诉讼请求的；对审理案件需要的主要证据，当事人因客观原因不能自行收集，书面申请人民法院调查收集，人民法院未调查收集的。第二类主要与程序问题相关，主要包括：审判组织的组成不合法或者依法应当回避的审判人员没有回避的；无诉讼能力人未经法定代理人代为诉讼或者应当参加诉讼的当事人，因不能归责于本人或者其诉讼代理人的事由，未参加诉讼的；违反法律规定，剥夺当事人辩论权利的；未经传票传唤，缺席判决的。另外，除了上述监督事由，对于"审判人员审理该案时有贪污受贿、徇私舞弊、枉法裁判行为的"这一监督事由，主要系考虑审判人员的不法行为可能导致案件结果存在错误而进行监督，并不能完全归于事实问题类或法律问题类监督事由。检察机关在对民事裁判结果进行监督时，首先应

[①] 实务界有人提出应根据民事再审与民事检察监督的不同性质和功能区分二者的提起事由，实现二者各司其职、功能互补。参见路志强：《民事检察监督制度的立法完善——以民事诉讼法相关规定为视角》，载《人民检察》2017年第22期。

当依据法定性标准进行审查。从省级院的提请抗诉案件来看，涉及最多的监督事由主要有：一是原判决、裁定认定的基本事实缺乏证据证明的；二是原判决、裁定适用法律确有错误的；三是有新的证据，足以推翻原判决、裁定的。这三项监督事由涉及的案件数占省级院提请抗诉案件数的80%以上。上述三项监督事由之外的其他监督事由涉及的案件数量较少，多数情况系作为主要监督事由的补强理由出现的。下面重点阐述上述三项事由的适用标准。

（一）原裁判认定的基本事实缺乏证据证明

《民事诉讼监督规则》第79条规定："有下列情形之一的，应当认定为《中华人民共和国民事诉讼法》第二百条第二项规定的'认定的基本事实缺乏证据证明'：（一）认定的基本事实没有证据支持，或者认定的基本事实所依据的证据虚假、缺乏证明力的；（二）认定的基本事实所依据的证据不合法的；（三）对基本事实的认定违反逻辑推理或者日常生活法则的；（四）认定的基本事实缺乏证据证明的其他情形。"在此，首先需厘清"基本事实"这一概念。参考最高人民法院《关于适用〈中华人民共和国民事诉讼法〉审判监督程序若干问题的解释》第11条的规定，对原裁判的结果有实质影响、用以确定当事人主体资格、案件性质、具体权利义务和民事责任等主要内容所依据的事实，为民事诉讼法第200条第二项所规定的"基本事实"。在民事裁判结果监督过程中，主要应就案件基本事实进行审查并结合相关证据来判断该基本事实是否"缺乏证据证明"，进而作出抗诉与否的决定。对于原裁判结果没有实质影响或未影响当事人民事责任承担的其他错误事实，一般情况下不宜就此提出抗诉。有一种特殊情况必须指出，即本案中对于某事实作出的错误认定，虽未影响本案的实体裁判结果，但若本案裁判文书生效后，其中对于某事实的错误认定影响了另案实体裁判结果（此处系指当事人根据"已为人民法院发生法律效力的裁判所确认的事实，当事人无须举证证明"的规定，引用本案生效裁判所确认的错误事实，另案提起相关诉讼的情况），则对于本案中的错误事实，以提出抗诉为宜。

《民事诉讼法》和最高人民法院《关于适用〈中华人民共和国民事诉讼法〉的解释》（以下简称《民事诉讼法解释》）对如何认定"缺乏证据证明"，并没有作出具体规定。《民事诉讼监督规则》第79条虽然对"缺乏证据证明"

进行了必要的细化规定，但针对性并不突出。因为在民事裁判结果监督案件中，完全缺乏证据支持、证据虚假、证据不合法以及对基本事实的认定违反逻辑推理或日常生活法则的案件，并不占多数。多数案件需要针对纷繁复杂的案件事实，根据高度盖然性的证明标准来判断终审判决认定案件基本事实是否缺乏证据证明。在案件基本事实确实难以查清的情况下，则需要根据举证责任分配规则来认定当事人所主张的案件基本事实是否成立。严格而言，因举证责任分配错误或者法院对相关证据认证不当而导致终审判决对案件基本事实认定错误的，应归结于"适用法律确有错误"而非"认定案件基本事实缺乏证据证明"，或者说系因"适用法律确有错误"而导致对案件基本事实的认定缺乏证据证明。在监督实践中，应将相关问题表述清楚，防止将两类监督事由随意混用。

在适用"原裁判认定的基本事实缺乏证据证明"这一监督事由时，关键问题是要明确在监督阶段对于案件基本事实应当查清到什么程度。换言之，何种程度的认定事实不清才属于认定基本事实缺乏证据证明，并足以据此提出抗诉。本文认为，与民事审判必须对案件基本事实作出实质性认定不同，在民事裁判结果监督过程中，只要能够证明终审判决在认定案件基本事实时存在以下违法性，即可据以提出抗诉，而并非必须对案件基本事实作出实质性认定。

1.终审判决在认定案件基本事实方面存在明显的计算错误。此类情形主要是指因终审判决中存在计算错误（计算方式错误、计算依据错误、计算项目重复或漏项等），进而导致终审判决在当事人具体权利义务的分配上存在明显不公。例如，在华侨公司与刘光军承包经营管理合同纠纷一案中（高检民监〔2015〕202号），经查，终审判决存在以下计算错误：一是该案中被评估的66套房屋中有3套存在重复评估而虚增销售收入问题。二是该案中被评估的66套房屋中有15套房屋销售款已收到入账，但《资产评估报告》对该15套住房重新进行评估，导致虚增了项目工程净利润。检察机关应当据此提出抗诉。再如，在武役灿与吴永东合伙纠纷一案中（高检民监〔2016〕214号），经查，再审判决存在以下计算错误：一是再审判决对涉案项目节余数额的认定存在计算方式错误。对于武役灿分配节余的诉讼请求，再审判决应结合双方现金投入、应收应支账款及鉴定意见中关于总收入、总成本、各项税费的数额等综合来认定。再审判决在双方没有合伙清算的基础上简单加减计算，不能够成为判定合伙项目是否存在可分配节余的依据。二是再审判决鉴于吴永东自认有部分虚增工程材料款的情况，直接酌情扣减其垫资款20万元的做法是错误的。因鉴定意见中对部分虚增工程款的情况已作处理，再审判决再次酌情扣减垫资款20万元，属于重复扣减。综上，该案中再审判决存在两处计算方式错误，必然影响计算结果的正确性及实体判决结果的公正性，检察机关应当据此提出抗诉。对于本案真实情况，可由法院在再审过程中予以查明。

2. 终审判决在认定案件基本事实方面存在矛盾。此类情形主要是指终审判决对相互矛盾的涉案证据均予以确认或采信，导致对案件基本事实认定混乱，且实体判决结果缺乏合理依据。例如，在同德堂公司与长春泰康公司、吉林东龙公司、宋德香买卖合同纠纷一案中（高检民监〔2015〕289号），经查，终审判决对相关证据的采信存在以下矛盾之处：第一，在现金结算与汇票结算同时存在的情况下，二审判决只认可现金结算而不认可汇票结算。二审判决认定涉案9600663元"全部系现金结算"，但同德堂公司提交的58张汇票中已被公安机关查实的部分，金额已达11068500元，且长春康泰公司和吉林东龙公司自认上述汇票中的3张（金额共计为1101575元），相应金额其确已收到。第二，二审判决认定的现金结算中实际包含一部分汇票结算。二审判决认定涉案9600663元"全部系现金结算"，但相关证据可证明该9600663元中有五笔明确记载为"汇票付款"或"汇票"（金额共计为1801517元）。在现金结算与汇票结算存在明显矛盾的情况下，二审法院有义务对同德堂公司的已付货款数额及付款方式予以查实，其片面采信所谓现金结算的数额，导致对案件基本事实认定不清，实体判决缺乏合理依据。

3. 终审判决对案件基本事实能够查清而未予查清。此类情形主要是指终审判决对应当查清而且能够查清的案件事实不予调查或调查不尽责，片面地依据一方当事人提交的并不充分或有瑕疵的证据作出判决，导致实体判决不公。例如，在吕昌礼与姜蓓、孙涛买卖合同纠纷一案中（高检民监〔2015〕287号），该案的审查重点是再审判决对涉案书画的真伪这一关键事实是否应当查实以及应当如何查实。第一，查实涉案书画的真伪是本案的关键。该案中，姜蓓、孙涛一方在诉讼中称所售书画系真迹，并且于再审过程中单方委托北京故博阁收藏品鉴定有限公司和北京善玉艺术品鉴定中心对退回的书画作品进行了鉴定,但由于上述两公司不属于鉴定管理部门备案的有鉴定资质的鉴定机构,鉴定人亦未出庭作证,且吕昌礼对上述两公司出具的鉴定意见不予认可并向再审法院提出了鉴定申请,因此上述两公司出具的鉴定意见不足以证实涉案书画的真伪。第二,涉案书画的真伪应当如何查实。检察机关在办理本案过程中,司法部司法鉴定管理局根据2015年度全国司法鉴定机构情况统计,向检察机关提供了9家可以进行书画类作品真伪鉴定的鉴定机构信息。由此可见,对书画类作品的真伪是可以进行司法鉴定的。再审判决认为,"再审中吕昌礼虽提出鉴定申请,但由于没有可供委托的鉴定机构,无法进行鉴定",缺乏事实依据。本案中,双方均有对涉案书画作品予以鉴定的意愿,在司法部司法鉴定管理局提供了可供选择的鉴定机构的情况下,应当由法院委托有资质的鉴定机构对涉案书画进行鉴定,以查明涉案书画的真伪,公平合理地解决双方当事人之间的纠纷。再如,在郭彦凯与赵萍民间借贷纠纷一案中(高检民监〔2016〕193号),该案的审查重点是协议一与协议二是否基于同一借款事实产生,而判断协议一与协议二是否基于同一借款事实产生的最为直接和有效的方式,即是对协议二所涉借款是否履行这一关键事实予以查清,法院对此应作进一步调查核实。综观本案审理过程,一、二审法院既未从各证据与案件事实的关联程度、各证据之间的联系等方面来综合审查协议一与协议二是否基于同一借款事实产生,又未对协议二所涉借款是否履行这一关键事实所涉及的证据予以调查取证,其作出相应判决的依据明显不足,检察机关应当据此提出抗诉。

4.终审判决所采信的证据足以使人产生合理怀疑。此类情形主要是指终审判决所采信的证据存在明显瑕疵,足以使人产生合理怀疑,终审判决对此未予调查核实或在调查后仍片面采信,导致终审判决缺乏公信力。例如,在李花荣等七人与李彩云借款合同纠纷一案中(高检民监〔2015〕15号),经查,该案中终审判决存在以下问题,足以使人对终审判决的合理性和公正性产生合理怀疑:第一,终审判决认定李彩云一方已经偿还借款的证据系孤证,且该证据自身存在重大瑕疵。第二,终审判决采信的两份鉴定意见均存在瑕疵,且未采信西南政法大学司法鉴定中心的鉴定意见理由不够充分。第三,在本案历次诉讼过程中,李彩云主张其还款的100万元款项来自承兑汇票贴息兑付。从本案的客观情况来看，款项来源对正确认定还款事实具有重要意义，在还款凭据这一主要证据存在瑕疵的情况下，终审判决应当要求李彩云提供相关证据对款项来源予以证明。综上，在李彩云提交的相关证据存在明显瑕疵的情况下，终审判决应当要求李彩云对其证据予以补强，否则应承担相应的法律后果；在多次进行鉴定的情况下，终审判决应当在仔细辨别、分析的基础上作出取舍，不能对明显存在瑕疵的鉴定意见予以采信。再如，在陈璞与大华公司建设工程内部承包合同纠纷一案中（高检民监〔2016〕224号），经查，该案关键证据《工程结算书》存在重大瑕疵。一是从证据表面来看，该《工程结算书》仅盖有李瑞玲的个人名章，既未加盖大华公司的公章，也未加盖内蒙古送变电公司公章，不符合工程结算文件的形式要件，不足以证明大华公司不欠陈璞工程款。二是该案一审期间，大华公司称内蒙古送变电公司建筑工程处尚未作出工程结算书，但二审期间法院依职权调取的《工程结算书》的落款时间为1999年3月28日，远早于一审判决作出时间2008年1月24日，足以使人产生合理怀疑。三是二审庭审时本案双方当事人对该《工程结算书》均未予认可。鉴于本案关键证据《工程计算书》存在上述重大瑕疵，二审判决据此认定大华公司不欠陈璞工程款，证据明显不足，检察机关应当据此提出抗诉。

5. 终审判决对证据的采信明显不符合高度盖然性的证明标准。此类情形主要是指终审判决违反了《民事诉讼法解释》第108条关于"对负有举证证明责任的当事人提供的证据，人民法院经审查并结合相关事实，确信待证事实的存在具有高度可能性的，应当认定该事实存在。对一方当事人为反驳负有举证证明责任的当事人所主张事实而提供的证据，人民法院经审查并结合相关事实，认为待证事实真伪不明的，应当认定该事实不存在"的相关规定，对符合高度盖然性的证据不予确认或者对不符合高度盖然性的证据予以确认。例如，在应力与绿洲公司联营合同纠纷一案中（高检民监〔2016〕241号），该案的审查重点是根据现有证据能否证实双方签订联营协议后，应力已经实际出资对联营体进行了投资建设。该案中，相关证据能够形成有效的证据链接，证明应力已经实际出资对联营体进行了投资建设以及投资款的数额。换言之，应力提交的相关证据，已达到高度盖然性的证明标准，能够证实绿洲公司资产在联营期间大幅增加，但终审判决不仅对此未予采信，反而仅依据绿洲公司在再审期间提交的且并未予以查实的财务账册、资产负债表等证据认定联营结束时存在亏损并驳回应力的诉讼请求,明显缺乏事实和法律依据。

6.终审判决所采信的主要证据证明力明显不足或足以被其他证据所否定。此类情形主要是指终审判决所采信的鉴定意见、交通事故认定书、火灾损失核定书等证据缺乏充分的事实依据而导致其证明力明显不足,或鉴定意见等证据足以被同案其他证据所否定。例如,在广瑞公司与七欣科公司、刘建、胡金钟、祝雯红、大丰瑞众公司、七欣亭公司股权转让纠纷一案中(高检民监〔2015〕145号),该案中对"三通一平"相关费用的认定,主要系依据鉴定机构作出的《工程造价司法鉴定意见书》,而该意见书所得出的各项配电工程费用共计为277.1186万元、土地自然平整费用共计331.3671万元等结论,依据明显不足,同案其他证据亦可否定上述结论。一是关于通电工程部分,管委会在回函中已确认其所交付土地的临时通电及正式用电的综合线路由其完成配套到位,据此可以证明"三通一平"范畴内的通电工作已经完成。上述鉴定意见书中显示各项配电工程费用共计为277.1186万元,显然与管委会的回函内容相悖。二是关于土地平整工程部分,鉴定意见书载明一、二、五期场地内土地自然平整费用共计331.3671万元,因场地内原始地貌已经不存在,故鉴定依据为七欣科公司及七欣亭公司提供的施工合同及工程造价、签证等资料,但经审查部分据以制作结算书的附件与结算书之间并不匹配,且七欣亭公司提供的相关付款凭证从金额及付款用途上亦无法与结算书相互对应。鉴于鉴定基础材料在内容上存在瑕疵,且相关付款凭证与结算书之间又缺乏关联性,终审判决据此认定一、二、五期场地内自然平整费为331.3671万元,亦缺乏事实依据。

(二)原裁判适用法律确有错误

《民事诉讼监督规则》第80条规定:"有下列情形之一的,应当认定为《中华人民共和国民事诉讼法》第二百条第六项规定的'适用法律确有错误':(一)适用的法律与案件性质明显不符的;(二)认定法律关系主体、性质或者法律行为效力错误的;(三)确定民事责任明显违背当事人有效约定或者法律规定的;(四)适用的法律已经失效或者尚未施行的;(五)违反法律溯及力规定的;(六)违反法律适用规则的;(七)适用法律明显违背立法本意的;

（八）适用诉讼时效规定错误的；（九）适用法律错误的其他情形。"上述规定对原裁判适用法律确有错误的情形进行了重点列举与兜底规定。在监督实践中，随着审判人员整体素质的提升，诸如适用的法律已经失效或者尚未实施、违反法律溯及力规定、违反法律适用规则、适用法律明显违背立法本意、适用诉讼时效规定错误等"技术类"错误的比例逐渐减少。原裁判适用法律确有错误的情况一般集中在法律关系的认定和法律责任的确定等方面。

1.适用的法律与案件性质明显不符。这种情况主要是指原裁判确定了错误的案由，进而导致适用了与案件性质不相符的法律条文。出现这种情况的主要原因是审判人员对案件所涉及的法律关系类型没有认识清楚。例如陈德心、陈锦心与陈直心、陈冰心、陈石心、陈莹心、陈恒心、陈愉心、陈琴心继承纠纷一案（高检民监〔2016〕134号），即属于典型的"适用的法律与案件性质明显不符"。该案中，再审判决认定该案属于遗产继承纠纷，错误地确定了案由，进而错误地适用了法律条文。该案中被继承人黄意于1977年去世时，陈德心、陈锦心未放弃继承权，视为接受继承，陈德心和陈锦心的继承人身份，不是本案争议焦点。在黄意遗产禅城区高基街3号房产分割前，其与本案其他继承人对涉案房产享有共有权。陈德心、陈锦心诉讼请求是确认涉案房产共同共有，以及分割涉案房产被拆迁后补偿所得的房产，属于共有物确认及分割纠纷，即本案案由应为共有权纠纷，而非继承权纠纷。再审法院认为关维青、陈琴心、陈愉心、陈直心处分遗产侵犯了陈德心、陈锦心的继承权，故本案应认定为遗产继承纠纷，属于适用法律确有错误。

2.认定法律关系主体错误。这种情况主要是指原裁判将与案件无关的人错误认定为法律关系的主体，或者对真正的法律关系主体未予认定。出现这种情况的主要原因是审判人员对案件所涉及的法律关系主体的权限没有认识清楚。例如临高县粮食局与邱继坚买卖合同纠纷一案（高检民监〔2014〕228号），即属于典型的"认定法律关系主体错误"。该案中，临高县粮食局不是处置马袅粮所国有资产的适格主体，不具有处分马袅粮所国有资产的权力。临高县粮食局的副局长将县粮食局内部决定告知邱继坚一方的行为以及邱继坚随后打款的行为，均不能产生处分马袅粮所国有资产的法律效力。再审判决由于对临高县粮食局是否具有处分马袅粮所国有资产的权利没有审查清楚，导致错误认定法律关系主体。

3. 认定法律关系性质错误。这种情况主要是指原裁判误将当事人之间存在的 A 法律关系性质认定为 B 法律关系，如将雇佣关系认定为加工承揽关系，将不当得利认定为合同关系等。出现这种情况的主要原因是审判人员在审查案件法律关系所涉及的基础事实时出现偏差，由此导致在对案件法律关系性质的认定上出现偏差。例如，黄清龙与柳朝华、赵铭琰、郭志宏不当得利纠纷一案（高检民监〔2016〕169 号），即属于典型的"认定法律关系性质错误"。该案中，应当认定柳朝华构成不当得利。第一，黄清龙主张其因柳朝华与陈书怀签订的《借款担保合同》转给柳朝华 1780 万元，二审判决对转款事实亦予以确认。黄清龙就柳朝华构成不当得利的基本事实已经作出了合理说明并予以举证。柳朝华抗辩其不构成不当得利，其应当就占有该财产的合法根据承担举证责任。第二，黄清龙起诉时系以民间借贷为由向柳朝华主张权利，一审法院向其释明凭现有证据民间借贷关系不能成立，黄清龙继而以不当得利为由主张权利。在转款事实证据充分的情况下，二审法院仅从适用法律的角度认定"柳朝华占有涉诉款项并非没有合法根据"，继而认定柳朝华不构成不当得利并判决驳回黄清龙的诉讼请求，有违实体公平原则。本案中二审判决之所以认定柳朝华不构成不当得利，主要在于二审判决错误地认定黄清龙向柳朝华支付的 1780 万元包含在黄璋宝的 5000 万元款项中。二审判决对决定案件法律关系性质的基础事实认定错误，导致对案件法律关系的性质认定错误。再如，在陈刚与风水沟煤矿医院医疗损害赔偿纠纷一案中（高检民监〔2015〕27 号），终审判决在适用法律方面存在两处错误，均涉及对涉案法律关系性质的认定。第一，终审判决以未构成医疗事故为由驳回陈刚的医疗损害赔偿请求，显然混淆了因医疗事故引起的医疗损害赔偿纠纷与因医疗事故以外的原因引起的医疗赔偿纠纷两种情形，适用法律确有错误。根据相关规定，风水沟煤矿应就医疗行为与陈刚损害结果之间不存在因果关系和医疗过错负举证责任，但风水沟煤矿未能就此举证证明，而现有证据能够证明医方在诊疗过程中确实存在一定过错，故风水沟煤矿应当对陈刚的医疗损害承担相应的赔偿责任。第二，终审判决以陈刚享受工伤待遇为由驳回陈刚的医疗损害赔偿请求，适用法律确有错误。工伤待遇系因工伤事故而产生，其依据在于《工伤保险条例》的相关规定。医疗损害赔偿系因医院在治疗过程中存在过错而产生，其依据在于《民法通则》的相关规定。两者基于不同的法律事实而产生,分别构成工伤保险法律关系和医疗损害赔偿法律关系,并不排斥。

4. 认定法律行为效力错误。这种情况主要是指对法律行为是否成立、是否生效、是否变更、是否解除以及是否应当承担法律责任等问题的认定,因违反有关法律规定而出现错误。出现这种情况的主要原因是审判人员对涉案法律规定的主旨涵义、立法目的、适用规则等把握不清或理解有误。"认定法律行为效力错误"是在监督实践中数量最多的一种适用法律错误类型。例如秋皮沟矿业公司与鸡西信用社、中信担保公司、亚沟水泥公司、吴丽华、李连宝、李翔丽、谭敏、马丽影、韩伟光、鲁洪刚借款、担保合同纠纷一案(高检民监〔2016〕166号),即属于典型的"认定法律关系效力错误",主要表现在两方面:一是终审判决认定涉案借款合同有效,是错误的。该案中,相关刑事判决、公安机关和检察机关的询问笔录等证据,足以证实鲁洪刚、亚沟水泥公司与信用社副社长于延年等人恶意串通,通过合法形式(以他人名义,并以设备改造为理由)来掩盖骗取金融机构贷款的非法目的,且该非法目的已实现。根据合同法相关规定,涉案借款合同应属无效。二是终审判决认定涉案担保合同有效,亦是错误的。担保合同是主合同的从合同,主合同无效,担保合同无效。本案中,涉案借款合同应确认为无效,信用社与中信担保公司签订的担保合同作为从合同,亦应认定为无效。中信担保公司明知涉案借款合同违法仍提供担保,按照相关司法解释,其承担民事责任的部分,不应超过债务人不能清偿部分的1/3。终审判决中信担保公司对全部债务承担连带责任,适用法律确有错误。

再如,黄洁明与关永汉房屋买卖合同纠纷一案(高检民监〔2015〕118号),亦属于典型的"认定法律行为效力错误",主要表现在:二审判决认为黄洁明相关行为构成根本违约,是错误的。第一,黄洁明在关永汉逾期履行的情况下,为本已解除抵押的两处房产重新办理抵押登记的行为,并不影响关永汉依约向银行融资(金额不超过2300万元)。因为按照《补充协议书》的约定,为关永汉进行融资担保的是黄洁明未设定抵押的另外三处房产而非上述重新设定抵押的两处房产。二审判决认为黄洁明重新设定抵押的行为将影响关永汉依约向银行融资,无事实依据。第二,《补充协议书》的各条款有明确的先后履行顺序,黄洁明履行以上述两处房产为关永汉进行融资担保的义务，系在关永汉尚需履行三项主要义务之后。在关永汉尚未履行上述三项义务的前提下，二审判决认为黄洁明重新设定抵押的行为将导致合同事实上无法履行，依据不足。第三，根据《补充协议书》第四条的约定，另外三处房产设定抵押的目的系为关永汉本人购买涉案房屋进行融资，并未约定关永汉可以指定其本人以外的主体或基于其他目的向银行进行贷款。但本案中关永汉提交的建设银行新会支行两份《客户告知书》显示，申请贷款的主体分别为荣信公司和新会公司，且明示贷款不得用于固定资产或股本权益性投资，这与《补充协议书》约定的贷款主体和贷款目的明显不符，黄洁明据此拒绝为关永汉进行融资担保有一定的合理性。综上，黄洁明将涉案两处房产重新设定抵押的行为，不足以导致合同无法继续履行以及合同目的无法实现，二审判决认定该行为构成根本违约，适用法律确有错误。

5. 确定民事责任明显违背当事人有效约定或法律规定。这种情况主要是指在当事人之间有合法约定或者法律有明确规定的情况下，原裁判未依照当事人的约定或者法律规定确定义务人应承担的法律责任，而导致裁判结果出现错误。出现这种情况的主要原因是审判人员对涉案合同的相关条文理解有误或者忽略了法律关于合同事项的限制性规定。例如，在渝万公司与双庆公司建设工程施工合同纠纷一案中（高检民监〔2015〕150号），二审判决对鉴定得出的涉案工程加固费用10433669.55元全部予以支持，违反了合同法关于损害赔偿的"可预见性原则"，属于适用法律确有错误。《合同法》第113条规定，违约损害责任的范围不得超过违约方在订立合同时已经预见或应当预见到的因违约而可能造成的损失。本案中，对于涉案工程因质量问题的加固费用，经司法鉴定，相关费用合计为10433669.55元。即使考虑计价定额不同等因素，上述加固费用也已超过涉案工程实际工程造价的两倍，应当认为超过了渝万公司在订立合同时预见到或者应当预见到的因违反合同可能造成的损失。二审判决未对加固费用10433669.55元的合理性予以审查，简单采信鉴定意见，属于适用法律确有错误。同时，在加固费用已超过实际工程造价两倍的情下，足以使人对已完工程的实际存在意义产生合理怀疑，二审判决应当综合比对拆除、加固等责任承担方式并选取最经济、对双方损害最小的处理方式，其直接判令渝万公司承担加固费用，在处理方式上明显不当。

再如，在康桑公司与宏远公司建设工程施工合同纠纷一案中（高检民监

〔2015〕290号),终审判决对康桑公司民事责任的确定,明显违背了当事人的约定和法律规定。第一,本案中,两份《建设工程施工合同》已明确约定"本合同价款采用固定合同价款方式确定""不以物价变化调整、增加价款",且相关司法解释规定"当事人约定按照固定价结算工程价款,一方当事人请求对建设工程造价进行鉴定的,不予支持",但一审法院仍允许进行司法鉴定并采信鉴定意见,确认涉案工程造价为31769528.84元,明显违反当事人约定和法律规定。第二,涉案工程在施工过程中发生了部分工程量的变更。对此,监理单位在向宏远公司出具的多份《监理通知》中明确记载"工程量增减部分按原合同约定计算"。在此情况下,一审法院即使对工程量增减部分不按原合同约定计算,亦应按照相关司法解释"当事人对部分案件事实有争议的,仅对有争议的事实进行鉴定,但争议事实范围不能确定,或者双方当事人请求对全部事实鉴定的除外"之规定,仅应允许对增减部分的工程量进行造价鉴定,而不应允许对全部工程量进行司法鉴定。

6.举证责任分配失当导致裁判结果存在错误。最高人民法院《关于民事诉讼证据的若干规定》第2条规定:"当事人对自己提出的诉讼请求所依据的事实或者反驳对方诉讼请求所依据的事实有责任提供证据加以证明。没有证据或者证据不足以证明当事人的事实主张的,由负有举证责任的当事人承担不利后果。"第73条规定:"双方当事人对同一事实分别举出相反的证据,但都没有足够的依据否定对方证据的,人民法院应当结合案件情况,判断一方提供证据的证明力是否明显大于另一方提供证据的证明力,并对证明力较大的证据予以确认。因证据的证明力无法判断导致争议事实难以认定的,人民法院应当依据举证责任分配的规则作出裁判。"举证责任分配失当,是指原裁判违反举证责任分配规则,将一方的举证责任错误分配于另一方,导致没有举证义务的另一方承担了不利的诉讼结果。这种情况多见于案件事实难以查清的案件中,出现这种情况的主要原因是审判人员对举证责任分配规则把握不清或为了达到一定的非法目的而刻意为之。例如,在德天公司清算组与正和公司、李宁、管玉霞、马军、郑天禄返还财产纠纷一案中(高检民监〔2015〕182号),原审判决在举证责任分配方面存在以下失当之处:第一,原审判决以德天公司清算组未能提交证据为由,对德天公司清算组主张正和公司返还财产的诉讼请求未予支持,确有错误。根据相关审计报告书,截至

2002年12月31日，德天公司尚有所有者权益总额494.2万元。2003年7月德天公司营业执照被吊销后，同月成立的正和公司承接了德天公司的全部资产。由于德天公司自2001年8月至被吊销营业执照时其经营活动及全部资产均处在管玉霞的控制之下，德天公司清算组客观上无法取得并向法院提交德天公司拥有财产的证据。而正和公司在成立时注册资本仅为50万元，在接收德天公司资产后，正和公司目前所实际拥有的资产已经远远大于公司注册资本，其有义务也有能力提交资产来源的证据，在此情形下，应当由正和公司对其控制下的超过注册资本的其他资产来源承担举证责任，否则应当推定为德天公司所有。原审判决将证明德天公司资产的举证责任分配给并未实际控制公司经营的德天公司清算组所承担，在举证责任分配方面明显失当。第二，原审判决就德天公司清算组主张正和公司及其股东返还自2001年8月至今的全部经营利润和孳息的问题，举证责任分配明显不当。本案中，原德天公司法定代表人刘昌君车祸遇难后，由管玉霞担任法定代表人并实际控制公司，公司相关会计账簿、凭证等资料均由管玉霞一方所掌握。为此，德天公司清算组在一审期间向法院申请证据保全，但一审法院未予准许，且一审、二审法院均将经营利润和孳息数额的举证责任分配至德天公司清算组一方，有失公允，明显不当。

7.适用诉讼程序明显错误。这种情况主要是指原裁判违反法律关于诉讼程序的相关规定，违法剥夺当事人诉讼权利或者为了达到一定的非法目的，违法启动诉讼程序。例如对符合受理条件的案件不予受理或驳回起诉、对不符合再审条件的案件违法进行再审等。这种情况多见于针对民事裁定进行的监督，出现这种情况的主要原因是审判人员对法律关于诉讼程序的相关规定把握不清或为了达到一定的非法目的而刻意为之。例如，在湘龙超市公司与湘聚公司、广通公司其他经营纠纷一案中（高检民监〔2015〕295号），二审法院以"本案交由长沙市芙蓉区处理湘龙大市场遗留问题办公室统一处理为宜"为由，驳回湘龙超市公司的起诉，非法剥夺了湘龙超市公司的诉讼权利，明显不当。本案因涉及信访问题，二审法院与当地政府一直在互相推诿责任。二审法院认为当地政府已成立解决相关问题的办公室，故裁定驳回起诉，将涉案纠纷推向当地政府。当地政府则回函认为涉案纠纷应通过司法途径解决，希望法院重新审理并作出裁判。根据调查核实，上述办公室已无人办公，相关问题并未得到解决。在这种情况下，通过抗诉启动再审程序来解决本案纠纷，更为适宜。再如，在郑桂林与青海鑫瑞建设工程有限公司买卖合同纠纷一案中（高检民监〔2016〕211号），该案中并不存在针对调解书启动再审程序的法定事由。一是原审调解并不违反当事人自愿原则。二是调解协议的内容并不违反法律规定。故再审法院针对原审法院作出的调解书而启动再审程序，明显不当。

（三）有新的证据足以推翻原裁判

《民事诉讼监督规则》第78条规定："下列证据，应当认定为《中华人民共和国民事诉讼法》第二百条第一项规定的'新的证据'：（一）原审庭审结束前已客观存在但庭审结束后新发现的证据；（二）原审庭审结束前已经发现，但因客观原因无法取得或者在规定的期限内不能提供的证据；（三）原审庭审结束后原作出鉴定意见、勘验笔录者重新鉴定、勘验，推翻原意见的证据；（四）当事人在原审中提供的，原审未予质证、认证，但足以推翻原判决、裁定的主要证据。"根据上述规定，新证据的类型可以分为新发现的证据、新取得的证据、新形成的证据、未质证的证据四类。需要说明的是，最高人民法院关于民事诉讼法的司法解释把新形成的证据扩大为"在原审庭审结束后形成，无法据此另行提起诉讼的"，这样的修改使上述第三项不再限定于鉴定、勘验领域，有利于对当事人权利的保障。

对新证据的采信标准是什么呢？本文认为，应当是"足以推翻原裁判"。新证据能够证明原裁判认定的基本事实或者裁判结果错误的，该证据才可以被认定为"足以推翻原裁判"。新证据如果只是证明原裁判存在一般瑕疵，就不应认定为"足以推翻原裁判"。同时，"足以推翻原裁判"采取的应当是盖然性的标准，而不是必然性的标准。在监督实践中，不能要求新证据必须推翻原裁判，因为这样可能导致应该再审的案件没有进入再审程序或者再审审理程序形式化。例如，在管凌、凌云城公司与起重机械厂财产损害赔偿纠纷一案中（高检民监〔2015〕223号），该案中的新证据为云南省司法厅司法鉴定管理局分别于2013年9月6日和2013年12月11日出具的两份《函》（及相关调查笔录和谈话记录）、检察机关于2015年1月16日对鉴定人周青的询问笔录、周青于2015年1月19日向云南省司法厅司法鉴定管理局出具的

《配合调查（2012）云宸鉴字第 A01 号〈司法鉴定意见书〉有关情况的澄清及补充》等。上述新证据，足以说明在涉案司法鉴定意见书中署名的周希明、周青，均未实际参与鉴定工作，涉案鉴定程序严重违法，相关鉴定意见不足以作为判决依据。在这里，对新证据进行审查时所采信的即为盖然性的标准，而不是必然性的标准。本案中，一、二审法院据以判决管凌、凌云城公司向起重机械厂支付地上建筑物补偿款 2938400 元的主要证据即为涉案司法鉴定意见书，上述新证据的出现虽不能直接等同于鉴定意见必然是错误的，但已然具有高度的盖然性，检察机关应当据此提出抗诉。

从省级院的提请抗诉案件来看，新证据的类型主要有：

1. 人民法院依法作出的生效判决书。在监督实践中以刑事判决书作为新证据的情况较为普遍，以民事、行政判决书作为新证据的情况相对较少。一般情况下，已为生效判决书所确认的事实，当事人无须举证，除非当事人有相反的证据足以推翻该事实。换言之，以生效判决书作为新证据时其可信度相对较高，较易为检察机关所采纳。例如，在湖南省建总公司与金丰公司等买卖合同纠纷一案中（高检民监〔2016〕246 号），该案中的新证据主要是湖南省衡阳县人民法院作出的（2016）湘 0421 刑初 31 号刑事判决书和山东省高级人民法院作出的（2014）鲁民一终字第 228 号民事判决书。第一，作为新证据的刑事判决书可以认定刘国阳系利用伪造的湖南省建总公司印章骗取注册登记了苏安分公司，苏安分公司不是湖南省建总公司依法注册成立的分支机构，湖南省建总公司不应作为苏安分公司的法人单位承担责任。第二，作为新证据的民事判决书可以证明湖南省建总公司通过行使追偿权未实际获取工程款。因此，终审判决认定"湖南省建总公司以实际行为承接了苏安分公司对涉案工程的债权，根据债权债务相一致的原则，也应承担涉案工程中苏安分公司的债务"，并不成立。

2. 检察机关依法作出的起诉书和公安机关作出的侦查终结阶段性意见。由于尚未经法院审判程序认定，以检察机关作出的起诉书或公安机关作出的起诉意见书等作为新证据时其证明力相对较弱。此时，较为适宜的做法是中止对监督案件的审查，待刑事判决书作出并生效后再恢复对监督案件的审查，并根据刑事判决结果作出抗诉与否的决定。当然，如果结合其他证据，已经能够达到抗诉标准的监督案件，仍然可以作出抗诉决定。例如，在黑胡子公司因与杨乃、贺引利、杨二宝、杨宝（以下简称杨乃等四人）房屋拆迁安置补偿合同纠纷一案中（高检民监〔2016〕256号），即涉及检察机关作出的起诉书能否单独作为新证据予以采信的问题。该案中，达拉特旗人民检察院作出的起诉书载明：张成和在达拉特旗国土资源局地籍股工作期间，于2004年5月应杨乃的请求，在未经单位相关领导审批的情况下，私自对杨乃持有的四本国有土地使用证内容进行了变造，将用途一栏由"居住用地"涂改为"商服业用地"。据此可知，涉案部分土地性质发生变更，系达拉特旗工作人员张成和私自涂改所致。但上述事实尚未经过法院判决所确认，单独以此作为新证据其证明力相对不足。申请人黑胡子公司向检察机关申请监督期间，还提交了达拉特旗国土资源局出具的说明和达拉特旗人民政府出具的答复意见等新证据，可以证明达拉特旗人民政府并不认可上述涂改行为的效力。综合来看，上述新证据足以推翻终审判决关于涉案土地性质的认定。

3.公安机关的讯问笔录。公安机关的讯问笔录本质上属于当事人陈述或者证人证言，相较于起诉意见书，其证明力更为薄弱。特别是在刑事案件最终作撤案处理或者当事人主张遭受刑讯逼供的情况下，讯问笔录所记载事实的可信度更低。在监督实践中，应当杜绝仅仅以讯问笔录作为新证据而提出抗诉。此时，较为适宜的做法仍然是中止对监督案件的审查，待刑事案件结案后再作出抗诉与否的决定。当然，如果结合其他证据，已经能够达到抗诉标准的监督案件，仍然可以作出抗诉决定。例如，在天合公司与朱会彪借款合同纠纷一案中（高检民监〔2016〕231号），即涉及公安机关作出的讯问笔录能否单独作为新证据予以采信的问题。本案中，天合公司原法定代表人张春丽因涉嫌犯罪被依法逮捕后，于2014年4月29日供述，朱会彪借给公司本金600万元，利息450万元，是按照本金和利息一起出具的借条。天合公司时任财务人员李文波，于2014年5月26日在长春市公安局预审处被询问时证实："1050万元是借款600万元加上利息450万元。我当时说收到600万就写600万，出借方朱会彪不同意，坚决要求写1050万，我就请示张春丽，开始张春丽也说收到多少钱就写多少钱，出借方朱会彪不同意，最后张春丽让我按照朱会彪的要求写了这张借条。"据此可初步判断，天合公司与朱会彪之间仅存在600万元的真实借款关系，而非二审判决认定的1050万元借款关系。加之长春市公安局委托吉林金石会计师事务所出具的鉴定意见，可进一步证明张春丽涉嫌以职权之便勾结朱会彪等人采用向法院告诉、取得民事判决书或民事调解书手段进行合同诈骗，实施职务侵占，且二审判决原有认定天合公司与朱会彪之间存在1050万元真实借款关系的证据亦不充分。综合来看，上述新证据足以推翻二审判决关于天合公司与朱会彪之间存在1050万元真实借款关系的认定。

4. 行政机关及其职能部门作出的具有公信力的决定书或证明文件。行政机关及其职能部门作出的决定书或出具的相关证明文件，具有一定的公信力，可以作为新证据而提出抗诉。但在监督实践中，检察机关应适当地对决定书或证明文件的内容及作出程序进行审查，确保文件内容的真实性和作出程序的合法性，防止当事人为启动再审程序而伙同行政机关相关人员出具非法文件。例如，在黄金标与陈钻石民间借贷纠纷一案中（高检民监〔2015〕244号），涉及泉州边防检查站作出的《出入境记录查询结果》能否作为新证据予以采信的问题。该案主要证据《借款条》的落款日期为2010年9月25日，但泉州边防检查站出具的《出入境记录查询结果》显示，黄金标于2010年9月19日出境，2010年9月29日入境，证实2010年9月25日黄金标并不在中国大陆境内。针对上述出入境记录，一审法院询问陈钻石一方"借条是在什么地方形成的"。陈钻石一方回答"25日前后在香港去找被告拿借条，原告有去香港"。因2010年9月25日陈钻石是否出境到中国香港，对查明本案事实有重要影响，经检察机关调查核实，泉州边防检查站向检察机关提交的《出入境记录查询结果》显示：陈钻石于2010年9月22日入境回到中国大陆，2010年10月2日离开中国大陆出境到香港，即2010年9月25日陈钻石并不在香港。据此可以认定，陈钻石一方主张涉案《借款条》系形成于2010年9月25日前后的香港，缺乏证据证明。而且二审法院认定本案借款本金数额为300万元且已经交付的证据并不充分。综合来看，上述新证据足以推翻二审判决。再如，在中联公司与海龙公司、海润公司物权保护纠纷一案中（高检民监〔2016〕263号），涉及襄樊市地方税务局作出的《税务处理决定书》能否作为新证据予以采信的问题。该案中，中联公司向最高人民法院申请再审时，提交了襄樊市地方税务局〔2009〕26号《税务处理决定书》，拟证明中联公司受让案涉土地的实际交易价格为8000万元人民币（用以否定襄樊市国土资源交易中心于2008年7月17日出具的《成交确认书》确认涉案土地成交价款为 1000 万元）。虽然中联公司在本案一、二审期间没有提交该《税务处理决定书》，但该证据确与案件基本事实有关，依据民事诉讼司法解释的有关规定，检察机关据此抗诉后，法院应当予以采纳。

5. 当事人自行委托鉴定机构作出的鉴定意见。在监督实践中，当事人对案件审理过程中由法院委托鉴定机构作出的鉴定意见不服，在案件审结后又自行委托其他鉴定机构作出新的鉴定意见，以此来否定原鉴定意见并欲达到抗诉目的的，一般不予支持。如果当事人能够提交其他证据证明原鉴定意见存在鉴定机构或者鉴定人员不具备相关的鉴定资格、鉴定程序严重违法、鉴定结论明显依据不足等情形，应当根据其他证据而申请抗诉。此时，当事人自行委托鉴定机构作出的新鉴定意见，可作为补强理由予以说明。例如，在潘士春与新野县中医院医疗损害赔偿纠纷一案中（高检民监〔2015〕9号），涉及当事人自行委托鉴定机构作出的鉴定意见书能否作为新证据予以采信的问题。本案再审（高院）过程中，潘士春提交了其自行委托湖南省人民医院司法鉴定中心作出的两份鉴定意见书，评定为五级伤残，终身需要护理。但本案原审过程中，关于潘士春的伤残等级已经进行过二次鉴定，均认定潘士春伤残等级为八级，且两份鉴定意见由潘士春作为支持其诉请的证据在一审时提交法庭，并获法院采信。现潘士春并无证据能够证实存在需要重新鉴定的情形，且其自行委托湖南省人民医院司法鉴定中心作出的两份鉴定意见书，均是对其2010年申请重新鉴定时的伤情作出的评定，不能作为推翻原鉴定意见的依据。综上，潘士春自行委托湖南省人民医院司法鉴定中心作出的两份鉴定意见书不能达到"足以推翻原裁判"的证明标准，检察机关不应据此提出抗诉。

二、必要性标准

必要性标准是就民事裁判结果监督的效果而言的。民事裁判结果监督的必要性标准，主要是指检察机关在坚持法定性标准的同时，应当结合监督的社会效果、裁判作出时的司法政策和社会背景等因素对监督的必要性进行审查，在对相关因素综合考量后再作出是否予以监督的决定。检察机关所追求的办案效果应当是法律效果与社会效果的有机统一。所谓法律效果，是指通过监督确保民事法律的统一正确实施。所谓社会效果，是指对案件作出是否监督的决定后，在法律效果的基础上对社会所产生的影响，比如促进经济发展、保障社会稳定、维护社会道德、树立司法公信、实现公平正义等。[①] 应当说，民事裁判结果监督只要坚持法定性审查标准，一般会取得较好的法律效果，但并不必然取得较好的社会效果。法律效果的不足客观上要求以社会效果加以补充，而社会效果的实质应当是对法律价值的实现。这就要求我们在对民事裁判结果进行监督时还应当坚持必要性标准，以此彰显监督的社会效果。对于必要性标准，可以从以下几方面来把握。

（一）对于终审判决在认定事实或适用法律方面存在一定错误，但实体判决结果正确或者相对公正的，一般不宜提出抗诉或者发再审检察建议

这一点主要是从实体正义的角度来考虑的。如果案件实体判决结果正确或者相对公正的，一般不宜通过检察监督启动再审程序，浪费司法资源，可以考虑以检察建议的方式对相关的错误予以指出。在这里需要特别指出的一个问题是，在监督实践中对于诉讼时效的问题应该从宽把握，一般情况下不宜单独以超过诉讼时效为由提请抗诉或提出抗诉。例如在中润置业公司与中钢贸易公司买卖合同纠纷一案中（高检民监〔2015〕267号），中润置业公司对其欠付中钢贸易公司货款本金20958234.5元及相应利息的事实并无异议，案件争议焦点在于中钢贸易公司主张债权是否超过诉讼时效。本文认为，该案中二审判决认为《还款协议的补充》及《还款协议的补充（二）》"均应认定为未确定履行期限的协议"，继而认定"中钢贸易公司主张债权未超过诉讼时效期间"，从严格适用法律来看，有所不当。但从维护实体正义的角度考虑，最高人民检察院对本案作不支持监督申请处理，并无不当。

（二）对于终审判决存在程序瑕疵，但未影响实体判决结果的，一般不宜提出抗诉或者发再审检察建议；对于终审判决存在重大程序错误，可能影响实体判决结果的，一般应予提出抗诉或者发再审检察建议

这一点主要是从程序正义的角度来考虑的。在对民事裁判结果进行监督

[①] 时显群：《论司法判决中法律效果和社会效果的统一》，载《法治论坛》2017年第3期。

时，应当侧重于进行实体审查。在实体判决结果存在问题的情况下，审理程序中存在的问题可以作为抗诉的补强理由。什么是程序瑕疵呢？主要是指程序中存在的没有影响实体判决结果的程序违法问题。例如，审判组织的组成不合法、应当回避的审判人员没有回避、送达程序不规范等。什么是重大程序错误？主要是指程序中存在的影响实体判决结果的程序违法问题。例如，在某借款纠纷中，张某以李某的名义向王某出借1000万元，在案件审理过程中，张某明确向法院表明其为实际出借人并要求参加诉讼，而借款人王某实际也已经向张某偿还借款800万元。在这种情况下，原审未将实际出借人张某作为原告或列为第三人，结果导致案件事实没有查清、实体判决结果出现错误，这就是重大程序错误。在此必须指出，程序瑕疵与重大程序错误之间的界限并不是绝对的。对于某个程序问题，如果在这个案件中没有影响实体判决结果，那么就可能属于程序瑕疵，但如果该程序问题在另案中影响到了实体判决结果，那么在另案中就可能属于重大程序错误。例如，在哈尔滨不锈钢厂与姜江房屋买卖合同纠纷一案中（高检民监〔2016〕66号），即涉及重大程序错误，主要是再审法院在再审判决作出多年之后，在未经开庭审理的情况下，对原再审判决中并没有涉及的事项径行作出了一个所谓补正判决。其违法性主要表现在两个方面：第一，（2009）黑监民再字第54-1号民事判决相较于（2009）黑监民再字第54号民事判决，主要增加了"工业厂房北侧的一层偏厦220平方米和北侧小二楼（均无房照）的交付、更名过户手续"等内容，这一判项与《买卖协议书》中的赠与条款有关，但在原审中并未涉及，原庭审中双方亦未就此进行举证、质证和辩论，故（2009）黑监民再字第54-1号民事判决既超出了原审诉讼请求，又非法剥夺了当事人的辩论权利。第二，根据民事诉讼法的相关规定，对于笔误可以裁定的形式予以补正，但并未规定对于实体判决中存在的错误或漏判可以再行判决的形式予以补正。

（三）在办案的法律效果与社会效果相冲突的情况下，适当偏重办案的社会效果

适当偏重办案的社会效果，应当通过目标分析的方式，以能否实现监督的目的来判断，其着眼点不应仅限于个案公正，而应立足于整体法律价值的实现。例如，建设工程领域中存在的项目经理超越授权或者超出职责范围履

行职务时（对外借款等），法律责任应否由所属公司承担的问题。对此，一般而言要优先保障出借人（也就是权利受损一方）的合法权益，由此导致公司与项目经理之间产生的内部纠纷，可由双方另行解决。再如，对于房地产开发纠纷类、拆迁补偿纠纷类等案件中申请人已经实际享受拆迁、土地开发的优惠政策和红利，却以合同的相关约定为由拒绝承担相关补偿安置义务的，从权利义务对等的角度考虑，这类案件一般不宜抗诉。在太子公司与武汉包装厂、武汉金达威公司房屋拆迁安置补偿合同纠纷一案中（高检民监〔2016〕123号），案件争议焦点在于太子公司应否承担拆迁补偿义务。最高人民检察院不支持监督申请，主要基于以下考虑：一是认为太子公司承继了涉案《国有土地使用权批租合同》中的权利义务，取得诉争地块土地证，应承担拆迁补偿义务。二是基于实体公正方面的考虑而优先保护被拆迁人的利益。该案中太子公司如不承担拆迁补偿义务，则其依据涉案《国有土地使用权批租合同》取得的土地价格显著低于十年前价格50%，显然有失公允。因此，终审审判决依据事实和相关法律判令太子公司承担补充赔偿责任，符合实体公平原则。在此应当指出，适当偏重办案的社会效果必须在依法监督的前提下进行，切忌以办案的社会效果为由对应当监督的案件不予监督或者对不应监督的案件枉法监督。

（四）在依法监督的同时，适当兼顾判决作出时的司法政策与社会背景

司法政策是司法机关所制定的对司法活动进行指引和规范的规则①，是司法机关为了实现一定的司法目的而采取的具体策略和措施，是指导司法工作人员正确实施法律、公正办理案件的前提和基础。司法政策作为法律的辅助与补充，既可以弥补法律的漏洞，直接作为法无明文规定事项的办案依据，也可以为正当地解释法律提供一定的政策依据，即对法律进行符合立法意图的扩张或限缩解释。可以说，司法政策是对法律固有的僵化教条缺陷的必要克服，是把法律稳定性与社会生活的不确定性有效连接的黏合剂。在对民事裁判结果依法进行监督的同时，要适当兼顾判决作出时的司法政策以及相关司法政策出台的社会背景，切忌机械适用法律而无视监督的社会效果。例如

---

① 李大勇：《论司法政策的正当性》，载《法律科学》2017年第1期。

高检院曾经办理的江苏吴中公司申请监督案即涉及司法政策的采信问题。本案中，2005年8月5日，最高人民法院以法明传（2005）257号明传方式向各省级院下达《关于对涉及华夏证券股份有限公司及其所属机构的民商事案件暂缓受理、暂缓审理、暂缓执行的通知》（以下简称"三暂缓"通知），北京市高级人民法院据此作出相应判决。申请人江苏吴中公司认为"三暂缓"通知性质为人民法院公文，不属于司法解释，不具有法律效力，并据此申请监督。经审查，最高人民检察院未支持江苏吴中公司的监督申请。本文认为，"三暂缓"通知虽然不是司法解释，但从内容来看是具有司法政策性质的公文。从通知发出的背景来看，该通知是在国务院的统一部署安排下，在企业出现破产原因时，为避免证券公司大量破产导致系统性金融风险采取的特殊风险处置方式，通知自下发时即应具有司法效力。北京市高级人民法院未支持江苏吴中公司相关诉讼请求，并无明显不当。检察机关在办理此类裁判结果监督案件时，应适当兼顾判决作出时的司法政策和社会背景，而不能机械地适用法律。

（五）在依法监督的同时，适当尊重法官的自由裁量权

有学者将自由裁量分为狭义的自由裁量与广义的自由裁量[①]。狭义的自由裁量是指英美法系的法官可以自由造法，即新创设一个规则处理案件的方式所进行的裁量；广义的自由裁量是指在法院审判工作中，法官根据法律（包括司法解释），依据法庭查明的事实，在个人法律意识支配下作出裁判的过程。本文认为，自由裁量权是法官在案件审理过程中，在正确认定事实和适用法律的基础上，基于案件的基本情况，根据公正、衡平的法律精神和法律原则，对案件事实或者适用法律问题酌情作出裁判，或者是在多种合法的法律解决方案之间进行合理选择。从省级院的提请抗诉案件来看，法官行使自由裁量权主要集中在以下领域：在合同类纠纷中对双方违约责任的认定、对违约金比例的调整、对高利贷利息的调整、建设工程类纠纷中对逾期完工天数的酌减，在侵权类纠纷中基于双方过错程度对主次责任的划分等。在提请抗诉案件中，以法官行使自由裁量权比例失当为由提请抗诉的，也不在少数。

---

① 张军：《法官的自由裁量权与司法正义》，载《法律科学》2015年第4期。

对待这类提请抗诉案件,应当把握的原则是:对于法官毫无根据地行使自由裁量权,导致责任比例严重失当的案件,应当予以抗诉;对于法官行使自由裁量权有一定的合理依据,但在比例分配方面稍有不当的案件,一般不宜提出抗诉。对此,还要结合其他抗诉事由一并进行审查。在多数情况下,可以把法官行使自由裁量权失当作为提出抗诉的补强理由来使用。另外,有的案件中关于裁判事项缺乏明确的法律规定,只是在认识方面存在分歧的,一般也不宜抗诉。因为在法律规定不明确的情况下,不同的法官可能对不同事项做出不同的解读,这本身也包含了一定的自由裁量因素。例如在新星矿产公司因与盐城二建公司建设工程施工合同纠纷一案中(高检民监〔2015〕243号),即涉及法官行使自由裁量权是否失当的问题。具体而言,原审判决酌定涉案工程完工日期为2006年7月31日是否失当的问题。综合考虑涉案工程项目及工程量多次变更、新星矿产公司拖欠工程款等相关情况,原审判决酌定涉案工程完工日期为2006年7月31日,在实体处理方面相对较为公平合理。最高人民检察院据此对本案作不支持监督申请处理,符合本案实际情况。再如,在中环公司与长业公司建设施工合同纠纷一案中(高检民监〔2016〕254号),该案在违约金的调整方面和修复费用的比例划分方面均涉及法官行使自由裁量权是否失当的问题。第一,终审判决酌定逾期违约金按照多喜乐公司的实际损失180万元进行计算是否失当。终审判决在综合考虑本案当事人损失、过错、预期利益、合同履行程度等多项因素的基础上,根据公平和诚信原则,将中环公司的实际损失180万元确定为逾期竣工的违约金数额,事实依据和法律依据均较为充分。第二,终审判决酌定长业公司按照60%的比例承担涉案工程修复费用是否失当。终审判决综合考虑鉴定的时间节点均是在涉案工程交付使用一年之后,且鉴定机构并未对质量问题是由施工原因所致还是使用原因所致加以区分,以及涉案工程质量瑕疵与鉴定机构修复方案的实际情况等因素,认为由长业公司承担全部修复费用显失公平,并通过行使自由裁量权酌定由长业公司承担涉案工程60%的修复费用,总体上较为公平合理,并无明显不当。

(六)既要依法保护弱势群体利益,又要杜绝以此为由转移信访矛盾

弱势群体的权利保障问题,涉及社会公平正义价值观的实现,在任何国

家都是一个值得重视的问题。① 在民事裁判结果监督案件中，有很多案件涉及对弱势群体利益的保护问题。这类案件主要集中在劳动争议类、医疗事故类、拆迁补偿类、农村宅基地和承包地类等纠纷中。这类案件标的额往往不大，但在监督时不能把标的额的大小作为是否提出抗诉的考量因素，而应在监督的过程中强化对弱势群体利益的保护。例如在唐秀华因与华润万家公司、华润万家南坪店劳动争议纠纷一案中（高检民监〔2016〕188号），即涉及对弱势群体利益的保护问题（对申请人主张的加班费应否予以支持）。虽然案件标的额较小，但标的额的大小并非案件抗诉与否的考量因素。对本案提出抗诉的意义不仅在于维护申请人的合法权益，还从"两高"层面彰显了对弱势群体利益的保护。再如，在罗万林与临武县邮政局劳动争议纠纷一案中（高检民监〔2015〕52号），亦涉及对弱势群体利益的保护问题。该案争议焦点问题是罗万林是否符合与临武县邮政局签订无固定期限劳动合同的法定条件。鉴于劳动部1996年关于农民合同制工人续订劳动合同有关问题对福建省劳动厅的复函和1997年关于实行劳动合同制若干问题对江西省劳动厅的复函中规定，对于转为城镇户口的合同制工人连续工作满10年以上的、对于在本企业连续工作已满10年的临时工，企业应与其签订无固定期限劳动合同。上述复函符合我国劳动用人制度的实际国情，审判机关在处理具体案件时应当参照复函精神，加强对弱势群体利益的有效保护。从省级院的提请抗诉案件来看，目前出现的一个不良倾向是通过提请抗诉转移信访矛盾。信访问题需要通过多方面的努力来化解，不能简单地通过提请抗诉或者提出抗诉把信访矛盾转移到上级检察机关或者法院。

（七）应适当考虑案件中存在的问题是否必须通过抗诉途径来解决，以及能否通过抗诉途径来解决

第一，如果案件中存在的问题通过其他方式解决效果更好，则应通过其他方式来解决，这是抗诉手段的替代性问题。例如在满台城公司与农行汪清县支行借款合同纠纷一案中（高检民监〔2016〕59号），该案涉及判决主文表

---

① 王笑寒：《论我国弱势群体权利保障制度之完善》，载《烟台大学学报（哲学社会科学版）》2017年第5期。

述不明的问题（判决主文表述为"利息按双方在借款合同中约定的利率计算至本判决确定的给付之日止"，没有扣除已偿还的部分利息），但因双方对已归还利息16976215.69元的事实均无异议，故该问题完全可以通过执行程序解决，即在执行时直接扣减已偿还的利息，实无必要通过抗诉程序来解决。第二，如果案件中存在的问题，即使通过提出抗诉启动再审程序，仍不能得以解决或致使法院陷入两难境地，则应在总体考量案件实体公平的基础上，适当维护终审判决的既判力。例如在森卓木业公司与李清香财产损害赔偿纠纷一案中（高检民监〔2015〕33号）涉及是否应当通过新证据推翻原判决的问题。本案中森卓木业公司在申请监督时提交了黑河市价格认证中心出具的《关于撤销2007年7.18、7.19系列火灾价格鉴定结论的决定》，该新证据在一定程度上能够推翻原判决的相关内容。本案中终审判决的主要依据是认证中心的鉴定结论，现上述鉴定结论被撤销，直接导致终审判决的裁判依据不复存在。但从该案的实际情况来看，森卓木业公司对火灾的发生存在过错，终审法院在对全案证据综合考量的基础上判决森卓木业公司赔偿李清香财产损失886967元，有一定的事实和法律依据；而且因再次鉴定的条件已不具备，即使通过抗诉启动再审程序，相关事实亦难以查清，且使法院陷入两难境地（如果依据新证据驳回当事人的诉讼请求则有违实体公平，如果不采信新证据则存在适用法律方面的错误）。故综合全案情况来看，不宜对本案提出抗诉。

三、适当性标准

适当性标准是就民事裁判结果监督的方式而言的。民事裁判结果监督的适当性标准，主要是指检察机关在对民事裁判结果进行监督时应当区分抗诉、再审检察建议和检察建议等监督方式的适用情形，在综合考量的基础上选取最为适当的监督方式，以实现最好的监督效果；同时，对于当事人有和解意愿的，可以引导当事人在分清责任、明确利弊的基础上和解（即检察和解），以促进实体正义的实现。如何区分抗诉、再审检察建议和检察建议等监督方式的适用情形？

从政策引导方面看，最高人民检察院在《关于深入推进民事行政检察工作科学发展的意见》中指出："检察机关发现人民法院已经发生法律效力的民事行政判决、裁定确有错误或者发现民事调解书损害国家利益、社会公共利益的,应当提出抗诉或者再审检察建议;不宜提出抗诉或再审检察建议以及不适用再审程序的,可以通过检察建议等方式进行监督。""应当区分不同情形,合理运用提请抗诉和再审检察建议:提请抗诉一般适用于案件比较重大或者裁判确实明显不公、发生了重大错误的情形;再审检察建议主要适用于已经发生法律效力的判决、裁定虽有错误,但实体处理上错误并不严重或突出等情形。"

从法律规定方面看,《民事诉讼监督规则》第83条至第87条对于再审检察建议和提请抗诉的适用情形作出了适当区分,但两者之间仍存在重合部分。从《民事诉讼监督规则》第83条至第87条的规定来看,再审检察建议在适用范围上排除了实体法上的"适用法律确有错误"和"审判人员审理该案件时有贪污受贿、徇私舞弊、枉法裁判行为"两种情形,在程序上排除了"判决、裁定是经同级人民法院再审后作出"和"判决、裁定是经同级人民法院审判委员会讨论作出"两种情形,但是在多数情况下,再审检察建议与提请抗诉的适用范围是重合的,因而在监督实践中有必要对其作出适当区分。

第一,从《民事诉讼法》第200条关于监督事由的规定来看,民事裁判结果的监督事由大致可以分为适用法律错误类、事实认定错误类、程序违法类以及审判人员违法类等四类。根据《民事诉讼监督规则》第85条的规定,对涉及适用法律错误类与审判人员违法类监督事由的案件,应当提请上一级人民检察院抗诉。例如沈忠达与宏昇公司公司盈余分配纠纷一案(高检民监〔2015〕206号),在处理方式上为应当提请上一级人民检察院抗诉,而不能向同级人民法院提出再审检察建议。一是因为该案涉及的监督事由为适用法律确有错误。即双方当事人对公司盈余是否符合分配条件以及大股东拒绝分配盈余是否属于滥用股东权利而损害其他股东利益等法律适用问题,存在争议。按照《民事诉讼监督规则》第85条的规定,本案应当提请上一级人民检察院抗诉。二是该案历经一审、重审、二审、再审程序,终审判决是经同级人民法院再审后作出的。按照《民事诉讼监督规则》第84条的规定,本案亦应当提请上一级人民检察院抗诉。

第二,对涉及事实认定错误类和程序违法类监督事由的案件,原则上以向同级人民法院提出再审检察建议为宜,但是以下两种情况除外:一是案件比较重大或者裁判确实明显不公、发生了重大错误的情形，一般应当提请上一级人民检察院抗诉。二是原裁判是经同级人民法院再审后作出的，或者原裁判是经同级人民法院审判委员会讨论作出的，应当提请上一级人民检察院抗诉。再审检察建议旨在加强同级监督，合理配置司法资源，解决民行检察业务"倒三角"的问题。对涉及事实认定错误类和程序违法类监督事由的案件适用再审检察建议，由同级人民法院在查清事实或认清程序违法性的基础上自行纠错，既有利于发挥同级人民法院在查清事实等方面的相对优势，又有利于减少检察监督过程中的对抗性，符合我国司法权运行的规律和实际情况。例如在李宣与中元矿业公司劳务承包合同一案（高检民监〔2016〕154号）中，高检院对该案虽然最终作不支持监督申请处理，但申请人的部分主张，特别是关于燃油费、机械设备使用费的主张有一定的证据予以支持，故高检院要求省检察院向省法院依法提出再审检察建议，就该问题进行同级监督。

第三，从民事裁判结果监督的角度而言，检察建议的性质类似于一般的工作建议，旨在提醒审判机关以相关案件为鉴，在今后的审判工作中注意修正实体和程序方面的瑕疵，并不具有启动再审程序的强制性。在监督实践中，对于不宜提出抗诉或再审检察建议的瑕疵案件以及不适用再审程序的案件，可以通过检察建议的方式进行监督。例如在中国人保长宁支公司因与邹德超、魏仁明、周刚、李代彬、周铁军、宋学友等机动车交通事故责任纠纷一案中（高检民监〔2017〕62号），高检院对该案虽然最终作不支持监督申请处理，但再审法院判决中国人保长宁支公司在机动车交通事故责任强制保险的赔偿限额内支付邹德超、魏仁明110000元，属于适用法律确有错误（本案中"车上人员"邹平不属于机动车交通事故责任强制保险的赔付对象）。经向申请人中国人保长宁支公司了解，因涉案车辆未参加年检，根据保险条款的有关规定，邹德超、魏仁明无法获赔车上人员责任险；死者邹平因系"车上人员"，无法获赔机动车交通事故责任强制险。即该案中邹德超、魏仁明无法从保险公司获得任何赔偿。综合考虑弱势群体利益保护等相关因素，本案最终作不支持监督申请处理，但高检院要求省检察院向省法院提出检察建议，就再审判决中存在的法律适用问题予以指明。

另外，检察和解虽然不是民事裁判结果监督的方式，但作为民事裁判结果监督的一种工作机制,其通过在监督环节上设立利益干预和救济机制,不仅能够降低当事人的诉讼成本,节约司法资源,而且能够有效化解社会矛盾,实现案结事了。检察和解虽然在一定程度上体现了当事人自治原则在监督阶段的具体运用,但就其实质而言,检察机关针对有瑕疵的裁判结果提出以和解的方式来解决问题,以矫正裁判结果中存在的错误或瑕疵,本身亦是在履行监督职能,是对抗诉等刚性监督方式的柔性补充。[①]本文认为,在监督实践中对于以下几类案件应积极促进当事人和解:一是裁判结果虽有错误,但错误部分的数额较小,对当事人的实体权益无重大影响的。二是裁判结果虽有瑕疵(例如责任比例划分不当、自由裁量权行使失当等),但并未达到抗诉标准或者抗诉预期效果不甚明显的。三是发生在亲属之间、邻里之间的纠纷,经劝解当事人有和解希望的。四是裁判结果虽然正确但难以执行的,被申请人(胜诉一方)愿意让渡部分权益以换取执行的。五是裁判结果虽然正确但申请人缠诉闹访的。六是双方当事人均有和解意愿的其他案件。在此需指出的是,检察和解虽然具有终止检察机关对民事裁判结果监督案件继续进行审查的效力(当事人达成和解协议,且不损害国家利益、社会公共利益或者他人合法权益的,检察机关应当终结审查),但并不能否定终审裁判的既判力,亦不具有直接的强制执行力。对此,检察机关可以积极引导当事人将和解协议与执行程序对接,即引导当事人依照《民事诉讼法》第230条的规定办理执行和解,以促进检察和解机制取得实效。

[①] 参见李新生主编:《民事行政检察工作重点与案件审查实务》,中国检察出版社2013年版,第130页。

民事裁判结果监督案件受理标准实证研究*

民事裁判结果监督案件就程序启动方式而言，可以分为依申请监督和依职权监督两种情形，其中依申请监督的案件比例较高，占全部民事裁判结果监督案件的90%以上。关于依申请监督案件的受理，《人民检察院民事诉讼监督规则（试行）》（以下简称《民事诉讼监督规则》）第24条、第25条分别对应当受理和不予受理的情形进行了详细的规定，但监督实践中仍存在诸多不应受理而受理或应当受理而不受理的情况，这既悖离了《民事诉讼监督规则》的立法初衷，又损害了民事裁判结果监督的质效。落实张军检察长提出的"以办案为中心""精准抗诉"的监督理念，首先应当严把案件的进口关。本文拟通过实证研究的方式，对依申请类民事裁判结果监督案件的受理标准进行梳理，以期对提升民事裁判结果监督质效，做实做优做强民事检察工作有所裨益。本文认为，依申请类民事裁判结果监督案件的受理，应当遵循以下标准。

一、申请监督的主体应当为案件当事人

我国民事诉讼法规定的当事人分为狭义当事人和广义当事人。狭义当事人仅指原告和被告（一审程序中称为原告和被告，二审程序中称为上诉人和被上诉人，再审程序中称为申请人和被申请人），广义当事人还包括诉讼中的第三人。最高人民法院《关于适用〈中华人民共和国民事诉讼法〉审判监督程序若干问题的解释》第5条创设的案外人申请再审制度，现行《民事诉讼法》第56条第3款创设的第三人撤销之诉，第227条创设的案外人执行异议

---

* 本文刊载于《人民法治》2019年第2期，系中国行为法学会研究课题"民事案件抗诉标准研究"阶段性成果之一。本文所引案例中当事人的姓名、名称均为化名。

之诉,使案外人亦可通过相应程序参与诉讼,成为案件当事人。民事裁判结果监督的申请人只能是案件当事人,而不能是当事人以外的公民、法人和其他组织。当事人以外的公民、法人和其他组织虽然可以向人民检察院控告、举报并作为案件来源,但其控告、举报行为只能针对审判人员或执行人员的违法行为而提出,而不能对生效裁判或者调解书而提出。如果根据当事人以外的公民、法人和其他组织所控告、举报的内容,有必要对相关裁判结果进行监督,检察机关应依职权进行。例如在长城公司与东方公司抵押担保借款合同纠纷一案中(高检民监〔2016〕261号),A省高级人民法院作出终审判决后,案外人大都公司不服,向A省人民检察院申请监督。本案中,案外人大都公司向检察机关申请监督,主体并不适格,但A省人民检察院审查后发现,本案中存在"审判人员审理该案时有受贿行为"情形,且受贿事实已被生效刑事法律文书所确认,故依职权将本案提请最高人民检察院抗诉。

实践中存在的一种特殊情形是,申请人虽然是申请监督的适格主体(例如原审中将其列为被告),但终审判决并未判决其承担法律责任,其与终审判决亦无其他法律上的利害关系,因此对其监督申请不应予以支持。例如在紫云山庄公司与新信公司、罗兰德公司等合资合作开发房地产合同纠纷一案中(高检民监〔2015〕146号),紫云山庄公司不服B省高级人民法院终审判决,向B省人民检察院申请监督,该院提请最高人民检察院抗诉。该案中紫云山庄公司虽然是申请监督的适格主体,但紫云山庄公司的申请监督请求超出了原审中当事人的诉讼请求范围,不能通过审判监督程序予以解决,且终审判决并未判决其承担法律责任,其与终审判决亦无其他法律上的利害关系,因此对其监督申请不应予以支持。

二、申请监督的对象应当为符合《民事诉讼法》第209条第1款规定的生效裁判

《民事诉讼法》第209条第1款规定:"有下列情形之一的,当事人可以向人民检察院申请检察建议或者抗诉:(一)人民法院驳回再审申请的;(二)人民法院逾期未对再审申请作出裁定的;(三)再审判决、裁定有明显错误的。"为更好地配置司法资源,增强法律监督实效,现行《民事诉讼法》将申请再

审设置为申请检察监督的前置程序，因此申请监督的对象必须经过再审程序审查。如果人民法院驳回再审申请或者逾期未对再审申请作出裁定的，监督对象为原审生效裁判。如果人民法院再审后作出新的再审裁判，监督对象则为再审裁判。在对申请监督对象的把握方面，实践中应注意以下问题：

1. 申请人向人民法院邮寄再审申请书等材料三个月后，以人民法院逾期未对再审申请作出裁定为由向检察机关申请监督的，检察机关应当要求申请人提交人民法院已再审立案的相关证据，申请人不能举证证明人民法院已经再审立案并超过三个月未对再审申请作出裁定的，检察机关应当不予受理；已经受理的，应当终结审查。实践中，申请人向人民法院邮寄再审申请书并不能等同于已经再审立案，检察机关在受理此类案件时应谨慎把握受理条件。例如在朱沱镇政府与源力开发公司建设工程施工合同纠纷一案中（高检民监〔2016〕197号），最高人民检察院经向朱沱镇政府核实，朱沱镇政府于2015年9月22日向最高人民法院寄送了申诉书，最高人民法院于2016年3月28日复信要求其补充相关材料（2015法信字第18639号）。朱沱镇政府补充邮寄相关材料后，最高人民法院于2016年7月12日再次复信要求其按相关要求补充材料。朱沱镇政府工作人员于2016年11月8日上午到最高人民法院补齐了相关材料。最高人民法院目前正在对朱沱镇政府的再审申请进行审查且未超过三个月。根据《民事诉讼法》第209条、《民事诉讼监督规则》第31条的规定，该案不符合受理条件，应当对该案终结审查。

2. 终审判决作出后，仅一方当事人向人民法院申请再审，而另一方当事人未向人民法院申请再审，则未向人民法院申请再审的另一方当事人以案件已经过再审程序审查为由直接向检察机关申请监督的，检察机关不应受理；已经受理的，应当终结审查。同理，终审判决作出后，一方当事人（多人）中仅部分当事人向人民法院申请再审，而另一部分未向人民法院申请再审，则未向人民法院申请再审的另一部分当事人以案件已经过再审程序审查为由直接向检察机关申请监督的，检察机关不应受理；已经受理的，应当终结审查。《民事诉讼法》第199条规定："当事人对已经发生法律效力的判决、裁定，认为有错误的，可以向上一级人民法院申请再审；当事人一方人数众多或者当事人双方为公民的案件，也可以向原审人民法院申请再审。当事人申请再审的，不停止判决、裁定的执行。"从上述条文来看，一方当事人申请再审或者一方当事人（多人）中的部分当事人，并不能阻断另一方当事人或者一方当事人（多人）中另一部分当事人向人民法院申请再审。在现行民事诉讼法将申请再审设置为申请监督的前置程序的情况下，未申请再审的另一方当事人或者一方当事人（多人）中未申请再审的另一部分当事人不能"搭便车"，直接向检察机关申请监督，否则不符合立法精神。如果该部分当事人在终审裁判发生法律效力六个月内未申请再审，则属于行使自身的处分权，由此导致不符合申请监督受理条件的，相应后果应由其自身承担。

例如在鲁建公司、仁达公司与龙飞公司、鲁建德州分公司工程借款纠纷一案中（高检民监〔2015〕252号），鲁建公司、仁达公司均不服C省高级人民法院终审判决，分别向C省人民检察院申请监督，该院提请最高人民检察院抗诉。该案中仁达公司未就二审判决申请再审，故其监督申请不符合受理条件，C省人民检察院应当依法对仁达公司的监督申请不予受理。即使在受理后，如果发现本案属于上述情形，亦应当依法对仁达公司的监督申请终结审查。而该案中，在鲁建公司、仁达公司均向C省人民检察院申请监督的情况下，C省人民检察院认为对鲁建公司的监督请求不应予以支持，而对仁达公司的监督请求应当予以支持，并据此提请最高人民检察院抗诉。实际上，由于C省人民检察院对双方当事人的监督申请处理不当，给本案在结案方式的选用上造成一定困难。一方面，C省人民检察院在对鲁建公司的监督请求不予支持的情况下，却通过提请抗诉的方式（搭仁达公司的便车），变相导致高检院需对鲁建公司的监督请求重复审查（如果对鲁建公司的监督请求不予支持，依照相关规定应属复查程序范畴）；另一方面，C省人民检察院本应对仁达公司的监督申请不予受理，却通过提请抗诉的方式，导致不应受理的案件进入抗诉审查程序。鉴于该案存在上述情况，高检院在对双方当事人的监督请求予以审查后，统一作出了不支持监督申请决定书（没有对仁达公司的监督申请作出终结审查决定书）。

3. 关于申请再审后作出的再审裁判的范围如何界定的问题。目前司法实践中对申请再审后作出的再审裁判的范围尚有争议，本文认为司法实践中对此应从宽把握，凡是经过再审程序审查后作出的判决、裁定均可认定为属于再审裁判的范围。具体包括以下裁判：（1）申请人向上一级人民法院申请再审的：第一，再审申请受理后经提审作出的裁判即为再审裁判。第二，再审申请受理后指令原审法院再审作出的裁判（适用于指令二审法院再审的情形），以及对相关裁判不服经上诉后作出的裁判（适用于指令一审法院再审的情形），均为再审裁判。第三，再审申请受理后发回重审作出的裁判（适用于发回二审法院重审的情形），以及对相关裁判不服经上诉后作出的裁判（适用于发回一审法院重审的情形），均为再审裁判。（2）申请人向原审人民法院申请再审的：再审申请受理后作出的裁判（适用于向二审法院申请再审的情形），以及对相关裁判不服经上诉后作出的裁判（适用于向一审法院申请再审的情形），均为再审裁判。

在实践中应注意：第一，经二审程序发回重审后作出的裁判，以及对该裁判不服经再次上诉后作出的二审裁判，不能认定为再审裁判，即不能成为监督对象。第二，指令一审法院再审、发回一审法院重审、向一审法院申请再审等情形下作出的裁判，当事人可以上诉，在此情况下监督对象应当为再审（二审）判决，而非再审（一审）判决。例如在刘海林与李雪艳案外人执行异议纠纷一案中（高检民监〔2016〕183号），该案一审判决作出后，申请人刘海林并未上诉，而是向上级人民法院申请再审，上级人民法院依法指令一审法院再审本案。《民事诉讼法》第207条规定："人民法院按照审判监督程序再审的案件，发生法律效力的判决、裁定是由第一审法院作出的，按照第一审程序审理，所作的判决、裁定，当事人可以上诉；发生法律效力的判决、裁定是由第二审法院作出的，按照第二审程序审理，所作的判决、裁定，是发生法律效力的判决、裁定；上级人民法院按照审判监督程序提审的，按照第二审程序审理，所作的判决、裁定是发生法律效力的判决、裁定。"据此，该案中再审（一审）判决作出后，当事人可以上诉。对于这种情况，检察监督的对象应是二审判决（终审判决）而非再审（一审）判决。换言之，二审判决（终审判决）即属于《民事诉讼法》第209条所称的再审判决。

4.关于法院依职权启动再审程序后作出的裁判是否属于再审裁判的范围。本文认为，因现行《民事诉讼法》将申请再审设置为申请监督的前置程序，如果将法院依职权启动再审后作出的裁判归属于《民事诉讼法》第209条所称的"再审判决、裁定"，则有违法律适用逻辑及立法精神，但如果从诉讼经济和有限再审的原则考虑，宜适当对再审裁判的范围作扩大解释，使法院依职权启动再审程序后作出的裁判包含于《民事诉讼法》第209条所称的"再审判决、裁定"的范围,最高人民检察院和最高人民法院在相关案件中亦持此观点。例如在最高人民检察院办理的通畅达公司申请监督案中,临汾市中级人民法院一审判决作出后,双方当事人均未提出上诉,后一审法院以"原判决适用法律存在错误"为由依职权启动再审程序并作出如下裁定:撤销一审判决,驳回通畅达公司的起诉。通畅达公司不服该裁定,向二审法院山西省高级人民法院提出上诉,二审法院审理后作出如下裁定:驳回上诉,维持原裁定。通畅达公司不服,向检察机关申请监督,最高人民检察院依法向最高人民法院提出抗诉。最高人民法院在审理本案过程中就争议的山西省高级人民法院民事裁定的性质应属再审裁定还是二审裁定问题,经征询全国人大常委会法制工作委员会意见后认为,从现行民事诉讼法的立法精神看,应当坚持有限再审原则及"法院纠错在先,检察监督断后"的再审救济顺位模式,应当认定山西省高级人民法院民事裁定属于民事诉讼法规定的再审裁定,当事人无权向人民法院申请再审,而应依法向检察机关申请监督。①

三、受理监督申请的检察机关对案件有管辖权

根据《民事诉讼监督规则》的相关规定,对发生法律效力的民事裁判结果监督案件,最高人民检察院、同级人民检察院和上级人民检察院均有管辖权。当事人对已经发生法律效力的民事裁判结果申请监督,由作出原生效裁判的人民法院所在地同级人民检察院受理;同级人民检察院受理后,根据审查情况,向同级人民法院提出再审检察建议或者提请上级人民检察院抗诉。

四、受理监督申请应符合关于申请监督期限的规定

现行《民事诉讼法》和《民事诉讼监督规则》中对民事裁判结果的申请监督期限并未作出规定,这导致大量生效多年的裁判结果监督案件进入监督程序,给民事检察监督工作带来很大困扰。为此,最高人民检察院民事行政

---

① 参见最高人民法院审监庭第五合议庭《关于一审生效裁判经再审作出裁判性质的调研》,载《人民司法》2016 年第 25 期。该文所称的一审生效裁判经再审作出裁判,包括依职权再审作出裁判和依申请再审作出裁判两种情况。

检察厅和控告检察厅通过会议纪要的形式规定：在受理当事人申请检察监督的期限方面可以参照最高人民检察院民事行政检察厅《关于规范省级人民检察院办理民事行政提请抗诉案件的意见》的有关规定执行，即当事人在民事裁判生效后超出两年期限再申请监督的，检察机关不予受理。在《民事诉讼法》或《民事诉讼监督规则》对民事裁判结果的申请监督期限作出具体规定之前，各级检察机关应严格按照上述会议纪要的规定来把握申请监督期限。对申请监督期限作出明确规定，有利于当事人及时行使申请监督权利，维护生效裁判的既判力。《行政诉讼监督规则》在制定时比照关于申请再审期限的相关规定，已将行政裁判结果申请监督的期限设定为六个月，即当事人"应当在人民法院作出驳回再审申请裁定之日或者再审判决、裁定发生法律效力之日起六个月内提出；对人民法院逾期未对再审申请作出裁定的，应当在再审申请审查期限届满之日起六个月内提出"。《民事诉讼法》或《民事诉讼监督规则》在修改时应对此作出相同规定。

五、申请人提供的材料应当齐备并符合规定

申请人申请监督，应当提交相关材料以便于检察机关对案件进行审查。《民事诉讼监督规则》第25条至第28条对申请人应当提交的材料的种类（主要包括监督申请书、身份证明、相关法律文书及证据材料）和要求作出了具体规定，此处不再赘述。

六、当事人申请监督不属于不予受理的情形

《民事诉讼监督规则》第31条规定："当事人根据《中华人民共和国民事诉讼法》第二百零九条第一款的规定向人民检察院申请监督，有下列情形之一的，人民检察院不予受理：（一）当事人未向人民法院申请再审或者申请再审超过法律规定的期限的；（二）人民法院正在对民事再审申请进行审查的，但超过三个月未对再审申请作出裁定的除外；（三）人民法院已经裁定再审且尚未审结的；（四）判决、调解解除婚姻关系的，但对财产分割部分不服的除外；（五）人民检察院已经审查终结作出决定的；（六）民事判决、裁定、调解

书是人民法院根据人民检察院的抗诉或者再审检察建议再审后作出的;(七)其他不应受理的情形。"《民事诉讼监督规则》第31条主要是根据《民事诉讼法》第209条的相关规定引申出来的,属于对当事人可以申请监督的情形的反向关照。

此处重点探讨《民事诉讼法》第209条第2款所确立的民事裁判结果监督"一次申请原则"。《民事诉讼法》第209条第2款规定:"人民检察院对当事人的申请应当在三个月内进行审查,作出提出或者不予提出检察建议或者抗诉的决定,当事人不得再次向人民检察院申请检察建议或者抗诉。"据此,"一次申请原则"的内涵为:一方面,对于检察机关已经审查终结作出决定的案件,无论是提出抗诉或检察建议,还是不提出抗诉或者检察建议,当事人再次申请监督的,检察机关均应当不予受理;另一方面,当事人对人民法院根据检察机关的抗诉或者再审检察建议再审后作出的裁判向检察机关申请监督的,检察机关亦应当不予受理。在此需指出的是,"一次申请原则"系针对案件而言,而非针对申请人而言。① 换言之,一方面,一方当事人申请监督且检察机关已经审查终结并作出决定的案件,未申请监督的另一方当事人不得再申请监督;另一方面,对人民法院根据检察机关的抗诉或者再审检察建议再审后作出的再审裁判,不仅同一申请人不得再次申请,案件的其他当事人也不能再次申请。"一次申请原则"的价值在于避免申请人重复启动、反复启动监督程序,维护生效裁判的既判力,但其本身亦存在一定的局限性。为了弥补"一次申请原则"的不足,《民事诉讼监督规则》和相关文件又作出了以下制度设计:一方面,对于当事人申请监督且检察机关已经作出不支持监督申请决定的,申请人可以向上一级检察机关申请复查一次;另一方面,检察机关提出抗诉或者再审检察建议后,人民法院作出的再审裁判结果仍有明显错误的,检察机关可依职权通过跟进监督程序来处理。

---

① 参见最高人民检察院民事行政检察厅编:《人民检察院民事诉讼监督规则(试行)条文释义及民事诉讼监督法律文书制作》,中国检察出版社2014年版,第41~42页。

民事行政审判违法行为监督实证研究*

《民事诉讼法》第 208 条第 3 款、《行政诉讼法》第 93 条第 3 款、《人民检察院民事诉讼监督规则（试行）》（以下简称《民事诉讼监督规则》）第 99 条、《人民检察院行政诉讼监督规则（试行）》（以下简称《行政诉讼监督规则》）第 28 条共同构建了相对完整的民事行政审判违法行为监督制度。各级检察机关"不断强化审判人员违法行为监督。坚持从裁判结果监督向诉讼过程监督延伸，从实体违法监督向程序违法监督拓展，对民事审判中违法送达、违法采取保全措施、适用审判程序错误等违法行为，提出检察建议 86104 件，法院采纳 77662 件，采纳率为 90.2%。2017 年以来，对在民事行政审判活动中故意违背事实和法律枉法裁判涉嫌犯罪的，检察机关直接立案侦查 191 人。"[①]虽然取得了一定的成绩，但民事行政审判违法行为监督相较于裁判结果监督，仍存在诸多问题和短板，其监督职能尚未充分发挥，监督效果和社会影响力有待进一步提升。本文以相关数据和案例为依托，对民事行政审判违法行为监督存在的问题进行了梳理，并在此基础上提出相关建议，以期对该制度的完善有所裨益。[②]

---

* 本文刊载于《中国检察官》2019 年第 4 期，系 2018 年度最高人民检察院检察理论研究课题"民事行政审判违法行为监督实证研究"（课题编号：GJ2018D44）研究成果。

① 数据来源于 2018 年 10 月最高人民检察院《关于人民检察院加强对民事诉讼和执行活动法律监督工作情况的报告》。

② 下文图表中的相关数据均系根据最高人民检察院工作报告、专项报告、新闻发布会及有关文章综合整理得出，仅反映民事行政审判违法行为监督相关事项的发展趋势。

一、现状分析：检察机关民事行政审判违法行为监督基本情况

（一）民事行政审判违法行为监督案件受理情况分析

表1 检察机关直接受理民事行政审判违法行为监督案件基本情况

年份与类别	受案数	案件来源		
		依职权发现	当事人申请	案外人举报控告
2017民事+行政	16100	12500	3400	200
2018民事	18730	15240	3360	130
2018行政	1210	1010	180	20
合计	36040	28750	6940	350

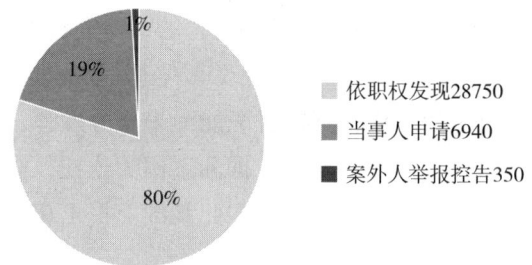

图1 2017-2018年检察机关直接受理民事行政审判违法行为监督案件来源比例

2017—2018年，全国检察机关民事行政审判违法行为监督共计受理案件36040件，其中2017年受理16100件，2018年受理19940件，总体呈上升趋势。从民事类案件与行政类案件受理对比情况来看，以2018年数据为例，两者比例约为15∶1，总体上相差悬殊。从案件来源情况来看，两年中依职权发现、当事人申请监督、案外人举报控告三项来源占比分别为80%、19%、1%左右，其中依职权发现比例呈畸高之势。

（二）民事行政审判违法行为监督案件审查结案情况分析

表 2　检察机关民事行政审判违法行为监督案件结案基本情况

年份与类别	结案数	结案方式			
		检察建议	终结审查	不支持监督	其他
2017 民事＋行政	15380	13900	680	640	160
2018 民事	18500	16730	990	650	130
2018 行政	1180	1020	80	60	20
合计	35060	31650	1750	1350	310

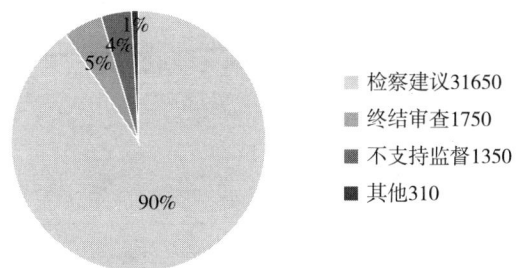

图 2　2017–2018 年检察机关民事行政审判违法行为监督案件结案方式比例

2017—2018 年，全国检察机关民事行政审判违法行为监督共计结案 35060 件，其中 2017 年结案 15380 件，2018 年结案 19680 件，总体呈上升趋势。从民事类案件与行政类案件结案对比情况来看，以 2018 年数据为例，两者比例约为 16:1，总体上相差悬殊。从案件结案方式来看，两年中检察建议、终结审查、不支持监督三种结案方式占比分别为 90%、5%、4% 左右，即绝大多数案件以检察建议的方式结案。另外，通过交办、转办、移送等其他方式结案的案件比例约为 1%。

（三）民事行政审判违法行为监督检察建议情况及采纳率分析

	2014	2015	2016	2017	2018
民事	19700	15400	12500	13100	16700
行政	1200	1100	700	800	1050

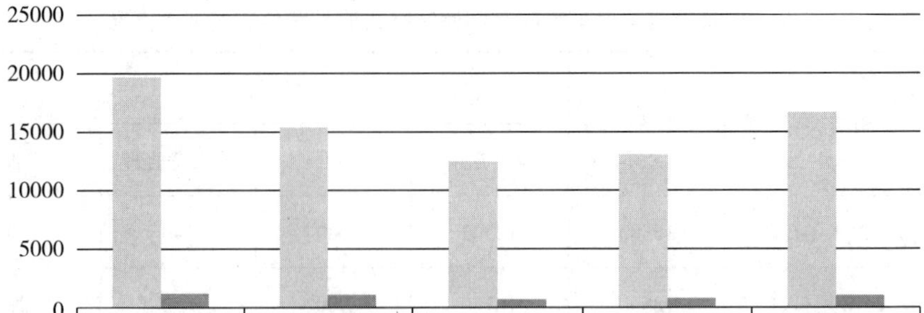

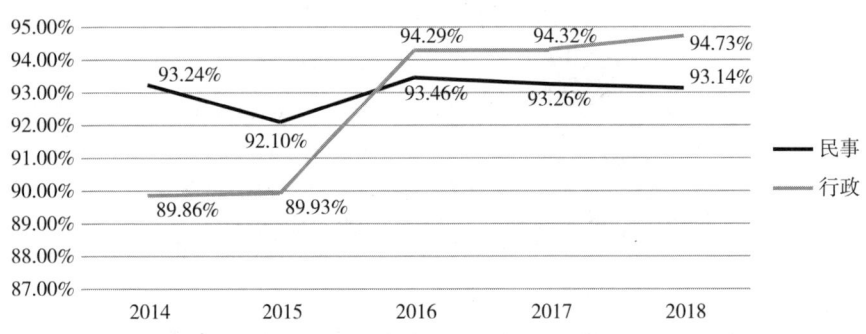

图 3　2014–2018 年检察机关民事行政审判违法行为监督检察建议基本情况

图 4　2014–2018 年检察机关民事行政审判违法行为监督检察建议采纳率

检察建议是民事行政审判违法行为监督最主要的监督方式。2014—2018年，全国检察机关民事行政审判违法行为监督共发出检察建议 82250 件，年均发出检察建议 16450 件，其中以 2016 年为节点，总体上呈“V”字形发展趋势。从民事类检察建议与行政类检察建议对比情况来看，五年中两者比例约为 16∶1，总体上相差悬殊。从法院采纳情况来看，五年来民事类检察建议与行政类检察建议的采纳率均超过 89%，相较于民事行政裁判结果监督而言，法院采纳比例相对较高。其中，民事类检察建议的采纳率年均维持在 93% 左右，且变动不大；行政类检察建议的采纳率呈逐年升高趋势，变动较为明显。需要指出的是，在 2016 年民事类与行政类检察建议数量为五年中最低的情况下，两者的采纳率却为五年中最高，分别为 93.46% 和 94.29%。

（四）四级检察机关民事行政审判违法行为监督案件比重分析

表3　四级检察机关民事行政审判违法行为监督检察建议基本情况

年份	县区院	分市院	省级院	高检院
2016	12978	220	2	0
2017	13538	360	2	0
2018	17318	430	1	1
合计	43834	1010	5	1

从民事行政审判违法行为监督案件的层级分布来看，绝大部分案件集中于县区院。2016—2018年，县区院民事行政审判违法行为监督案件比例超过97%，分市院、省级院与高检院民事行政审判违法行为监督案件比例合计亦低于3%。三年来，在省级院和高检院层面，提出民事行政审判违法行为监督检察建议的数量仅为6件，说明"高层次"违法行为监督工作存在严重不足。值得一提的是，2018年底最高人民检察院就人民法院在民事公告送达中存在的不规范问题向最高人民法院发出类案检察建议，指出当前人民法院在民事公告送达中主要存在的问题并提出建议，取得了良好的法律效果和社会效果。

（五）民事审判违法行为监督案件涉各类审判程序情况分析

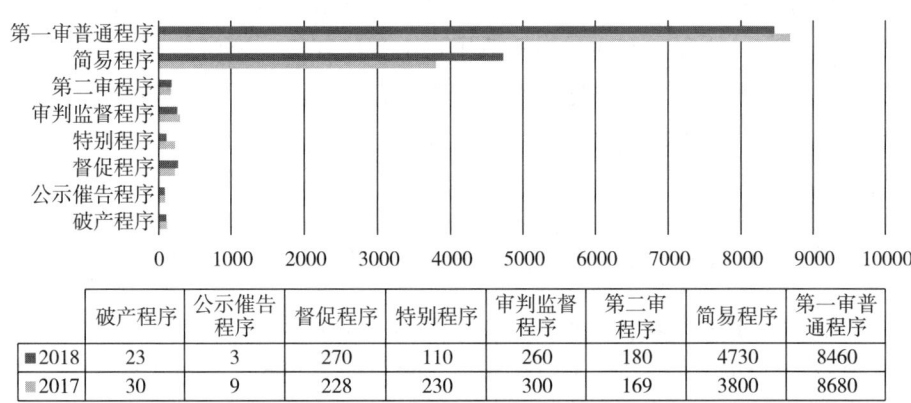

图5　检察机关直接受理民事审判违法行为监督案件涉各类审判程序比例

从民事审判违法行为监督案件涉各类审判程序的情况来看，绝大部分案件集中于一审程序，包括一审普通程序与简易程序。2017—2018年，涉一审程序的民事审判违法行为监督案件比例合计超过64%，涉二审程序、审判监督程序、特别程序、督促程序、公示催告程序、破产程序等案件的比例合计约为36%。行政审判违法行为监督案件涉各类审判程序的情况虽不明确，但亦主要集中于一审程序。

（六）民事行政审判违法行为监督案件涉各类监督事由情况分析

	送达违法	违反法定审理期限	应当立案而不立案	审理案件适用审判程序错误	保全或先于执行违法	裁判确有错误但不适用再审程序纠正	调解协议违反自愿原则或协议内容违法	诉讼中止或终结违法	接受当事人请客送礼或违规会见	支付令违法	对当事人采取强制措施违法	指使授意实施妨碍诉讼行为
2018	4580	1350	450	410	290	210	180	160	30	20	10	10

图6 2018年民事行政审判违法行为监督检察建议涉各类监督事由比例

民事行政审判违法行为监督案件涉及的监督事由主要包括送达违法、违反法定审理期限、应当立案而不立案、审理案件适用审判程序错误、保全或先于执行违法、裁判确有错误但不适用再审程序纠正、调解违反自愿原则或协议内容违法等。其中，涉及送达违法和违反法定审理期限的案件相对较多，以2018年检察建议案件相关数据为例，涉及该两项监督事由的案件比例合计约为32.4%。

（七）民事审判违法行为监督案件涉各类民事案由情况分析

民事审判违法行为监督案件涉及的案由主要包括合同纠纷、婚姻家庭纠纷、侵权责任纠纷、劳动人事争议纠纷、物权保护纠纷、人格权纠纷等。其中，涉及合同纠纷、婚姻家庭纠纷和侵权责任纠纷的案件相对较多，以2016年检察建议案件相关数据为例，涉及该三项案由的检察建议案件比例分别为52%、17.6%和12%，合计为81.6%。

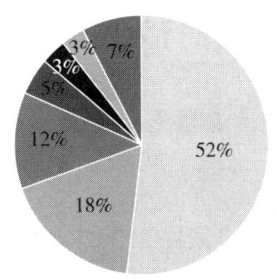

图7 2016年民事审判违法行为监督检察建议涉各类民事案由比例

（八）各省民事行政审判违法行为监督案件情况分析

表4 各省民事行政审判违法行为监督检察建议案件基本情况

年份	省份及案件数量									
	①		②		③		④		⑤	
2014	湖北	2920	云南	2770	河南	2270	山西	2180	山东	1280
2015	湖北	2930	云南	2490	山西	1800	河南	1160	陕西	1130
2016	云南	2550	山西	2230	河南	910	陕西	800	山东	790
2017	云南	2950	山西	1800	山东	1040	河北	940	重庆	910

从民事行政审判违法行为监督案件的地域分布情况来看，湖北、云南、山西、山东、河南等地案件数量相对较多。以2014—2017年各地检察建议案件相关数据为例，四年中排名前五的省份，其案件数量合计分别为11420件、9510件、7280件、7640件，分别约占当年检察建议案件总量的54.6%、57.6%、55.2%、54.9%，均超过当年检察建议案件总量的一半。排名前五的省份在案件数量方面的优势，凸显了其他省份案源匮乏或相关工作开展不足的问题。

二、问题检视：民事行政审判违法行为监督存在的主要问题

（一）民事行政审判违法行为监督案源匮乏，案件线索有效发现机制有待建立

2013—2017 年，各级法院审结一审民事案件 3139.7 万件、一审商事案件 1643.8 万件、一审行政案件 91.3 万件，各级检察机关对审判程序中的违法情形提出检察建议 8.3 万件。① 换言之，2013—2017 年，检察机关民事行政审判违法行为监督检察建议案件数仅为同期法院一审民事行政结案数的 1.7‰，这凸显了检察机关民事行政审判违法行为监督案源匮乏的问题。以 2017—2018 年的案件受理数据为例，其中"依职权发现"比例高达 80%，而各级院所谓"依职权发现"的方式，多数为从法院集中调卷审查，这种方式明显违反了《民事诉讼监督规则》第 41 条关于依职权进行监督的相关规定。同时，"当事人申请""案外人举报控告"两项的比例仅为 20%，一方面说明当事人或案外人对检察机关民事行政审判违法行为监督制度的知悉度不够，而即使在知悉的情况下，当事人亦往往采取隐忍的态度以期法官能够保证和实现其实体权利；另一方面说明检察机关的案件线索发现渠道不畅通，尚未建立有效的线索发现和管理机制。

（二）民事行政审判"深层次"违法行为监督不足，监督实效有待提升

在监督实践中，民事行政审判违法行为监督纠正表面问题和工作瑕疵多，发现和纠正深层次违法问题不够。比如对迟延开庭、合议庭成员审判过程中外出打电话、未按法定期限送达起诉状副本或开庭传票、诉讼程序已结束的案件超审限等违法情形提出书面监督意见，监督"性价比"并不高。民事行政审判"深层次"违法行为监督不足，突出表现在两个方面：一是对人监督力度不够。在 2018 年结案的 19680 件民事行政审判违法行为监督案件中，涉及犯罪线索移送的案件仅 60 余件，数量和比例较小。二是对虚假诉讼监督力度不够。在 2018 年结案的民事行政审判违法行为监督案件中，涉及虚假诉讼

---

① 数据来源于 2018 年 3 月最高人民法院工作报告和最高人民检察院工作报告。

的案件不足300件，数量和比例亦相对较小。①另外，与"深层次"违法行为监督不足相伴随的是检察建议采纳率虚高的问题。从图6可知，近年来民事行政审判违法行为监督检察建议的采纳率均超过90%，但如果监督的问题多为表面问题，则该采纳率并不能正确反映监督的实际效果。

（三）民事行政审判违法行为监督发展不平衡问题严重，协调平衡发展问题有待解决

一是民事类与行政类审判违法行为监督案件比例失调。从图1可知，2018年民事类案件与行政类案件受理比例约为15∶1，总体上相差悬殊。虽然该受理比例客观上受制于法院民事案件与行政案件数量的差异，但在一定程度上反映了行政审判违法行为监督工作相对不足的问题。二是民事行政审判违法行为监督案件层级比例失调。从图7可知，基层院民事行政审判违法行为监督案件比例畸高，分市院、省级院与高检院同类案件比例畸低。虽然该层级比例客观上亦受制于基层法院民事案件数量上的优势，但在一定程度上反映了"高层次"民事行政审判违法行为监督工作相对不足的问题。三是民事行政审判违法行为监督案件地域比例失调。从表4可知，案件数量排名前五的省份，其民事行政审判违法行为监督案件总量超过全国各地同类案件总量的50%，但与法院案件数量排名靠前的省份并不存在对应关系，在一定程度上反映了部分省份尤其是经济发达省份民事行政审判违法行为监督工作滞后的问题。四是民事审判违法行为监督案件涉案程序比例失调。从图5可知，涉一审程序民事审判违法行为监督案件比例较高，涉二审程序、审判监督程序、破产程序等案件的比例较低。例如2017—2018年涉破产程序民事审判违法行为监督案件仅为50余件，凸显了在重点案件、重点程序中审判违法行为监督不足的问题。

（四）民事行政审判违法行为监督方法存在不足，监督刚性有待增强

一是在民事行政审判违法行为监督中对调查核实作用未充分发挥。在监

---

① 在民事行政裁判结果监督案件中同样涉及犯罪线索移送和虚假诉讼监督的问题，但数量和比例亦相对较小。

督实践中，民事行政审判违法行为监督以书面审查为主，对相关违法行为采取调查核实措施的相对较少。即使进行调查核实，亦主要采取调卷、询问当事人等与审判人员"非冲突式"措施，采取询问审判人员、咨询专业人员等措施较少。二是在民事行政审判违法行为监督中对类案监督重视不足。分市院、省级院与高检院对监督实践中普遍存在的法院应当立案而不立案、合议庭组成人员违法、审理超期、未按规定送达法律文书、违法解除诉讼财产保全等违法行为监督缺乏体系性的总结和归纳，发出的个案检察建议多，类案检察建议少。部分地区考评导向使得一些地区存在拆案、凑案现象，即以拆案、凑案的方式来应对考核任务，难以取得良好的监督效果。三是在民事行政审判违法行为监督中跟踪监督和跟进监督有待加强。对法院长时间未回复的检察建议未能及时跟踪监督，对法院未采纳的检察建议及向相关部门移送的违法犯罪线索未能及时跟进监督，在一定程度上导致检察建议刚性不足。

（五）民事行政审判违法行为监督能力不足，监督规范化水平有待提升

目前民事行政审判违法行为监督案件的办理，仍然存在不敢监督、不善监督的问题，这两个问题均与监督能力不足密切相关。另外，一些地区存在熟人心理和畏难情绪，存在不愿监督的问题。与监督能力不足相伴随的是监督不规范的问题，部分检察机关自身办案程序不规范，导致案件质量不高、效果不好。

三、对策建议：民事行政审判违法行为监督提质增效的路径

（一）理念更新与实践强化相结合，以新理念引领民事行政审判违法行为监督工作创新发展

一是树立精准监督的理念，通过优化监督实现强化监督，监督一案促进解决一个领域、一个地方、一个时期司法理念、政策、导向的问题。二是树立双赢多赢共赢的理念，注重与法院形成良性、互动、积极的工作关系，使法律监督在出发点和落脚点上、在主观和客观方面都发挥促进法院更全面依

法规范司法的作用,共同维护司法公正、提高司法公信力。三是树立以办案为中心的理念,把对法院民事行政审判权行使活动的监督寓于办案,落实在具体的案件办理过程中,即在办案中监督、在监督中办案。四是树立以人民为中心的理念,以当事人、社会公众实实在在的获得感为目标,充分运用政治智慧、法律智慧、监督智慧,办好不同类型的民事检察监督案件。

(二)传统手段与科技借助相结合,完善民事行政审判违法行为案件线索发现机制

破解案件线索发现难题,有赖于传统手段与新型科技手段相结合。在传统手段方面,要从"坐堂问案"向"主动出击"转变,主动到政法委、信访部门、人大政协、律师事务所等单位部门走访,了解群众反映强烈的法院工作环节和重点人员;在接待当事人来访过程中有意识地了解承办法官是否存在违法违纪情况;追踪关注新闻媒体报道寻找线索;加强虚假诉讼、程序违法等案件中法官违法违纪的线索收集归纳。在科技借助方面,要加强网络举报平台建设,不断改进12309检察服务中心网络举报平台功能,畅通和丰富人民群众向检察机关反映违法案件线索的信息网络渠道;积极研发网络热点信息自动抓取软件和案件线索研判、智能分析和自动筛选软件,推进案件线索收集和处理信息化。

(三)对事监督与对人监督相结合,破解民事行政审判"深层次"违法行为监督不足难题

民事行政违法行为监督在本质上是对法院行使公权力的监督,但从监督对象来看,涉及对事的监督和对人的监督两方面。"对人的监督才是最有威慑力的监督"[①],也是具有较好监督效果的"深层次"违法行为监督。检察机关要积极探索与司法责任制相衔接的审判人员违法行为监督机制,与法院共同防范和制裁审判人员职务违法行为。一是对经过阅卷、听取意见、调查核实等形式,确认存在违法行为的,可以根据不同情况,向相关审判人员所在法院通报情况,提出纠正违法、更换承办人、改进工作或给予相应处分的检察建

---

① 张雪樵:《把握新时代新要求,开创民事行政检察新局面》,载《人民检察》2018年第4期。

议。二是对同一审判人员承办的案件，一定时期内多次出现错案或者重大瑕疵，影响司法公正的，可以约请相关审判人员说明情况，视情况决定向其所在法院发出检察建议，或者向相应的法官惩戒委员会提出惩戒建议。三是加强对隐藏在错误生效裁判和审判程序违法背后的审判人员违法行为调查、监督、追责，主动与相关单位或部门对接，及时移送职务犯罪案件线索。对此，高检院相关厅局已作出部署，"民事检察将加大监督力度，促进监督事项从审判程序错误等轻微违法情形向审判人员违纪违法等更深层次的违法行为延伸"。①

（四）明确重点与平衡发展相结合，实现民事行政审判违法行为监督协调平衡发展

一是实现民事与行政审判违法行为监督协调发展。诚如张军检察长所言，在整个检察工作中，行政检察是"弱项中的弱项""短板中的短板"。这一点不仅体现在行政诉讼结果监督案件中，也体现在行政审判违法行为监督案件中。检察机关应当以民事检察部门和行政检察部门分设为契机，不断加强行政检察各项工作，实现民事检察与行政检察工作协调发展。二是在监督层级方面实现四级院协调发展。按照民事诉讼监督规律，不同层级检察院民事检察监督侧重点应有所不同，最高人民检察院要引导省级和市级检察院以裁判结果监督为重点、基层检察院以审判人员违法行为监督和执行监督为重点，构建各级检察院各有侧重、密切配合、全面履职的多元化民事检察监督格局。但应当指出，各级院明确发展重点并不等于省级院、高检院可以放松对同级法院审判违法行为的监督。三是审判违法行为监督落后地区要采取措施加大监督力度。实践中有的省份重实体监督而轻程序监督、重结果监督而轻过程监督，导致审判违法行为监督发展严重滞后。为破解这一问题，湖北省试行的"一案三查"办案模式可资借鉴，即在审查抗诉案件中同时审查是否存在审判程序、执行活动违法；办理审判人员违法行为监督或执行活动监督案件中，同步审查是否存在裁判错误、是否存在司法人员违法犯罪。

---

① 参见最高人民检察院第六检察厅厅长元明在"新时代四大检察"网络访谈中的讲话，载http://www.bjnews.com.cn/news/2019/02/24/549886.html，访问时间：2019年2月24日。

（五）常规方式与新型方式相结合，确保民事行政违法行为监督刚性和实效

一是做到个案监督与类案监督相结合，充分发挥类案检察建议的示范指导作用。既要加强对疑难、复杂、有影响力个案的监督，并充分运用好典型案例，加强对下业务指导，督促解决人民群众反映强烈的司法不公问题，又要注重对类案中审判违法情形梳理分析研判，依法提出类型化监督建议，推动解决审判实践中的普遍性问题。二是做到常规监督与跟踪问效相结合，不断增强民事行政审判违法监督的刚性保障。监督意见提出后，应当跟踪督促相关法院按照规定及时处理，并书面回复意见。要建立未被采纳检察建议评议制度，及时评估法院不采纳的原因、理由、依据，定期进行质量分析，经评议认为确属自身监督质量问题的，应当认真进行整改纠正。对该采纳不采纳的，可通过上级院跟进监督、接力监督，保障监督意见取得实效。三是做到书面审查与调查核实相结合，进而弥补民事行政违法行为监督亲历性不足问题。受传统办案思维和方式所限，调查核实在民事行政诉讼监督中并未受到足够重视。对此，一方面应加大调查核实在民事行政诉讼监督中的适用力度和适用范围，增强监督实效；另一方面应对调查核实的适用进行规范，做到合法合理适用。特别是在虚假诉讼监督中，必须增强调查核实意识，积极运用调查核实措施，通过缜密的调查取证来查明案件基本事实。四是做到独立办案与借助"外脑""外力"相结合，不断增强民事行政审判违法行为监督合力。要强化审判违法行为监督一体化工作机制，建立健全线索上报与管理、上下级院协同办案、民行部门与内设其他部门分工协作等机制。要加强与人大常委会、纪委监委、公安机关等衔接，借力开展监督工作。要树立智慧借助的理念，充分借助专家学者、律师、退休法官、有法律背景的人大代表、政协委员等社会力量，帮助提升民事行政检察监督能力。

民事裁判结果类案监督实证研究 *

民事裁判结果类案监督发端于2010年7月召开的全国检察机关第二次民事行政检察工作会议，本次会议明确提出要"建立民事行政诉讼监督案例指导制度，加强类案研究，总结成功经验，正确掌握抗诉标准，提高整体工作水平"。最高检同年发布的《关于加强和改进民事行政检察工作的决定》（高检发〔2010〕16号）指出，要积极开展类案监督研究，使民事行政检察监督由个案监督向类案监督拓展，促进公正司法。最高检2013年发布的《关于深入推进民事行政检察工作科学发展的意见》（高检发〔2013〕6号）再次强调，要把类案监督、虚假诉讼监督与预防职务犯罪结合起来，增强监督实效，促进公正司法。但时至今日，民事裁判结果类案监督工作并未取得较大进展。最高检张军检察长于2018年10月向第十三届全国人大常委会专项报告民事诉讼和执行活动法律监督工作时，着重指出了当前"多数案件限于个案办理、就事说事，类案监督不够"的问题。鉴于此，最高检发布的《2018—2022年检察改革工作规划》明确指出，要探索民事类案监督工作机制。最高检第六检察厅制定的《2019年全国民事检察工作要点》中亦指出，要强化调研总结，建立类案标准指引，深入推进类案监督。本文拟对民事裁判结果类案监督的内涵与外延、价值与功能、方式与方法、具体路径等问题进行研究，以期对完善类案监督机制、提升类案监督质效有所裨益。

---

* 本文系2019年度最高人民检察院检察理论研究课题"民事裁判结果类案监督实证研究"〔GJ2019D29〕研究成果。本文图表中的相关数据均系根据各级检察机关工作报告、专项报告、新闻发布会及有关文章综合整理得出，仅反映民事裁判结果相关事项的发展趋势。

一、民事裁判结果类案监督的内涵与外延

广义上的类案,是相对于个案而言的。个案是已进入诉讼程序的在情节、性质、类型、诉求、结果、归属等方面基本不同或完全不同的案件的独体。类案是已进入诉讼程序的在情节、性质、类型、诉求、结果、归属等方面基本相同或完全相同的案件的集合。① 目前关于类案监督的概念并未形成统一认识,理论界和实务界主要存在以下几种观点:第一种观点认为类案监督指的是检察机关对人民法院审判中和审判过的同种类案件所实施的法律监督,包括共同型监督、实验型监督、同案不同判型监督。② 第二种观点认为民事类案监督是指检察机关对同一类民事案件裁判中的不合法、不一致、自相矛盾之处,向法院提出抗诉或者检察建议,纠正不正确裁判的行为。③ 第三种观点认为民事检察类案监督可界定为:检察机关针对一定数量的个案所反映的普遍性问题,提出监督意见或采取其他监督措施,以解决普遍性问题,规范司法行为,改进司法工作。④ 第四种观点认为民事类案监督是指检察机关对一定地域、一定时期同类民事案件进行分析研究后,发现这些类案判决、裁定和其他诉讼活动观点相异或与法律规定不符,向有管辖权的法院提出统一法律适用或纠正违法意见的监督行为。⑤ 第五种观点认为目前民事行政检察工作中的类案监督,实质上是广义的类型化监督,包括了类型化的案件和类型化的事件(问题)。而类型化的事件,范围极其宽泛,有各种程序违法行为、其他违法行为等。⑥

本文认为,民事裁判结果类案监督是指检察机关对进入民事裁判结果监督程序的同类案件中存在的同类问题、不同类案件中存在的同类问题以及同

---

① 转引自赵有明、田开封:《类案监督实证研究——以民事行政检察为对象》,载原民事行政检察厅编:《民事行政检察指导与研究》总第12辑。
② 汤维建:《民事检察监督制度的前沿探索——论中国民事行政检察监督制度的发展规律》,载《政治与法律》2010年第4期。
③ 许志鹏:《民事类案监督研究》,载《江西理工大学学报》2012年第6期。
④ 李敏:《民事检察类案件监督的界定及其实施路径》,载《中州学刊》2017年第7期。
⑤ 转引自赵有明、田开封:《类案监督实证研究——以民事行政检察为对象》,载原民事行政检察厅编:《民事行政检察指导与研究》总第12辑。
⑥ 邵世星:《民事诉讼类案监督的实务考察和完善建议》,载《人民检察》2015年第3期。

类案件中存在的不同类问题进行分析研究并提出监督意见的监督模式（参见图1）。民事裁判结果类案监督中存在同类案件和同类问题两个维度，在狭义的民事裁判结果类案监督中，同类案件主要以监督案由进行划分，同类问题则主要指向相同的法律适用问题或相同的违法行为。《人民检察院民事诉讼监督规则（试行）》第112条规定："有下列情形之一的，人民检察院可以提出改进工作的检察建议：（一）人民法院对民事诉讼中同类问题适用法律不一致的；（二）人民法院在多起案件中适用法律存在同类错误的；（三）人民法院在多起案件中有相同违法行为的；（四）有关单位的工作制度、管理方法、工作程序违法或者不当，需要改正、改进的。"这里的前三项情形，实际上即为狭义上的类案监督问题。广义的民事裁判结果类案监督中，同类案件可以根据监督案由、监督事由、监督方式、监督对象等不同依据进行划分，同类问题则不局限于相同的法律适用问题或违法问题，还包括对各类型案件所呈现出的发展趋势、背景因素等其他共性问题进行分析研究，进而提出改进建议，促进法院从源头上进一步规范司法行为，并不断推进社会治理体系和治理能力现代化建设。

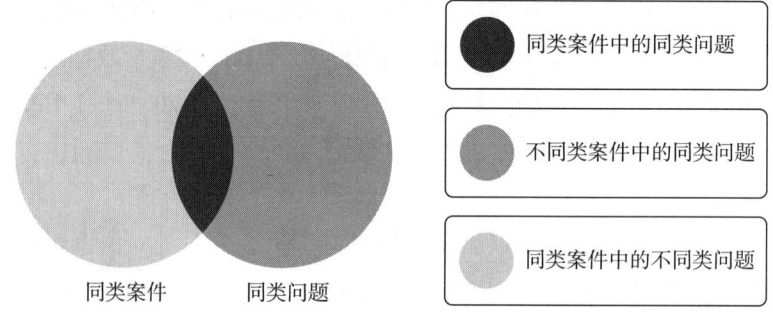

图1　民事裁判结果监督类案

（一）类案监督与个案监督的关系

类案监督虽是相对于个案监督而言的，但并不是个案监督的简单集合。如果检察机关单纯针对反映同类问题的多个个案或者串案中的个案采取监督措施，则无论受到监督的个案数量多寡，监督方式仍只是个案监督的简单集合，而非类案监督。有学者指出，类案监督突破了个案监督的局限，具有更强的预防功能和监督刚性，它打破了就按论案的单一模式，用系统方法把"类案"放在一个"盘子"里进行对比、分析、判断，进而拿出科学、可行的建议，它跳出了"个别正义"的小圈子，能够发现、解决带有共性、普遍性等机制、体制上的问题，追求实现普遍正义。[①]"与个案监督相比，民事检察类案监督具有能动性、对事性、普遍性、建设性等特点和优势，能够扩大检察监督的范围，预防类似问题发生，拓展监督职能，提高监督的效率和效益，增强监督效果。"[②]

（二）类案监督与精准监督的关系

最高检党组针对当前民事诉讼监督质效不高、权威不足的情况，提出民事诉讼监督要树立精准监督的理念，在精准监督上下功夫，通过优化监督实现强化监督，即优先选择在司法理念方面有纠偏、创新、进步、引领价值的典型案件，争取抗诉一件促进解决一个领域、一个地方、一个时期司法理念、政策、导向的问题，发挥对类案的案例指导作用，防止通过粗放式办案片面追求办案数量。民事诉讼精准监督在性质上属于个案监督，精准的个案监督可以发挥对类案的案例指导作用。民事诉讼类案监督则是对同类案件或同类问题进行研究，并以类案检察建议等方式进行监督，旨在统一监督标准并促进法院减少类案裁判差异。2018年最高检就人民法院在民事公告送达中存在的不规范问题向最高人民法院发出类案检察建议，指出当前人民法院在民事公告送达中主要存在公告送达方式不规范、公告送达内容不规范、公告送达程序不规范等问题，并提出相关建议，效果良好。民事裁判结果监督应当坚持精准监督与类案监督相结合，以此不断提升监督的质量和效果。

二、民事裁判结果类案监督的价值与功能

民事裁判结果类案监督的价值和功能可以从以下三个方面来阐述。

---

① 胡火箭等：《类案监督："类案"之建构及"监督"之途径》，载《宁夏社会科学》2012年第3期。
② 李敏：《民事检察类案监督的界定及其实施路径》，载《中州学刊》2017年第7期。

(一)统一监督标准,提升监督质效

对检察机关而言,开展民事裁判结果类案监督有利于统一监督标准,提升监督质效。据不完全统计,近年来省级院提请最高检抗诉的民事裁判结果监督案件的支持率约为40%。支持率相对较低的原因何在?如果排除提抗质量的因素,首要原因即是上下级检察机关对抗诉标准的把握不一致。特别是在抗诉必要性标准的把握方面,如何综合平衡实体正义与程序正义、法律效果与社会效果、法律规定与司法政策、维护司法既判力与弱势群体利益保护等,均需要通过类案标准加以指引。通过类案监督来统一监督标准,可以避免因检察机关监督标准不统一而造成新的司法不公。

(二)促进统一裁判标准,防止同案不同判

对人民法院而言,开展民事裁判结果类案监督有利于促进统一裁判标准,防止同案不同判。同案不同判问题是检察机关开展民事诉讼类案监督的直接诱因。检察机关对类案进行审查、对比分析后作出的类案监督意见,能准确、全面地反映违法问题的整体情况,突出相关违法问题的严重性,更容易引起法院重视,被法院接受,进而促进裁判标准的统一。另外,同案不同判问题的产生与法官不当行使自由裁量权有着密切关系。自由裁量权是法官在案件审理过程中,在正确认定事实和适用法律的基础上,基于案件的基本情况,根据公正、衡平的法律精神和法律原则,对案件事实或者适用法律问题酌情作出裁判,或者是在多种合法的法律解决方案之间进行合理选择。在省级院提请抗诉案件中,以法官行使自由裁量权比例失当为由提请抗诉的并不少,但最高检以此为由提出抗诉的案件却并不多,究其原因在于对此进行个案监督的效果并不好。类案监督在促进裁判标准统一的同时,亦有利于规范法官行使自由裁量权。

(三)推动社会治理体系建设,有效防范和化解风险

对社会治理而言,开展民事裁判结果类案监督有利于推动社会治理体系建设,有效防范化解风险,从而把民事检察的制度优势转化为司法治理效能。检察机关在对类案进行审查的过程中,可以发现类案中存在的普遍性社会治

理问题，进而在履行监督职能的同时针对这些问题向有关部门发出检察建议，促使其开展治理、改进工作，进而有效防范和化解重大风险。例如，某省对民间借贷监督案件进行类案分析后发现，该类案件占比大、上升快，且企业借贷主体不断增多，在一定程度上反映了经济下行压力及实体企业存在的融资困境，进而向有关部门提出建议：进一步加强金融创新，探索建立小微企业融资绿色通道推动解决融资难问题；结合打好三大攻坚战和金融市场整顿工作，加强民间借贷监管，推进社会诚信体系建设等。

三、民事裁判结果类案监督的方式与方法

（一）民事裁判结果类案监督的方式

因类案监督的对象、目的与个案监督不同，类案监督的方式与个案监督有实质区别。类案监督是检察机关开展法律监督的新途径，应当积极探索类案监督的有效方式，并以此保障类案监督取得良好效果。目前实践中采取的类案监督方式主要有以下三种：一是检察机关针对类案反映的问题，向法院提出类案检察建议，要求法院纠正错误、规范司法行为。如上文所述，2018年12月最高检就人民法院在民事公告送达中存在的不规范问题向最高人民法院发出类案检察建议，指出当前人民法院在民事公告送达中主要存在的问题，并提出改进建议。二是检察机关在类案分析的基础上，邀请法院以座谈、联合调研、共同出台文件等方式，互相交换对类案存在问题的认识，推进司法标准统一。例如，为提高民事诉讼监督质效和精准度，实现办案的法律效果、社会效果和政治效果相统一，某省检察院同省高级法院于2018年联合印发了《关于办理民事诉讼检察监督案件若干问题的意见》，共同建立监督前沟通协调机制并就相关民事诉讼监督案件召开案件监督前沟通协调会，就案件事实认定、法律适用等问题进行讨论，对案件是否符合监督条件以及是否适宜启动再审程序交换意见。三是检察机关对一定时期内的总体监督情况进行总结、分析后向法院通报并提出相应的监督意见，或者将监督情况向社会发布，促使法院接受更广泛、更深入的监督。例如，某市检察院为促进检法两院共同遵循司法工作规律，共同营造更加有利于经济发展和谐稳定的法治环境，实

现双赢多赢共赢，连续多年向市法院通报全市检察机关上年度民事诉讼监督情况。再如，某省检察院召开新闻发布会，将近年来民事检察监督情况向社会进行通报，促使社会公众加强对民事检察案件的关注和监督。

（二）民事裁判结果类案监督的方法

第一，类案数据分析研判。美国管理学家、统计学家戴明曾言："除了上帝，任何人都必须用数据来说话。"类案监督研究离不开对类案数据的分析与研判。大数据为类案监督研究提供了强大的数据资源和技术支撑，必须将大数据思维运用于民事诉讼监督的整个过程。对此，浙江省绍兴市人民检察院以大数据智能化为引领打造"智慧民行"的做法可资借鉴。2018年初，绍兴市人民检察院自主研发了"民事裁判文书智慧监督系统"，并依托该系统对近三年来绍兴法院30余万份民事裁判文书进行数据分析，重点检索借贷纠纷类案件，共发现监督线索310余件，其中移送公安部门250余件。目前，已与公安机关协作查明虚假诉讼事实的民事案件150余件，其中已向绍兴中院提出抗诉20件，发出检察建议47件。绍兴市人民检察院借助智慧民行系统主动发现案件线索，形成了一套"智能排查＋人工审查＋深入调查＋移送侦查"的"四步式"虚假诉讼监督模式，将民事诉讼检察监督从个别、碎片、偶发、被动的监督，转变为全面、整体、系统、主动的监督，实现了传统民事诉讼监督向"智慧民行"的转型升级。另外，借助大数据技术有利于发现某类案件中的异常现象，进而及早作出处理。

二是典型案例分析研判。"一个案例胜过一打文件。"类案监督研究离不开对典型案例的分析与研判。我们应当从典型案例中整理出案件办理的具体流程与方法，以此发挥对类案办理的引领作用。例如最高检于2019年5月发布的第十四批指导性案例，将骗取支付令执行、骗取调解书、公证执行、劳动仲裁执行、交通保险理赔等五件民事虚假诉讼监督案件作为指导性案例发布。该批案例对如何发现虚假诉讼监督线索、用好用足调查核实权、依托信息技术以及形成监督合力等均有指导意义，有助于逐步解决虚假诉讼监督案件"发现难""查证难""监督难"等问题。扬州市人民检察院在办案基础上整理出《虚假诉讼监督办案指引》，对线索收集、线索核查、案件受理、调查核实、案件处理等作出了详细的规定，其中对于询问工作总结出慎选对象、精挑强将、锁定疑点、营造氛围、掌握时机、善用策略、跟进扩效的类案办理经验,可资借鉴。

四、民事裁判结果类案监督的的具体路径

(一)民事裁判结果类案监督——同类案由

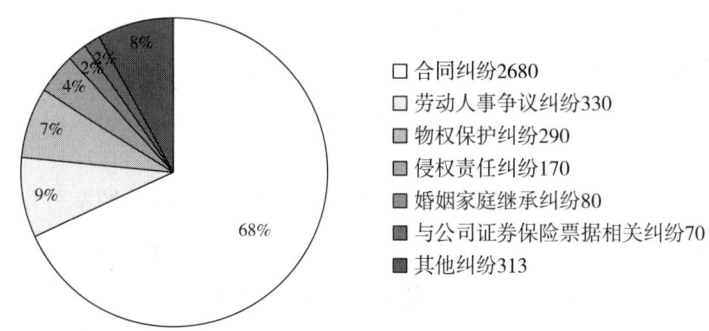

图2 2018年全国民事抗诉案件涉各类民事案由比例

从同类案由的视角来看,民事裁判结果监督涉及的案件类型主要是合同类、劳动争议类、物权类、婚姻家庭类、侵权类等类型,其中以合同类纠纷居多,占各类型案件总数的60%以上(参见图2)。合同类纠纷中又以借款合同纠纷、买卖合同纠纷和建设工程施工合同纠纷居多。与公司、证券、保险、票据等有关的民事纠纷以及知识产权类纠纷相对较少。对同类案由案件加强研究,有助于系统总结该类案件中存在的问题,并提出相应对策。以知识产权类案件为例,2018年地方各级人民法院一审审结的知识产权民事案件约为28.8万件,而同期全国检察机关受理的知识产权类裁判结果监督案件仅为140件,通过数据对比和问题检视可知,目前在该类案件的监督中存在成案机制不健全、办案专业化程度不足、办案力量有待强化、办案周期有待压缩等问题,进而可提出更新知识产权类监督案件办案理念、完善案件线索发现机制与办理机制、加强专业化建设以及完善专家辅助制度等建议。

（二）民事裁判结果类案监督——同类监督事由

	适用法律确有错误	认定基本事实缺乏证据证明	有新的证据足以推翻原判决	认定事实的主要证据系伪造	违反法律规定剥夺当事人辩论权利	调解书损害国家利益和社会公共利益	未经传唤缺席判决	原裁判遗漏或超出诉讼请求	其他
2018	1510	1450	740	230	170	160	50	40	80

图3 2018年全国民事抗诉案件涉各类监督事由比例

从同类监督事由的视角来看，民事裁判结果监督涉及的案件类型主要是法律适用错误类、认定基本事实缺乏证据证明类、新证据类、伪造证据类、剥夺当事人辩论权利类、调解书损害"两益"类等类型，其中以法律适用错误类、认定基本事实缺乏证据证明类、新证据类居多，合计占各类型案件总数的80%以上（参见图3）。以法律适用错误类为例，通过类案总结分析可以发现，该类型案件在实践中主要有适用法律与案件性质明显不符、认定法律关系主体错误、认定法律关系性质错误、认定法律行为效力错误、确定民事责任明显违背当事人有效约定或法律规定、举证责任分配失当导致裁判结果存在错误、适用诉讼程序明显错误等类型；从省级院的提请抗诉案件来看，新证据的类型主要有：人民法院依法作出的生效判决书、检察机关依法作出的起诉书、公安机关作出的侦查终结阶段性意见、公安机关的讯问笔录、行政机关及其职能部门作出的具有公信力的决定书或证明文件、当事人自行委托鉴定机构作出的鉴定意见等。

（三）民事裁判结果类案监督——同类监督方式

从同类监督方式的视角来看，民事裁判结果监督涉及的案件类型主要是抗诉类和再审检察建议类，其中抗诉类案件系针对提请上级监督案件，再审检察建议案件系针对同级监督案件，两者在实践中的数量大致相同（参见图4）。另外，实践中尚有大量的不支持监督类案件、提请抗诉未获上级院支持类案件、提出抗诉或再审检察建议后未获法院支持类案件，反映了当事人与检察机关、下级检察机关与上级检察机关、检察机关与审判机关在案件的评判标准方面存在差异，需加强相关研究。以再审检察建议类案件为例，通过分析相关数据和案例可知，全国再审检察建议类案件呈现出再审采纳率较低、监督事由与案由相对集中、地区存在差异等特点。由于立法不够完善、后续跟进监督手段不足、检察机关自身工作问题以及检法两院认识不统一等因素影响，再审检察建议制度在实践中运行不畅，其制度价值尚未得到充分发挥。为此，一方面应当细化立法、逐步完善制度和建立相关工作机制；另一方面检察机关须进一步加强工作规范化建设，更新监督理念，落实后续跟进监督，确保再审检察建议权规范、有效行使，从而不断提升监督的精准性，强化监督的质效。

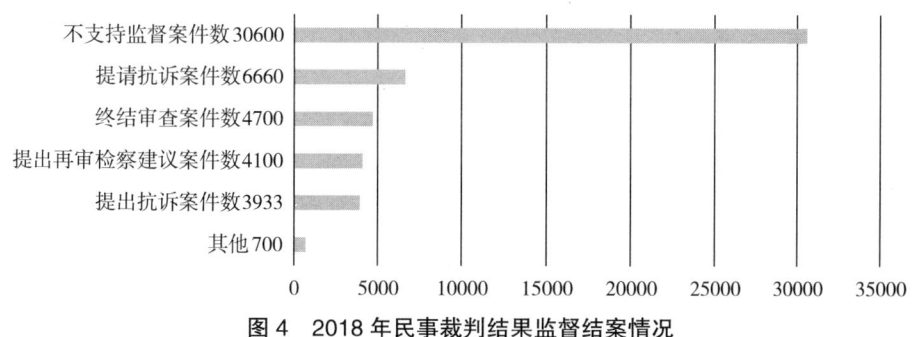

图4 2018年民事裁判结果监督结案情况

（四）民事裁判结果类案监督——同类监督对象

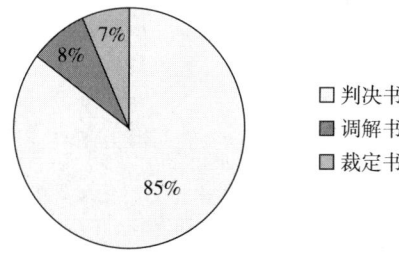

图5 2018年全国民事裁判结果监督案件涉各类裁判文书比例

从同类监督对象的视角来看，民事裁判结果监督涉及的案件类型主要是判决类、裁定类、调解类等类型，其中判决类案件最多，所占比例超过三类案件总数的 80%（参见图 5），裁定类和调解类案件相对较少。从案件来源看，判决类、裁定类案件多为当事人依申请监督；调解类案件多为依职权发现，且多数案件涉及虚假诉讼。以调解类案件为例，通过数据研判和案例分析可知，当前调解类案件监督中存在的主要问题是监督范围不明确、监督程序操作不具体、调查核实权保障不到位、队伍监督能力有待提升等。为此，可从进一步更新监督理念、进一步明确监督范围、进一步完善监督程序和标准（正确理顺依职权启动与依申请启动的关系，明晰违反自愿和合法原则的违法情形）、进一步加强监督机制建设等方面进行优化。

民事检察听证制度实证研究*

2013年9月出台的《人民检察院民事诉讼监督规则（试行）》（以下简称《监督规则》）第57条至第64条明确规定，检察机关在办理民事诉讼监督案件中，可以组织有关当事人听证，并规定了具体的听证程序。但在监督实践中，各级检察机关民事检察部门适用听证制度的情况并不理想，听证制度在一定程度上被搁置。对此，本文以相关数据和案件为依托，对近年来全国民事诉讼监督案件中适用听证的情况进行了梳理，并在此基础上提出相关建议，以期对该制度的发展完善有所裨益。

一、现状分析：民事检察听证制度运行之基本情况[①]

（一）民事检察适用听证制度案件的数量分析

表1　各类型案件适用听证制度的数量与比例

类别	年份	案件总数	适用听证案件数	听证比例
民事裁判结果监督案件	2017年	47000	520	1.11%
	2018年	58100	770	1.33%
执行监督案件	2017年	28400	130	0.46%
	2018年	36700	110	0.30%
审判人员违法行为监督案件	2017年	16100	60	0.37%
	2018年	18700	40	0.21%

---

* 本文刊载于《中国检察官》2019年第13期，系2019年度最高人民检察院检察理论研究课题"民事裁判结果类案监督实证研究"阶段性成果之一。本文作者：滕艳军、李大扬。

① 本文相关图表中的数据系根据相关工作报告、专项报告及调研文章综合整理得出，仅反映民事检察听证制度的发展趋势。

续表

类别	年份	案件总数	适用听证案件数	听证比例
总计	2017年	91500	710	0.78%
	2018年	113500	920	0.81%

检察机关办理民事诉讼监督案件，可以在民事裁判结果监督案件、执行监督案件、审判人员违法行为监督案件中实施听证。据表1可知，2017年至2018年，全国检察机关在民事裁判结果监督案件中适用听证制度的共有1290件，其中2017年520件、2018年770件，分别占当年全部案件的1.11%与1.33%；在执行监督案件中适用听证制度的共计240件，其中2017年130件、2018年110件，分别占当年全部案件的0.46%与0.30%；在审判人员违法行为监督案件中适用听证制度的共计100件，其中2017年60件、2018年40件，分别占当年全部案件的0.37%与0.21%。在民事裁判结果监督案件中适用听证制度的案件比例相对较高，在执行监督案件、审判人员违法行为监督案件中适用听证制度的案件比例较低。另据了解，云南省检察机关注重在支持起诉类案件中进行听证，其中2017年进行听证180余件，2018年进行听证570余件，效果良好。

（二）民事检察适用听证制度案件的层级分析

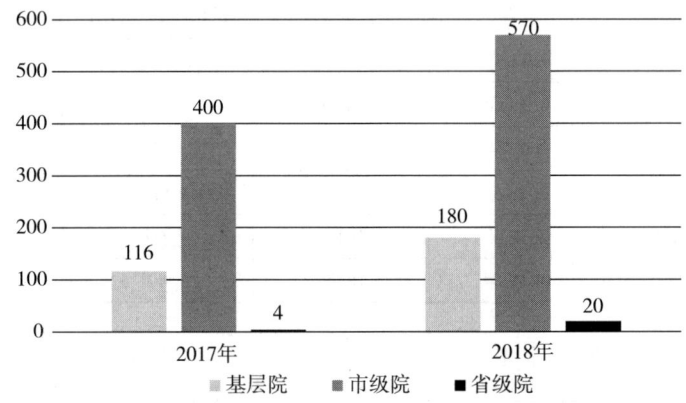

图1 各层级适用听证制度的案件数量与比例

2017年至2018年，全国检察机关办理的民事裁判结果监督案件中，实施听证的案件共计1290件，其中基层院为296件，占比22.9%；市级院为970件，占比75.2%；省级院为24件，占比1.9%；最高检尚未对民事裁判结果监督案件进行过听证。从实施听证的民事裁判结果监督案件的层级来看，呈现较为明显的纺锤形结构，案件主要集中在市级检察机关，基层院、省级院较少。另外，2017年至2018年全国检察机关办理的执行监督案件和审判人员违法行为监督案件中，大约95%的听证是由基层院组织实施，大约4%的案件由市级院实施，省级检察机关在上述两类案件中实施听证的较少，最高检尚未对这两类案件进行过听证，呈现明显的金字塔形结构。

（三）民事检察适用听证制度案件的案由分析

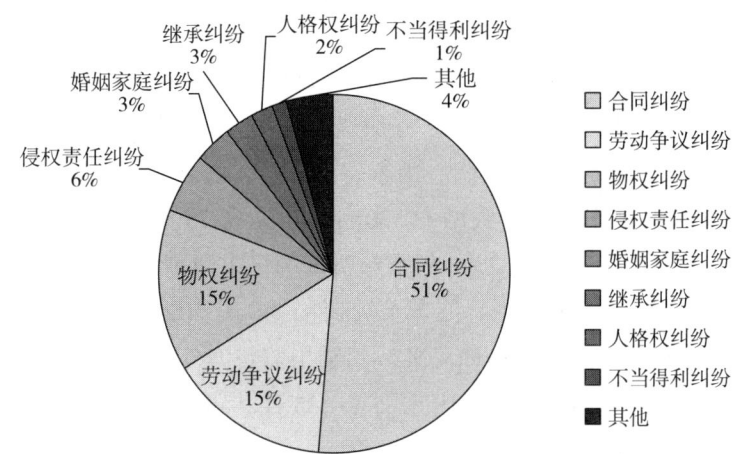

图2　各类案由中适用听证制度的案件数量与比例

通过对2018年实施听证的民事裁判结果监督案件进行分析可知，在进行听证的740件民事裁判结果监督案件当中，合同纠纷380件，劳动争议纠纷110件，物权纠纷108件，侵权责任纠纷40件，婚姻家庭纠纷25件，继承纠纷20件，人格权纠纷15件，不当得利纠纷10件。进一步分析具体案由，合同纠纷案件中数量最多的案件是借款合同纠纷案件，为190件。在劳动争议纠纷案件中，有50件劳动合同纠纷案件。在物权纠纷案件中，物权保护纠纷70件、物权所有权纠纷25件、用益物权纠纷12件。侵权责任纠纷中，包含

10件机动车交通事故责任纠纷。15件人格权纠纷案件全部为生命权、健康权、身体权纠纷。

(四)民事检察适用听证制度案件的地域分布分析

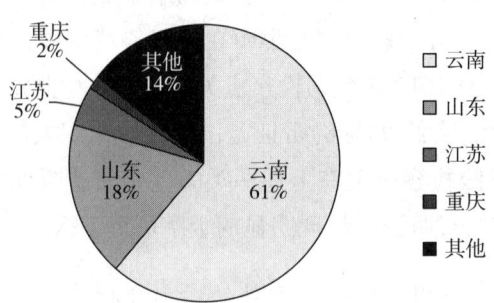

图3 各省份中适用听证制度的案件数量与比例

检察机关在办理民事诉讼监督案件中实施听证的情况,存在明显的地域差异。适用听证制度较多的省份,一般是听证制度比较完备、开展听证有一定经验的地区,主要集中在云南、山东、江苏等省份。在2017年实施听证的民事裁判结果监督案件中,云南省330件、山东省75件、江苏省35件、海南省10件、新疆10件。在2018年实施听证的民事裁判结果监督案件中,云南省460件、山东省160件、江苏省25件、重庆市20件、江西省12件。2017年至2018年,云南省办理民事裁判结果监督案件实施听证的有790件,占全部1290起案件的61.2%;山东省为235件,占比18.2%;江苏省为60件,占比4.7%;重庆为20件,占比1.6%。云南、山东、江苏、重庆四省市在办理民事裁判结果监督案件中实施听证的案件数量,即占全国的85.7%。

二、问题检视:民事检察听证制度运行中存在的主要问题

(一)适用听证制度案件的总体数量较少

根据有关数据,2017年至2018年,全国检察机关办理民事裁判结果监督案件105100件,其中适用听证制度的案件只有1290件,占比仅为1.23%,适用听证制度的比例较低。2017年至2018年,全国检察机关分别办理了

65100 件民事执行监督案件和 34800 件审判人员违法行为监督案件,其中,适用听证制度的民事执行监督案件为 240 件,适用听证制度的审判人员违法行为监督案件为 100 件,占比均在 0.3% 左右。《监督规则》中规定的民事检察听证制度的作用并未得到充分发挥,在实践中几乎处于"休眠"状态。如此低的数量和比例,也说明检察机关在办理民事诉讼监督案件的过程中未将听证作为一项优选程序,甚至也未将其作为可选程序加以适用。除了实施听证的案件总数较少外,省级院在办理民事诉讼监督案件过程中也很少组织实施听证。2017 年至 2018 年,省级检察机关办理民事裁判结果监督案件当中,只有 26 起案件适用了听证制度。在省级检察机关办理的执行监督案件和审判人员违法行为监督案件当中,几乎没有适用过听证制度。

(二)民事检察听证制度适用不均衡

针对民事裁判结果监督案件中组织实施听证的案件进行地域分析,2017 年至 2018 年,云南省检察机关组织实施听证的案件就有 790 件,超过了全国总数 1290 件的一半,比例高达 61.2%。另外,2017 年至 2018 年在裁判结果监督案件中适用听证制度案件,山东省有 235 件、江苏省有 60 件、重庆市为 20 件,四省市加起来占全部案件总数的 85.7%。除了上述四省市外,其他 28 个省级检察机关(包括新疆生产建设兵团检察院)适用听证制度办理的民事裁判结果监督案件只有 185 件,平均每个省只有 6.6 件。据不完全统计,2017 年至 2018 年期间有的省甚至没有一起民事诉讼监督案件组织实施听证。民事检察听证制度的适用情况,在不同地区之间存在显著的差异,在一定程度上也反映出各地对听证制度的重视程度。另外,各级检察机关适用听证制度的情况也存在差异。2017 年至 2018 年,在全国检察机关办理的民事裁判结果监督案件中组织听证的案件,基层院与市级院合计占比为 98.1%;在民事执行监督和审判人员违法行为监督案件中组织实施听证的,基层院和市级院所占的比例约为 99%。省级院和高检院几乎没有在民事诉讼监督案件中适用听证制度,适用层级不均衡问题亟待破解。

(三)启动听证的标准把握不一致

《监督规则》第 57 条规定:"人民检察院审查民事诉讼监督案件,认为确有必要的,可以组织有关当事人听证。"对于这一条中应该如何理解"确有必要",不同检察机关采取了不同的判断标准,这就造成了听证制度适用的困境。首先,听证制度的启动存在较大的裁量空间。《监督规则》中规定的听证,属于检察机关依职权启动的一项程序。而启动这一程序的条件,在于检察机关"认为确有必要"。但是,《监督规则》的这一规定过于原则,并没有细化规定哪些情形属于"确有必要",这就给检察机关判断何种情况为"确有必要"带来了过大的裁量空间。其次,各地检察机关对于应当听证案件的标准把握不一致。在规定启动听证的条件较为原则的情况下,需要各地检察机关根据办案实践,积极探索并完善实施听证的案件范围。但是由于各地民事检察发展的不平衡,以及对于听证的理解、重视程度不同,导致有的地区积极适用听证制度,探索并完善听证制度,有的地区则因为听证标准不够明确,将这一制度"束之高阁"。最后,听证制度缺乏制度刚性。由于听证制度并不是办理民事检察案件的必经程序,即便民事诉讼监督案件是存在较大争议、社会影响性较大的案件,也不必然启动听证。而且在各地民事检察部门人员力量相对不足的大背景下,有的办案人员本着"多一事不如少一事"的想法,不去触及这一制度,导致这一制度逐渐被边缘化。

(四)听证程序有待进一步规范

《监督规则》中对于民事检察听证程序只着重规定了实施听证过程中的发言、举证质证顺序,属于对听证事中程序的规定,对听证的事前程序和事后程序事项的规定并不详尽。即便是已有规定的听证事中程序,也未对听证实施过程中需要告知当事人的权利义务、主持人及其他参与听证人员的发问顺序等进行规定,导致各地在实施听证过程中的程序处置也不尽相同。一个程序的有效运行,必须要有较为完整且安定的程序流程,让当事人有足够的程序预期。否则,当事人、听证参与人在不知道听证具体流程的情况下,很难作出有效的应对,也难以实现听证的预期效果。即便是已有规定的发言、举证质证顺序,也非常类似于民事审判程序,并不符合民事检察听证的制度目标和检察属性。另外,确定听证参与人的标准不明确。何种案件需要邀请人大代表、政协委员等人员参与,何种案件需要人民监督员、人民调解员、专家咨询委员参与,何种案件需要当事人所在单位、居住地的居民委员会委员参与，邀请各类人员参与听证应当遵从什么标准，哪些案件的听证仅仅由检察人员参与即可等，在实践中也未形成统一标准。虽然云南省检察机关是适用民事检察听证制度最多的地区，但是办理的80%以上的案件均是只有检察人员参与听证，并未邀请其他社会人士。而在听证程序结束后，对于有人大代表、政协委员、专家学者等社会人士参与听证的，应当以何种形式提交案件听证意见，也未作明确规定。听证制度与其他制度之间的衔接适用问题，现在也没有明确规定，只能依靠各地司法实践进行探索。

三、对策建议：完善民事检察听证制度之具体进路

（一）高度重视民事检察听证制度建设

《中共中央关于全面推进依法治国若干重大问题的决定》在"保障人民群众参与司法"的宏观规划中特别提到"在司法调解、司法听证、涉诉信访等司法活动中保障人民群众参与"。民事检察听证作为司法听证的重要组成部分，也承担着保障人民群众参与司法的功能。张军检察长指出，要做强民事检察工作，进一步拓宽思路、积极作为，将民事检察工作做得更实更富成效。民事检察听证制度可以邀请人大代表、政协委员、人民监督员、居委会会员等社会人士参与，这是检察机关接受人大监督、人民群众监督的有效途径，有利于民事检察工作赢得社会的认可，实现民事检察工作的双赢多赢共赢。重视并不断完善民事检察听证制度，是积极作为、做强民事检察工作的重要组成部分，有助于检察机关规范办理民事诉讼监督案件。民事检察听证制度，是检察机关行使民事检察调查权的重要手段。在对民事检察抗诉工作提出精准化要求的今天，民事检察人员仅仅通过审查案卷等"坐堂办案"的方式，已经无法保证办案的质量。实施民事检察听证，通过直接听取当事人的主张，可以增强检察机关司法办案的亲历性，进而提升民事诉讼监督的精准性，达到"监督一案、教育一片、影响社会面"的目的。民事检察部门应当重视民事检察听证制度建设，健全并完善制度内容，在合理范围内最大限度地发挥听证制度的功效，避免使听证制度流于形式。

（二）不断加强民事检察听证制度的实践运用

一项制度的发展完善，总是从理论到实践，再由实践反作用于理论的过程，制度的完善是不可能一蹴而就的。民事检察部门在办理民事监督案件过程中，要根据案件的实际情况，积极主动开展民事检察听证。根据现有数据分析，民事检察听证制度的发展存在明显的地区差异，部分地区已建立了较为完善的民事检察听证规则，在办理案件过程中普遍地适用听证制度，通过组织听证来查清事实、化解矛盾。听证程序与法院的庭审程序具有一定相似性，检察人员通过主持、参与听证，能够增强办理民事检察案件的水平和能力，强化案件办理的亲历性，提升案件的办理质量。从适用听证制度的检察机关层级来看，民事检察听证主要由县级院、市级院实施，而省级院、高检院则很少开展民事检察听证。但是民事裁判结果监督案件，却是大量集中在省级院和高检院。因此，省级院和高检院应当积极适用民事检察听证制度，提高案件办理质量，通过司法办案发挥对下指导功能。

（三）科学引导适用民事检察听证制度的案件类型

《监督规则》第57条规定启动民事检察听证的条件，是检察机关认为"确有必要"时，依职权进行启动。启动听证程序的职权主义，是检察权区别于审判权的重要表现。否则，就可能出现检察案件"审判化"的倾向，不利于充分发挥检察机关的法律监督权能。要厘清何为"确有必要"，就必须明确检察机关适用听证制度的案件类型。对于民事诉讼监督案件，可以引导在以下几类案件中进行听证：（1）检察机关拟作出抗诉决定或者再审检察建议的案件。听证制度的设计目的之一，在于权力机关实施的行为可能会损害、改变相对人利益时，通过听证程序听取当事人意见，保障当事人发表意见的权利，为权力机关的有关行为提供依据。检察机关决定提起抗诉或者再审检察建议的行为，已经是意图改变已生效法律文书的判决结果，破坏判决的安定性，给被申请人造成程序上、实体上的不利益。通过听证程序，检察机关向当事人释明查清的新事实、抗诉争议焦点等，让申请人和被申请人充分发表意见，可以有效提高程序的正当性和抗诉的精准性。（2）涉及国家利益、社会公共利益或社会影响较大的案件。例如检察机关办理支持起诉的民事案件，案件往往涉及国家、集体利益或者当事人处于弱势地位，为了提升支持起诉案件的社会效果和准确性，增强检察机关的司法公开性和社会参与性，提高人民群众对检察机关司法办案的认可度，检察机关可以启动听证程序。据了解，昆明市检察机关在办理涉及群体性案件、农民工讨薪案件等支持起诉案件中，注重听证制度的适用，有效化解了社会矛盾，取得了良好的法律效果和社会效果。（3）案情复杂、在事实认定或法律适用方面存在较大争议的案件。对此，检察机关通过书面审查以及询问当事人等方式，已无法对案件作出准确判断，或者作出的判断可能会产生较大争议。为查清案件事实，检察机关可举行听证，让案件双方当事人充分发表意见。同时，借助专家、学者等听证参与人的专业意见，辅助检察机关对案件作出更加准确、恰当的判断。（4）拟作出不支持监督申请决定，但存在申诉信访压力的案件。检察机关办理的民事诉讼监督案件中，部分案件由于存在较大申诉信访压力，检察机关迫于压力作出了抗诉或再审检察建议。这种监督非但不是对民事案件的精准监督，反而大大降低了民事检察监督的质量，成为无效监督。对于这类案件，有必要启动听证程序。在公开的听证程序下，让当事人发表意见，由检察机关进行释法说理，进而促成案结事了，化解申诉信访矛盾。

（四）合理规范民事检察案件的听证程序

虽然《监督规则》规定了听证程序的发言、举证质证顺序，但是这种规定过于粗略，且模仿法院庭审程序的痕迹较重，有另设"审判"程序之嫌[1]，不符合民事诉讼监督办案中举行听证的实际需求。有的观点认为，在实践中较为符合民事检察办案需求的听证程序，大致分为五个步骤：一是由主持人宣布听证会纪律及双方当事人的权利和义务；二是案件承办人陈述案件审查认定的基本事实及法院判决情况；三是双方当事人分别陈述有关情况；四是辩论和质证；五是双方当事人、听证参与人签字[2]。而通过对各地听证笔录进行分析可知，各地听证程序并不完全一致，有的检察机关在听证程序中省略了上述第二个阶段，即没有案件承办人的陈述介绍。有学者特别提出了检察

---

[1] 唐力、谷佳杰：《"检审一体化"：论民事诉讼监督的边界》，载《学海》2015年第4期。
[2] 丁雪芹、朱辉：《民事申诉案件听证制度的实践》，载《中国检察官》2014年第7期。

机关要向参与听证的主体通报办案中发现的问题,并让当事人发表意见[①]。但即便是上述五个步骤的听证实施程序,也存在一定不足。对此,必须对听证的程序流程进行规范。根据各地实践经验,并在现存听证程序的基础上进行完善优化,民事检察听证制度应当大致分为听证准备阶段、听证实施阶段、听证结束阶段。听证准备阶段主要是:确定案件符合启动听证的条件,根据具体案情确定听证参与人,确定听证时间、地点,告知当事人听证的时间、地点、听证参与人以及启动听证的原因等。听证实施阶段主要应当划分为以下步骤:一是宣布听证会议纪律及当事人权利义务;二是宣布听证参与人姓名、职务并询问当事人是否要求回避;三是听证主持人简要介绍法院审判过程,向当事人释明检察机关查明的新事实、检察机关的案件承办意见;四是当事人对检察机关的意见发表意见;五是检察机关、申请人、被申请人依次举证,申请人、被申请人依次质证;六是听证参与人对当事人进行发问;七是当事人进行听证辩论;八是试行听证和解;九是核对笔录并签字。通过对听证实施程序的制度性规定,进一步规范听证笔录,实现听证笔录与法院庭审笔录一样的法定化[②]。听证结束阶段,应当根据案件的不同情况以及与其他制度的衔接情况作不同处理。但最重要的是在听证结束后,听证参与人要以口头或者书面形式发表听证意见,为检察机关的办案提供参考。另外,在监督实践中应当做好听证制度与专家咨询论证制度、检察和解制度的衔接和配合,最大限度地发挥听证制度的功效,实现精准监督与案结事了的双向关照。

---

① 彭幸:《论民事诉讼监督谦抑性机制的构建》,载《政法学刊》2017年第5期。
② 张卫平:《论庭审笔录的法定化》,载《中外法学》2015年第4期。

民事调解检察监督存在的主要问题与优化路径*
——以重庆市 10 个基层检察院开展情况为例

民事调解检察监督是指人民检察院针对人民法院所进行的民事诉讼活动中的民事调解活动实施监督,发现民事调解违法予以纠正的行为。民事调解检察监督的主体是人民检察院,其客体是人民法院在民事诉讼活动中的民事调解活动,包括人民法院受理阶段、调解阶段、调解结果及其执行的全部诉讼活动,监督的内容是人民法院在调解解决民事纠纷的全过程中,调解是否损害国家利益和社会公共利益,调解是否自愿合法,调解协议内容是否合法,调解过程是否合法,适用法律是否正确,法官在履行职务中有无违法行为等。

一、当前民事调解检察监督的基本情况

调解制度作为我国民事诉讼法确立的一项基本制度,在解决民事纠纷中的优势日渐凸显。最高人民法院工作报告指出,2013—2017 年,地方各级人民法院受理案件 8896.7 万件(其中执行案件 2224.6 万件),通过调解方式处理案件 1396.1 万件,占 15.7%。与此同时,随着司法改革深入推进,人民法院调解制度在实践中暴露出越来越多的弊端。诸如违反自愿原则、违反法律的强制性和禁止性规定、侵害第三人合法权益等的调解时有发生,这些现象无疑有损于司法公正。检察机关作为法律监督机关,依法行使法律监督权,其实质是对公权力的监督,法院审理民事案件以调解结案,也是行使公权力的结果,故依法加强民事调解检察监督,是依法、全面履行法律监督权的应

---

* 本文刊载于《中国检察官》2019 年第 23 期,系 2019 年度最高人民检察院检察理论研究课题"民事裁判结果类案监督实证研究"阶段性成果之一。本文作者:滕艳军、吴军。

有之义。

2012年《民事诉讼法》的修改，正式从法律上赋予检察机关对民事调解检察监督权力，全国检察机关对调解检察监督开展了有益实践和探索，取得了良好的社会效果和法律效果。为客观、全面了解民事调解检察监督现状、特点，笔者通过对重庆市巴南、荣昌、城口、璧山、北碚、江津、南岸、沙坪坝、九龙坡、永川等10区县检察机关2015—2019年9月民事调解检察监督情况进行统计分析，发现当前民事调解检察监督存在以下特点：

（一）监督初显成效，但监督数量有限

根据《民事诉讼法》第208条、第235条和《人民检察院民事诉讼监督规定（试行）》（以下简称《民事诉讼监督规则》）第99条第二项的规定，检察机关可以对调解书的结果、调解过程、执行等进行法律监督。以重庆10个区县检察院为例（如表1所示），2015年至2019年9月，共办理各类民事行政检察监督案件5222件（含支持起诉1929件），诉讼监督案件3293件，其中办理民事调解检察监督案件188件，人民法院再审改判或采纳检察建议160件，改判及采纳监督意见率为85.1%，且10个被调研的基层院均办理了调解检察监督相关案件，监督取得一定成效。但10个基层院近5年时间仅办理188件民事调解监督案件，仅占诉讼监督案件的5.7%，监督规模化尚未形成。

表1 2015—2019年9月重庆10个基层院民事调解检察监督办案统计

序号	基层院	办理民行监督案件总数（件）	民事调解检察监督案件数量（件）	涉及结果监督（件）	涉及审判人员违法（件）	涉及执行监督（件）	法院再审改判或采纳检察建议数量（件）
1	巴南区院	488	10	10	0	0	5
2	荣昌区院	625	38	38	0	0	38
3	城口县院	232	11	11	0	0	11
4	璧山区院	505	9	9	0	0	6

续表

序号	基层院	办理民行监督案件总数（件）	民事调解检察监督案件数量（件）	涉及结果监督（件）	涉及审判人员违法（件）	涉及执行监督（件）	法院再审改判或采纳检察建议数量（件）
5	北碚区院	597	20	1	14	5	19
6	江津区院	599	22	14	8	0	17
7	南岸区院	454	10	5	5	0	6
8	沙坪坝区院	536	57	46	11	0	54
9	九龙坡区院	645	8	8	0	0	2
10	永川区院	541	3	1	2	0	2
	合计	5222	188	143	40	5	160

（二）监督的三种案件类型均有开展，但分布不均衡

根据法律及司法解释规定，当前检察机关对民事诉讼监督的案件类型主要是裁判结果监督、审判程序违法行为监督和执行活动监督，调解是人民法院解决当事人民事纠纷的重要结案方式，因此，检察机关对调解书监督案件类型同样可以分为前述三种类型。从调研情况看（如图1所示），所办的188件民事调解检察监督案件中，涉及结果监督的有143件，占76.1%；涉及审判程序违法监督的有40件，占21.3%；涉及执行监督的有5件，占2.6%。之所以出现三种类型监督分布不均衡，主要是基于调解一般是当事人自愿合议达成的结果，通常情况下当事人在达成调解之后，又针对调解书向检察机关申请审判程序违法和执行监督较少。

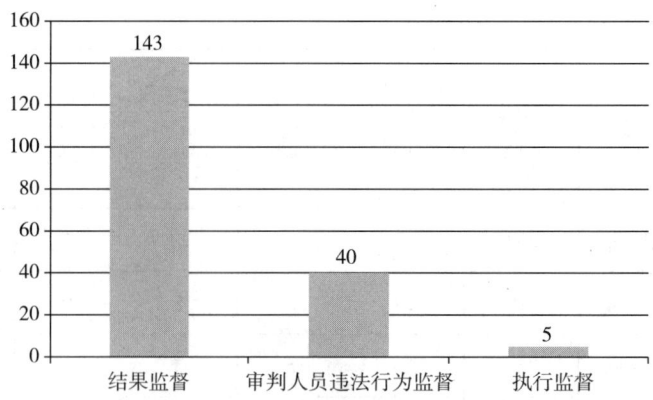

图 1　2015—2019 年 9 月民事调解检察监督案件类型情况统计

（三）监督的启动方式较为均衡，但启动标准不明确

综观《民事诉讼法》第 208 条和第 209 条规定，可以理解为第 208 条规定的是检察机关依职权启动检察监督的方式，对调解书仅限于损害国家利益和社会公共利益的两种情形时方可依职权启动，而第 209 条规定的是依当事人申请启动检察监督的方式。从调研情况看（如图 2 所示），所办的 188 件民事调解检察监督案件中，检察机关依职权启动的有 112 件，占 60%；当事人申请启动监督的有 76 件，占 40%，两种监督的启动方式较为均衡。同时，根据《民事诉讼监督规则》第 41 条规定，针对"损害国家利益和社会公共利益的；审判、执行人员有贪污受贿、徇私舞弊、枉法裁判等行为的；依照有关规定需要人民检察院跟进监督的"等三种情形的，检察机关应当依职权启动，而调研中发现（如图 2、图 3 所示），因对国家利益和社会公共利益理解标准存在差异，所办理的 188 件民事调解检察监督案件中，涉及损害国家利益和社会公共利益的案件仅有 8 件，而实际依职权启动的案件为 76 件，说明对其中 68 件未涉及国家利益和社会公共利益的调解书监督案件，部分基层院在发现调解书结果监督未严格执行《民事诉讼法》和《民事诉讼监督规则》中有关调解书依职权启动的限制性规定。

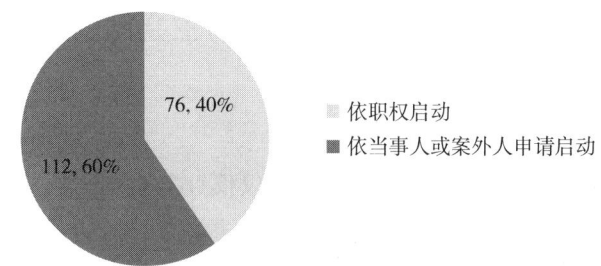

图 2　2015—2019 年 9 月民事调解检察监督启动方式情况统计

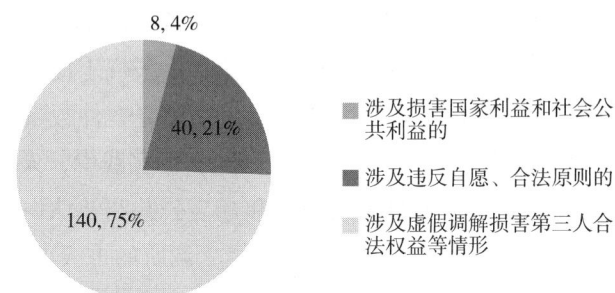

图 3　2015—2019 年 9 月民事调解检察监督的违法情形情况统计

（四）监督案件涉及调解的违法情形多样化，但监督深度不够

如图 3 所示，所办的 188 件民事调解检察监督案件中，涉及调解书损害国家利益和社会公共利益的 8 件，占 8.4%；涉及调解书违反自愿原则的 40 件，占 21%；涉及虚假调解的 140 件，占 75%，其中具体的违法情形有涉及案件证据虚假、调解内容违反法律规定、调解过程未严格执行自愿原则、参与调解的代理人没有委托授权等多种情形。最高检领导曾多次提出，要厘清对事监督和对人监督的关系，既要加强对事的监督也要加强对人的监督，但从调研情况来看，涉及的 140 件以虚假民事调解为由办理的监督案件中，多数案件并未追究当事人的刑事责任，也未相应让办理虚假调解的法官承担相应的司法责任，没有充分实现对人监督与对事监督的有机结合。

二、当前民事调解检察监督存在的主要问题

（一）监督范围不明确

根据《民事诉讼法》第208条的规定仅仅针对有损害国家利益、社会公共利益的调解书检察机关方可进行监督，而事实上，现行法律法规对国家利益和社会公共利益的概念、范围、类型等并无界定，在司法实践中导致检察机关和人民法院均不能准确把握什么是国家利益？什么是社会公共利益？在实务中，有的不直接涉及国家利益或社会公共利益的调解书，检察机关依职权或依申请启动监督并依据《民事诉讼法》第208条规定提出监督意见（这也充分解释了前述图2和图3所示的依职权启动监督案件数量与损害国家利益和社会公共利益监督案件数量为什么不一致），但实践中，人民法院针对检察机关调解书的监督案件，因对国家利益和社会公共利益认识不同，致使部分监督案件的监督意见不采纳或不受理。以笔者调研的重庆市10个基层院办理的调解监督为例，其中沙坪坝、九龙坡等多个区县检察院对调解书提请抗诉或发出再审检察建议，就有4件被法院以调解书未损害国家利益和社会公共利益为由不采纳监督意见。如九龙坡区院办理的重庆全发药业（集团）有限责任公司与重庆金泉信用担保服务有限公司借款合同纠纷调解书申请监督一案，九龙波区院在审查中发现调解书中所认定证据存在虚假，依据《民事诉讼法》第208条第2款规定，提请重庆市人民检察院第五分院抗诉后，但重庆市第五中级人民法院以调解书不涉及国家利益和社会公共利益为由，裁定终结再审程序。

另外，关于调解书涉及第三人的合法利益是否能够被检察机关依职权保护的问题。按照《民事诉讼法》第208条的规定，应该是不能的。但在司法实践中，因调解制度在落实程序法、实体法方面不像普通判决案件具有严格的规范要求，且大量的调解案件未涉及国家利益和社会公共利益，而是违反调解的自愿、合法的基本内涵，或是损害了第三人的合法利益。以笔者调研的重庆10个区县为例，检察机关将前述调解书纳入监督范围，是否应该认定为司法不规范？有待考究。且所办的前述类型调解监督案件中，有的法院采纳监督意见，有的未采纳监督意见，存在司法不统一的现象。

（二）监督程序操作不具体

一是当事人以调解书违反自愿原则、协议内容违反法律规定为由提出监督申请，检察机关该如何处理规定不明确。如按《民事诉讼法》第208条第3款和《民事诉讼监督规则》第99条规定以审判程序违法名义纳入监督，则检察机关可以直接受理，不需要审查是否经过了《民事诉讼法》第209条所规定法院内部纠错的前置程序，那么，可能会导致当事人既向人民法院申请再审又向检察机关申请监督多头申诉的可能。虽然人民法院和检察机关侧重的角度有所不同，但客观上浪费司法资源是毋庸置疑的。二是《民事诉讼法》及相关解释对调解违反自愿原则和调解协议内容违法的标准不明确。调解的核心是尊重当事人的处分权，只要调解协议合法，不违反自愿原则，就应当支持。但实践中，一方面当事人很难举证调解过程违反了自愿，另一方面哪些情形可以认定为违反了当事人自愿，没有统一标准，致使检察机关面对当事人申请监督时无法科学判断。另外，针对调解协议内容违法没有统一标准，哪些情形应当认定为调解协议违法？如在民间借贷案件中，当事人调解中明知约定的利息超过了国家法律规定标准，而在调解书作出之后又以调解书内容违法申请检察机关监督，是否应该得到监督支持？这些问题都直接影响着民事调解检察监督开展。

（三）调查核实权保障不到位

民事调解与生效裁判都是在法院诉讼活动中产生的，但民事裁判所涉事实及证据经法庭调查及认定，检察机关从裁判文书入手，结合当事人陈述及调阅案卷，即可判断该裁判是否存在可以监督的事由；而民事调解案件中，法官往往尊重当事人的意思自治，对双方认可的事实和达成的调解协议，很少深入进行实质性审查，相关证据往往缺乏法庭质证，事实缺乏必要的审查核实，调解笔录对调解过程的描述也常常不完整。在实务中，人民法院的调解案件卷宗材料通常是一些程序性事项，能够真正反映案件事实的关键材料并不齐备，而检察机关对申诉案件的审查一般是以审查法院原审卷宗为主，作为事后监督的局外人，往往需要对调解案件事实以及证据重新调查，方可判断调解书是否存在错误，审判程序是否存在违法。虽然《民事诉讼法》第

210条与《民事诉讼监督规则》第65条赋予了检察机关调查核实权,但实施调查核实权时不得采取限制人身自由和查封、扣押、冻结财产等强制性措施,如同束缚了手脚。从司法实践看,检察机关大多仅能够通过询问、谈话、调取书证等方式进行调查核实,因没有其他辅助制度保障,现实中当事人或案外人、相关单位不配合的情况一定程度存在。特别是一些虚假调解诉讼中,基本上不存在当事人自己主动申请监督的情形,这就更增加了检察机关调查核实的难度。

(四)队伍监督能力有待提升

从总体上看,近年来民事行政检察工作受重视程度在大幅提高,以笔者调查的重庆市10个基层院为例,截至2019年9月,前述10个基层院从事民事行政检察工作的干警共62人,与2013年同期相比,干警人数增加了1倍多,但民商法相关专业毕业的仅有5人。因受过去长期对民事案件重视不够等思想影响和民行干警成长规律的这一客观实际,目前突然"填鸭式"充实民事行政检察人员不能很快胜任岗位要求,无法及时扭转监督能力不足的现状。另外,进入了新时代,人民群众的法治意识更强、要求更高,法官的专业能力和专业素质亦有明显提升,这给检察机关能否客观、公正、精准开展民事调解检察监督工作提出了新挑战,亦对民事行政检察干警能力提出了更新更高更严的要求。

三、民事调解检察监督的优化路径

(一)进一步更新监督理念

2018年3月以来,张军检察长反复强调要以理念变革引领民事检察工作创新发展,其在第十三届全国人民代表大会常务委员会第六次会议上所作的报告中明确提出要树立双赢多赢共赢、精准监督、智慧借助等理念。民事调解检察监督是民事检察监督工作的重要组成部分,前述理念在深入推进民事调解检察监督工作中同样重要。要按照《2018—2022检察改革工作规划》要求,以"精准化"监督为导向,全面厘清监督与权利救济、对事监督与对人监督、办案数量与办案质效、个案监督与类案监督、监督与支持的五个关系，以先进的监督理念推进民事调解检察监督工作。

(二)进一步明确监督范围

根据宪法规定和法律解释的一般原则，检察机关作为法律监督机关，对民事法律实施的监督，应该是全面的监督，而不应留有空白地带。[①] 因此，就监督范围而言，不能仅仅限于有损国家利益和社会利益的民事调解案件，还应该将有损第三人利益以及对一方当事人显失公平的案件纳入监督范围。就目前的法律规定和通说观点看，所谓的民事检察监督，主要指的是针对法院的诉讼活动进行监督，对于当事人的诉讼活动是否应当纳入监督范围，学界尚无统一认识。但显而易见的是，当事人之间恶意串通、虚假调解，虽然在形式上属于"意思自治"范畴，最后调解协议的达成则是由司法权予以确认的，且造成了司法不公，因而，这种"以合法形式掩盖非法行为"已经对司法活动造成损害，理应纳入检察监督范围。

同时，需要说明的是，将有损第三人利益以及对一方当事人显失公平的案件纳入监督范围，并不意味着检察机关可以此为由进行抗诉或再审检察建议，而应当充分尊重作为受损方的第三人或对方当事人的自主选择权，非经他们的申请，检察机关只能告知利害关系人相关审查情况，并可依据《民事诉讼监督规则》第112条规定向法院提出检察建议。当然，如果当事人或者法官在调解过程中涉嫌犯罪，民事行政检察部门应当向公安机关或监察委移送相关线索。故笔者认为，民事调解检察监督的范围可以理解为，既应当包括对法官诉讼行为的监督，也应当包括对当事人诉讼行为的监督，监督情形应当包括：一是违反自愿、合法原则所作出的调解；二是违反法定程序所作出的调解；三是当事人恶意串通，通过达成调解的形式侵害国家、集体的情形；四是一方或双方当事人通过捏造事实、隐瞒真相的方式，显失公平的调解或虚假的调解。只要具有前述情形，检察机关应当采取合理的监督措施，依法履行法律监督职责。

---

① 王鸿翼、杨明刚：《民事行政检察的执法理念——兼谈民事行政检察工作中若干争议的问题》，载《人民检察》2004年第8期。

（三）进一步完善监督的程序和标准

1. 正确理顺依职权启动与依申请启动的关系。一是合理界定国家利益和社会公共利益。在立法未修改情形下，适用《民事诉讼法》第 208 条首先应厘清国家利益、社会公共利益的范围。目前实务中对损害国家利益和社会公共利益理解不一，但笔者认为，国家法制和法律秩序即可视为国家利益和社会公共利益，法律就是国家利益、社会公共利益及其他一切合法权益的具体体现，这样可以赋予检察机关对调解书启动监督一定的自主权。二是坚持以当事人或案外人申请监督启动为主、检察机关依职权启动为辅的原则。根据《民事诉讼法》第 201 条规定"当事人对已经发生法律效力的调解书，符合法定情形的，可以申请再审"。第 209 条则规定有"人民法院驳回再审申请的；人民法院逾期未对再审申请作出裁定的；再审判决、裁定有明显错误的"三种情形之一的，当事人可以向人民检察院申请检察建议或者抗诉。因此，针对调解案件，只要符合《民事诉讼法》第 209 条规定情形之一的，不论是否违反国家利益和社会公共利益，当事人向检察机关申诉，检察机关都应当依法进行监督。对于在履职中发现调解书存在损害国家利益和社会公共利益、虚假调解等情形的，因这类调解书不仅事实上给国家利益和社会公共利益造成损害，还严重损害了法律尊严，检察机关应当在发现后主动启动监督，依法及时提出监督意见。三是把释法说理纳入受理调解类申请监督案件的环节。现实中当事人通常以违反自愿或合法向检察机关申请监督，其本质上是希望通过检察机关的监督，达到改变调解书结果的目的。而在检察机关受理环节，因无法及时对调解书公正与否进行正确判断，且基于考核任务等因素，有时会先以《民事诉讼监督规则》第 89 条规定予以受理，从而规避《民事诉讼法》第 209 条规定再审前置要求。从当事人的角度分析，这可能导致前文所述向法院和检察机关多头申诉，浪费司法资源的情形发生。因此，介于违反自愿原则或者协议内容违反法律规定的调解书，既符合当事人申请法院再审的程序，也符合当事人向检察机关申请进行审判违法监督的情形，为解决多头申诉问题，在当事人向检察机关申请监督时，笔者认为应当先进行释法说理，了解当事人是申请对调解书结果的监督还是对审判程序违法的监督，如果是对结果申请监督，应告知其先行向法院申请再审，尊重法律的内部纠错制度，有效节约司法资源。

2. 明晰违反自愿和合法原则的违法情形。一是科学界定违反自愿原则。调解制度的本质属性及正当性基础是当事人的合意，因此自愿原则成为调解制度中的核心原则。① 但在实践中，要正确判断民事调解案件中调解协议的达成是否违反了自愿原则并非易事。笔者认为，应结合以下几点进行考量：一方面，一方当事人有欺诈或者胁迫行为，直接影响另一方当事人真实意思表示的。如果申诉人有证据证明在调解协议达成期间受到对方当事人欺诈或胁迫的，应认定该调解书违反了自愿原则。另一方面，法官在调解活动中，是否存在违背当事人真实意思，强制调解或变相强制调解的。调解制度的本质属性及正当性基础是当事人的合意，如果一方当事人或双方当事人都坚持不愿调解，法院就不能强制调解或变相强制调解。二是科学界定违反合法原则。法律的规定既应包括实体法的规定也应包括程序法的规定。在实体方面，要求调解协议的内容不得违反法律、行政法规的禁止性规定，不得侵害国家利益、社会公共利益及第三人合法权益。在程序方面，要求调解过程不能严重违反程序法的规定，比如调解的启动、调解方式等程序方面都要符合法律的规定。笔者认为，认定违反合法原则具体应从以下几个方面予以考虑：首先调解是否违反法律、行政法规的强制性规定？如果调解协议违反了法律、行政法规的强制性规定，即可认定违反了合法性原则。其次法官在调解过程中违反法定程序的。如有回避情形的法官未主动回避或未被申请回避的、法律规定不能以调解方式结案而法院却以调解方式结案的、当事人为谋取不正当利益互相串通达成调解协议而法院未尽审查核实责任的等。最后法官在调解中有徇私舞弊、贪赃枉法行为的。这种行为必然会影响案件的公正性审理，不仅造成调解结果的实质不公，还会破坏廉政建设和法律威严，牺牲了法律应有的正义性价值取向。

（四）进一步加强监督机制建设

一是健全检察监督一体化工作机制。全省、全市上下级检察机关要完善民事检察一体化机制，对涉及损害国家利益和社会公共利益、具有重大影响

---

① 蔡涛：《关于民事调解检察监督的法律思考》，载《法学研究》2010年第2卷。

的虚假调解以及涉及法官违法违纪行为等情形的调解监督案件，可以建立线索省市级检察院统管，统一抽调全省全市民事行政检察官成立临时的检察官办案组，共同参与案件办理，确保监督效果。同时，应当完善本院民事行政检察部门与控申、刑检部门的协作，实现监督线索移送一体化、案件审查一体化，解决民事调解检察监督线索和能力不足问题。二是健全与公安、法院、监察委协作机制。针对调解书出现可能涉及当事人、法官涉嫌犯罪的，应当充分利用公安机关刑事侦查权和监察委的执纪监督权，实现对人监督和对事监督的有机统一，有效弥补民事监督调查核实权保障不足，切实提升监督深度及合力。三是充分借力信息技术手段。将科技信息化与民事行政检察工作深度融合，依托人工智能、大数据等技术，促进检法案件信息共享，发挥信息自动抓取、类案比对等相关功能，努力使检法赢得更多认同和司法统一。

（五）进一步强化人才的培养

一是加强人员的配备，可以采取向法院商调具有民商事审判经验的法官，及时充实民事检察队伍。二是有效借助"外脑"，充分发挥省市民事专家委员会的作用，解决能力和司法理念上的偏差。三是充分用好"检答网"，有效解决日常实务工作遇到的实际问题。四是加大民事行政检察干警轮训、培训力度，增强岗位练兵效果，全面提升干警法律适用、证据审查、文书说理以及做好群众工作、化解社会矛盾等能力，从而适应新时代民事检察工作新形势新任务。

民事虚假诉讼检察监督实证研究*

虚假诉讼,俗称"打假官司",一般是指当事人以虚构的事实向法院提起民事诉讼以谋取非法利益的行为。虚假诉讼不仅侵害他人的合法权益,有违诚实信用原则,而且扰乱司法秩序,损害司法权威和司法公信力。近年来,随着虚假诉讼案件的增多,其危害性也日益凸显,引发社会广泛关注。自党的十八届四中全会明确提出要加大对虚假诉讼的惩治力度以来,全国各级检察机关立足职能定位,积极开展对虚假诉讼的监督,与人民法院、公安机关协调配合,不断加大防范打击力度,办理了一批典型案件,净化了社会环境,切实维护了人民群众合法权益和司法权威。虽然取得了一定的成绩,但在虚假诉讼监督中仍存在诸多问题和短板,其监督职能尚未充分发挥,监督效果和社会影响力有待进一步提升。本文以相关数据和案例为依托,对民事虚假诉讼监督存在的问题进行了梳理,并在此基础上提出相关建议,以期对该制度的完善有所裨益。

一、检察机关开展民事虚假诉讼监督的基本情况[①]

(一)检察机关开展民事虚假诉讼监督案件数量分析

从表1可知,2017—2019年,在全国检察机关生效裁判结果监督提出抗诉案件中,涉虚假诉讼案件数量分别为370件、650件、1770件,所占比例分别为11.9%、16.9%、35%。在全国审判违法监督提出检察建议案件中,涉

---

* 本文系2018年度中国行为法学会课题研究成果。本文作者:滕艳军、冯庆俊。

① 本文图表中的相关数据系根据最高人民检察院工作报告、专项报告、新闻发布会及有关文章综合整理得出,仅反映民事虚假诉讼监督相关事项的发展趋势。本文所引案例中当事人的姓名、名称均为化名。

虚假诉讼案件数量分别为 260 件、360 件、870 件，所占比例分别为 1.9%、2.2%、4.9%。在全国执行监督提出检察建议案件中，涉虚假诉讼案件数量分别为 370 件、470 件、650 件，所占比例分别为 1.6%、2%、2.8%。在上述三类民事检察案件中，涉虚假诉讼案件数量及其所占比重均呈逐渐上升趋势。在 2019 年全国生效裁判结果监督提出检察建议案件中，涉虚假诉讼案件数量为 4600 件，所占比例高达 57.8%。

表1 2017—2019 年各类民事检察案件中涉虚假诉讼监督总体情况

年份	裁判结果监督				审判违法监督		执行监督	
	提出抗诉案件数	涉虚假诉讼抗诉案件数	提出再审检察建议案件数	涉虚假诉讼再审检察建议案件数	提出检察建议案件数	涉虚假诉讼检察建议案件数	提出检察建议案件数	涉虚假诉讼检察建议案件数
2017	3090	370	3080	—	13900	260	21100	370
2018	3850	650	4070	—	16700	360	23800	470
2019	5000	1770	7960	4600	17700	870	23400	650
合计	11940	2790	15110	—	48300	1490	68300	1490

（二）检察机关开展民事虚假诉讼监督案件结构分析

从图1可知，2019 年全国检察机关共开展各类民事虚假诉讼监督 7890 件，其中提出抗诉 1770 件、提出再审检察建议 4600 件、提出审判违法监督检察建议 870 件、提出执行监督检察建议 650 件，所占比例分别为 23%、58%、11%、8%。从所涉民事检察案件类型来看，生效裁判结果监督中涉虚假诉讼监督案件最多，共计 6370 件（其中提出抗诉 1770 件、提出再审检察建议 4600 件），所占比例合计为 81%。从监督方式来看，提出检察建议（包括再审检察建议、审判违法监督检察建议、执行监督检察建议）的虚假诉讼监督案件共计 6120 件，所占比例合计为 77%，说明目前针对虚假诉讼监督案件，以同级监督为主、提请上级监督为辅。

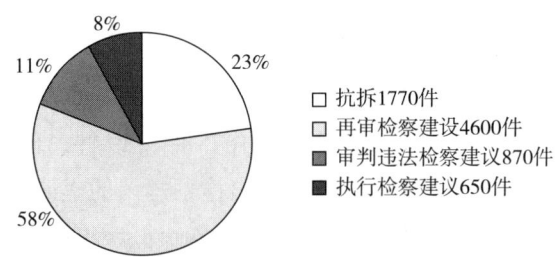

图 1　2019 年各类民事虚假诉讼监督案件数量与比例

（三）检察机关开展民事虚假诉讼监督案件案由分析

据有关统计，"2017 年以来，全国检察机关所办理的生效判决、裁定、调解书监督案件主要集中在民间借贷纠纷、房地产权属纠纷、追索劳动报酬等领域，在提出抗诉和再审检察建议的 3927 件案件中，借款纠纷 2199 件，占全部监督案件的 56%；劳动合同纠纷 474 件，占 12%；房屋买卖合同纠纷 169 件，占 4.3%。"[①] 从图 2 可知，在 2019 年涉虚假诉讼抗诉案件中，借款合同纠纷案件为 1429 件，占同年提出抗诉案件的比重为 80.7%。涉财类案件一直是虚假诉讼案件高发领域，其中尤以民间借贷纠纷案件为最。例如，2018 年，杭州市检察院查办的虚假诉讼案件中，民间借贷纠纷案件占比达 95% 以上。这与浙江杭州地区民间资本活跃、民间融资发展迅速的经济社会趋势有关，也与民间借贷纠纷案件诉讼门槛低、操作简单的特点有关。

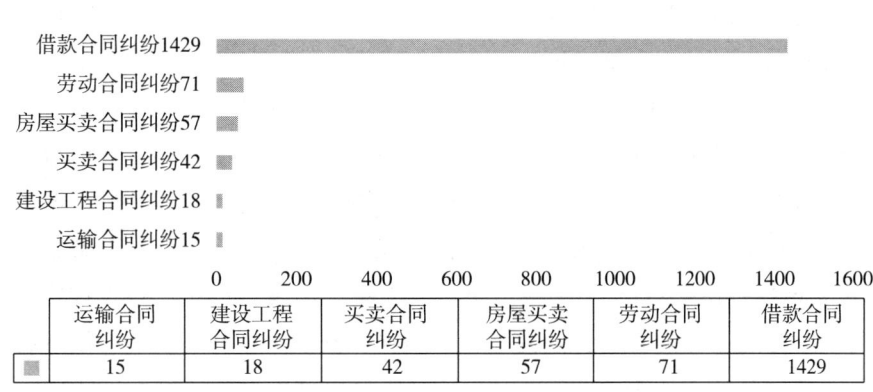

图 2　2019 年涉虚假诉讼抗诉案件中各案由比例

---

① 数据来源于 2019 年 5 月 22 日最高人民检察院召开的虚假诉讼监督新闻发布会。

（四）检察机关开展民事虚假诉讼监督案件层级分析

从表2可知，在裁判结果监督提出抗诉的虚假诉讼监督案件中，县区院、分市院、省级院的案件数量分别为3件、1678件、89件，分市院相关案件数量所占比例为94.8%。在审判违法监督提出检察建议的虚假诉讼监督案件中，县区院、分市院、省级院的案件数量分别为860件、8件、2件，县区院相关案件数量所占比例为98.8%。在执行监督提出检察建议的虚假诉讼监督案件中，县区院、分市院、省级院的案件数量分别为633件、17件、0件，县区院相关案件数量所占比例为97.4%。从上述数据可知，裁判结果监督提出抗诉的虚假诉讼监督案件主要分布在分市院一级，审判违法监督和执行监督提出检察建议的虚假诉讼监督案件则主要分布在县区院一级。

表2 2019年各类虚假诉讼监督案件层级分布   单位：件

类别	县区院	分市院	省级院	高检院	合计
裁判结果监督（抗诉）	3	1678	89	0	1770
审判违法监督	860	8	2	0	870
执行监督	633	17	0	0	650

（五）检察机关开展民事虚假诉讼监督案件地域分析

从表3可知，在提出抗诉类虚假诉讼监督案件中，案件数量排在前五位的省份分别为云南、安徽、浙江、江苏、辽宁，该五省相关案件数量合计占比为70.5%。在提出再审检察建议类虚假诉讼监督案件中，案件数量排在前五位的省份分别为浙江、江苏、安徽、云南、山东，该五省相关案件数量合计占比为69.5%。在提出审判违法检察建议类虚假诉讼监督案件中，案件数量排在前五位的省份分别为贵州、安徽、江苏、浙江、云南，该五省相关案件数量合计占比为53.6%。在提出执行检察建议类虚假诉讼监督案件中，案件数量排在前五位的省份分别为江苏、浙江、安徽、吉林、辽宁，该五省相关案件数量合计占比为59.8%。上述情况反映出虚假诉讼监督案件集中分布于特定几个省份，这与相关省份重视开展虚假诉讼监督工作有着直接关系，同时也在一定程度上反映出其他省份对该项工作开展不足。

表3　2019年虚假诉讼监督各类案件地域分布情况　　单位：件

抗诉 1770		再审检察建议 4600		审判违法检察建议 870		执行检察建议 650	
省份	数量	省份	数量	省份	数量	省份	数量
云南	430	浙江	1500	贵州	140	江苏	150
安徽	330	江苏	780	安徽	130	浙江	80
浙江	230	安徽	420	江苏	110	安徽	70
江苏	150	云南	260	浙江	100	吉林	40
辽宁	100	山东	230	云南	60	辽宁	40
合计占比 70.5%		合计占比 69.5%		合计占比 53.6%		合计占比 59.8%	

二、检察机关开展民事虚假诉讼监督的问题检视

近年来，检察机关认真履行法律监督职责，通过开展专项行动，不断加大对民事虚假诉讼的监督力度，取得积极成效。但是民事虚假诉讼监督工作还存在诸多问题，需要认真思考，加强研究。

（一）虚假诉讼概念不清导致实践认知不一

自"虚假诉讼"概念最早于2003年10月30日在河南省检察与郑州市检察院联合举办的"虚假(恶意)民事诉讼"研讨会上提出后，[1]至今已近十七载。但是学术界和实务界至今未能对虚假诉讼的概念形成一致意见。其间，学术界和实务界针对虚假诉讼的概念作了许多研究，形成了众多观点，归纳起来主要存在以下三类分歧。

1. 立法分歧

《民事诉讼法》第112条规定，当事人之间恶意串通，企图通过诉讼、调解等方式侵害他人合法权益的，人民法院应当驳回其请求，并根据情节轻重

---

[1] 柴春元、刘金林：《规制恶意民事诉讼 净化私权行使空间——"虚假恶意民事诉讼"研讨会综述》，载《人民检察》2004年第1期。

予以罚款、拘留；构成犯罪的，依法追究刑事责任。第113条规定，被执行人与他人恶意串通，通过诉讼、仲裁、调解等方式逃避履行法律文书确定的义务的，人民法院应当根据情节轻重予以罚款、拘留；构成犯罪的，依法追究刑事责任。因此在民事立法领域，立法机关认为认定虚假诉讼的重要前提系当事人之间或当事人与他人之间存在恶意串通行为，否则不构成虚假诉讼。而《刑法》第307条之一规定，以捏造的事实提起民事诉讼，妨害司法秩序或者严重侵害他人合法权益的，构成虚假诉讼罪。最高人民法院、最高人民检察院《关于办理虚假诉讼刑事案件适用法律若干问题的解释》第1条第七项规定，单方或者与他人恶意串通，捏造身份、合同、侵权、继承等民事法律关系的其他行为，构成虚假诉讼罪。在刑事立法领域，立法机关认为单方和双方恶意串通均可构成虚假诉讼，因此这就出现了同一立法机关对虚假诉讼行为的认识存在分歧的问题，导致实践中对"虚假诉讼"概念的认知不一，适用法律也存在分歧。

2. "两高"分歧

最高人民法院于2016年6月发布最高人民法院《关于防范和制裁虚假诉讼的指导意见》指出，虚假诉讼一般包含以下要素：（1）以规避法律、法规或国家政策谋取非法利益为目的；（2）双方当事人存在恶意串通；（3）虚构事实；（4）借用合法的民事程序；（5）侵害国家利益、社会公共利益或者案外人的合法权益。最高人民法院又于2016年9月发布了68号指导性案例——上海欧宝生物科技有限公司诉辽宁特莱维置业发展有限公司企业借贷纠纷案——进一步明确了其对"虚假诉讼"概念的观点。而2019年5月，最高人民检察院通过发布第十四批指导性案例的形式，也对"虚假诉讼"的概念表达了自己的观点。发布的五个指导性案例中有四个案例是串通型虚假诉讼，分别是广州乙置业公司等骗取支付令执行虚假诉讼监督案、武汉乙投资公司等骗取调解书虚假诉讼监督案、陕西甲实业公司等公证执行虚假诉讼监督案、福建王某兴等人劳动仲裁执行虚假诉讼监督案。而第五个指导性案例江西熊某等交通事故保险理赔虚假诉讼监督案系单方型虚假诉讼，最高检通过指导性案例的方式明确单方实施虚构事实提起民事诉讼行为也应纳入虚假诉讼范畴。① 作为国家司法机关的最高人民法院和最高人民检察院在司法实践中对虚假诉讼的认识存在一定分歧，应引起重视，需要通过双方进一步沟通来解决。

3. 地方分歧

为统一虚假诉讼监督的司法尺度，有些地方司法机关对何为虚假诉讼进行了讨论，并通过会签文件的形式予以明确。如福建省公检法会签意见认为，虚假诉讼是指案件当事人、其他诉讼参与人，单独或者双方恶意串通，以捏造的事实提起民事诉讼，妨害司法秩序的违法行为。广西公检法司会签意见认为，虚假诉讼是指案件当事人、其他诉讼参与人恶意串通或者单方采取虚构法律关系、捏造事实、伪造证据，唆使他人帮助伪造、毁灭证据、提供虚假证明文件、鉴定意见等手段，通过提起民事诉讼，或者利用虚假仲裁裁决、公证文书申请执行，企图使人民法院作出错误裁判、调解或者执行法律文书，妨害司法秩序，损害国家利益、公共利益或者他人合法权益的违法行为。江苏公检法司会签意见认为，虚假诉讼是指当事人之间恶意串通或者当事人单方采取虚构法律关系、捏造事实、伪造证据，唆使他人帮助伪造、毁灭证据、提供虚假证明文件、鉴定意见等手段，通过诉讼、调解、仲裁等能够取得各种生效民事行政法律文书的方式，或者利用虚假仲裁裁决、公证文书申请执行的方式，妨害司法秩序，损害国家、集体、他人合法权益或者逃避履行法律文书确定的义务的行为。江西省公检法司会签意见认为，虚假诉讼是指当事人之间或与他人恶意串通，违背诚实信用原则，通过虚构案件事实，伪造诉讼证据，向人民法院提起诉讼，损害国家、集体或他人合法权益，获取非法利益的行为。

分析以上各省意见可知，福建省和广西省对虚假诉讼的认识分歧在于虚假诉讼侵害的法益不同，福建省司法机关认为虚假诉讼侵害的法益仅为司法秩序，不包括其他；广西司法机关认为虚假诉讼侵害的法益包括司法秩序、国家利益、公共利益以及他人合法权益。福建省和江苏省对虚假诉讼的认识分歧在于虚假诉讼的参与主体不同。福建司法机关认为虚假诉讼的参与人包括案件当事人、其他诉讼参与人；江苏司法机关认为虚假诉讼的参与人仅指

---

① 华锰、颜良伟：《虚假诉讼检察监督问题研究——以最高检第十四批指导性案例为分析样本》，载《新时代民事检察的理论与实践——第十五届国家高级检察官论坛论文集》2019年版。

案件当事人。广西壮族自治区和江苏省的分歧意见在于虚假诉讼构成要件之一不同，广西司法机关认为公共利益受到侵害系虚假诉讼构成要件之一，而江苏司法机关不认为公共利益受到侵害系虚假诉讼的构成要件，而集体利益是虚假诉讼构成要件之一。江西省司法机关与其他三省司法机关意见均不同，其认为虚假诉讼仅限恶意串通型，单方型不构成虚假诉讼。

（二）法律规范欠缺导致虚假诉讼监督难

从调研分析来看，全国检察机关普遍反映因对虚假诉讼认定和适用存在法律规范缺失的问题，导致司法实践中民事虚假诉讼监督工作存在三大难题，需引起高度重视，并研究解决。

1. 虚假诉讼监督线索发现难

上文数据显示，全国虚假诉讼的数量多、领域广、危害大。但全国各级检察机关发现民事虚假诉讼线索的渠道单一，发现线索呈现偶发性特征，大多主要通过案外人的举报、控告，因虚假诉讼的隐蔽性导致很多被侵害的案外人并不知晓虚假诉讼的存在，因而也未向检察机关举报、控告，造成很多虚假诉讼案件没有被发现，这点从检察机关依职权发现的大量民事虚假诉讼监督案件中可以得到证实。最高人民检察院公布的第十四批指导性案例中，四个虚假诉讼监督指导案例中有两件系检察机关依职权发现。就调研掌握的情况看，2017—2019年全国检察机关依职权启动虚假诉讼监督程序的案件占大多数。河南、山东、湖北、辽宁、山西、福建等地依职权启动监督程序的案件均在50%以上（除湖北为59.4%外，其余均在60%以上，其中河南占比近90%），这与虚假诉讼案件具有非对抗性和隐蔽性等特征密切相关。[1]2018年初，绍兴市检察院自主研发了"民事裁判文书智慧监督系统"，对近三年来绍兴法院系统近30万份民事裁判文书进行大数据分析，筛选出异常判决3000余件，经人工研判初步发现案件线索1000余件。[2]绍兴检察机关这一做法值得肯定，但这也折射出全国检察机关在虚假诉讼线索发现方面存在困难，囿

---

[1] 最高人民检察院第六检察厅：《最高人民检察院第十四批指导性案例适用指引（民事虚假诉讼）》，中国检察出版社2019年版，第57页。

[2] 参见http://zj.people.com.cn/n2/2019/0417/c186327-32853684.html，最后访问时间：2020年1月8日。

于人民法院的审判、执行数据，人民检察院的监督数据，公安机关的侦查数据，三者之间未实现整合共享，大量原本能够通过大数据和人工智能技术发现的案件线索未能及时有效发现，影响和制约了惩治虚假诉讼的智能化。

2.虚假诉讼监督调查核实难

其一，《民事诉讼法》第210条规定，人民检察院因履行法律监督职责提出检察建议或者抗诉的需要，可以向当事人或者案外人调查核实有关情况。虽然法律赋予了检察机关在办理民事诉讼监督案件时调查核实的权力，但是上述规范过于笼统宽泛，对于民事诉讼监督调查核实权的适用范围、行使程序以及权力规制等问题均没有明确的规定。法律规定的模糊性和不可操作性，使得检察机关在司法实践中很难真正有效地运用民事诉讼监督调查核实权来办理案件。其二，虚假诉讼呈现出隐蔽性、手段多样性，当事人之间关系特殊性等特性，为检察机关调查核实增加了难度。其三，调查核实措施缺乏刚性。当事人对于检察机关的询问调查有时以各种理由不予配合，或躲避、不理睬，或委托代理人"合理"应付等。对有些涉嫌虚假诉讼当事人不构成刑事犯罪的，或者涉嫌刑事犯罪，但不涉及司法工作人员职务犯罪的，检察机关民事检察部门行使调查核实权时，如果当事人、司法工作人员不配合，则目前法律没有刚性保障措施，导致调查核实难。

3.虚假诉讼监督追责难

虚假诉讼案件数量多，与法律追责难存在很大关系。首先，对于恶意串通型虚假诉讼当事人，虽然可以根据《民事诉讼法》第112条、第113条的规定对有关情形追究其相应责任，但是对于单方型虚假诉讼当事人的追责则无法律明确规定，从统计数据来看，单方型虚假诉讼反而占多数。其次，因目前法律未规定虚假诉讼为侵权行为，对于恶意串通或者单方虚假诉讼的侵权行为，受侵害的当事人或案外人根据现有的法律规定，无法得到应有的救济，从这一层面来说，这使得虚假诉讼侵权人违法成本较低。最后，自《刑法修正案（九）》施行以来，公安机关立案侦查的虚假诉讼刑事案件与审判实践中发生的虚假诉讼犯罪行为存在相当大的数量差距。公安机关内部通常将虚假诉讼刑事案件交由刑事犯罪侦查部门而非经济犯罪侦查部门管辖，刑侦部门忙于侦查传统刑事案件，对新增的虚假诉讼罪名研究深度不够、办案经验不足。

（三）民事检察队伍制约虚假诉讼的监督

从现实情况来看，目前民事检察队伍人员数量偏少且人员结构不合理是制约虚假诉讼监督有限开展的重要因素。一是从事民事检察工作的人员数量相较于刑事检察和公益诉讼检察而言相对偏少，与检察机关"四大检察"的制度构架严重不匹配。二是从事民事检察工作的人员结构不合理，兼具民事法律知识和侦查背景的人员相对欠缺。民事虚假诉讼监督工作应当说非常复杂，这项工作涉及对整个民事诉讼过程和结果的监督，涉及民事诉讼整个流程包括立案、管辖、审判组织、证据、送达、调解、执行等多个环节，还涉及对当事人举证、法官采信证据、法官适用法律等方面的监督。因此民事虚假诉讼监督工作对检察官提出了较高要求。首先，民事检察官要具备民事法律知识、熟悉民事审判业务，需要检察官运用法律思维对涉嫌虚假诉讼的已生效判决、裁定、调解进行分析、研判，找出可疑之处后形成调查方案和询问提纲。其次，因虚假诉讼监督工作与侦查工作高度相似，需要对涉嫌民事虚假诉讼的当事人进行询问、调查核实。如调查当事人基本情况、调查银行资金流水、需要采用适宜的方式使得虚假诉讼行为人或证人配合询问，等等，这需要民事检察官具有丰富的侦查经验。但是，从全国民事检察队伍调研来看，能同时满足这两个条件的民事检察官数量紧缺，需要各级检察机关合理配备检察人力资源，提升民事虚假诉讼监督工作的能力。

三、检察机关开展民事虚假诉讼监督的改进路径

（一）厘清轮廓：民事虚假诉讼概念、构成要件、类型

1. 实践维度之民事虚假诉讼概念

对于虚假诉讼的概念学术界已讨论许久，学界从理论上已概括了许多虚假诉讼的概念。本文无意从理论上提出虚假诉讼的概念，而是通过调研分析全国民事虚假诉讼监督案件，提炼出虚假诉讼在实践中的基本轮廓。关于虚假诉讼概念，实践中存在争议的有以下几个基本问题：

（1）单方虚假诉讼是否构成虚假诉讼。多数学者以及法院出台的司法解释均排除原告单方面伪造、变造证据等行为属于虚假诉讼行为。理由在于：

原告提交虚假证据，被告可以通过举证、质证、反驳的方式予以识破、纠正，也可行使上诉权、申请再审进入审判监督程序予以救济。但是调研数据显示，原告提交虚假证据的案件大多被司法机关认定为虚假诉讼，这其中包括原告利用法院不实际掌握被告真实住址，公告送达缺陷导致的缺席判决；包括原告利用生效法律文书的效力，规避国家行政管理规范的虚假诉讼；还包括通过变造证据单方虚增债权，损害被告一方权益的虚假诉讼等。本文认为，单方型虚假诉讼亦系虚假诉讼不仅有实践案例支持，也有坚实的理论依据。虚假诉讼的核心在于其"诉"的虚假，即本不存在一个"诉"而行为人偏偏炮制出一个本没有的"诉"，或者虚增出一个"诉"。一个案件是否为虚假诉讼案件，并不取决于该"诉"是否当事人或案外人串通所为，而取决于"诉"本身是否虚假。另外，作为民事领域的帝王原则——诚实信用原则已被纳入民事诉讼法[①]，这就要求民事诉讼参与的所有主体必须遵守诚实信用原则，不仅包括因有真实的争议而提起诉讼，还要求在诉讼的每个环节如举证、质证、执行环节等均要做到诚实信用。当事人一方的伪造证据或捏造事实等行为则违背了该原则，在主观上制造了虚假。因此，诉讼当事人一方采取伪造证据、虚假陈述、隐瞒事实等手段，向人民法院提起民事诉讼也属于虚假诉讼。

（2）当事人虚假仲裁、虚假公证是否属于虚假诉讼。民事诉讼包括民事审判和民事执行。大量的虚假诉讼案件侵害的是民事审判秩序，但侵害民事执行秩序的虚假诉讼也不同程度存在。如陕西甲实业公司等公证执行虚假诉讼监督案中，甲实业公司与郗某等七人捏造虚假借款事实向公证处申请公证，获得了虚假的执行证书，并向人民法院申请强制执行、参与执行财产分配。又如福建王某兴等人劳动仲裁执行虚假诉讼监督案中，王某兴、王某福虚构事实申请劳动仲裁，仲裁员在明知虚构事实的情况下仍作出虚假仲裁调解书，使得王某贵的个人借款变成了甲茶业公司的劳动报酬债务，后向法院申请强制执行，法院裁定执行。以上两案不仅损害了案外人的合法债权，同时也损害了诉讼秩序和司法公正，影响社会诚信。[②]通过虚假仲裁和虚假公证取得的仲裁法律文书、公证法律文书属于捏造事实、伪造证据，其不是损害了民事

---

① 《民事诉讼法》第13条规定："民事诉讼应当遵循诚实信用原则。当事人有权在法律规定的范围内处分自己的民事权利和诉讼权利。"

② 参见最高人民检察院第十四批指导性案例。

审判秩序，而是损害了民事执行秩序，属于广义上的虚假诉讼。

经调研分析并结合学术界和实务界公认的虚假诉讼图谱，本文认为，虚假诉讼系指诉讼当事人单方或与他人恶意串通，采取伪造证据、虚假陈述、隐瞒事实等手段，向人民法院提起民事诉讼，企图通过诉讼、调解、仲裁、公证等方式，侵害国家利益、社会公共利益或他人合法权益，妨害司法秩序的行为。

2. 实践维度之民事虚假诉讼构成要件

调研分析认为，实践中民事虚假诉讼行为一般同时具备以下构成要件：

（1）主观要件——故意。行为人在提起虚假诉讼时，其表现出的主观心理状态为故意，即明知其所实施虚假诉讼行为会给对方当事人或案外人带来不利的法律后果，仍然积极追求并促成这种不利后果的发生。如江苏省扬州市广陵区检察院办理的扬州甲医院民间借贷虚假诉讼系列案中，股东陈某等人故意捏造借贷事实以单位借款替代股东个人借款形式套取股东投资款，伪造了 27 张借条获法院民事调解书后参与扬州甲医院的执行款分配。又如浙江省嘉兴市秀洲区检察院办理的刘某某等 136 人与浙江某某建设有限公司劳务合同纠纷虚假诉讼监督系列案中，包工头为取得在执行中的优势地位和索取超额利益，与公司法定代表人串通，采用伪造工人名单、工资发放表和欠条的方式，以与公司不存在劳动合同关系的 136 名工人的名义向法院起诉，要求公司支付"拖欠的工资"共计 400 余万元。经法院调解，由公司支付工资款共计 360 余万元。上述案件虚假诉讼行为人主观的心理状态均表现为故意，即故意捏造借贷事实，故意捏造存在劳动关系的事实，套取股东投资款、攫取"工资"款，侵害扬州甲医院众多真正债权人的合法权益和浙江某某建设有限公司的公司利益。

（2）主体要件——诉讼当事人、审判执行人员和案外人。调研数据显示，民事虚假诉讼涉及的主体比较广泛，包括诉讼当事人、审判执行人员和案外人。但当事人作为虚假诉讼主体的占比较高；其次为案外人；审执人员参与虚假诉讼的比例较低。在查实的虚假诉讼案件中，诉讼当事人和案外人参与虚假诉讼系常态，而人民法院审判执行人员参与虚假诉讼呈现为非常态的情况。据悉，2014 年至 2016 年末在某市两级法院因法官、书记员等因参与虚假诉讼被追究刑事责任的就有9案10余人。①武汉某公司与鹤峰某公司商品房预售合同纠纷虚假诉讼监督案中，本案审判法官杨某某明确知某佳营公司与武汉某公司实际投资人为同一人，且明知当时武汉市基层法院一审民商事案件管辖诉讼标的额在800万元以下，却主动建议当事人将案件拆分成4个案件提起诉讼，并在该院受理案件后主持调解快速结案。该案进入执行环节后，杨某某伙同本案执行法官童某促成案件快速执行。在杨某某、童某的参与下，上述虚假诉讼案件得以迅速审结并执行。该案执行后，杨某某收受立城公司贿赂479万元，童某收受立城公司贿赂100万元，案件经检察机关调查后提出监督意见后再审改判，其二人均被追究刑事责任。

（3）客观要件——伪造证据、虚假陈述等手段。客观要件在民事虚假诉讼中存在多样性的特点。大量案例研究显示，虚构法律关系、捏造事实、伪造证据，唆使他人帮助伪造、毁灭证据、提供虚假证明文件、鉴定意见等行为都可以成为民事虚假诉讼的客观行为。如中国人民财产保险股份有限公司某市分公司与熊某某虚假诉讼监督案中，原审被告诉讼代理人周某某伪造原告诉状、假冒原告及其诉讼代理人提起虚假诉讼，又伪造在城市工作证明，套用城镇居民人均可支配性收入的赔偿标准实现谋取高额保险赔偿金的非法目的。又如陕西某实业集团有限公司与郗某等七人虚假诉讼监督案中，陕西某实业集团有限公司与郗某等七人捏造虚假借款事实，分别对涉案还款协议书向公证处申请办理了具有强制执行效力的债权文书公证书。郗某等七人依据执行证书，向西安市某区人民法院申请执行，进入资产分配程序。当地检察机关通过检察建议纠正了错误的执行裁定，挽回损失1000多万元，维护了陕西某酒店投资有限公司和其他竞拍人的合法权益。以上两案通过伪造证据和提供虚假证明文件提起虚假诉讼，虽然是众多民事虚假诉讼案件中的个案，但其具有一定的代表性和典型性。

（4）客体要件——复杂客体。研究表明，民事虚假诉讼侵害的客体系复杂客体。虚假诉讼侵害的复杂客体包括司法秩序、当事人权益、案外人权益。司法实践中，大量民事虚假诉讼案件主要是通过直接侵害司法秩序从而最终

---

① 刘冠南：《2年10多名法官在广州被判刑 多涉及虚假诉讼》，载《南方日报》2017年1月5日，http://gd.sina.com.cn/news/b/2017-01-05/detail-ifxzkfuk2154929.shtml?from，最后访问时间：2020年2月19日。

达到侵害当事人或案外人的合法权益的目的。但亦存在民事虚假诉讼仅侵害司法秩序单一客体的情形。如曹某与开封市某房地产开发有限公司借款合同纠纷虚假诉讼监督案中,开封市某区人民法院执行局工作人员陶某某与其妻子曹某共同购买了由开封市某房地产开发有限公司开发的房屋一套。由于该公司未向房产管理部门提供房屋的土地使用证、建设规划许可证、施工合同、竣工报告等文件,导致房屋不能办理房产权证。陶某某便与齐某某、律师刘某某商量以物抵债,通过调解、执行办理房本,于是陶某某伪造了一份该公司欠其妻子曹某 12 万元的借条,并以曹某的名义起诉至法院,陶某某找立案庭同事说情打招呼,在调解时又将该公司另一套无证"小产权房",作为该公司的财产以房抵债,当天作出民事调解书,据此通过执行将上述两处房屋过户至曹某名下并办理了房产权证。该案的虚假诉讼行为虽未侵害当事人及案外人合法权益,但其妨碍了司法秩序,是利用人民法院生效法律文书的法律效力规避国家的行政管理政策。

3. 实践维度之民事虚假诉讼类型

调研分析案例显示,民事虚假诉讼类型多样,根据不同标准可作出以下分类:

(1) 按虚假诉讼行为特征划分,可以分为两类:一是单方型虚假诉讼。有的不法行为人只是一方当事人制造虚假诉讼,通过伪造证据等达到骗取人民法院生效裁判的目的。如上文提到的中国人民财产保险股份有限公司某市分公司与熊某某虚假诉讼监督案中,诉讼当事人中的一方伪造农村居民在城市工作的证明,提高保险赔偿的标准。又如有的当事人利用被告户籍地址和实际居住地址不同的情形,向法院提起虚假诉讼,并向人民法院提供被告送达地址为户籍地址,人民法院根据户籍地址邮寄送达不能后进行公告送达,而公告送达实际真正的送达率较低,从而达到缺席判决的效果,进而促成有利于原告一方的判决。二是串通型虚假诉讼。诉讼当事人双方为了损害案外人合法权益串通提起虚假诉讼的情形较为普遍,是虚假诉讼的典型类别。天津长行公司与同盛公司虚假诉讼案中,长行公司与同盛公司恶意串通,伪造虚假出库单,隐瞒 16504 吨价值 8086960 元货物的实际已出库事实,在诉讼中无实质性对抗,对案件事实、举证均无争议,借用合法的民事调解程序,虚构债权债务以达到转移资产的非法目的。长行公司对同盛公司的诉请全部认可且快速达成调解协议,以逃避兴发集团通过法律途径实现合法债权为目的,并在调解协议达成后快速通过法院执行行为将长行公司资产转移至同盛公司,导致长行公司真正债权人兴发集团不能实现债权。

(2)按虚假诉讼当事人诉讼目的划分,大致可分为三类:一是为逃避债务、稀释债务或逃避应履行的其他义务,诉讼当事人恶意串通虚构债权债务关系或其他事实进行虚假诉讼。例如,破产当事人为逃避法律责任、稀释债务,而串通第三人进行虚假诉讼。二是为谋取不正当利益,当事人伪造证据进行虚假诉讼。例如,当事人为骗取银行贷款或违规提取住房公积金,伪造证据材料进行虚假诉讼。三是当事人恶意串通虚构债权债务来侵占或分配第三人的财产。例如,离婚案件的当事人为了侵占配偶合法财产串通第三人进行虚假诉讼,国有企业负责人为侵占国有资产串通第三人虚构法律事实侵吞国有资产。

(3)按虚假诉讼的手段来划分,大致可分为四类:一是通过虚假调解达到不法目的。从办理的案件来看,虚假调解占虚假诉讼的比例很高,此类调解往往表现为双方当事人没有争议,法院调解异常顺利,甚至是当天受理当天调解结案。二是通过取得生效裁判达到不法目的。有的不法行为人伪造证据骗取生效裁判,通过执行达到不法目的;有的不法行为人以骗取的生效裁判作为证据进行新的诉讼以达到非法目的。三是通过申请支付令等非诉形式来达到不法目的。如最高人民检察院第十四批指导性案例中的广州乙置业公司等骗取支付令执行虚假诉讼监督案。四是通过虚假债权公证、虚假仲裁进而申请法院强制执行来达到不法目的。

(二)构建虚假诉讼监督有效线索发现机制

1.加强虚假诉讼监督宣传

依托检察为民服务中心窗口、乡镇检察室、民事检察联络员等,加大对虚假诉讼监督的宣传力度,主动争取社会各界对虚假诉讼监督的了解和支持,通过召开公检法司联席会议、法律工作者座谈会、虚假诉讼典型案例巡回展等传统方式,借助"两微一端"掀起全民参与、多方联动。制定虚假诉讼线索举报奖励办法,鼓励群众踊跃参与防范和打击虚假诉讼。可设计开发"民事检察一点通"微信小程序,方便群众通过小程序提供虚假诉讼线索。

2. 强化内部协作和外部联动

在内部协作方面,检察机关可借助全国检察机关统一业务应用系统平台,在各业务部门之间建立案源信息互享、案件线索移交、协助调查取证、协同处理的内部协作机制,获取有价值的虚假诉讼线索。在外部联动方面,注重争取人大、政法委的支持,与公安机关建立共治共享合作机制,与律所建立线索移送机制,拓展案源渠道,合力防治虚假诉讼。

3. 依托政法统一大平台中间网发现线索

信息化是社会发展趋势,推进建设全国公检法司政法统一大平台建设对虚假诉讼案件线索的发现有着重要意义。政法机关将正在办理或已经办结的案件信息脱密之后上传至政法统一大平台,各政法机关凭密钥可进入访问,民事检察部门可对人民法院已经办结的虚假诉讼重大疑似案件进行分析研判,挖掘虚假诉讼线索,特别是对单方提起虚假诉讼侵害行政管理秩序的案件进行重点筛查。

(三)形成务实固定的调查核实机制

1. 确立相对固定的虚假诉讼监督办案组

虚假诉讼案件的查办与普通民事申请监督案件办理不同,需要开展大量的调查核实工作,这就需要团队协作,发挥集体的力量。调研认为,全国检察机关办理的虚假诉讼监督案件大多均通过成立本部门或跨部门虚假诉讼监督办案组进行查办,实现调查快、突破快、移送快的效果。办案组根据案件特点成立不同职能的办案组,一般分为案件指导组、外围调查组、询问突破组、后勤保障组。案件指导组承担对汇总信息进行分析研判作出指导任务,等同于案件指挥中枢;外围调查组负责调查案件客观证据,如调查银行流水、委托鉴定,以及负责询问突破组在询问突破过程中获得的言词证据的外围核实工作等;询问突破组主要负责获取虚假诉讼行为人、有关证人的询问突破工作;后勤保障组负责相关文书的开具送达、安检就医、餐饮保障等。

2. 强化与公安机关、职务犯罪侦查部门的配合

虚假诉讼查处难度大,尤其是涉嫌犯罪的,调查核实时往往需要借助公安机关及职务犯罪侦查部门的力量,整合司法资源,形成打击合力。检察机关可与公安机关或职务犯罪侦查部门形成有关加强虚假诉讼查处中民事检察

与刑事侦查协作配合的调查机制，明确分工，民事检察部门负责民事虚假诉讼违法方面的调查核实，侦查部门负责刑事虚假诉讼犯罪方面的侦查活动，两种调查手段相互配合、相互支持，形成良好的调查互动机制。

3.依托信息技术手段扎实固定证据

检察机关要依托文迹鉴定、技术测谎等手段，明辨证据真伪，力争虚假诉讼无所遁形。同时，加强人工智能大数据研发应用，利用新科技手段提升虚假诉讼线索调查核实能力。如江苏省常州新北区院在办理陆某某虚假诉讼监督案中，通过常州市人民检察院建立的"常检云"大数据平台，查询筛选案件相关信息，查明涉案款项的来源、流向及案件当事人之间的社会关系，在此基础上选准案件突破口与切入点，为该案虚假诉讼犯罪的刑事侦查和民事案件的抗诉办理提供了便利。

（四）形成虚假诉讼多元化监督机制

虚假诉讼监督是民事检察工作的一项重点工作，虚假诉讼行为不仅涉及民事诉讼行为违法，还可能涉及审判人员违法、审判执行人员职务犯罪、虚假诉讼行为人犯罪、相关单位存在制度漏洞等，应当着力构建多元化监督机制。

一是检察机关在虚假诉讼监督过程发现审判执行人员存在违法行为，应向该院提出审判程序违法检察建议和执行监督检察建议；如果发现审判执行人员存在职务犯罪行为的，应向司法人员职务犯罪侦查部门移送犯罪线索并配合侦查。如江西省景德镇市廖某某与江西某药业有限公司虚假诉讼案中，原涉案法院执行局局长为了金钥公司法定代表人庄某某能优先偿还之前欠自己的95万元债务，与庄某某商量通过虚假工程欠款诉讼获取执行款175万元抵销欠款，案件由涉案法院执行局局长和罗某某（系庄某某妹夫）具体操作。涉案法院执行局局长和罗某某将诉讼所需要的诉状、伪造的施工合同和欠条拿给廖某某签字，之后涉案法院执行局局长带罗某某和廖某某到涉案人民法院立案庭，并利用自己职权关系让法院工作人员尽快立案和结案。后民事检察部门将线索移送本院职务犯罪侦查部门配合侦查后，终审判决涉案法院执行局局长犯执行判决、裁定滥用职权罪、贪污罪，决定执行有期徒刑10年6个月，并处罚金人民币100万元。

二是检察机关在虚假诉讼监督过程中发现虚假诉讼行为人的违法行为符合民事诉讼法规定的司法制裁情形的，应在提出再审检察建议的同时提出司法制裁的检察建议；如果发现其行为涉嫌虚假诉讼罪等，应向公安机关移送犯罪线索并配合侦查。如浙江省金华市王某甲与王某乙民间借贷纠纷虚假诉讼监督案件中，检察机关在监督虚假诉讼的同时，将王某甲、王某乙涉嫌虚假诉讼罪的犯罪线索移送公安机关。法院以虚假诉讼罪对王某甲判处有期徒刑1年并处罚金人民币10000元，对王某乙判处有期徒刑9个月并处罚金人民币6000元。

三是在办理虚假诉讼监督案件中发现相关单位存在制度漏洞的，可以向有关单位提出社会管理类检察建议，促成其单位规范管理的规章制度。如安徽六安市裕安区人民检察院在办理的一批涉嫌虚假诉讼的"套路贷"案件中发现，部分信贷公司未经登记注册，私自以小额贷款之名，通过虚构违约金、保证金、服务费等方式诱骗被害人与其签订虚高借条、收条，后又在短时间内要求被害人偿还虚高借款、违约金等，并采取"软暴力"等措施威胁无力偿还钱款的被害人，严重危害经济和社会管理秩序。为更好地维护国家金融市场秩序，保障人民群众财产安全，预防和减少财产类犯罪的发生，裕安区人民检察院依法向裕安区金融监管局发出检察建议，建议其进一步落实小额贷款公司相关管理制度。①

---

① 参见六安市人民检察院：《一份检察建议助推"套路贷"治理》，载 http://www.luan.jcy.gov.cn/ztzl/shce/201905/t20190513_2567057.shtml，最后访问时间：2020年2月25日。

疫情防控背景下民事检察制度的效能转化[*]

新型冠状病毒肺炎疫情发生后，党中央强调要始终把人民群众生命安全和身体健康放在第一位，从立法、执法、司法、守法各环节发力，全面提高依法防控、依法治理能力，为疫情防控工作提供有力法治保障。中央政法委指出，越是疫情防控的关键时期，越要坚持在法治轨道上推进各项工作，同时对如何办理相关案件提出明确要求。为贯彻落实党中央和中央政法委的相关部署，最高人民检察院及时下发通知，要求全国检察机关充分发挥各项检察职能，为社会各界有效开展疫情防控，打赢疫情防控阻击战营造有利司法环境。在疫情防控背景下，找准民事检察服务和保障疫情防控的切入点和着力点，妥善处理好疫情防控与检察监督的关系，切实把民事检察的制度优势转化为司法治理效能，是当前民事检察工作的重要职责和任务。

一、疫情防控背景下做好民事检察工作应把握的关系

（一）把握好服务经济社会发展的主动性与民事诉讼监督的被动性之间的关系

民事案件事关人民群众切身利益，案件量大，涉及面广。民事检察工作在化解矛盾纠纷、维护社会稳定、促进经济发展等方面具有不可替代的作用。在疫情防控中，人民群众的基本司法需求不仅体现在刑事案件中，而且更多体现在民事案件里。在疫情防控期间，民事检察应当克服民事诉讼监督的被动性，立足本职适度拓展民事检察职能，找准民事检察与服务大局、保障民生的契合点、着力点，逐步实现民事检察与服务大局、保障民生的深度融合，

---

[*] 本文刊载于《人民检察》2020年第8期。

依法保障经济社会持续健康发展。一是要通过民事审判和执行监督不断加大民营经济司法保护力度,缓解工业企业特别是中小企业因疫情造成的生产经营困难,帮促企业恢复良性运行,进而提振营商环境,助力经济社会平稳发展。二是要践行司法为民宗旨,在检察履职中不断加大支持起诉工作力度,通过监督人民法院依法、及时行使审判权,切实保障农民工、残疾人、失业者、贫困者等弱势群体以及涉疫法律求助者的合法权利。三是要积极拓展民事检察参与社会治理的途径,加强民事检察环节预防和化解社会矛盾机制建设,依法公正处理涉疫民事检察案件,维护社会和谐稳定。

(二)把握好民事诉讼监督的原则性与灵活性之间的关系

民事诉讼监督要做到敢于监督、依法监督、规范监督,同时也要做到善于监督,即要从民事诉讼和检察监督的特点出发,运用恰当的监督方式和方法,正确把握检察监督介入的时机、方式和程度,处理好民事诉讼监督的原则性和灵活性之间的关系,实现监督法律效果、社会效果和政治效果的有机统一。例如在涉疫执行监督案件中,应当依法监督法院采取合理的执行措施,确保与疫情防控相关的生产经营活动不受影响。要权衡疫情防控期间社会公共利益和各方当事人合法权益,法院对于资金暂时周转困难、尚有经营发展前景的负债企业,不采取冻结、划拨流动资金等执行措施的,可根据实际情况不提出监督意见;法院对涉疫情防控的企事业单位及人员,暂缓采取强制执行措施的,可根据实际情况不提出监督意见。

(三)把握好审判权监督与矛盾纠纷实质性化解之间的关系

习近平总书记明确指出,要努力让人民群众在每一个司法案件中都感受到公平正义。民事诉讼监督所设置的审查—提请抗诉—提出抗诉—跟进监督程序,以及审查—不支持监督—复查程序,其目的既在于依法监督法院行使审判权,又在于通过监督程序的运转,依法保护当事人的合法权益并实质性地化解双方当事人之间的矛盾纠纷。从这个角度而言,检察机关每年办理的大量不支持监督案件的价值应当重新进行评估和认识。在疫情防控期间,检察机关办理民事诉讼监督案件一方面应当增强程序意识,依法保障当事人的程序权利;另一方面应当增强息诉意识,并注重开展和解息诉工作,进而实质性化解双方当事人之间的矛盾纠纷。对于当事人有和解意愿且具备和解条件的，可以引导当事人进行和解，最大限度地消除疫情影响，但应做好与生效裁判执行的衔接工作。对于不予监督的案件，要加强释法说理，与控告申诉部门分工协作、互相配合，认真开展服判息诉工作，化解社会矛盾，维护社会稳定和司法权威。

（四）把握好监督效率与监督质量、效果之间的关系

民事诉讼监督应当是办案效率、质量、效果的有机统一。超期审查作为民事诉讼监督中的痼疾，在疫情防控期间尤其应当杜绝。"迟到的正义非正义"。正义不仅要实现，而且要在司法者的作用下尽早实现。在最高人民检察院近期召开的检察委员会会议上，张军检察长强调，要完善办案质量、效率、效果相统一的检察官业绩考评体系，以更优的检察办案和绩效管理服务疫情防控、复工复产大局，把政治和业务融为一体，真正做到政治自觉、法治自觉和检察自觉，为统筹抓好疫情防控和经济社会发展重点工作提供有力司法保障。2020年2月11日，江苏省淮安市H区检察院收到红阳建工公司来信，反映H区法院已足额冻结红阳建工集团有限公司银行账户金额1600万元，应依法解除对该公司另一银行账户1349万元的超数额冻结，但其向法院反映无果。H区检察院仅用两日即审查完毕该民营企业申请执行监督案件，并针对执行过程中的违法行为及时发出检察建议。在H区检察院的督促下，H区法院收到检察建议后，及时裁定对超标的额账户资金予以解封。在本案办理过程中，检察机关克服疫情时期不利因素，突出强调办案效率，切实为民营企业提供优质司法保障，实现了办案法律效果、社会效果和政治效果的有机统一。

二、疫情防控背景下民事检察制度效能转化的主要途径

最高检党组要求，要以法治思维、法治方式助推疫情防控工作，努力为经济社会发展保驾护航。司法办案是检察机关的第一要务，也是疫情防控背景下民事检察制度效能转化的主要途径。2020年1—3月，全国检察机关克服疫情带来的不利影响，共计受理民事生效判决、裁定、调解书监督案件11423

件，经审查提出抗诉768件（其中涉及虚假诉讼179件），提出再审检察建议1149件；受理民事审判活动监督案件2698件，经审查提出检察建议1570件（其中涉及虚假诉讼61件）；受理民事执行活动监督案件3531件，经审查提出检察建议1973件（其中涉及虚假诉讼95件）。① 但正如上文所述，民事诉讼监督具有被动性，目前仅损害国家利益或者社会公共利益的案件，审判、执行人员具有贪污受贿、徇私舞弊、枉法裁判等行为的案件，以及依照有关规定需要人民检察院跟进监督的案件可依职权进行监督，加之现行民事诉讼法对申请检察监督设置了申请再审前置程序，导致大部分在疫情防控期间发生的民事案件和因疫情引发的民事案件，尚未进入检察监督程序。我们应当针对疫情防控期间已发生的民商事案件以及后疫情时期可能集中发生的民事案件及时开展预判和研究，不断提升民事检察监督的能力和水平。

为此，第六检察厅要求"各级民事检察部门应当充分发挥监督职能，着力强化与经济社会发展、人民群众合法权益密切相关的合同履行、劳动争议、医疗损害赔偿、消费者权益保护等领域民事裁判结果监督案件、审判违法监督案件、执行监督案件的办理，并在办理中贯彻维护企业健康发展与保护劳动者合法权益并重、加强对医务人员合法权益的保护、保护消费者合法权益等要求，实现办案法律效果、社会效果、政治效果的有机统一。"② 黑龙江、辽宁、湖北等地也先后出台了服务和保障疫情防控与经济社会发展的司法文件，指导当地检察机关开展民事检察工作，为疫情防控提供最优的法治产品、检察产品。

（一）妥善办理涉疫情防控合同纠纷案件，依法加强对中小微企业的司法保护

要合理认定疫情对合同履行的影响，准确适用关于不可抗力免责的法律规定。因政府及有关部门为防治疫情而采取行政措施直接导致合同不能履行，或者由于疫情影响致使合同当事人根本不能履行而引起的纠纷，应当适用合同法关于不可抗力的规定处理。合同成立后因疫情形势或防控措施导致继续

---

① 《2020年1至3月全国检察机关主要办案数据》，来源于最高人民检察院网站 http://www.spp.gov.cn/spp/xwfbh/wsfbt/202004/t20200415-45885/.shtm/#/。

② 冯小光、滕艳军：《着力强化涉疫情防控民事检察案件办理》，载《检察日报》2020年3月2日。

履行对一方当事人明显不公平或者不能实现合同目的,当事人起诉请求变更或者解除合同的,可以适用合同法关于情势变更的规定,因合同变更或解除造成的损失可根据公平原则裁量。[1]对于因疫情防控导致的建设工程施工合同、房屋租赁合同等纠纷,当事人就相关责任、损失承担有明确约定的,除法律、法规以及疫情防控政策另有规定的,原则上应当依照当事人的约定处理。对中小微企业受疫情影响较大引发的金融借款纠纷,要依法审慎审查金融机构的相关主张,促使双方以延期还贷、展期续贷、分期还款等方式协商解决纠纷,缓解中小微企业因疫情造成的生产经营困难。严厉打击"职业放贷人"趁疫情防控实施高利贷、"套路贷"虚假诉讼等违法行为,保护中小微企业合法权益,依法提振营商环境。

(二)妥善办理涉疫情防控劳动人事争议案件,依法保障相关企业复工复产

要妥善化解劳动者因治疗、隔离,企业因疫情停工停产、延迟支付报酬等引发的劳动争议,保障劳动者合法权益。对新型冠状病毒感染的肺炎患者、疑似病人、密切接触者在其隔离治疗期间或医学观察期间以及因政府实施隔离措施或采取其他紧急措施导致不能提供正常劳动的企业职工,企业应当支付职工在此期间的工作报酬,并不得依据《劳动合同法》第四十条、第四十一条与职工解除劳动合同。企业因受疫情影响导致生产经营困难的,可引导企业通过与职工协商一致采取调整薪酬、轮岗轮休、缩短工时等方式稳定工作岗位,尽量不裁员或者少裁员。按照相关规定,企业停工停产在一个工资支付周期内的,企业应按劳动合同规定的标准支付职工工资。超过一个工资支付周期的,若职工提供了正常劳动,企业支付给职工的工资不得低于当地最低工资标准。职工没有提供正常劳动的,企业应当按照相关标准发放生活费。在办理上述案件时,要加强与人社部门、劳动人事仲裁机构、人民法院的联动协作,尽可能通过促成和解的方式解决纠纷,为相关企业复工复产提供法治保障。

---

[1] 参见江苏省高级人民法院《关于为依法防控疫情和促进经济社会发展提供司法服务保障的指导意见》,载 https://www.thepaper.cn/newsDetail_forward_5989975。

(三)妥善办理涉疫情防控医疗纠纷案件,依法化解医患矛盾

因疫情救治引发的医疗纠纷,应在综合考虑疫情防控局势、医疗机构的救治能力和专业水平的基础上,合理认定医方是否尽到与疫情防治特殊时期的医疗水平相应的诊疗义务。感染新型冠状病毒的肺炎患者或其近亲属不配合医疗机构进行符合诊疗规范的诊疗,造成患者损害的,医疗机构不承担赔偿责任。对于没有明显过错的诊疗瑕疵行为,或当事人以医疗机构未尽到与疫情有关的必要告知义务为由要求承担侵权责任的,依法不予支持。在新型冠状病毒肺炎预防和救治工作中,医护及相关工作人员因履行工作职责,感染新型冠状病毒肺炎或因感染新型冠状病毒肺炎死亡的,应认定为工伤,依法享受工伤保险待遇。

(四)妥善办理涉疫情防控消费者权益保护案件,依法维护消费者合法权益

疫情期间买卖口罩、防护服、消毒用品等防疫紧缺物资,合同虽已生效,但因政府调配、征用等原因无法履行,买受人起诉请求出卖人承担违约责任的,一般不予支持,但当事人另有约定的除外。对于利用疫情迫使消费者以明显不合理的高价购买防护、诊疗物品,当事人请求撤销合同的,应当予以支持。严厉打击通过渲染疫情欺骗、误导保险消费者购买不适当保险产品的行为,确保保险市场稳定健康有序。预订年夜饭或者其他春节期间聚餐宴席因疫情影响不能正常消费的,可按照合同法"因不可抗力导致合同目的无法实现"的规定处理。双方协商不成的,消费者解除合同后有权要求退款。餐饮经营者要求消费者承担已准备食材等实际损失的,可以根据公平原则酌情予以分担。

(五)妥善办理涉疫情防控侵权纠纷案件,依法保障人民群众的人身财产权利

对于因疫情防控产品存在质量缺陷,造成消费者人身损害或其他财产损害的案件,应由生产者、销售者、仓储者、运输者依法承担相应的民事责任。对于利用疫情在网络、微信等媒体、媒介或者公开场合故意侵害他人隐私、

名誉、荣誉的，可依法采取支持起诉等方式支持受害人主张侵权行为人承担赔礼道歉、消除影响、恢复名誉、支付精神抚慰金等侵权责任。① 对于因疫情防控需要，依据有关规定实施管控管理引发的人身损害赔偿纠纷，当事人以违法限制其人身自由、侵害其身体健康为由，要求管控者承担侵权责任的，依法不予支持。

（六）妥善处理涉疫情防控知识产权纠纷案件，依法保护权利人的知识产权

要依法保护与疫情防控相关的诊断检测技术、抗病毒药物、医用呼吸防护产品、环境消毒与废物处理等方面的知识产权。在防疫物资生产或者销售、技术转让与许可、疾病治疗等与疫情防控相关的知识产权领域，与知识产权管理部门协调知识产权司法政策，对于侵害知识产权的防疫物资生产、销售行为，如果停止侵权将影响防疫工作的，尽可能调解促使双方达成许可使用知识产权的协议，必要时可以在认为侵害知识产权的同时不停止相关行为，改用承担支付费用等其他责任方式。②

三、疫情防控背景下民事检察制度效能转化的辅助机制

（一）完善民事检察案件繁简分流机制

为进一步优化司法资源，提高司法效率，减少当事人司法成本，2019年6月，最高检研究制定《关于民事诉讼监督案件简化办理程序的若干规定（试行）》，在最高检层面实行民事诉讼监督案件繁简分流。对于符合规定条件的案件，简化审查和审批程序，优化办案力量配置，实现"简案快办，繁案精办"。经过约一年的实践，繁简分流的制度优势逐步显现，办案效率大幅提升。在疫情防控背景下，为了更好地满足人民群众对民事检察办案质效的

---

① 参见黑龙江省人民检察院《关于为疫情防控依法提供有力民事检察服务和保障的意见》，载 http://www.hljtv.com/news/folder8/2020-02-19/750551.shtml。

② 参见黑龙江省人民检察院《关于为疫情防控依法提供有力民事检察服务和保障的意见》，载 http://www.hljtv.com/news/folder8/2020-02-19/750551.shtml。

需求，在更高层次上实现公正和效率的平衡，有必要从甄别分流、审查方式、报批程序、文书制作与送达等方面继续完善繁简分流工作机制，以科学调配和高效运用现有司法资源，最大限度地释放办案潜力，提高司法生产力。为此，湖北省人民检察院提出，要通过进一步简化办案流程、下放权限、减少审批层级、压实承办检察官责任、促进办案规范提速，形成可复制、可利用的类案监督模板，推行要素式监督文书等方式方法，以加快疫情防控期间案件的审查办理进度和办案质效，可资借鉴。①

（二）强化民事检察信息化保障机制

智慧检务是检察机关依托大数据、人工智能等技术手段，进一步推进检察信息化、智能化建设的更高形态。但目前在智慧检务推进建设过程中明显存在对民事检察重视不够的情况。民事检察信息化、智能化保障相对不足，在疫情防控期间检察办案、办公过程中得以显现。下一步，应当依托大数据、人工智能等技术统筹研发民事智能辅助办案和管理系统，设置和完善类案分析、结果比对、办案瑕疵提示、超期预警等功能，促进法律统一适用；通过推广语音识别、文本信息智能提取、智能辅助阅卷等技术，健全电子卷宗随案同步生成技术保障和运行管理机制，提高语音同步转录、文书自动生成、自动纠错能力，减少人力投入；推广远程视频调查、听证和数字化出庭等应用，减少办案在途时间；推进跨部门大数据办案平台建设，促进与其他政法机关案件信息网上流转和业务协同办理。总之，要把现代科技和司法人员创造力更好地结合起来，科学构建人力和科技深度融合的司法运行新模式，更好地维护社会公平正义，实现民事诉讼精准监督和民事检察跨越式发展。

（三）推进构建多元化矛盾纠纷化解机制

在疫情防控期间和后疫情时期，要贯彻新时期"枫桥经验"，不断拓展民事检察参与社会治理的途径，坚持矛盾多元化解和诉源治理，积极引导当事人调解协商、互谅互让、共担风险、共渡难关，有效化解涉疫矛盾纠纷，实

---

① 参见湖北省人民检察院《关于充分发挥民事检察职能有力服务和保障疫情防控和企业生产发展的意见》，载 http://www.jcrb.com/procuratorate/highlights/202003/t20200306_2126133.html。

现案结事了人和，维护社会和谐稳定。要认真做好服判息诉工作，注重发挥基层基础作用，力争将矛盾纠纷化解在源头。对当事人之间矛盾激化的案件，要充分运用公开听证、公开宣告等方式，依法稳妥处理，最大限度缓解矛盾、减少对抗。对重大敏感、舆论关注的相关案件，要及时掌握情况，深入分析研判，加强心理疏导，积极引导当事人在法律框架内达成和解。要加强与行业调解、专业调解等组织的检调对接，高度关注可能引发的社会群体矛盾，通过完善源头防控、排查预警和多元化解机制，及时化解苗头性、趋势性问题，努力推动各类纠纷协调解决。①

（四）完善民事检察参与法治宣传服务工作机制

民事检察部门应积极参与疫情防控法治宣传服务，回应人民群众关切，助力有关部门运用法治思维和法治方式开展疫情防控工作。要注重开展以案释法，就案件事实认定、法律适用和办案程序等进行答疑解惑、释法说理，不断畅通检察官与当事人及社会公众的交流渠道，借以开展法治宣传教育，促进社会公众知法守法，营造崇尚法治的良好社会氛围。要注重民事检察典型案例特别是涉疫情防控案例的收集、整理和发布，充分发挥典型案例的指导、示范作用。最高检连续发布了多批涉疫情防控典型案例，引起社会广泛关注。"典型案例的发布，可以更加形象、生动地向全社会传递这样一个信息——疫情防控期间，任何组织和个人都有责任和义务积极投身到疫情防控的大局，遵守疫情防控的法律要求和制度规定，服从并配合各级政府和相关部门的疫情防控工作……同时还可以对社会公众起到普法宣传和警示教育的作用。"②

---

① 参见辽宁省人民检察院《关于充分发挥民事检察职能为疫情防控和经济社会发展提供法律服务保障的意见》，载 http://www.ln.gov.cn/zfxx/jrln/wzxx2018/202002/t20200210_3738457.html。

② 苗生明：《最高检涉疫情犯罪系列典型案例背后的法治思考》，载 https://www.spp.gov.cn/spp/xwfbh/wsfbt/202003/t20200308_455985.shtml。

民法典与民事检察的内在契合与协调共进[*]

编纂一部具有中国特色、时代特色的民法典,是几代民法学人乃至全体中国人民的夙愿。2020年5月28日,第十三届全国人民代表大会第三次会议审议通过民法典草案,标志着我国民法典时代正式来临。这是我国第一部以法典命名的法律,是新时代社会主义法治建设的里程碑,对于推进全面依法治国、维护人民群众合法权益、实现国家治理体系和治理能力现代化等均具有重大意义。

法律的生命力在于实施,法律的权威也在于实施。习近平总书记在中共中央政治局就"切实实施民法典"举行的第二十次集体学习时强调:"严格规范公正文明执法,提高司法公信力,是维护民法典权威的有效手段……要加强民事检察工作,加强对司法活动的监督,畅通司法救济渠道,保护公民、法人和其他组织合法权益,坚决防止以刑事案件名义插手民事纠纷、经济纠纷。"习近平总书记关于民事检察工作的重要指示,为推进新时代民事检察工作创新发展提供了根本遵循,指明了民事检察工作的发展方向。民法典是检察机关开展民事检察工作的重要依据,而民事检察工作的有效开展对于维护民法典权威亦具有重要意义,两者之间属于内在契合与协调共进的关系。具体而言:

第一,民法典为民事检察监督办案提供了最重要的实体法依据。民事检察是检察机关为保障民事法律统一正确实施而进行的法律监督,其核心是对公权力的监督,即对法院审判权和执行权的监督。但从业务属性来讲,民事检察仍是对民事法律问题的判断和民事法律规定的适用问题。2019年,检察机关受理民事生效裁判监督案件70000余件,其中排在前几位的案件类型分别为合同纠纷、物权纠纷、劳动争议纠纷、侵权责任纠纷、人格权纠纷、婚

---

[*] 本文刊载于《法制日报》2020年6月17日。

姻家庭纠纷等；在合同纠纷中，排在前几位的案件类型分别为借款合同纠纷、房屋买卖合同纠纷、买卖合同纠纷、建设工程合同纠纷、租赁合同纠纷等。对上述案件进行抗诉、提出再审检察建议以及不支持监督申请，均需从民事实体法中寻找办案依据。民法典施行后，民法典各编关于物权、合同、人格权、婚姻家庭、继承以及侵权责任的规定，即成为民事检察监督办案最重要的实体法依据。

第二，民法典为民事检察开展精准监督指引了重要方向。民法典是一部综合体现对生命健康、财产安全、交易便利、生活幸福、人格尊严等各方面权利平等保护的"社会生活百科全书"。在民法典立法过程中，"物权编"按照党中央提出的完善产权保护制度，健全归属清晰、权责明确、保护严格、流转顺畅的现代产权制度的要求，结合现实需要，进一步完善了物权法律制度。"合同编"贯彻全面深化改革的精神，坚持维护契约、平等交换、公平竞争，促进商品和要素自由流动，进一步完善了合同制度。"人格权编"从民事法律规范的角度规定了自然人和其他民事主体人格权的内容、边界和保护方式，进一步完善了人格权法律制度。"婚姻家庭编"在坚持婚姻自由、一夫一妻等基本原则的前提下，结合社会发展需要，修改完善了部分规定，及时回应了婚姻家庭领域出现的一些新情况和新问题。"继承编"在原继承法的基础上，修改完善了继承制度，以满足人民群众处理遗产的现实需要。"侵权责任编"针对侵权领域出现的新情况，吸收借鉴司法解释的有益做法，对侵权责任制度作出了必要的补充和完善。最高检党组指出，民事检察要树立精准监督的理念，即优先选择在司法理念方面有纠偏、创新、进步、引领价值的典型案件，争取抗诉一件促进解决一个领域、一个地方、一个时期司法理念、政策、导向的问题。上述民法典各编所坚守的价值理念以及修改完善的相关内容，为检察机关开展精准监督指引了重要方向。检察机关应当以贯彻实施民法典为契机，发掘民法典适用中的典型案例，通过个案的公平正义来引领司法进步、促进社会进步，实现民事检察监督政治效果、社会效果和法律效果的有机统一。

第三，民法典为民事检察参与服务国家治理提供了重要条件。党的十九届四中全会指出，我国国家治理一切工作和活动都依照中国特色社会主义制度展开，我国国家治理体系和治理能力是中国特色社会主义制度及其执行能力的集中体现。作为中国特色社会主义制度的法律支柱,民法典将相关民事法律按其内容的同一性编纂成六个分编,形成了逻辑缜密的有机整体,实现了民事法律关系领域国家治理的制度化、规范化和程序化,为实现"两个一百年"奋斗目标、实现中华民族伟大复兴的中国梦提供了坚强的民事法治保障。民事检察在化解矛盾纠纷、维护社会稳定、促进经济发展等方面具有不可替代的作用。正如最高检张军检察长所指出的那样,"中国特色社会主义进入新时代,我国社会主要矛盾转化,人民群众对民主、法治、公平、正义、安全、环境等方面的更高需求,不仅体现在刑事案件中,而且更多体现在民事案件里。"民事检察是贯彻实施民法典的重要一环,对于把民法典的制度优势切实地转化为国家治理效能,具有重要意义。我们要从讲政治的高度,充分发挥民事检察的各项职能,找准民事检察与服务国家治理的契合点、着力点,逐步实现民事检察与服务国家治理的深度融合,依法保障经济社会持续健康发展。

第四,民法典为实现民事检察工作创新发展提供了重要契机。民事检察是中国特色社会主义检察制度的重要组成部分,是检察机关法律监督职责在民事诉讼领域的具体体现。多年来,民事检察逐渐走出了一条从无到有、从小到大、稳步发展的道路,为促进司法公正、维护社会公平正义发挥了积极作用。但毋庸讳言,民事检察工作与宪法法律赋予的职责和新时代人民群众更高的期待相比,还存在不小差距。具体体现在:一是民事检察监督力度与人民群众司法需求不相适应;二是民事检察工作与刑事检察工作发展不平衡;三是基层民事检察工作总体薄弱。民法典的出台,为做强民事检察工作、实现民事检察工作创新发展提供了重要契机。我们要主动适应民法典出台给民事检察工作提出的新任务、新要求,以贯彻实施民法典为契机,着力提升民事检察专业化水平。一方面,我们自身必须努力钻研民事法律业务,并培养崇尚法治、恪守良知、理性公允的职业品格,把每一起民事案件都办成经得起法律检验的铁案。另一方面,我们要聚焦民事业务能力短板来优化专业培训,通过专业知识的培训、专业方法的掌握、专业技术的运用,着力弥补民事检察知识弱项、能力不足、经验盲区,确保我们的专业素养始终跟上时代节拍,堪当时代重任。

民事诉讼篇

无救济即无权利：司法信息公开的救济机制探析*

  司法公开既是现代法治社会普遍遵循的一项重要司法原则，也是当前全国法院系统正在努力推进的一项重点工作。所谓司法公开，就其内容而言是指司法信息的公开，即"具有司法权能的国家机关，在运行国家权力的过程中，除法律规定的特殊情况外，应当依照法定程序将其获得或已掌握的信息予以公开，从而将这些国家机关的所有与司法权有关的事物和活动都置于社会或权利人的关注和监督之下"。[①] 英国法律改革运动的先驱边沁曾言："没有公开就没有正义……公开是正义的灵魂。"[②] 现实中，法院是司法公共信息资源的最大控制者，而社会公众则处于信息弱势地位，如果法院不主动公开信息，社会公众就难以获得法院所控制的司法信息。最高人民法院从1999年至2014年出台了《关于司法公开的六项规定》《关于推进司法公开三大平台建设的若干意见》等多个规范性文件，致力于司法信息公开由被动公开向主动公开转变、由内部公开向外部公开转变、由形式公开向实质公开转变、由选择性公开向全面公开转变。上述规定对司法信息公开具有重要的指导意义，但均没有为当事人和社会公众在申请司法信息公开遭拒时提供相应的救济机制。"有权利必有救济，无救济即无权利。"无救济机制保障的司法信息公开只能流于表面形式。在推进司法公开工作的过程中，我们应当充分借鉴国际准则和其他国家的先进经验，适时建立适合我国国情的司法信息公开救济机制，为实现当事人和社会公众对司法工作的知情权、参与权、监督权提供有效保障。

---

* 本文刊载于《人民司法》2014年第13期，系《人民司法》"司法公开"论坛征文。
① 高一飞、龙飞等：《司法公开基本原理》，中国法制出版社2012年版，第220页。
② 转引自宋冰：《程序、正义与现代化》，中国政法大学出版社1998年版，第288页。

一、司法信息公开救济机制的程序价值

(一) 有效保障当事人和社会公众的司法信息知情权

知情权是一项宪法性权利,是指知悉、获取信息的自由与权利。法律意义上的知情权概念是二十世纪中后期由美国学者肯特·库伯提出的,他把知情权界定为:"公民有权知道他应该知道的事情,国家应最大限度地确认和保障公民知悉、获取信息,尤其是政务信息的权利。"[①]知情权是司法信息公开救济机制的权利基础,同时也是被联合国及世界大多数国家予以认可的一项基本人权。按照相关国际规则,社会公共机构所掌握的海量信息不为其自身所有,而是为社会公众代管信息,如果这些信息一旦被秘藏,社会公众的表达自由权就会受到严重的损害,所以社会公众有权获取由社会公共机构所掌握的信息,其中当然包括本文所讨论的司法信息。我国现行宪法对知情权没有作出明确规定,虽然根据出版自由、表达自由等相关内容可以推导出我国宪法是认可知情权的,但司法机关不会基于这种推定的权利而主动公开司法公共信息,社会公众也不能基于这种推定的权利而要求司法机关公开相关司法信息。构建司法信息公开救济机制,使当事人和社会公众在司法信息知情权受损时得以救济,既符合相关国际规则,也是我国在司法领域践行人权保护的具体表现。

(二) 有效加强司法信息公开的救济效果

我国当前对司法信息公开的救济依据仅有审判公开原则,这一原则在宪法和三大诉讼法中均有相关规定。我国《宪法》第125条规定,人民法院审理案件,除法律规定的特别情况外,一律公开进行。《刑事诉讼法》第11条规定,人民法院审判案件,除本法另有规定的以外,一律公开进行。《民事诉讼法》和《行政诉讼法》只是宣示性地写明人民法院审理案件,依法实行公开审判制度。根据审判公开原则,在司法实践中,当公开审判的权利受到损害时,当事人可以上诉,从而引起第二审程序。当二审法院查明案件在审理

[①] 转引自张宇飞:《论审判公开的理论基础》,载《辽宁工程技术大学学报(社会科学版)》2005年第6期。

过程中确实存在违反审判公开原则时，应当裁定撤销原判发回原审法院进行重审，通过补正程序上的错误实现对司法信息公开的救济。例如《刑事诉讼法》第 227 条规定，违反本法有关公开审判的规定的，第二审人民法院应当裁定撤销原判，发回原审人民法院重新审判。但应当认识到，尽管我国刑事上诉制度名义上能够对一审裁判中的错误都提供救济，但实际上更倾向于救济一审裁判中的事实错误，对程序错误的重视程度还远远不够。[①] 另外需要指出的是，目前虽通过审判公开原则可以对庭审司法信息的公开进行一定程度的救济，但救济方式单一，救济效果有限，且对于立案公开、执行公开、听证公开、文书公开、审务公开等完全没有相应的救济途径。构建司法信息公开救济机制，扩大司法信息公开的救济方式和救济途径，可以有效保障司法信息公开的救济效果。

（三）有效促进信息公开领域的法制完善

我国 2008 年 5 月 1 日起实施的《政府信息公开条例》为建立透明化的服务型政府提供了法律依据，为信息公开创造了良好的法治环境。该条例第 33 条对政府信息的公开的救济机制作出了详细的规定，即"公民、法人或者其他组织认为行政机关不依法履行政府信息公开义务的，可以向上级行政机关、监察机关或者政府信息公开工作主管部门举报。收到举报的机关应当予以调查处理。公民、法人或者其他组织认为行政机关在政府信息公开工作中的具体行政行为侵犯其合法权益的，可以依法申请行政复议或者提起行政诉讼"。但该条例并没有将司法机关作为信息公开的义务主体，导致司法信息公开的救济机制缺乏直接的法律依据。虽然对于司法信息公开也有一些分散的法律规定，但是这些分散规定对于司法信息公开及其救济机制基本上作用不大。构建司法信息公开救济机制，并根据司法公开工作的特点创设具体的保障措施，可以有效促进信息公开领域的法制完善，是继政府信息公开之后的又一创举。

---

① 吴常青：《论刑事公开审判制度的改革》，载《河北公安警察职业学院学报》2010 年第 3 期。

（四）在一定程度上防止舆论监督的错位

由于权利基础和法律依据的缺失，目前的司法信息公开似乎成为法院的权力而不是义务，除裁判文书必须统一上网公开外，对于其他司法信息法院仍有权进行选择性公开。部分案件当事人在司法信息公开救济权得不到保障时往往采取求助媒体的方法，使得法院在舆论监督的巨大压力下被迫公开相关司法信息。诸如孙志刚案、佘祥林案、宝马撞人案、彭宇案、许霆案、邓玉娇案、"我爸是李刚案"、夏俊峰刺死城管案等，之所以受到舆论媒体的普遍关注，与案件当事人及亲属在诉讼过程中为了获得更多的司法信息而刻意求助媒体有很大关系。虽然舆论监督会使司法信息公开在一定程度上得到救济，但舆论监督的错位往往导致对法院审判独立的干扰，而且这种救济方式并不具有普遍适用性，不能成为当事人和社会公众的常用救济方式。构建科学的司法信息公开救济机制，畅通当事人申请司法信息公开的救济渠道，能够在一定程度上防止舆论监督的错位，保障司法裁判的公平与公正。

二、司法信息公开救济机制的程序设计

当前世界主要国家和地区在司法信息公开的救济机制方面，主要有两种做法：一是将司法信息公开纳入政府信息公开之中，并制定了信息公开方面的法律，当司法信息公开受到阻碍时可以依据相关法律进行救济。这一做法的代表国家和地区主要是瑞典、英国、俄罗斯联邦、韩国和中国台湾地区。二是虽然也制定了信息公开方面的法律，但未将司法信息公开纳入其中，当司法信息公开受到阻碍时一般援引知情权和审判公开原则予以救济。这一做法的代表国家主要是美国、日本、德国和意大利。[①] 我国司法信息公开救济机制的构建，应当根据我国的司法国情，采取由内部救济到外部救济、由司法政策层面到国家立法层面这种循序渐进、重点突破的办法来进行。在具体的程序设计上，本文有以下构想。

---

① 肖竹：《全球政府信息公开的基本特点与发展趋势》，载《中国改革报》2008 年 4 月 2 日。

(一)进行程序设计应当把握的原则

一是合理控制当事人和社会公众的权利救济限度。当事人是案件的直接参与人,对其司法信息知情权的救济直接关系到其诉讼目的能否实现,因而在程序设计上应着重保障,例如赋予当事人对法院对相关信息是否公开的裁决向上级法院申请复议的权利。相比之下,社会公众对司法信息的知情权则与诉讼本身无利害关系,赋予其申请复议的权利是对司法资源的一种浪费,实无必要。二是严格区分法院内部救济措施与外部其他救济措施的适用。在司法信息救济机制的程序设计上,应主要以法院内部审查与裁决为主。部分国家成立第三方机构来审查司法信息公开与否,例如英国设有独立与政府机构和议会的"信息专员"和信息裁判所,这些做法司法成本较大,目前不宜采用。三是准确把握借鉴现有制度与进行制度创新的关系。例如,在当事人不服法院作出的不予公开的裁决时,应当借鉴《行政复议法》和《政府信息公开条例》规定的复议方式保障当事人进一步获取救济的权利。因我国并未建立相应的行政法院体系,目前不宜采用诉讼方式保障当事人权利。

(二)救济程序的启动

在救济程序的启动方面,应当作出如下设计:一是赋予当事人和社会公众要求公开相关司法信息的申请权。随着司法公开工作的推进,法院主动公开司法信息已成为法院工作的常态,但这并不能保证当事人和社会公众所需要的相关司法信息都已公开,因而在救济程序的启动方面应当以当事人和社会公众向相关法院申请为主。同时,为了保障申请工作的严肃性,应当规定申请必须采用书面形式。二是规定法院对于当事人和社会公众符合形式要件的申请,必须受理,不得以任何理由拒绝或推诿,以此保证当事人的申请进入救济程序。

(三)救济申请的审查与处理

在救济申请的审查与处理方面,应当作出如下设计:一是明确规定各级法院的行政庭作为救济申请的审查与处理机构。因为在当前的司法实践中,各级法院的行政庭是处理行政信息公开案件的具体承办部门,在审查信息公开与否的事项上有一定的经验可资借鉴。二是明确规定行政庭应当在收到申请之日起 30 日内作出决定。在期限问题上，各国有着不同的规定。英国 2005 年实施的《信息公开法》规定，如果社会公众申请相关信息公开，相关部门须在 20 日内给出答复，如果需要延长处理时间，必须及时告知申请者，但最长不能超过 60 个工作日。[①] 韩国的《信息公开法》则规定，信息公开的申请人提出书面申请后，公共机构应在 15 日内作出是否公开的决定，因无法避免的原因不能及时作出决定时最多可延长 15 日。综合考虑及时保障申请人合法权益和法院处理申请的时间耗费等因素，本文认为规定法院在 30 日内作出决定是适当的。三是明确规定独任法官拥有审查与处理救济申请的权利，对于疑难、复杂的司法信息公开申请可以由三名法官组成合议庭处理，同时报相关领导审批。四是明确规定法院处理结果应当采用决定书的形式及时通知申请人。救济申请的审查与处理，就其性质而言，属于司法行政事务的范畴，不宜采用审判的方式予以处理，处理结果亦应当采用决定书的形式而非判决书或裁定书。五是明确规定法院对相关司法信息作出准予公开决定的，应当在决定书送达之时一并向当事人或社会公众公开。

（四）申请人的异议与复议

法院就申请人的申请作出决定后，申请人对结果满意的自不待言，申请人对结果不满意的，应当赋予申请人通过以下两种途径进一步获得救济的权利：一是明确规定申请人可以自收到法院决定书之日起 15 日内向作出决定的法院提出书面异议，相关法院应当在收到异议书 15 日内给予说明理由。这一做法可以从部分国外立法中找到依据。例如韩国《信息公开法》规定，若公共机构未及时作出决定或申请人对公共机构的决定不满意，申请人可以向公共机构提出书面异议申请。再如瑞典《信息权法》规定，当申请人获取信息的申请被驳回时，有权得到相关部门书面情况的说明及驳回的具体理由。二是明确规定申请人可以自收到法院决定书之日起 30 日内向上级法院提出书面复议申请（最高院审查与处理救济申请的，本院为复议机关），请求重新审查并作出决定，上级法院应当在收到复议申请书 30 日内作出决定并及时告知申

[①] 吴妮：《英专设机构监督政府信息公开》，载《新京报》2008 年 7 月 6 日。

请人。我国《政府信息公开条例》规定："公民、法人或者其他组织认为行政机关在政府信息公开工作中的具体行政行为侵犯其合法权益的，可以依法申请行政复议或者提起行政诉讼。"由此可见我国对政府信息公开提供的救济方式有行政复议和行政诉讼两种。司法信息公开的救济方式是否可以适用行政诉讼，本文认为目前不宜适用，因为这种救济方式有赖于独立的行政法院系统的建立，否则便又陷于"既当运动员又当裁判员"的局面，其制度价值大打折扣。

三、司法信息公开救济机制的配套完善

（一）将知情权纳入宪法予以明确规定

在现代社会，知情权已被世界多数国家的法律确认为社会公众的一项基本政治民主权利，换言之，社会公众知情权的有无或多少在一定程度上已成为衡量一个国家民主自由程度的重要标志之一。1946年联邦德国《基本法》率先从宪法层面确认了知情权为一项基本人权。1976年美国《阳光下的政府法》确认了公民对政府会议、情报和相关的文件有了解的权利。日本借助其曾经发生的典型案例"博多车站事件"确定了国民的知情权受宪法和法律保障。我国是《公民权利和政治权利国际公约》的签约国，该公约第14条规定了知情权为公民的基本人权，这对我国亦应具有约束力。将知情权明确规定在宪法中，可以有效促进司法信息公开救济机制的完善。一方面，知情权入宪为信息公开救济机制确立了宪法依据和权利基础。另一方面，知情权是行使批评和建议权、检举和控告权等宪法权利的前提，而这些宪法权利则为信息公开救济机制进一步创设了条件。

（二）制定统一的信息公开法

自2008年起施行的《政府信息公开条例》是我国在信息公开方面的立法开端，但只是一个关于政府信息公开的行政法规。该条例所规定的信息公开主体是"政府机关"，不包括法院等其他机构，所以目前在我国向法院申请公开相关司法信息并不具有法律依据。上文已述，司法信息的公开是不可逆转

的历史潮流。那么要实现司法信息公开的正当化与合理化,其重要措施便是制定相关法律,明确规定司法信息公开的相关措施和保障救济机制。在立法模式上,可以借鉴国外相关规定,将政府机关、司法机关、立法机关的信息公开统一纳入信息公开法予以调整。只有制定包括所有国家机关的统一信息公开法,才能从根本上解决司法信息公开的立法与实施问题,才能更好地维护当事人和社会公众的知情权,也才能为司法信息公开及其救济机制的确立提供直接的法律保障。

(三)改革和完善二审发回重审制度

审判公开原则是目前世界各国普遍适用的诉讼法原则和联合国倡导的司法准则,也是国际上公认的一项基本人权。意大利法学家贝卡利亚早在其名著《论犯罪与刑罚》一书中提到:"审判应当公开,犯罪证据应当公开,以便使或许是社会唯一制约手段的舆论能够约束强力和欲望。"[1]1948年《世界人权宣言》和1950年《公民权利和政治权利国际公约》对审判公开原则予以确认。当前我国对司法信息公开的救济机制主要是依据违反审判公开原则而建立的发回重审制度。在当前我国的司法实践中,一审法院如果违反相关诉讼法规定的审判公开原则,二审法院一般应作出撤销原判、发回原审法院重审的裁定。但该救济方式存在以下问题,严重侵害了当事人和社会公众的司法信息救济权:一是我国长期存在"重实体,轻程序"的司法传统,如果二审法院认为一审违反公开审判的程序瑕疵不足以影响公正审判结果的,一般不会撤销原判、发回重审。二是二审法院一般对信息公开拥有较大的自由裁量权,导致二审法院对当事人和社会公众对司法信息申请公开问题重视不够。鉴于此,三大诉讼法中应明确规定违反审判公开原则的案件一律应撤销原判、发回重审,以此限制二审法官在违反审判公开原则相关案件上的自由裁量权,并保障当事人及利害关系人的司法信息救济权。

---

[1] [意]贝卡利亚:《论犯罪与刑罚》,黄风译,中国大百科全书出版社1993年版,第87页。

借贷行为与投资行为的区分标准[*]

——名为借款但参与公司经营管理的应认定为投资

借贷与投资是两种不同的法律关系，会产生不同的法律后果，两者在性质、来源、运用及目的等方面有着本质的区别。实践中，自然人以借款的形式向筹备成立的公司注入资金，但有证据证明相关资金已转化为投资款，且自然人以股东身份实际参与了公司经营管理的，应依法认定相关行为系自然人的投资行为。自然人以民间借贷为由主张收回相关资金的，人民法院不应予以支持。

一、基本案情

原告（二审上诉人）：宋庆龙

被告（二审被上诉人）：李延美

被告（二审被上诉人）：李文彬

第三人：济南中医康复医院

法定代表人：李延美，院长

2011年6月2日，原告宋庆龙（丙方）与被告李延美（甲方）及案外人张新权（乙方）签订了《项目投资合作协议书》，约定由三方共同投资注册成立济南中医康复医院。协议书第二条约定："项目运作第一年，乙方和丙方以对甲方借款的形式存在项目运作之中，甲方单独承担共同投资的风险；乙方和丙方不参与项目的具体经营、运作和管理，甲方应按照借款年利率20%支付给乙方和丙方利息。"在济南中医康复医院实际经营的过程中，原告实际共出资88.8万元，张新权实际共出资346.32万元。2012年10月9日，原告宋

---

[*] 本文刊载于《人民司法》2014年第10期。

庆龙与张新权签订债权转让协议，张新权把对李延美享有的 346.22 万元债权依法转让给原告。原告宋庆龙诉称，按照《项目投资合作协议书》的约定，上述出资"以对甲方借款的形式存在项目运作之中"，实际上是原告及张新权对被告李延美的借款。按照我国法律的相关规定，借款应当偿还。原告宋庆龙为此诉至法院，请求被告李延美、李文彬偿还原告借款共计 435.12 万元及约定支付借款利息。两被告辩称，原告宋庆龙及案外人张新权对济南中医康复医院的出资，名为借款，实为投资，故原告以民间借贷为由起诉被告，无事实和法律依据，请求法院依法驳回原告的诉讼请求。

二、审判经过

济南市中级人民法院经审理认为：民间借贷与投资是两种不同的法律关系，会产生不同的法律后果，两者在性质、来源、运用及目的等方面有着本质的区别。在本案中，原告宋庆龙向被告李延美及济南中医康复医院交付相关资金的行为，虽名为借款，但实为投资。理由如下：第一，《项目投资合作协议书》的约定自相矛盾。（1）本案各方当事人在签订的《项目投资合作协议书》中约定了出资数额和分别占出资总额的比例后，又在第二条"利润分享和亏损负担"中约定"项目运作第一年，乙方和丙方以对甲方借款的形式存在项目运作之中，甲方单独承担共同投资的风险；乙方和丙方不参与项目的具体经营、运作和管理，甲方应按照借款年利率 20% 支付给乙方和丙方利息。"可以说，第二条的约定与协议关于出资的约定内容是矛盾的。（2）按照该第二条约定，在项目正式开始（济南中医康复医院正式开业之日）的第 13—14 月原告宋庆龙才决定是否债转股，原告宋庆龙是否债转股尚处于未定状态，但在协议第五条"其他权利和义务"部分则有"在项目成立并进入运行后，任一共同投资人不得从共同投资中抽回出资额"。显然，以上第二条和第五条约定亦不一致。第二，医院章程及验资报告对原告张新权的股东身份予以确认。除了《项目投资合作协议书》约定外，在康复医院章程和验资报告中，载明的股东组成为"李延美、张新权、宋庆龙"三人，也可见三人为投资合作关系。第三，事实上，宋庆龙、张新权二人在济南中医康复医院筹建过程中及建院初期，均以股东的身份实际参与了医院的筹建、运营和管理，是医院的管理者之一，这些可以通过股东会决议及宋庆龙取走账目、决定以车抵债等一系列事实予以证明。

济南市中级人民法院遂依照《中华人民共和国合同法》第196条、《中华人民共和国公司法》第3条、《中华人民共和国民事诉讼法》第64条，作出如下判决：驳回原告宋庆龙的诉讼请求。案件受理费48349元，财产保全费5000元，由原告宋庆龙负担。

原告宋庆龙不服一审判决，向山东省高级人民法院提出上诉称："一、一审程序违法。上诉人起诉主张的是借款纠纷，一审法院认定双方之间属于出资纠纷，但未进行释明，导致上诉人的权利受到损害。二、投资总额与注册资本是两个不同的概念。上诉人投资合计435.12万元，除去98万元的注册资本的投资以外，其余337.12万元的投资属于对股东的负债，济南中医康复医院负有偿还责任。一审认定事实不清，程序违法，适用法律错误，请求撤销一审判决，依法改判或发回重审，一、二审诉讼费由被上诉人承担。"两被上诉人李延美、李文彬辩称："一审认定事实清楚，认定证据确凿，符合法定的程序，适用法律正确，应驳回上诉人的上诉请求，维持原判。"

山东省高级人民法院经审理认为，借款与投资是两个完全不同的法律概念。本案中，各方当事人所签订的《项目投资合作协议书》名称即为"项目投资合作"，但在第一条约定了出资数额和分别占出资总额的比例后，又在第二条约定"项目运作第一年，乙方和丙方以对甲方借款的形式存在项目运作之中，甲方单独承担共同投资的风险"，两者显然是矛盾的。同时，第二条还约定"乙方和丙方有权利决定在项目正式开始（济南中医康复医院正式开业之日）的第13—14月是否债转股"，这与第五条"在项目成立并进入运行后，任一共同投资人不得从共同投资中抽回出资额"的约定亦矛盾。事实上，根据相关证据可以证明上诉人亦以股东身份参与了济南中医康复医院的经营管理。另外，各方当事人均认可康复医院系按章程成立，所有款项均已投资医院的实际经营。综上，上诉人主张其与被上诉人系民间借贷关系，与事实不符。原审法院对上诉人所主张的民间借贷纠纷未予支持，本院认为并无不当。上诉人对其与被上诉人以及原审第三人的投资纠纷，可另行解决。

山东省高级人民法院依照《中华人民共和国民事诉讼法》第169条第1款、第170条第1款第（一）项、第175条之规定，作出如下判决：驳回上诉，维持原判。二审案件受理费 48349 元，由上诉人宋庆龙负担。

三、案例评析

本案主要涉及对自然人参与经济活动的相关行为予以准确定性的问题。随着经济的发展，自然人参与经济活动日趋活跃，借贷与投资行为均与日俱增，然而借贷与投资是两种不同的法律关系，会产生不同的法律后果。因此，准确区分借贷与投资，对于保护自然人的合法权益具有重要意义。本案争议的焦点是对原告宋庆龙向被告李延美及济南中医康复医院交付相关资金行为的性质认定问题，即该行为应当认定为民间借贷还是认定为投资。以下主要从借贷、投资之区分的角度加以分析。

（一）民间借贷的认定标准

在司法实践中，自然人之间或自然人与非金融机构之间的借贷被称为民间借贷，而有别于商业贷款。民间借贷不仅是一种经济现象，同时又是一种法律现象。对于民间借贷，应从以下几个方面加以把握：第一，民间借贷是一种民事法律行为。借贷双方通过签订书面借贷协议或达成口头协议形成特定债权债务关系，从而产生相应权利和义务。第二，民间借贷是出借人和借款人的合约行为。借贷双方是否形成借贷关系以及借贷数额、借贷标的、借贷期限等取决于借贷双方的书面或口头协议。只要协议内容合法，都是允许的，受到法律的保护。第三，民间借贷关系成立的前提是借贷物的实际支付，即要求出借人将货币或其他有价证券交付给借款人。第四，民间借贷的标的物必须是属于出借人个人所有或拥有支配权的财产。不属于出借人或出借人没有支配权的财产形成的借贷关系无效，不受法律的保护。第五，民间借贷可由借款双方约定，可有偿亦可无偿。约定有偿的，必须在事先的书面或口头协议中约定，出借人才能要求借款人在还本时支付利息。

（二）投资行为的认定标准

投资是指一定的经济主体为了获取预期不确定的收益或社会效益而将现期的一定资财（有形或无形）转化为资本的过程。对于投资行为，应从以下几个方面加以把握：第一，投资是一定主体的经济行为。投资主体即投资者必须是具有资金或资财来源和投资决策权的投资活动主体，可以是自然人、法人或国家。第二，投资的目的是保证投资回流，实现增值，以获取收益或社会效益。实现投资的增值性回流，是投资的预期目的，就投资自身而言，实现投资的经济效益，是投资行为的出发点，投资如果不能带来经济效益，投资便缺乏生命力。第三，投资所获取的效益是未来时期的预期效益，而且是不确知的，故投资具有风险性。第四，投资必须花费现期的一定的资财或智力成果，其来源包括投资者自己的所有、收入以及通过各种途径的融资或借贷、借款等。

（三）民间借贷与投资行为的区分标准

投资与民间借贷虽都是一定经济主体的经济行为，但其在性质、来源、运用及目的等方面又有着本质的区别，具体表现在：第一，民间借贷是一种债，投资虽也有协议，但不是债，而仅仅是对自己所有物权利的处分；借贷可担保、可转移，而投资一般不可，但可转让。第二，民间借贷是一般所有物的所有权发生了转移，而投资仅是占用权发生了一定的变化，但仍享有不完全的支配权、使用权和处分权。第三，投资的目的是获取一定的收益或效益，而民间借贷的目的则可能是多种的，且没有约定利息的民间借贷是无偿的。第四，投资所可能获取的效益是未来的、不确定的，而民间借贷如果是有偿的，则应该是确定的。第五，投资的来源可以是自有，如自身的收益等，也可以是借贷资金；民间借贷一般是有支配权的财物。第六，投资形成的形态有多种，一般为真实资本或金融资本；而民间借贷则为所有物的所有权的转移，对出借者来说是所有物的暂时消灭。第七，投资收回的是效益，而投资本身一般是不能收回的（联营除外），"抽逃出资"在法律上是不允许的，严重的则构成犯罪；民间借贷则是可以而且是应该收回的。投资承担有亏损的风险，而民间借贷则可通过担保、债务转移等来减少风险，投资则不可。

（四）对本案"名为借款，实为投资"情况的认定

本案中，原告宋庆龙向被告李延美及济南中医康复医院交付相关资金的行为，虽名为借款，但实为投资。理由如下：（1）《项目投资合作协议书》的

约定自相矛盾。(2)医院章程及验资报告对原告张新权的股东身份予以确认。(3)事实上,宋庆龙、张新权二人在济南中医康复医院筹建过程中及建院初期,均以股东的身份实际参与了医院的筹建、运营和管理,是医院的管理者之一。因此在实践中,自然人以借款的形式向筹备成立的公司注入资金,但有证据证明相关资金已转化为投资款,且自然人以股东身份实际参与了公司经营管理的,应依法认定相关行为系自然人的投资行为,自然人以民间借贷为由主张收回相关资金的,人民法院不应予以支持。

(五)参照适用本案例时还应注意的问题

本案例主要探讨了民间借贷与投资行为的区分标准,具体分析了本案所涉及的"名为借款,实为投资"的情形。但司法实践中还存在"名为投资,实为借贷"的情形,主要表现为:第一,虽名为投资,但所有物的所有权发生了转移,不能行使对该物的使用权如管理、经营权,有的甚至连知情权也没有,则无论取得收益于否,应视为借贷。第二,虽名为投资,但投资协议中或实际上并未参与经营或管理,而且对收益有明确的约定,则实为借贷。第三,虽名为投资,在自己的账目处理上只有所有物所有权的转移,被投资方却没有资本金形成的,则应为借贷。第四,投资协议中规定了投资收回的期限,而且还有担保的,则应视为借贷。第五,投资者一般享有对投资项目的收益、表决和知情权等权利,而借贷一般不享有此权利。总之,对投资项目的实际经营管理权或参与经营管理权的判别是解决真假投资与借贷的关键。司法实践中,要正确理解投资与借贷的含义,科学甄别真假投资与借贷,依法维护公民个人的合法权益和企业的正常秩序和发展。

基于职、绩、责的考量：合议庭绩效考评制度的科学构建[*]

合议庭是人民法院最基本的审判组织，作为实现司法公正的重要载体，合议庭在我国审判实践中发挥了至关重要的作用。然而合议庭在实践运行中也逐渐暴露出诸多问题和弊端，导致合议庭功能弱化，运行扭曲，偏离立法本意。这些问题主要表现在两方面：一是合议庭审判不独立，即合议庭作出判决往往会受到庭长、院长、审委会甚至上级法院的影响或干预，导致审与判相分离。究其原因，一方面是法院的行政化管理使然（审与判的被动分离），另一方面是在当前法官保障制度不健全的情况下，合议庭更愿意上交矛盾、避免风险（审与判的主动分离）。解决这一问题需要在司法改革时进行顶层制度设计，厘清司法权与行政权、审判权与审判管理权的边界，科学定位合议庭的职权与庭长、院长、审委会的管理职能，同时要建立完善的法官保障制度。该问题牵一发而动全身，完全解决尚需时日。二是合议庭运行不规范，即合议庭在组成、审理、评议、判决的过程中存在问题，使得相关规定成为一纸空文。究其原因，主要是不合理的考评制度导致合议庭职、绩、责相分离。解决这一问题的关键在于建立科学的合议庭绩效考评制度，理顺职权履行、绩效考核、责任承担三者之间的关系，这应当是目前合议制改革的当务之急，也是本文的讨论重点。

---

[*] 本文系中国审判理论研究会审判管理理论专业委员会2014年度研讨会文章。

一、科学考量：构建合议庭绩效考评制度的必要性分析

（一）当前法院岗位绩效考评制度存在的弊端

当前法院内部的岗位绩效考评主要针对法官个人（案件承办人），对合议庭尚无明确的考核要求；考评内容主要是法官个人办案数量与质效，对合议制的落实和运行情况尚未纳入岗位绩效考评体系；考评结果主要运用在年终的创先评优上，对个人职级的晋升影响较小；错案责任的承担主要体现在绩效考评分数的扣减上，尚未建立起完善的错案责任追究制度。在当前的考评制度下，合议庭审理的案件在考评时一般作为承办人的办案数予以计算，合议庭其他成员参加审理、评议的工作量得不到应有体现，必然无法激发其他成员参加合议的积极性；加之错案责任一般由承办人承担，对其他合议庭成员无法形成有效的制约，在一定程度上放纵了合而不议等现象的发生。应当说，这种职、绩、责严重脱节的考评制度，是当前合议制度运行不规范的主要原因。在此需对司法实践中盛行的两个观点予以反驳和澄清：

一是有观点将合议制运行过程中的问题归咎为案件承办人制度。[①] 本文认为此观点并不准确。理由如下：第一，实行合议制与实行承办人制并不矛盾。合议制是审判权运行中的一种集体决策机制，其理想状态表现为多人参加、平等参与、共同决策、独立审判、共担责任，其主要意义在于集思广益，克服法官个人能力的局限性，防止个人专断和司法腐败。承办人制度则是在审判实务中，根据案件分配和审理的需要，合理确定合议庭成员分工的一项具体诉讼制度，旨在确定庭前调解、证据交换、庭审提纲拟定、阅卷笔录制作、审理报告制作、案件汇报、裁判文书起草等事务性工作的承担人，以便合议庭成员分工配合，更好地发挥合议制度的功效。虽然现行法律对承办人制度未作规定，但实践中各级法院普遍实行承办人制度，可见该制度有其必然的合理性。第二，现实中承办人制度的具体问题（承办人几乎包揽案件并独自

[①] 目前把合议制运行过程中存在的问题归咎为案件承办人制度的文章较多，主要观点是：承办人制度造成实际操作中合议庭功能弱化、承办人权责扩张以及对合议庭内部运作、合议庭成员工作实绩、案件质量责任追究进行管理出现困难等情况。尹洪茂、丁孝君：《试论合议机制与承办人制度的冲突与协调》，载《山东审判》2001年第4期。

承担责任），恰恰是当前合议制运行过程中存在问题的表现，而非合议制运行过程中存在问题的原因。归根结底，承办人制度存在的问题仍然是职、绩、责相脱节的考评制度造成的。

二是有观点将合议制运行过程中的问题归咎为"案多人少"。本文认为此观点有失偏颇。笔者在基层法院调研过程中发现，近80%的受访法官认为"案多人少"是导致"合而不议"和"形合实独"的直接原因。诚然，近年来法院受理的案件数不断攀升，"案多人少"的情况在一定范围、一定程度上的确存在。①但调研中也发现，即使在人均受理案件数量相对较少的法院，合议庭"合而不议"的现象也非常普遍。甚至有人大代表提出，"案多人少是个伪命题"，②主要是基于当前法院系统审判资源配置不合理而言。以笔者所在省份的法院为例，目前全省各级法院中审判执行一线法官约9500人，所占比例不到各级法院总人数的50%。因此，"案多人少"只是造成合议庭审理案件"形合实独"的一个客观原因，而非决定性因素。该问题应当通过优化审判资源配置等措施逐步予以解决，而不应成为合议庭运行不规范的原因或借口。

（二）当前对于合议庭考评制度的规定难以落实

最高人民法院出台的《关于进一步加强合议庭职责的若干规定》第9条规定："各级人民法院应当建立合议制落实情况的考评机制，并将考评结果纳入岗位绩效考评体系。考评可采取抽查卷宗、案件评查、检查庭审情况、回访当事人等方式。考评包括以下内容：（一）合议庭全体成员参加庭审的情况；（二）院长、庭长参加合议庭庭审的情况；（三）审判委员会委员参加合议庭庭审的情况；（四）承办法官制作阅卷笔录、审理报告以及裁判文书的情况；（五）合议庭其他成员提交阅卷意见、发表评议意见的情况；（六）其他应当考核的事项。"上述条文是目前关于合议庭考评制度的唯一规定。该规定早在2010年便已出台，但在实践中并未得到落实。具体而言，该规定存在以下

---

① 2010年，我国地方各级人民法院受理案件11700263件，同比上升2.82%；2011年，我国地方各级法院受理案件1220.4万件，同比上升4.4%；2008—2013年，我国地方各级人民法院受理案件5610.5万件，同比上升29.3%。上述数据来源于最高人民法院2011年、2012年、2013年工作报告。

② 《全国人大代表陈舒：法院案多人少是个伪命题》，载搜狐网http://roll.sohu.com/20130130/n365044977.shtml，访问时间：2014年1月20日。

问题：第一，该规定把考评的重点放在合议庭制度的整体落实情况上，对于如何与合议庭成员个人的岗位绩效考核有机结合起来，缺乏操作性规定，以致不能对合议庭成员充分履职形成有效激励。第二，部分考评内容难以落实，例如对院长、庭长、审委会委员参加合议庭庭审的情况如何考评，是根据参加庭审的数量来考评还是庭审的质量来考评？考评的结果对院长、庭长、审委会委员有无影响？在院长、审委会委员参加庭审制度未得到有效确立之前，对合议庭考评该项内容有无必要？在一个法院内部考评该项内容缺乏相关数据的比较，对合议庭考评该项内容有无意义？第三，对考核结果如何担责未作规定，必然无法对合议庭成员充分履职形成有效制约。鉴于此，最高人民法院 2013 年出台的《关于切实践行司法为民大力加强公正司法不断提高司法公信力的若干意见》明确提出："建立健全合议庭绩效考评制度，在充分发挥合议庭整体职能的同时，探索推进主审法官负责制，提高合议庭审判绩效。"

二、内容设计：构建科学可行的合议庭绩效考评制度

（一）考评原则：职、绩、责相统一

职、绩、责相统一是指在合议庭绩效考评过程中要做到职权履行、绩效考核、责任承担相统一。在审判工作中，法官履行职权既是一种权利（司法权利的行使），又是一种义务（本职工作的承担）。从权利层面来讲，权利的行使必然要与责任的承担相统一，要求权责一致，有权必有责。从义务层面来讲，本职工作的承担必然要求在工作考核时以绩效的形式予以体现，有职必有绩。绩，体现了对职权履行的正面评价。责，体现了对职权履行的负面评价。对合议庭的绩效考评，应当把合议庭的职、绩、责有机结合与统一起来，奖当其绩，罚当其责，这样才能促使合议制度的运行更加规范。

（二）考评内容：综合考评合议庭履职过程及结果

对合议庭进行考评的目的在于促进合议庭职能充分发挥，促进合议制更加规范运行。"科学的考核体系直接决定合议庭成员能否最大限度地发挥独立

审判的作用。"① 因此,应当综合考评合议庭履职过程与结果。

1. 对合议程序启动阶段的考评

这方面的考评主要针对基层司法实践。在合议程序启动阶段,基层司法实践中一般存在以下问题:一是合议程序的启动具有随意性。合议制作为一种重要的审判制度,其启动应坚持依法与慎重原则,以提高诉讼效率,避免诉讼资源的浪费。但现行法律只对简易程序的适用范围作了列举,在立案阶段对案件适用程序的选择上,基本无章可循,由此造成基层司法在普通程序选择上的随意性。二是简易程序转普通程序不规范,流于形式。只要案件承办人认为要适用普通程序的,则即行适用或转换普通程序审理,并不问及案件难易与否。三是普通程序存在滥用的情况。有时普通程序的适用是基于规避风险、延长案件审理周期、收取诉讼费等因素,从而给承办人拖延办案和谋取私利提供了便利。四是合议庭的组成具有随意性。基层实践中合议庭的组成人员比较随意,且经常临时更换合议庭成员。鉴于此,应在以下几个方面加强考评:(1)合议程序的启动是否规范;(2)简易程序转普通程序是否规范;(3)普通程序是否存在滥用情况;(4)合议庭的组成是否规范;(5)合议庭成员变更程序是否规范。

2. 对案件审理阶段的考评

庭审在整个审判过程中居于核心地位,是合议庭依法行使审判职能的基本形式。合议庭在庭审过程中存在的主要问题是庭审程序不到位,庭审功能未得到有效发挥。鉴于此,应当在以下几个方面加强考评:(1)庭前准备是否充分。例如是否共同阅卷,阅卷笔录的制作与庭审提纲的拟定是否规范,庭前调解、证据交换及庭前会议等程序是否规范等;(2)庭审操作是否规范。例如证据规则操作是否规范,组织法庭辩论是否有序,庭审效率如何,庭审语言是否规范等;(3)庭审驾驭能力如何。例如庭审重点是否明确,争议焦点的归纳是否准确,释法辩理能力如何,当庭宣判力度如何等;(4)合议庭成员参加庭审的情况。例如是否共同出庭,是否陪而不审,是否存在随意离开法庭的情况等。

---

① 廖永安、李世峰:《我国民事合议制度之运行现状》,载《社会科学》2008年第4期。

3. 对案件评议阶段的考评

合议庭评议案件旨在发挥集体智慧，对案件作出公正的裁判。然而在职、绩、责相脱节的考评模式下，合议庭成员对不承办的案件往往抱着"谁承办谁负责"的思想，使得案件评议形式化，合而不议，议而不争，最终导致形合实独。这种状况扭曲了合议庭正常的工作运行机制，弱化了合议庭成员对案件裁判结果的责任心，影响了合议庭成员合力作用的充分发挥。鉴于此，应当在以下几个方面加强考评：（1）是否做到了共同评议。例如是否存在以承办人意见代替合议庭评议意见、以简单征询各成员的意见代替合议庭共同评议等情况，是否存在领导签发判决后再补签评议笔录的情况等。（2）是否做到了实质评议。例如是否对案件事实认定、证据采信、法律适用、裁判结果及诉讼程序等事项均进行了评议，是否在评议时仅作"同意"或"不同意"的表态式发言。（3）是否做到了及时评议。即在庭审结束后五个工作日内进行评议。（4）是否做到了一次表决。即合议庭对每一评议事项的表决原则上只能进行一次，以避免合议庭成员为取得一致意见相互妥协、让步，反复进行表决，进而影响司法公正和审判效率。

4. 对案件判决阶段的考评

在我国司法实践中，行政化现象严重影响合议庭独立审判，行政管理权的膨胀与强化使得合议庭职权一度被肢解和弱化，这样造成了合议庭审理权与裁判权的严重分离，表现为审而不判、议而不决等现象。诚如上文所言，解决这一问题需要在司法改革时进行顶层制度设计，完全解决尚需时日。鉴于此，对合议庭的考评应当侧重于以下几个方面：（1）是否存在院长、庭长不经合议庭复议或审委会讨论，就以签署意见的方式直接改变合议庭评议结果的情况。（2）是否存在以庭务会、扩大合议庭、审判长会议、法官会议取代合议庭对案件进行评议的情况。（3）是否存在将不具备条件的案件提交审委会讨论或人为制造分歧意见将案件提交审委会讨论等情况。（4）裁判文书的制作是否及时，即合议庭一般应当在作出评议结论或者审判委员会作出决定后的五个工作日内制作裁判文书。

5. 对合议庭运行结果的考评

对合议庭运行结果的考评应从以下三个方面进行：（1）合议庭办理案件的数量。办案数量是合议庭工作量最直接的体现。鉴于目前各级法院在合议庭组成上有固定制和随机制两种模式,那么统一考评合议庭的办案数量既不现实,亦无必要,而应采取科学的方式把合议庭的工作量换算成合议庭每个成员的工作量,避免案件承办人或审判长在考核时独占合议庭的工作成果,借以提高合议庭每个成员的工作积极性。(2)合议庭办理案件的质量。一是考评合议庭在案件事实认定、证据采信、法律适用、裁判结果及诉讼程序的选择等方面是否准确,是否在上述几方面出现错误而导致案件被改判或发回重审。二是考评裁判文书的质量。"不管法院的法定和宪法地位如何,最终的书面文字是法院权威的源泉和衡量标准。"[1] 裁判文书是诉讼过程的真实再现,是对争议的实体权利义务与程序问题的结论性断定,当事人对于法律和法院的理解在一定程度上就是依据裁判文书,因此有必要加强对裁判文书质量的考评,以此提升司法公信力。(3)合议庭办理案件的效率。主要考评合议庭办理案件有无超期的现象。"长久的裁判是恶的裁判,诉讼的过分迟延等同于拒绝裁判。"[2] 在当前司法实践中,案件审理超期现象较为普遍,也一直为当事人所诟病,因此有必要在这方面加强考评,促进合议庭提高审判效率。

(三)考评方式:结合考评难点科学设置考评方式

如上文所述,对合议庭的考评应综合考评合议庭的履职过程及结果。对合议庭履职过程的考评侧重于考评合议庭的运行是否规范,但合议庭的履职过程是一个动态的过程,加之案件数量庞大,若要对每一个案件的不同审理阶段适时进行考评,需要大量的人力物力支持,既不现实亦无必要。故对合议庭履职过程的考评,应当结合案件审判管理,综合采取卷宗抽查、案件评查、庭审情况检查、当事人回访等多种方式,通过定期检查和不定期抽查,选择一定数量的案件进行检查,同时根据不同合议庭成员的职责情况(例如审判长、承办人等),对合议庭成员的履职情况分别检查并计分。在固定制合议庭组成模式下,不同合议庭成员的分数之和为该合议庭的考评分数,可以作为考核该合议庭的依据。在固定制、随机制等不同的合议庭组成模式下,

---

[1] 宋冰编:《程序、正义与现代化:外国法学家在华演讲录》,中国政法大学出版社1996年版,第66页。
[2] [意]莫诺·卡佩莱蒂等:《当事人基本程序保障权与未来的民事诉讼》,徐昕译,法律出版社2000年版,第95页。

对合议庭成员个人的计分情况均可以作为个人业绩考评的依据。

对合议庭履职结果的考评侧重于考评合议庭审理案件的绩效情况。在考评时主要有以下难点问题需要解决：第一，如何把合议庭的工作量与个人的工作量考评结合起来。换言之，承办人之外的合议庭成员如何计算工作量的问题。各级法院目前在绩效考评中，一般是把合议庭审理的案件作为承办人的办案数予以统计，对其他合议庭成员在案件审理过程中付出的劳动不予计算。理顺合议庭的职、绩、责，必须改变绩效考评中的上述做法。综合考虑不同合议庭成员在案件审理中的职责与作用，较为科学合理的考评方式应当是对非承办人的工作量按一定比例进行折算，即合议庭审理的一起案件，承办人在考评时计为1件，其他合议庭成员计为0.5件。第二，审判长与一般审判人员在考评时计分有无区别。审判长系法律职务而非行政职务。虽然在案件审理过程中审判长往往承担指导庭前调解和庭前准备、主持庭审活动、主持案件评议、审核裁判文书等职责，但相对于其他审判人员而言，这只是职责分工的不同，不能因此在考评时予以差别对待。第三，院长、庭长参加合议庭审理案件时是否考评。虽然各级法院对院领导和中层领导的考评内容往往不同于一般审判人员，但院长、庭长、审委会委员等作为审判长参与案件审理是今后司法改革的一个趋势，因而在合议庭绩效考评时有必要对其履职过程和结果予以考评，并作为其个人绩效考核的依据。综上，对合议庭履职结果的考评，应以合议庭审理的全部案件为对象，结合案件审判管理，综合考评合议庭审理案件的数量、质量、效率，区分案件承办人与非承办人，对案件数量按比例予以折算，对案件质量区分责任予以计分，对案件效率则由合议庭整体负责。

（四）考评结果及其运用：奖当其绩，罚当其责

依照法官法规定，法官考评委员会负责指导法官的考核评议工作。对合议庭的考评，应当在此基础上，设置专门的合议庭考评委员会，重点吸收政工部门、审判管理部门、综合研究部门及各业务庭的相关人员组成，对合议庭运行过程及结果进行检查与量化，进而得出相应的考核数据。根据考核数据，相应评为规范、基本规范、不规范等不同的考核等次。合议庭的绩效考评结果主要用于以下两方面：一是作为对合议庭进行表彰奖励的重要依据。

在相对固定的合议庭组成模式下,可以对考核结果"规范"的合议庭进行单独表彰,以兹鼓励。二是转化为法官个人岗位绩效考评成绩的一部分,纳入法官个人岗位绩效考评体系,计入法官考评档案,作为确定法官任职、确定年度考核等级、评先评优、晋级晋职的重要依据。对考核结果"不规范"的合议庭相关成员,应当取消其年终评先评优的资格,且在确定年度考核等级时不得确定为优秀。

三、配套措施:共同促进合议庭运行规范化

(一)科学界定合议制的适用条件,扩大独任制适用范围

通过调研发现,合议制在基层法院中有滥用的倾向。[1] 承办法官为了规避风险、转移矛盾、多收诉讼费、延长审限甚至获得不法利益,均有可能将本应适用简易程序审理的案件转为普通程序审理,将简易案件复杂化,这既影响了合议庭功能的充分发挥,亦为合议庭的绩效考评增加了困难。加之合议制本身需要耗费较多资源和较长时间,如果广泛采用会造成有限司法资源的非理性消耗,实质上并不利于实现便民、速决的诉讼原则。[2] 目前很多国家都呈现出合议制不断缩减、独任制逐步扩大的趋势。例如美国适用合议制审理的案件占案件总数的比例达不到 10%;英国在民事案件中已经取消陪审制度,一般是交给治安法官独任审理;法国则规定交通事故损害赔偿案件、婚姻案件和法律规定的执行案件均适用独任制审理。[3] 因此,一方面应科学界定合议制的适用条件,使合议庭专门负责审理重大、疑难、复杂的案件;另一方面应扩大独任制适用范围,通过建立案件繁简分流机制,将大量事实清楚、争议不大的案件通过简易程序来解决。通过优化资源配置,提高诉讼效率,降低诉讼成本。建议立法机关修改相关诉讼法,使得审理程序的选择不以审级为标准,而以案件的难易程度为标准,即使独任制的适用范围不再局限于基

---

[1] 2010—2013 年,笔者所在省份全省基层法院适用合议制审理的案件占全部案件的 42.4%,其中刑事案件适用率为 59.8%,民商事案件适用率为 40.7%。
[2] 刘勇:《我国合议制度改革的焦点问题》,载《东南大学学报》2010 年第 12 期。
[3] 张卫平:《民事诉讼制度研究》,中国政法大学出版社 2007 年版,第 230 页。

层法院，进而实现中级、高级法院案件的繁简分流，为实现合议庭专司重大、疑难、复杂案件的审理创造有利条件。

（二）改革案件承办人制度，确立合议庭共同负责制

案件承办人制度是确定一名法官为案件承办人，并将案件审理的责、权、利集中于承办人的一种非成文制度。① 正如上文所述，在司法实践中实行承办人制度是案件分工的需要，而且对于提高办案效率、减少重复性劳动具有重要意义。但实践中对案件承办人的定位不当导致了案件承办人包办合议庭的全部工作，其他合议庭成员只是形式参与，进而造成了合议庭"形合实独"。加之在现行的考评制度中，办案成果往往被承办人所攫取，办案责任一般也由承办人承担，这种状态割裂了本应是一个整体的合议庭。因此改革现行的案件承办人制度，需要在建立职、绩、责相匹配的考评制度的基础上，确立合议庭共同负责制，使得合议庭审理的案件由合议庭成员共同审理、共同评议、共同裁判、共同负责。这样，其实是把承办人的角色定位于合议庭的"受托人"或"代理人"。一方面，承办人只能在委托权限范围内以合议庭的名义行使职权，没有经过合议庭讨论的重要事项，合议庭不得私自行事。这样，合议制所要求的共同裁判就能在很大程度上得到保证。另一方面，承办人的行为后果由合议庭承担，承办人不再作为责任主体对院长、庭长或审委会负责，从而使原先意义上的案件承办人发生了角色和功能的转变。

（三）改革审判长选任制度，准确定位审判长职能作用

最高人民法院于 2000 年出台了《人民法院审判长选任办法（试行）》（以下简称《选任办法》），推行审判长选任制，审判长及合议庭被赋予较大的权力。该规定旨在以选任审判长为切入点，以还权合议庭为手段，达到司法改革公正与效率的目的。该规定的初衷是好的，但与现行法律及审判权运行机制的内在机理存在一定冲突。第一，根据《人民法院组织法》的相关规定，合议庭并不是一个常设组织，审判长亦不是一个固定的职务，仅是审理案件的组织者，且因案而异，具有暂时性。但在《选任办法》中，合议庭成了法

---

① 尹忠显主编:《合议制问题研究》，法律出版社 2002 年版，第 21 页。

院的常设机构,审判长成为与审判委员会、合议庭并列的一种准审判组织。第二,选任审判长导致法官管理行政化,对审判长的审判权缺乏有效监督。从《选任办法》中不难看出审判长"高人一等",导致合议庭其他成员相应处于从属地位,严重损害了合议庭其他成员审理案件的独立性。英国丹宁勋爵曾说:"法官必须是独立的。他们必须不受任何掌权者的影响,否则就不能依靠他们来判定权利是否滥用或误用。"[1]随着新一轮司法改革的启动,审判长的功能应定位于"合议庭的组织者"和"庭审活动的协调者和引导者",职责主要在于对合议庭的主持、管理和协调上。审判长应当保证合议庭全体成员在分工协作的基础上形成集体合力,确保案件及时、正确的处理。需要指出的是,强调合议庭成员之间的适当分工并不否认合议庭成员的平等参与性,审判长在合议庭中与其他审判人员地位是必须平等的,绝对不能人为提高审判长的地位而导致"行政首长化"。

(四)完善审判管理制度,建立合理的合议庭审判质效考评机制

我国法院系统现行的审判管理制度,主要通过实施案件质效考评指标体系检验合议庭审判工作的质效。该指标体系虽然在一定程度上有助于规范合议庭的审判工作,提高审判质效,但在实践中也存在一些问题。一是过于看重撤诉率、调解率、上诉率、改判率等考评指标。由于合议庭是在相关诉讼程序的约束之下审理案件,合议庭作出的裁判既是合议庭审理的结果,也是诉讼程序对其规范的结果,因此案件的撤诉率、调解率、上诉率以及改判率与合议庭审判工作质效的高低并不存在必然的联系。二是不同案件审判质效的考评标准过于单一。由于案件的难易程度及社会公众对裁判结果的公正性评价标准并不相同,调解工作与审判工作的要求也各不相同,因此很难采用统一的标准对合议庭的审判工作进行客观的评判。综上,应当完善现行审判管理制度,建立合理的合议庭审判质量考评机制,实现审判管理的科学化和规范化。一是要树立注重问题的事前、事中预防的审判管理理念。合议庭考评不是单纯的他律和事后行为,因此应着力将确保案件质效的思想贯穿于整个审判过程之中。二是要通过建立客观、全面、合理的审判质效指标体系来

---

[1] 侯依林:《从审判长选任制的角度看合议制度的完善》,载《法制与社会》2008年第33期。

实现对合议庭审判工作的科学考核。指标定义应当具体且易于理解，指标设置应当相对量化而不烦琐，客观全面而非面面俱到，便于操作而不过于复杂，且整个指标体系能够相互协调补充。

（五）重塑错案追究制度，实现追究事由法定化

正如孟德斯鸠所说："每个有权力的人都趋于滥用权力，而且还趋于把权力用至极限，这是一条万古不易的经验。"① 法官行使审判权也不例外，司法实践中因法官滥用审判权而导致的枉法裁判现象时有发生，这也是建立错案追究制度的重要原因。错案追究制度对于合议制可以说是一把"双刃剑"，一方面，该制度促使法官努力提高办案质量，避免因出现错案而受到追究。另一方面，该制度使得法官在如何避免被追责上下足功夫，导致审委会定案、院长/庭长把关、请示汇报制度盛行，合议庭独立审判在法院内部裹足不前。加之对错案的标准及追责的程序缺乏明确规定，该制度的落实亦不尽如人意。② 本文认为，在法官队伍素质得到有效提升、合议庭绩效考评制度得到进一步确立的情况下，应当重塑现行的错案追究制度，把针对法官的"错案责任追究"改为"违法审判责任追究"，并制定全国统一适用的法官惩戒法，实现追究事由的法定化，这样既可以避免因错案概念、判断标准的混乱而造成的一系列问题，又可以使法官从现行不合理的错案追究制度的束缚中解脱出来，真正实现法官独立、合议庭独立，从根本上维护司法公正与权威。

党的十八届三中、四中全会对深化司法体制改革，健全司法权力运行机制作出了总体部署，最高人民法院对深化审判权内部运行机制改革亦作出了具体安排，而合议制改革无疑是新一轮司法改革的重头戏。合议制改革以审判组织（合议庭）改革为中心，涉及法院的审判管理、人事安排、职业保障等诸多方面，需要建立案件繁简分流机制、改革案件承办人制度和审判长选任制度、改革审判委员会制度、法院内部管理机制和错案追究制等作为配套

---

① ［法］孟德斯鸠:《论法的精神》，张雁深译，商务印书馆1961年版，第154页。

② 对于错案的标准，有学者概括为四要件:（一）主体是依法行使国家审判权的审判人员;（二）主观上具有严重过错，包括故意和重大过失;（三）法官在主观过错的驱使下实施了违法违纪行为;（四）判决、裁定有重大错误并与违法违纪行为有因果关系。李召亮:《合议制功能实现的保障》，载中国法院网 http://old.chinacourt.org/html/article/200210/23/15088.shtml，访问时间: 2014年1月15日。

支撑,最终直指合议庭的独立审判问题,呼唤司法体制的根本性变革。[①] 针对合议制当前存在的问题,本文认为应当坚持有序推进改革,首先解决合议庭运行不规范的问题,进而解决合议庭审判不独立的问题。在解决合议庭运行不规范的问题上,建议建立科学的合议庭绩效考评制度,通过对合议庭履职过程和结果的考评以及配套措施的完善,彻底理顺合议庭职权履行、绩效考核、责任承担三者之间的关系,促进合议庭运行规范化,为继续推进审判权运行机制改革创造良好的实践环境。

---

① 徐昕、黄艳好、卢荣荣:《2010年中国司法改革年度报告》,载《政法论坛》2011年第3期。

法治思维的内涵解读与司法践行路径探析*
——以人民法院工作为视角

2010年10月,国务院印发了《关于加强法治政府建设的意见》,首次提出行政机关工作人员特别是领导干部要"切实提高运用法治思维和法律手段解决经济社会发展中突出矛盾和问题的能力"。2012年11月,党的十八大报告中再次强调,"法治是治国理政的基本方式","要提高领导干部运用法治思维和法治方式深化改革、推动发展、化解矛盾、维护稳定能力"。这一重大战略部署意味着我们党对依法治国方略的进一步深化,是全面推进社会主义法治国家建设的具体安排,对于化解社会矛盾纠纷、维护广大人民利益、全面推进依法治国、保持国家长治久安具有强烈的现实意义。

一、法治思维的内涵解读

党的十八大报告从法治思维和法治方式两个层面来论述法治。法治思维强调思想上的转变,突出了我们党对法治的理念态度,在思想层面上对法治提出了明确要求;法治方式强调行为准则的树立,突出了我们党对法治的实践态度,在操作层面上对法治提出了明确要求。法治思维支配法治方式,同时需要通过法治方式来表现。可以说,法治思维和法治方式从思想和实践两个层面为实现依法治国指明了具体路径。从上述层面和角度而言,所谓"法治思维",是指公权力的行使者按照法治的逻辑来观察、分析和解决社会问题的思维方式。

---

* 本文系2013年光明网、正义网、《中国审判》《民主与法制时报》"法律文化建设"联合征文文章。

（一）合法性是践行法治思维的逻辑起点

与政治思维侧重于权衡利弊、经济思维侧重于成本收益、道德思维侧重于善恶评价不同，法治思维首先表现为依据法律来进行合法与非法的预判，即把合法性作为逻辑判断的起点。法治思维要求权力的运行要符合法律授权，合乎法律规定，排除非法律因素的介入和影响。当一名国家工作人员，特别是领导干部，在行使国家公权力或实施社会管理乃至单位内部管理时，始终应关注五个方面的内容：一是目的是否合法，这要求公权力的行使者在决策或执行过程中，其行为的目的应当符合法律、法规的目的和宗旨；二是权限是否合法，换言之即职权法定、越权无效规则，这要求公权力的行使者在决策或执行过程中，其行为应当符合法律、法规为之确定的权限；三是内容是否合法，这要求公权力行使者的决策或执行内容应当符合法律、法规的具体规定以及法律的原则、精神；四是手段是否合法，这要求公权力行使者在决策或执行过程中运用的方式、采取的措施应当符合法律法规的具体规定以及法律的原则、精神；五是程序是否合法，这要求公权力行使者的决策或执行行为，其过程、步骤、方式、时限等应符合法律、法规的规定和正当程序的要求。领导干部在深化改革、推动发展、化解矛盾、维护稳定工作中，必须首先考虑行为的目的、权限、内容、手段、程序是否合乎法律规定，在对各种行为、利益诉求、期待的合法性、合理性、可行性、可控性的分析中，把合法性评价放在首要位置考虑。

（二）公平正义是践行法治思维的价值尺度

法治思维要求公权力的运用要以追求和维护社会的公平正义为价值尺度，这是法治思维的价值性内容。现代意义上的公平正义指的是一种合理的社会状态，它包括社会成员之间的权利公平、机会公平、过程公平和结果公平。胡锦涛同志曾经指出："公平正义，就是社会各方面的利益关系得到妥善协调，人民内部矛盾和其他社会矛盾得到正确处理，社会公平和正义得到切实维护和实现。"习近平同志强调，要努力让人民群众在每一个司法案件中都感受到公平正义。在推进依法治国的过程中，公权力的行使者应该认识到公平正义是协调社会各个阶层相互关系的基本准则，也是社会具有凝聚力、向心力和感召力的重要源泉。因此在进行制度设计和制度安排的过程中,只有遵循公平正义的原则,才能取得社会各个阶层的共识和认同,使这些制度获得最广泛的社会支持并得以顺利实施;在调节各种利益关系和处理各种社会矛盾的过程中,只有遵循公平正义的原则,才能使绝大多数社会成员受益,才能有效地整合社会各种资源和力量,实现全社会的团结与合作;在为实现国家整体目标而奋斗的过程中,只有遵循公平正义的原则,才能使全体人民看到希望,并自觉自愿地为这一目标贡献聪明才智。

(三)遵守程序是践行法治思维的重要保障

从现代法治的理论基础来看,实行法治的动机就在于限制公权力的滥用,保障人的自由发展,而限制公权力滥用的一种重要途径就是通过程序。程序的本质在于决定的非人情化,最大限度地限制了人的自利性与权力膨胀性的结合。正义不仅要得到实现,而且要以看得见的方式实现。程序就是看得见的正义,也是实体正义的根本保障。遵守程序要求将社会中已经存在的各种冲突通过法定、正当程序的运行予以公正地解决,要求权力按照法律预设的程序行使,严禁以言代法、以权压法等恣意行使权力的行为,保障程序参与者有平等的发言和对话机会。尊重程序能够满足民众对正义实现的心理需求,容易引导民众对程序结果的认同和肯定,是践行法治思维的重要保障。

(四)树立法律权威是践行法治思维的根本要求

法律权威是实施法治的基本要素。美国著名的启蒙思想家潘恩指出:"在专制政府中,国王便是法律。同样地,在自由国家中,法律便应该成为国王。"践行法治思维,必须以树立宪法和法律权威为根本要求。必须使法律在整个社会调整机制和全部社会规范体系中居于主导地位,社会主体的一切行为都要以法律为最高权威。它不但要求国家机关和公职人员严格依法办事,执法必严,违法必究,更要求执政党的行为必须依据法律,而不允许凌驾于法律之上。法只有树立起极大的权威,才会为社会成员所尊重、信赖和崇尚,并体现于他们的行为之中,从而实现由"应然"法治到"实然"法治的跨越。当法律形同虚设时,法治必然会被人治所代替,建立社会主义法治的目标也就只能是空想。践行法治思维,要求权力的行使者模范地遵守法律的规定,切实地维护法律的权威,将法律内化为自身的本能,而非将法律仅视为"治世之工具",如此才能塑造全民之法律信仰,推动法治进程。

二、法治思维的司法要求

人民法院作为我国法治建设的中坚力量,既是法治思维的首要践行者,又是社会法治思维形成的重要推动者。因此,人民法院能否遵循法治思维要求,最大程度发挥其职能作用,不仅关系人民法院健康发展,也关系社会主义法治事业的成败。

(一)对司法功能的要求

与传统社会司法单一的化解矛盾、解决纷争功能不同,现代法治要求司法机关同时担负起权利救济、公权制约、规则之治等功能。这既是在法治思维模式下对司法工作的功能定位,也决定了人民法院在发挥司法功能中的具体思维指向。

1. 矛盾化解。定分止争是任何社会形态的司法所应有的基本功能,法治思维又对这一功能的实现提出了新的要求。一方面,要引导当事人保持诉讼理性,理性选择矛盾纠纷解决方式、理性选择结案方式、理性参与诉讼、理性对待诉讼结果;另一方面,要善于把矛盾化解在诉讼程序中,提升一、二审诉讼程序化解矛盾的能力,充分利用诉讼程序的独特价值,在公开、平等、合理的诉讼程序推进中,让当事人感受司法的公正性和亲和力,消弭不满情绪,提升裁判的可接受度。

2. 权利救济。保障权利是法治的精髓,也是法治人本性思维的具体体现。无救济便无权利,司法机关是保障权利的最后一道屏障,权利若无法通过司法途径得到救济,权利就形同虚设。第一,要畅通救济渠道,加大司法救助力度,不随意限缩受案范围,不设置受案障碍,尽可能为权利进入诉讼提供便利。第二,要全面保障权利。立法是分配正义,司法是矫正正义,是对已经损害的权利关系的修复。要全面审查当事人的合理诉求,扩大权利保护范围,尽可能使受到侵害的各项权利得到修复。第三,要及时实现权利。权利能否得到最终救济取决于裁判的履行。要尽可能为裁判的履行创造条件,加大执行工作力度，及时保障公民合法权利的实现。

3. 公权制约。法治的核心在于制约权力，权利的实现有赖于司法权对其他公权力的有效制约。在我国，司法的公权制约主要是通过对行政诉讼案件的受理来实现的。首先，要保持司法的独立性立场。司法机关发挥公权制约功能的前提是司法与行政的分离。人民法院要打破与行政区划设置同一性的藩篱，排除法律之外因素的顾虑和干扰，依法受理和审理行政诉讼案件，避免选择性司法或司法的地方化。其次，要认真履行司法审查职责。对涉及公共权力的案件要及时立案、公正审理，对于违法行政行为给予明确否定性评价，对于严格、正确地执行法律的行为进行支持，保障公共权力的正当高效运行，促进依法行政。

4. 规则之治。法治思维是一种规范性思维，其前提是规范的明确性。司法不仅要通过法律的运用解决矛盾纠纷，也要在矛盾纠纷的解决过程中，为社会行为提供明确的规则预期，这可以说是司法的衍生功能。首先，要树立正确的矛盾纠纷解决观，正确处理调解与裁判的关系，明确调解适用范围，在具有普遍规范意义的案件中，要坚持依法裁判。其次，要明晰规则，通过强化裁判说理、法律释明，通过个案裁判为社会行为提供明确的规范指示。最后，要扩大裁判的影响力，通过巡回审判、影响性诉讼庭审直播、裁判文书公开等形式，扩大诉讼的影响力，及时回应人们的规则需求，引领社会法治思维的形成。

（二）对裁判方法的要求

司法功能最终要通过法官审判权的行使、具体案件的裁判来实现，法治思维也需要落实到具体的裁判行为中，法官行使司法权的过程既是司法职能得以发挥的过程，也是法治思维具体运用的过程。

1. 坚持法律至上。法治思维的首要内容是合法性思维，这就要求司法权运行不仅要符合形式的合法性，更要符合实质的合法性。能否将宪法和法律置于至高无上的地位，是衡量法官是否具有法治思维的标志。一方面，要以宪法和法律为最高行为准则，忠实于法律，坚守法律底线，对于任何案件的裁判都要在法律规定的限度内进行，不能突破法律底线，在实现法律效果的前提下关注政治效果和社会效果。另一方面，要正确适用法律，善于通过法律解释、法律论证、利益平衡等司法方法和技巧的运用，探求法律真意，解决法律冲突，选择法律条文，为纠纷解决寻求相对最佳答案。

2.坚持程序正当。程序是裁判形成的空间和路径，离开了程序，司法权无法实现对纠纷的介入，更无法实现司法的功能，程序的正当性决定着裁判的正当性。首先，要坚持程序合法，司法权的运行要依循程序法的授权，按照程序法的规定有序推进。其次，要坚持程序独立。程序构成了一个封闭的独立空间，其目的在于维系司法的独立性，要避免权力、人情、利益等环境因素对程序系统的介入和影响。再次，要保障程序充分平等对话，突出当事人在诉讼程序中的主体性地位，充分保障当事人诉权，平等对待双方当事人，通过双方当事人完全充分的对话和商谈，最大限度地实现法律事实与客观事实的统一。最后，要坚持程序公开，充分保障当事人和公众的知情权，通过公开透明的诉讼程序规范司法权运行，赢得人们对司法的信任。

3.坚持司法公正。公正是司法的生命。法官要把实现社会公平正义作为最终的价值追求，努力实现程序公正与实体公正的统一。第一，要寻求当事人诉讼力量的实质对等，正确运用诉讼指引、法律释明、依法调查取证等方式，向弱势群体倾斜，平衡诉讼双方力量，尽可能确保真正有理的人打得赢官司。第二，要合理规范行使自由裁量权，保持裁判的稳定性和连续性，坚决避免自由裁量权成为偏袒一方当事人的手段，防止"同案不同判"现象。第三，要提高司法效率。迟到的正义非正义，效率也是公正应有之义。要站在当事人的立场考虑问题，充分理解当事人诉讼中的迫切心情，提升司法效率，确保在审理期限内结案。

三、司法机关践行法治思维的保障

司法机关践行法治思维，有法可依是前提条件。我国目前已形成了以宪法为统帅的中国特色社会主义法律体系，基本解决了这一问题。保障司法机关践行法治思维，重点应在确保审判独立，排除司法干扰上下功夫。我国《宪法》第126条明确规定："人民法院依照法律规定独立行使审判权，不受行政机关、社会团体和个人的干涉。"习近平同志在中共中央政治局就全面推进依法治国进行第四次集体学习时也指出，要确保审判机关依法独立公正行使审判权。作为一项司法审判原则,审判独立旨在确保法院公正无私地进行审判,防止法官受到来自外界的非法干涉,使法院真正成为维护社会正义的最后一道防线。但受行政权力的干扰、司法工作的行政化等因素的影响,加之审判独立缺乏必要的制度保障,审判独立在推行过程中问题不少,阻碍了积极作用的发挥。确保审判独立,排除司法干扰是目前保障司法机关践行法治思维的关键环节。具体而言,应在以下几方面做好工作。

(一)党的领导是保障审判独立的现实推动力量

我国宪法明确规定了党对国家的领导地位。作为国家机关组成部分的人民法院,理所当然要在党的领导下开展工作。党对法院的领导,是党对国家领导的重要内容之一。人民法院坚持党的领导决不是就具体的案件向党委汇报,抛开法律,按党委的意见裁判。党对法院的领导应当通过建立完善的保障体制、健全的制约制度,确保法官排除干扰,严格依法公正裁判案件。同党的政治原则相一致,是保障审判独立应当遵循的最基本的准则,对我国的审判独立具有重要的实践意义。要使党的领导成为保障审判独立的现实推动力量,这才是坚持党对法院领导的根本之所在。

(二)合理配置审判权在权力体系中的地位是保障审判独立的关键所在

中国司法依附行政的现象一直持续到今,具体表现在:一是审判机关的财政权不独立,而是由行政机关负责供给;二是人事任免权不独立,法院在人员任免等问题上缺乏独立性。这种司法资源的外部依赖性及短缺性为行政机关等其他国家机关和其他社会势力干扰审判提供了足够的空间,一方面导致了司法的地方化,本应统一的审判权被分割成维护地方利益的地方权力,另一方面也为司法腐败提供了诱因。必须改变现行的司法资源供给方式,合理配置审判权在国家权力体系中的地位,赋予法院资源自主配置权。在此基础上,再进一步梳理审判权与立法权、检察权、行政权之间的相互关系。

(三)改革法院管理模式是保障审判独立的必要措施

目前我国的法院管理模式存在着严重的行政化现象,如院长、庭长"审批"案件,行政管理者直接审查案件,法官不敢独立裁判;在案件判决前,下级法院向上级法院"请示""汇报",上级法院向下级法院"指导"和"批示",强化了下级法院对上级法院的行政依附关系。改革法院管理模式的关键是要克服司法行政化。应当突出法官(合议庭)的中心地位,实行法官负责制(合议庭负责制)。法官是审判活动的主体,应尊重法官在法院审判活动中的中心地位,尊重法官的首创精神和独立人格,培育法官的社会主义司法理念和职业意识。应明确划分法官、合议庭与审委会的职权,保证法官和合议庭享有相对独立、完整的审判权,使其与审判委员会、审判庭庭长相对分离,排除行政管理权对法官审判权的不当干预。

(四)完善司法监督机制是保障审判独立的有效途径

保障审判独立,必须完善监督机制,合理设计审判权公正独立行使时的必要限度,为审判独立良性发展提供制度保障。首先,审判权必须接受立法权和检察权的监督,这属于审判权的外部监督,属于他律式的权力制约;同时审判权本身也应遵循权力制约模式,具体表现为上下级法院之间的分权制衡和法院内部不同职能部门之间的分权制衡,这属于自律式的权力制约。其次,审判权必须接受公民权利、社会权利的监督。公民权利的监督必须受到限制,与案件无利害关系的人不能对该案实施监督,否则审判权不可能有效运行;社会权利对审判权的监督必须通过一定的中介来实现,主要表现为新闻媒体的监督。最后,法官群体必须建立科学的道德自律机制,公正合理地行使法官的自由裁量权。总之,对审判权的监督应以不损害审判权的独立为底线,其衡量标准应为"不影响法官在认定案件事实和决定适用法律时的内心确信"。

破解鉴定人出庭难困局*
——我国民事诉讼中鉴定人出庭作证制度的思考与构建

司法鉴定制度是我国重要的诉讼证据制度之一。随着科学技术的日新月异与社会矛盾的复杂化,司法鉴定制度在审判实践中扮演着越来越重要的角色。然而,我国目前的司法鉴定制度存在诸多缺陷,尤其是鉴定人逃避出庭作证义务的现象较为普遍,鉴定结论只能在庭上宣读,无法得到充分质证,这成为我国审判实践中鉴定证据应用最大的软肋。

建立完善的鉴定人出庭作证制度是现代司法制度改革,促进司法公正的重要内容之一。我国立法目前仅有"鉴定人应当出庭作证"的原则性规定,尚未建立具体的配套措施加以保障。任何一项法律制度的有效建立与运行,必然要与其所在国度的历史、政治、经济、文化等环境相适应。本文认为,欲破解鉴定人出庭难困局,应当具体分析鉴定人出庭难的原因,在科学考量的基础上,科学借鉴国外立法的先进经验,构建鉴定人出庭作证的具体制度。

本文从民事诉讼角度对相关问题进行论述。论述之前,首先需厘清下列概念。司法鉴定,是指在诉讼过程中,对于案件的某些专门性问题,按照法律规定的条件和程序,由鉴定人利用科学技术或专门知识,对其作出检验、鉴别和判断的一种证明活动。[①] 鉴定人,是指运用科学技术或者专门知识,对诉讼涉及的专门性问题,进行检验、鉴别和判断并提出鉴定意见的人员。

---

* 本文系 2011 年全国法院系统第 23 届学术讨论会文章。

① 参见包建明:《司法鉴定杂谈》,载何家弘主编:《证据学论坛》(第四卷),中国检察出版社 2002 年版,第 343 页。

一、论证动因：我国民事诉讼中司法鉴定人出庭作证制度的现状与问题

表1 2010年某法庭民商事案件司法鉴定样本

案由	案件数	经司法鉴定案件数	鉴定人出庭案件数	鉴定人出庭率
			当事人未出庭案件数	
侵权责任纠纷	468件	198件	56件	28%
			142件	
合同纠纷	375件	64件	17件	26%
			47件	
婚姻家庭、继承纠纷	287件	15件	4件	27%
			11件	
其他纠纷	218件	10件	3件	30%
			7件	

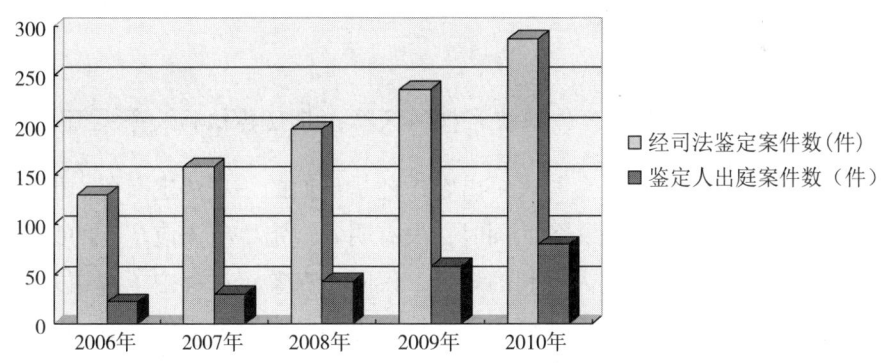

图1 2006-2010年某法庭民商事案件鉴定人出庭情况

通过上述数据，我们虽然只能看到冰山一角，但是的确揭示了司法实践

中普遍存在的问题。① 鉴定人出庭作证难,已经成为不争的事实,也是我国民事诉讼目前面临的严峻问题之一。其原因是多方面的,一方面在于地域、鉴定人职业能力、法院办案压力等客观条件的限制,另一方面在于鉴定人出庭意识淡薄、部分法官片面强调诉讼效率而忽视当事人质证权等主观认识上的偏差。我国的司法鉴定人出庭作证制度存在很多问题,不仅体现在司法鉴定人出庭作证的概率低,而且就出庭的具体规范及权利保障也缺乏相应规定,使得鉴定人出庭作证制度在实践中难以执行。具体而言,主要存在以下问题:

(一)司法鉴定人出庭作证的规定过于原则,缺乏具体、细化规定

2002年,最高人民法院颁布的《关于民事诉讼证据的若干规定》第59条规定:"鉴定人应当出庭接受当事人质询。"2005年,全国人大常委会颁布的《关于司法鉴定管理问题的决定》规定:"当事人对鉴定意见有异议的,鉴定人应当出庭作证。"虽然鉴定人出庭作证在法律上有了依据,但依然缺乏关于鉴定人具体如何出庭、在什么情况下可以不出庭、不出庭的后果与惩罚措施等问题的细化规定。换言之,现行民事诉讼法并未将鉴定人出庭作为确定鉴定结论法律效力的必要前提,且相关规定没有严格按照原则与例外的要求来设计,使得关于鉴定人出庭作证的规定沦为一张空文,导致审判实践中鉴定人出庭率较低。

(二)司法鉴定人出庭作证缺乏权利保障,导致其权利义务失衡

司法鉴定人作为诉讼参与人,出庭作证是他们的一项法定义务。但是我国在规定鉴定人出庭作证义务的同时,没有明确规定鉴定人应享有的必要权利。我国现行法律对鉴定人权利的规定,仅限于在鉴定过程中了解相关资料以及询问当事人等,在经济补偿和人身保护方面都没有完善的规定,导致鉴定人权利和义务的失衡。一方面,鉴定人出庭作证的经济补偿权未落实。因缺乏明文规定,各地司法鉴定主管部门或鉴定机构往往自行规定鉴定人出庭

---

① 有学者指出:"虽然缺乏全国性的统计资料,但根据各地提供的资料估计,鉴定人的出庭率不会高于目前刑事诉讼案件中证人的出庭率5%"。笔者所掌握的数据明显高于5%,虽无统一数据,但足以说明鉴定人出庭难已成为不争的事实。参见刘家琛:《司法鉴定理论与实务》,人民法院出版社2001年版,第132页。

作证的费用及标准,①但一般以所需的最低花费为准,标准从几百元到千元不等。鉴定人出庭作证涉及的误工费、交通费,以及准备出庭所要付出的时间与精力,却被忽视了经济补偿问题。另一方面,鉴定人出庭作证的人身权利保护未实施。在现实生活中,鉴定人经常因出庭作证而受到一方当事人骚扰甚至威胁、打击、报复。而《民事诉讼法》第 102 条第 4 款等对此仅作了简单规定,缺乏对鉴定人具体的相应的司法保护措施。这些原因成为司法鉴定人消极应付甚至不出庭作证的最大心理障碍。

(三)司法鉴定人不出庭作证的法律责任不明确,缺乏责任追究机制

国外立法普遍规定,司法鉴定人应当出庭而不出庭的,应当受到处罚,并承担相应的法律后果(承担由此而产生的费用,或对其处以罚款等)。我国民事诉讼法对鉴定人不出庭没有规定具体的惩处措施,即没有对违反该项义务的法律责任和后果做出明确规定。法律责任的不明确,使得鉴定人缺乏出庭作证的法定义务感,出庭与否的随意性很大。在缺乏责任追究机制的情况下,法院也颇感无奈,只有代为宣读鉴定意见。而根据庭审中的辩论机制和交叉询问原则,鉴定人出庭接受质证的义务是不能仅靠宣读意见书的形式来完成,而是必须到庭接受质询,通过询问、解释、辩论使法官采信科学合法的司法鉴定意见。

(四)司法鉴定人出庭接受质询缺乏相应的抗辩机制,从而使证据质证流于表面

由于司法鉴定意见是一种特殊的证据形式,即使鉴定人出庭作证,当事人或其代理人也通常因为缺乏关于司法鉴定技术方面的专业知识,所以对鉴定意见的质证仅局限于是否符合合法性的感性层面,而对鉴定意见的关联性和客观性几乎无能为力。国外立法中为了实现庭审中的对抗运作机制,通常在法庭审理中设置一个可以与鉴定人在法庭上进行平等对抗的主体——专家

---

① 据向各省(市)司法行政机关了解,重庆、四川、江苏三地收费标准均为 100 元 / 次,而上海、广东等沿海地区尚无明确规定,实际收费标准由鉴定机关自行决定,上海的标准一般是 200 元,广东的标准一般是 300 元左右。参见蒋奎:《论我国司法鉴定人出庭作证制度的完善》,载《中国司法》2006 年第 10 期。

辅助人。而我国目前则缺失这样一种机制,因此庭审中当事人对鉴定意见的质证只能流于表面,难以触及鉴定意见的实质。

二、科学考量:司法鉴定人出庭作证的制度价值与实践意义

任何证据都必须经过法庭质证才能被用作定案的依据。只有鉴定人出庭作证,才能保证法庭调查、质证、认证、法庭辩论等各个过程顺利进行。因此,鉴定人出庭作证是法院依法审理案件的必然程序,是鉴定人对于鉴定工作的继续和延伸,也是每一位鉴定人应尽的法律义务。在我国,由于众多因素的制约,鉴定人到庭率较低,这既影响了法院对案件真实的审查,在一定程度上影响了当事人平等地行使诉讼权利,并且阻碍了我国司法制度的改革进程。所以,我国建立并完善司法鉴定人出庭作证制度具有重要的制度价值与实践意义。

(一)司法鉴定人出庭作证是实现公正与效率价值目标的内在要求

公正与效率是人民法院所追求的基本价值目标,它要求法院公正、及时地审理每一起案件,平等保护各方当事人的合法权利。鉴定人出庭对鉴定意见进行解释和说明,并接受法官和各方当事人的质疑和询问,既可以为法官公正、及时地审理案件提供依据,提高司法审判效率,又可以充分保障当事人的询问权、异议权,有效避免多头鉴定、重复鉴定等浪费诉讼资源的行为,节约司法成本。因此,鉴定人出庭作证是保证司法公正,提高诉讼效率的内在要求。

(二)司法鉴定人出庭作证是审判方式改革的必然要求

《人民法院五年改革纲要》中明确指出:"进一步深化审判方式改革,进一步完善质证和认证制度,规范质证制度。质证是法官正确认证的前提,任何证据未经法庭质证,不得作为定案的根据。探索公开认证的条件和方法,完善认证制度。采取有效措施,解决好证人尤其是关键证人出庭的问题。"鉴定意见与证人证言一样,必须经过庭审查证属实才能作为定案的根据。司法鉴定人出庭作证,接受诉讼双方的交叉询问,既能充分发挥法官审判权的裁

量作用,又能限制鉴定人技术权的滥用与扩张,实现审判权和技术权的协调与合作,因而是我国审判方式改革的必然要求。①

(三)司法鉴定人出庭作证是对鉴定意见进行实质审查的重要前提

我国鉴定制度由来已久的一个问题就是缺乏对鉴定结论证明力的审查。在司法实践中,基于对专业性知识的缺乏,法官往往将鉴定结论视为"科学的结论",径行将其作为定案的根据。诚然,鉴定结论蕴涵着科学成分,对事实判断有着重要的参考价值,但鉴定人也可能受到各种主客观因素的影响,从而使鉴定结论产生一定的偏差。鉴定结论不具有预定的证明力,只有让鉴定人出庭作证,才能科学判断鉴定结论的证据能力及其证明力的大小,正确发挥鉴定结论在审判中应有的作用。

(四)司法鉴定人出庭作证有利于提高鉴定人素质、强化对鉴定人的监督

鉴定意见具有其他证据所不可替代的作用。鉴定意见的正确与否,直接影响着案件中法律关系的发生、变更或消亡,直接关系着诉讼当事人的合法权益能否得到切实保障。目前,少数鉴定人仍有违背职业道德、作出虚假鉴定意见的可能性。因此要求鉴定人出庭接受质证,使其面对法律和公众的监督,必然促使鉴定人认真研究鉴定内容或要求,不断提高自身的科学技能和专业知识,充实得出结论的科学依据,对专门性问题做出科学公正的鉴定意见,而不敢徇私枉法、妄下断言。

三、有益启示:司法鉴定人出庭作证制度的比较与借鉴

他山之石,可以攻玉。本文着力考察国外立法中相关制度的成熟规定,加以比较与借鉴,以期对我国司法鉴定人出庭作证制度的构建有所裨益。

---

① 参见徐景和:《司法鉴定制度改革探索》,中国检察出版社2006年版。

（一）英美法系国家关于专家证人出庭作证制度的规定

1. 专家证人的资格认定

在英美法系国家，没有鉴定人的称谓，而代之以专家证人的称谓。专家证人一般是指受一方当事人聘请或法院委托参加诉讼对专门性问题提供专家意见的人。专家证人制度为英美法系国家所特有。对鉴定意见的审查主要是通过传唤专家证人出庭作证的方式进行。出庭时首先应当对其鉴定资格加以认定，否则不得参加诉讼。例如，美国《联邦证据规则》第601条规定："除非证据规则另有规定外，每个人都有作为证人的资格。"加拿大和澳大利亚的法律均规定，任何人都有出庭作证的资格和义务。[①]

2. 专家证人出庭传唤与询问制度

英美法系国家关于传唤证人到庭，一般采用严格的传唤令制度，即由审理案件的法院签发证人传唤令，命令证人出庭作证。例如，英国《民事诉讼规则与诉讼指引》第345条规定："一般规则是，如果证人传唤令状不迟于传唤证人出席法庭作证之日前7日送达证人，则证人传唤令状具有拘束力。"英美法系国家对证人进行询问时，实行交叉询问制度，包括主询问、反询问、再询问等。美国《联邦证据规则》第614条规定："所有当事人都有权对证人进行交叉盘问。"

3. 专家证人违反出庭义务的惩处

在英美法系国家中，证人是诉讼中的重点，甚至可以说"无证人即无诉讼"。为此，英美法系国家对于证人违反出庭义务，制定了一系列的惩罚制度。例如，美国《民事诉讼规则》第43条规定："如果证人不出庭或不提供证言没有充分理由的，将会被以藐视法庭为由而受到制裁，并承担因其不作为而产生的费用。"英国《民事诉讼规则与诉讼指引》第4.10—4.11条甚至规定："宣誓证人如故意拒不遵守对其签发的出庭作证命令，可对其提起藐视法庭诉讼。"在英美法系专家证人属于证人的一种，适用上述关于证人的相关规定。

4. 专家证人出庭作证的权利保护

对于专家证人人身权利的保护，美国1982年通过了《被害人和证人保护法》，其主要做法是：证人由于出庭作证而遭受当事人打击、报复后，通常由

[①] 参见何家弘、张卫平主编：《外国证据法选译》（下卷），人民法院出版社2000年版，第728页。

国家专门设立的证人保护机构对其采取改变身份登记、进行整容、人身监护或者迁移居所等措施，最大程度地保护其人身权利。对于专家证人经济权利的补偿，许多国家对此均有规定，主要包括证人往返法院的差旅费以及因作证而导致时间损失的补偿费用。

（二）大陆法系国家关于鉴定人出庭作证制度的规定

1. 司法鉴定人的资格认定

两大法系国家对此的规定大致相同，即鉴定人与一般证人一样，必须亲自出庭作证，接受法官及当事人双方的问询。例如，日本《民事诉讼法》第190条规定："除特别规定的场合外，法院可以将任何人作为证人予以询问。"法国《民事诉讼法》第205条规定："除无出庭作证能力的人以外，每个人均可作为证人，以听取其证言。"[①] 俄罗斯《民事诉讼法》第62条规定："有可能知道案件情况的任何人都可以作为证人。"

2. 鉴定人出庭传唤与询问制度

大陆法系国家传唤鉴定人出庭作证，通常也采用传唤文书的形式。例如，奥地利《民事诉讼法》第329条规定："传唤状除写明当事人的意思表示及询问事项的要点外，还应记载询问的地点、时间以及关于传唤证人的命令，以及关于证人出庭作证的补贴以及不到庭的法律后果。"大陆法系国家一般采用职权询问方式对鉴定人提问，由法官主动询问鉴定人。日本对此的规定略有不同，其《民事诉讼法》第202条规定："证人询问的顺序首先是提出询问申请的当事人，然后是其他当事人，其次是审判长。"

3. 鉴定人违反出庭义务的惩处

大陆法系国家对鉴定人违反出庭义务的惩处，包括民事、行政、刑事等方面。例如，德国《民事诉讼法》关于鉴定人违反出庭义务的惩处，包括承担因不到场而产生的费用、违警罚款、违警拘留以及拘传等措施。日本《民事诉讼法》第192—194条规定：证人无正当理由不出庭时，法院可责成其负担由此而产生的诉讼费用并处10万日元以下的罚款；法院还可拘传无正当理由不出庭的证人。大陆法系国家立法上多种处罚措施的设立，使大多数鉴定

[①]《法国新民事诉讼法典》，罗结珍译，中国法制出版社1999年版，第56页。

人都必须出庭作证,这种做法无疑值得我国借鉴。

4. 鉴定人出庭作证的经济补偿

大陆法系国家中,对于鉴定人出庭时所花费的费用如何进行补偿,一般均有法律明确规定。例如,德国《民事诉讼法》第379条规定:"法院可以命令举证人因询问证人而生的费用预先垫付,否则不予传唤证人。"法国《民事诉讼法》第221条规定:"法官得应证人的请求,批准证人受领其可以主张的补偿金。"日本《民事诉讼法》第8条规定:"证人可领取旅费、津贴及住宿费等费用。"

四、制度构建:我国民事诉讼中鉴定人出庭作证制度的立法规制

鉴定人出庭作证,从根本上讲是为了保障审判活动的顺利进行,帮助法官查明事实、依法判决。针对我国司法鉴定人出庭作证制度的现状,本文认为应当从我国具体的司法实际出发,借鉴国外立法关于司法鉴定人出庭作证制度的成熟规定,从以下几方面进行制度设计,确保司法鉴定人出庭作证制度的顺利执行。

(一)明确司法鉴定人的诉讼地位

明确司法鉴定人的诉讼地位,是科学构建鉴定人出庭作证制度首先必须要解决的问题。在英美法系国家,鉴定人一般被称为专家证人,其诉讼地位与一般证人没有区别,适用证人的法律规则。在大陆法系国家,鉴定人则是法官的"科学辅助人",由法官指定,在诉讼地位上高于其他的诉讼参与人。在现代诉讼理念和诉讼模式下,司法鉴定人应该是证人还是法官的辅助人?从现实角度分析,随着科学技术的发展,法官在审判中常因专业所限而无法解决一些专业性强的问题,此时必须借助鉴定人的科学知识、特殊经验对问题作出分析,否则法官就无法查清事实。从这一角度看,司法鉴定人是作为法官的辅助人出现的。然而为了保证鉴定结论能真正为发现事实服务,需要对鉴定结论进行审查,因此鉴定结论就要进入诉讼程序,在法庭上接受质证,鉴定人需要出庭对专门性的问题加以说明。从这一角度看,鉴定人又具有

了特殊证人的地位。综上，司法鉴定人同时具有法官辅助人和特殊证人的特点。①

我国法律没有明确规定司法鉴定人的诉讼地位。学术界对此有不同的看法。从司法实践中看，我国的司法鉴定人既不是法官的辅助人，也不是双方当事人的专家证人，而是帮助司法机关解决诉讼中关于专门性问题的专家，是诉讼参与人之一，其诉讼地位比英美法系的高，比大陆法系的低。本文认为，应当借鉴两大法系的规定，结合我国的实际情况，将司法鉴定人定位为证人化的诉讼参与人。这样，一方面强调了司法鉴定人属于诉讼参与人，并不具有高于其他诉讼参与人的地位，从而弱化了司法鉴定人曾经存在的官方地位；另一方面强调了司法鉴定人属于特殊的证人，与证人一样需要出庭作证，接受双方当事人的质疑。

（二）建立鉴定意见排除制度，并明确规定鉴定人不出庭作证的例外情况

虽然英美法系国家依据的传闻证据规则，与大陆法系国家依据的直接言词规则有所差别，但都规定证据的提供者必须亲自出庭作证，以口头方式在法庭上接受双方当事人的询问、质证，解释当事人有疑点之处，否则其诉讼行为不具有任何程序上的法律效力，相关证据也不得作为法庭裁判的依据。本文认为，我国应借鉴两大法系的规定，建立鉴定意见排除制度，明确规定如鉴定人不亲自出庭作证，则其出具的鉴定意见不得作为法庭的定案依据。这样，鉴定意见的证明力或可采信性就得到法律的明确限定。

虽然法律作出了鉴定人应当出庭作证的原则性规定，但应当科学设计例外情形与之配套适用，因为让所有的鉴定人都出庭作证是不现实的，而且也没有必要。因此，在以下特定的情况下经人民法院准许后，鉴定人可以不出庭作证：（1）诉讼双方当事人及法官对鉴定意见均无异议的；（2）诉讼双方当事人对鉴定文书存在标点、错别字或语言不规范等方面的异议，在鉴定人不在场的情况下可予以纠正的；（3）鉴定人已经死亡、失踪或者下落不明的；（4）鉴定人年迈体弱、患严重疾病或行动极不方便且在短时间内无法恢复的；

---

① 参见黄维智：《鉴定证据制度研究》，中国检察出版社2006年版，第76~78页。

（5）路途遥远，交通极不便利无法出庭的；（6）因自然灾害等不可抗力或者其他意外事件而无法出庭的；（7）有条件采用可视电话、闭路电视、因特网等现代声像技术代替亲自出庭的；（8）鉴定人的鉴定意见对案件审判不起直接决定作用，并由合议庭认可的；（9）经合议庭认可的其他特殊原因。必须指出的是，适用兜底条款时，应谨慎对待严格掌握，不宜作出过于宽泛的解释。

（三）科学设置司法鉴定人出庭作证的程序规则

1. 司法鉴定人出庭作证程序的启动

鉴定人出庭作证是鉴定人实施鉴定活动的最终环节，应严格确立鉴定人出庭作证的启动程序。主要应包括两种情形：一是当事人书面申请鉴定人出庭质证的，经法庭审查同意后，通知鉴定人出庭。二是法官可依职权提请鉴定人出庭质证。出庭通知应以书面形式于开庭七日前送达鉴定人。①

2. 司法鉴定人资格认定审查程序

首先应由法官核实鉴定人的身份，确认鉴定人是否具备相应的鉴定资格，是否具有解决涉案某一专门性问题的能力。同时应核实鉴定人与案件当事人之间是否存在利害关系，即有无须要回避的情形。

3. 法庭应向司法鉴定人告知权利和义务

在法庭审查中，法庭应向鉴定人告知其享有的权利和必须履行的义务。司法鉴定人的权利包括获得经济补偿、要求保障自己及亲属的人身、财产安全等。司法鉴定人的义务包括亲自出庭接受质证、遵守法庭秩序等。

4. 司法鉴定人陈述鉴定意见，接受当事人的质证和法官的询问

司法鉴定意见属于科学证据，其正确性要受到鉴定人专业知识、鉴定方法、鉴定材料等多方面因素的影响，因此需要鉴定人当庭陈述鉴定意见。当事人经法庭许可，可以向鉴定人发问和进行质证。询问鉴定人时应遵守以下规则：（1）提问的内容应当与鉴定的方法、步骤、结果等有关；（2）禁止提问具有假设性、诱导性倾向的问题；（3）不得威胁司法鉴定人或损害其人格尊严；（4）发问的先后顺序应当遵循交叉询问规则等。法官亦可询问鉴定人，并

---

① 参见郭华：《鉴定意见证明论——鉴定人出庭作证规则研究》，人民法院出版社2008年版，第79页。

根据质证结果来判断鉴定意见的真实性和合法性，以此决定是否将其作为定案依据使用。①

5. 司法鉴定人回避制度

鉴定人出庭接受质证结束后，法庭应当告知其退庭，不得旁听本案的审理。换言之，开庭审理过程中，鉴定人只可参与于自己有关的部分的庭审，其余时间回避于法庭。

6. 司法鉴定人退庭程序

鉴定人在回答完当事人的质证及法官的询问后，应视为鉴定人出庭作证完毕。法官最后应询问鉴定人是否还有其他问题需陈述，如果没有法官应告知其阅读并审核质证笔录，无误后签字或按印盖章即可退庭。

（四）建立司法鉴定人出庭作证的权利保障机制

权利和义务是相辅相成的。鉴定人出庭作证是一种履行法律义务的行为，必然需要一定的权利为保障。鉴定人出庭作证的权利保障主要应当包括经济补偿和司法保护两方面，下面分别论述。

1. 建立司法鉴定人出庭作证经济补偿机制

目前我国法律对鉴定人出庭作证的经济补偿问题，没有作出明确规定。本文认为，为了保障鉴定人的权益，鼓励鉴定人出庭作证，法律应当明确规定鉴定人出庭作证的补偿办法。首先，应当明确鉴定人出庭作证的费用及构成，使鉴定人收取该费用有法可依。主要应包括误工费、交通费、食宿费和其他经济损失。误工费可按照鉴定人的日工资或参照同行业的标准计算。交通费、住宿费按照实际开支计算或参照国家机关、事业单位工作人员出差费用支付办法计算。②其次，对于收费标准，应综合考虑区域经济差异和鉴定人资质差异，由各地自行规定为宜。最后，应当坚持"谁申请谁支付"的原则，另外对特定诉讼主体进行司法鉴定援助所需要的费用，应由政府设立专项经费予以承担和保障。

---

① 参见何礼果等：《司法鉴定人出庭作证制度研究》，载《经济与社会发展》2004年第6期。
② 参见陆其元等：《浅谈司法鉴定人出庭作证的保障措施》，载《中国司法鉴定》2006年第3期。

2. 建立司法鉴定人出庭作证司法保护机制

鉴定人出庭作证的司法保护，是指国家对鉴定人在履行出庭作证义务的同时所给予其在人身及财产方面的法律保障。实践中鉴定人经常受到当事人的威胁、引诱甚至打击报复，使自身及其家人的人身及财产受损，这不但打击了鉴定人出庭的积极性，也使出庭作证变成一种带有危险性的行为。因此，应当从以下几方面加强对鉴定人的保护：（1）对鉴定人及其家属的身份、住址、联系方式等情况予以保密；（2）对鉴定人及其家属的人身和财产安全，可以采取由政府为其购买保险等措施加以预防；（3）在法庭质证阶段，应对鉴定人实施24小时特殊保护；（4）对威胁、恐吓、打击报复鉴定人及其近亲属的行为进行严惩，应当根据情节轻重采取罚款、拘留等措施；构成犯罪的（如妨碍作证罪、打击报复证人罪），应依法追究刑事责任；还应建立对其受到人身伤害或财产损害后给予赔偿的机制；（5）明确实施保护的司法机关，在审判阶段应由法院负责保护；案件审结后若需要继续保护，应由人民法院通知鉴定人所在辖区的公安机关负责保护。

（五）明确司法鉴定人不出庭作证的法律责任

现行法律在强调司法鉴定人出庭作证义务的同时，没有就违反该项义务的法律责任作出明确规定。这为鉴定人逃避出庭作证义务提供了方便，致使鉴定人出庭作证制度的实施情况不够理想。有鉴于此，本文认为，应当借鉴国外立法相关规定，明确鉴定人不出庭的法律后果，强化鉴定人出庭作证的法律意识。法律可进行以下制度设计：（1）对于鉴定人首次接到法院通知，无正当理由拒不出庭作证的，法院应当予以警告，责令改正；（2）对于鉴定人经法院两次传唤，无正当理拒不出庭作证的，法院应当采取罚款、拘传等措施，并建议有关部门停止其执业3个月以上1年以下；情节严重的，法院可建议有关部门撤销其鉴定资格；（3）对于鉴定人经法院多次传唤仍拒不出庭参与质证，情节特别严重，构成犯罪的（建议在刑法中增设藐视法庭罪），法院应建议有关部门依法追究其刑事责任；（4）因鉴定人不出庭造成当事人讼累的，或因鉴定人不出庭导致鉴定意见不被法官采信的，法院应当判令鉴定人对当事人的实际损失进行赔偿。

（六）设立专家辅助人机制，辅助当事人进行诉讼

由于鉴定意见是专业性很强的证据形式，当事人在法庭质证过程中，往往由于缺乏专门知识只能对鉴定意见从形式上进行辨别，而无法抓住质证的关键点真正深入、充分地质疑鉴定意见。这样的质证显然有悖于诉讼制度中一证一质的基本精神以及公平的基本原则。为此，可以借鉴国外立法的做法设立专家辅助人机制，赋予当事人委托具有专门知识的人出庭帮助其进行质证的权利。

最高人民法院于2002年颁布的《关于民事诉讼证据的若干规定》第一次在我国民事诉讼中引入了专家辅助人机制。[①] 但该机制还不成熟，法律上对专家辅助人的资格、法律地位、职责等都未做明确规定。本文认为，法律应进行以下制度设计：（1）关于专家辅助人的资格。应当规定只要在某一专门领域内具有丰富知识的人即可成为专家辅助人，而不论其知识来源、专业水平、学历、经验，更不应受性别、年龄等限制。[②] 这是对当事人选择权的尊重，法官应允许这种意志自由。（2）关于专家辅助人的法律地位。因为专家辅助人在诉讼上是作为当事人的依附而存在（接受当事人的聘请，取决于当事人的意愿），既不同于鉴定人，又不同于证人，所有应当和翻译人员等一样列为诉讼参与人。因为专家辅助人依附于当事人，其行为的法律后果亦应归属当事人。（3）关于专家辅助人的职责。简言之，即辅助当事人进行诉讼。具体职责为运用专门知识对专门性问题加以说明，以此来影响法官的自由心证，加强法官的内心确认；帮助或替代当事人对鉴定人进行询问等。

[①] 《关于民事诉讼证据的若干规定》第61条规定："当事人可以向人民法院申请由一至两名具有专门知识的人员出庭就案件中的专门性问题进行说明。人民法院准许其申请的，有关费用由提出申请的当事人承担。审判人员和当事人可以对出庭的具有专门知识的人员进行询问。经人民法院准许，可以由当事人各自申请的具有专门知识的人员就案件中的问题进行对质。具有专门知识的人员可以对鉴定人进行询问。"

[②] 参见齐树洁主编：《民事司法改革研究》，厦门大学出版社2006年版，第261页。

能动司法语境下法院诉前调解制度的思考与构建*

"能动性是现代司法的基本特征和运作规律,能动司法是社会主义司法制度本质属性的必然要求。""从我国司法制度的本质属性和现实国情来看,能动司法更加符合当代中国经济社会发展的现实需求。"① 在我国的司法实践话语中,"能动司法"是一个较新的理念,但已经成为我国社会主义司法理念的重要组成部分,同时也成为法学理论界和司法实务界一个重要的研究课题。在笔者的理解中,能动司法旨在让司法跨出单纯的法律适用领域,定位于"为大局服务、为人民司法"的工作主题,那么就不能把司法局限于机械的审判活动中,而应把各种有效的司法手段都纳入能动司法的视野中,其中就包括本文要探讨的法院诉前调解制度。美国著名学者科恩曾言:"中国法律制度最引人注目的一个方面是调解在解决纠纷中不寻常的重要地位"。② 本文试图通过对法院诉前调解制度的构建,为能动司法理念的具体化搭建一个改革实践的平台,把"时髦"的司法理念落实到具体的制度设计上。

一、论证动因:理念的盛行与制度的缺失

(一)能动司法理念的积极探索

最高人民法院在相关文件中曾强调:能动司法是人民法院服务经济社会

---

* 本文系 2010 年全国法院系统第 22 届学术讨论会文章。
① 沈德咏:《立足中国国情积极稳妥推进司法改革,努力完善中国特色社会主义司法制度》,载 http://www.sxlxfy.gov.cn/typenews.asp?id=554,访问时间 2010 年 5 月 2 日。
② 参见杨泉宝等:《诉前调解制度研究论纲》,载 http://lad.ccpit.org/tjzx/llydWZJX.aspx?newid=332,访问时间 2010 年 5 月 2 日。

发展大局的必然选择。一要调整理念,增强能动司法的自觉性;二要调查研究,增强能动司法的前瞻性;三要健全机制,增强能动司法的有序性;四要有效服务,增强能动司法的针对性;五要提高能力,增强能动司法的规范性。理念是行动的先导,但理念付诸行动需要具体的制度设计予以保障。从各地法院能动司法的实践来看,四川各级法院推行的"大调解"工作机制、陕西陇县"能动主义八四司法模式"以及笔者所在法院实行的"能动司法,服务社区"三级诉前调解新机制,无一例外地将能动司法的落脚点指向了诉前调解制度。法院参与诉前调解,既能缓解法院的审判压力,节省司法资源,又能弥补诉讼本身的局限性,为社会公众提供了一条便捷、经济、优质、高效的司法救济新途径,同时也为各地法院贯彻落实能动司法理念开辟了广阔的活动空间。

在此需指出的是,我国语境下的能动司法理念与西方的司法能动主义(judicial activism)[1]既有共同之处,亦有显著的区别。共同之处在于,两者均认为"司法能力不限于严格意义上的法条解释能力,还包括全面、综合地考虑与案件相关的各种利益和价值后得出妥当结论的能力,司法目的不仅是追求法律本身的自治,还应该追求社会效果,为此要积极主动地介入社会生活,通过司法活动影响社会发展和变革"。美国大法官卡多佐对此就曾指出:"司法过程的最高境界不是发现法律,而是创造法律。""中国法治建设的经济基础、政治制度、文化传统及社情民意等社会历史条件与西方资本主义国家截然不同,这就决定了我们不能简单地照抄照搬西方的做法。"我们必须立足于我国的现实国情,具体问题具体分析。人民法院能动司法就是要发挥司法的主观能动性,积极主动地为党和国家工作大局服务,为经济社会发展服务。我国的法院系统在很大程度上承载着"为大局服务、为人民司法"的功能,因此在贯彻能动司法理念的过程中,需要在一定程度上扮演更加积极与能动的角色,创造出符合中国国情的能动司法运作模式。

---

[1] "司法能动主义"是现代西方法学和实务中时髦的理念。参见[美]克里斯托夫·沃尔夫:《司法能动主义——自由的保障还是安全的威胁》,黄金荣译,中国政法大学出版社2005年版,第1~14页。

(二)法院参与诉前调解缺乏立法保障

调解制度是我国解决各类社会矛盾纠纷的一种重要机制,这早已经成为目前我们讨论调解问题的现实逻辑前提。我国的调解制度更是以其优越性被国外誉为"东方之花""东方经验"。诉前调解其实是法院调解工作的向前延伸,我国现行《民事诉讼法》仅规定了诉讼调解制度,缺乏关于诉前调解程序的相关规定,因此法院在立案之前对纠纷进行调解缺乏相应的法律依据,由此也导致各地实践中产生了对诉前调解定位模糊、措施规制不当等问题。作为一项制度本身,应具有规范可行的操作程序及立法保障,否则程序公正和实体公正很难实现。社会公众对司法的要求往往是,既要满足纠纷解决程序的正当性与公平性要求,又要快速高效地解决相关纠纷,面对这双重压力,有必要从立法的角度对调解制度加以完善,特别是对诉前调解制度予以立法确认,由此来克服立法缺失给司法实践带来的弊端。

虽然调解作为我国民事诉讼法的一项重要制度,在这些年的司法实践中经历了不同的价值立场转换,[①]但是调解作为化解矛盾纠纷的能动手段及其实际功效,越来越得到学界及实务界主流观点的认同。因此,在能动司法理念的指导下,顺应"当人为本"的现代司法精神,在化解纠纷的过程中实现当事人合意与法律规则的契合,科学配置纠纷解决资源,构筑新的诉前调解的实践范式,并科学设计其程序规则,这无疑已经成为我们进一步再构我国现代纠纷调解机制的重新开始。

二、科学考量:法院诉前调解制度的必要与可行

(一)法院诉前调解制度的必要性

1. 案多人少催生诉前调解制度

随着社会经济的高速发展与民众法律意识的日益增强,我国民事纠纷案件数量急剧增长。近几年来,"诉讼爆炸"这四个字频频进入公众视野。2009

[①] 我国的法院调解制度发端于革命战争年代的"马锡五审判方式",20世纪80年代曾达到顶峰,之后在审判方式改革中,曾一度被置于改革对象之列而滑入低谷,进入21世纪以来,法院调解制度有再度兴盛之势。参见吴英姿:《法院调解的"复兴"与未来》,载《法制与社会发展》2007年第3期。

年,"地方各级人民法院受理案件 1137 万余件,审执结 1054 万余件,结案标的额 16707 亿元,同比分别上升 6.3%、7.2% 和 16.4%。""各级法院共审结一审民事案件 579.7 万件,同比上升 7.7%。""各级法院审结人身损害、婚姻家庭、医疗纠纷和其他涉及民生的各类案件 201.6 万件,同比上升 7.0%。"①

随着大量纠纷涌入法院,案多人少成为我国多数基层法院面临的严重挑战,以全国收案最多的基层法院——北京市朝阳区人民法院为例,"近年来平均每年的收案数量都有 5 万件之多,而一线审判法官只有 172 人。"②虽然部分基层法院已采取民商事案件的繁简分流与速裁等制度来适应案件数的快速增长,但有限的司法资源与传统的纠纷解决机制仍难以应对"诉讼爆炸"的现状。法院诉前调解制度的构建,既能方便当事人快捷地解决纠纷,减少当事人的诉讼成本,又有利于缓解法院的办案压力,不失为一项法院与当事人"双赢"的制度选择。

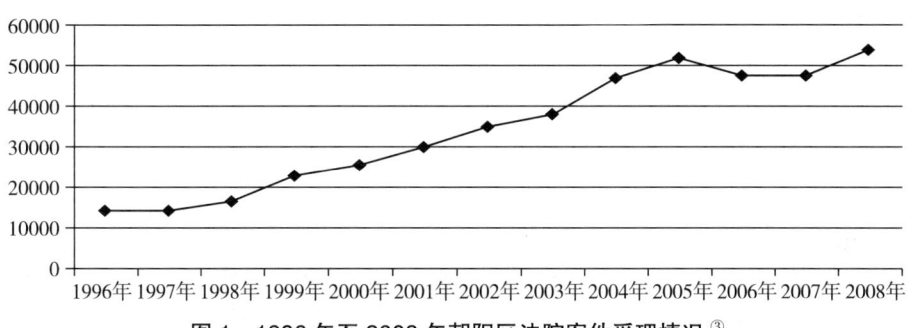

图 1　1996 年至 2008 年朝阳区法院案件受理情况③

2. 传统调解手段失效与社会自我消解纠纷能力较低

纠纷通过既有机制得以解决并得到纠纷当事人与社会公众的普遍认可,应是评价一个社会纠纷解决机制是否有效的标准。这取决于两个因素:一是纠纷解决依据的合法性,二是纠纷解决者的权威性。新中国成立后,在全国

---

① 相关数据参见 2010 年度《最高人民法院工作报告》。
② 参见李飞、刘洁:《一个基层法院的司法调解样本》,载 http://rmfyb.chinacourt.org/public/detail.php?id=132885,访问时间 2010 年 5 月 9 日。
③ 参见李飞、刘洁:《一个基层法院的司法调解样本》,载 http://rmfyb.chinacourt.org/public/detail.php?id=132885,访问时间 2010 年 5 月 9 日。

范围内建立了人民调解和行政调解等社会纠纷解决机制,并形成了深入城乡基层社会的调解组织网络。多年以来,在国家权力的支持下,这些调解组织在化解社会矛盾纠纷与实现社会综合治理方面发挥了巨大的作用。随着改革开放的深入与经济体制的转型,法律逐渐取代行政命令成为主要的纠纷解决依据,公众对于大多数矛盾纠纷转而寻求法律途径解决。

"当前我国的社会是一种带有较多局部性、碎片化的社会",① 社会自我消解矛盾纠纷的能力较低。因社会自身无法为其成员提供有效的纠纷解决渠道,从而导致房屋拆迁、农地征用、环境污染等利益严重失衡的纠纷得不到及时化解,社会矛盾逐渐积累起来。面对矛盾化解及社会维稳的巨大压力,国家提出了"大调解"等旨在加强社会纠纷解决机制的"综合治理"战略,而法院诉前调解作为"大调解"机制的重要一环,再次担负起社会控制与整合的能动功能。

(二)法院诉前调解制度的可行性

1."和合"求解——中国法律文化传统的历史延续

中国儒家学派强调"和合",意即在人与自然、人与社会等方面应顺应客观规律,求得和谐。《论语·学尔》中的"礼之用,和为贵"便是"和合"思想的经典表述。在这一思想的影响下,历代统治阶级推崇"无讼无争"的"礼治"社会愿景,认为只有符合情、理、法的纠纷解决方式才是与社会发展相适应的。诉讼意味着双方的对抗,调解意味着双方的谅解与和谐状态的回归。所以,例如"宗族调解""乡保调解"等根植于宗法社会土壤的替代性纠纷解决机制大量存在着,与诉讼机制互相补充与协调,及时地化解了纠纷,维护了社会的稳定。② 显然,由"和合"思想所衍生出来的"讼调结合"多元化纠纷解决模式,为我们对现今法院诉前调解制度的构建在思想内涵和制度操作上提供了坚实的法律文化传统基础。

---

① 孙立平:《失衡——断裂社会的运作逻辑》,清华大学出版社 2004 年版,第 115 页。
② 早在周代,钟鼎铭文中就有"宗子"调解纠纷的案例记载。春秋战国之际,设有专门调解复仇案件的官员,称为"调人"。唐朝乡里的诉讼,要先由里正、村正来进行调解。明初在各乡设有"申明亭"。清朝的保甲组织同样负有调解纠纷的职责。参见叶子:《诉前调解机制存在的问题及完善》,载 http://yanyuye100.blog.sohu.com/142555411.html,访问时间 2010 年 5 月 16 日。

2. 成本分析——诉前调解是司法关怀的有效途径

"根据现代的法治理论,私法社会的理论前提是每个利益主体都是其利益的最佳判断者。"① 大量社会纠纷的现实存在,使得当事人在纠纷解决时总是追求以最小的成本获得最大的效益。在诉讼活动中,判决的结果取决于法官对证据的审查与裁判,而非纠纷当事人的合意。而在诉前调解中,调解法官通过分析矛盾双方在纠纷处理结果上的胜算和风险,使当事人在公平、透明的基础上充分了解相关信息,有利于纠纷双方当事人作出最后的正确选择。特别是在婚姻家庭、相邻关系等纠纷中,当事人往往对纠纷结果的倾向性认识很清楚,只需要相应的法律程序对结果予以确认。在此背景下,探索构建法院诉前调解制度,一方面能够为纠纷双方提供一种低成本的司法救济途径,使纠纷以平和的方式被有效化解在萌芽状态;另一方面通过诉前调解,实现案件繁简分流,完善多元化的纠纷解决机制,促进司法资源的优化配置,缓解诉讼和信访保稳压力。

三、有益启示：法院诉前调解制度的立法与实践考察

"他山之石,可以攻玉"。1990年美国颁布的《民事司法改革法》及1998年美国国会通过的《替代性纠纷解决法》,要求各联邦地区法院应建立各自的ADR(Alternative Dispute Resolution)计划并制定相应的保障措施。1994年,英国启动了以"接近正义"为主题的民事司法改革,并于1998年出台了《民事诉讼规则》,科以当事人与ADR相关的义务。德国于2000年通过的《民事诉讼改革法案》为贯彻ADR理念,专门规定了"预备仲裁听审程序"。上述各国立法均涉及法院诉前调解制度。因为我国台湾地区和大陆地区有着同样的法律文化传统,制度借鉴上更容易契合,故本文着力考察我国台湾地区的相关立法及我国各地的有益实践,以期对我国诉前调解制度的构建有所裨益。

---

① 杨泉宝等:《诉前调解制度研究论纲》,载 http://lad.ccpit.org/tjzx/llydWZJX.aspx?newid=332,访问时间2010年5月2日。

（一）我国台湾地区法院附设诉前调解制度[①]

我国台湾地区 2000 年修订的"民事诉讼法"第二章"调解程序"用 23 个条文专门规定了诉前调解制度，可见其立法机构对于诉前调解制度相当重视。（1）法院附设诉前调解的性质。当事人申请调解与起诉互相独立，诉前调解在性质上仍属于非讼程序范畴。（2）法院附设诉前调解程序的启动。立法对此设计了两种模式：一是法律强制性启动模式，主要包括邻里家事纠纷、医疗事故纠纷、交通事故纠纷、劳动人事纠纷、小额财产权益纠纷等；二是依当事人申请启动模式。（3）法院附设诉前调解的程序。台湾地区"民事诉讼法"第 406—410 条对此进行了详细的规定。从整体上来看，程序规定的细致而富有操作性，灵活而又不乏强制性与实效性。（4）法院附设诉前调解的效力。第一，调解经当事人合意而成立；或虽未达成合意，但当事人对法官所提出的解决方案，在法定期间内没有提出异议，调解视为成立。第二，调解不成立，法院应给当事人发放证明书，以便当事人凭以起诉。（5）调解不成功时与诉讼的衔接。台湾地区"民事诉讼法"第 419 条对此做了十分精巧的制度设计，[②] 即如果诉前调解不成功，法院可依一方当事人的申请，按照该案应适用的诉讼程序，直接进入法庭辩论阶段。

（二）陕西陇县人民法院"能动主义八四司法模式"

"能动主义八四司法模式"的主要内容包括：目标四为民、理念四转变、方式四联动、审理四结合、机制四能动、保障四强化、监督四到位、效果四统一，其核心内容是把现代法治与乡土社会实际有机结合起来实施的"一村一法官"制度，通过法官指导与民间自治相结合的调解模式，切实把纠纷化

[①] 我国台湾地区法院附设诉前调解制度的相关资料参见高翔：《论法院附设诉前调解》，载 http://www.ftcourt.gov.cn/Detail.aspx?D=15，852，54，29，访问时间 2010 年 5 月 2 日。

[②] 我国台湾地区"民事诉讼法"第 419 条规定："当事人两造于期日到场而调解不成立者，法院得依一造当事人之声请，按照事件应适用之诉讼程序，命即为诉讼之辩论。但他造声请延展期日者，应许可之。前项情形，视为调解之声请人自声请时已经起诉。当事人声请调解而不成立，如声请人于调解不成立证明书送达后十日之不变期间内起诉者，视为自声请调解时，已经起诉；其于送达前起诉者亦同。以起诉视为调解之声请者，如调解不成立，除调解当事人声请延展期日外，法院应按该事件应适用之诉讼程序，命即为诉讼之辩论，并仍自原起诉时，发生诉讼系属之效力。"

解在基层，化解在萌芽状态。时任最高人民法院王胜俊院长对陇县模式曾作出重要批示："推广交流基层工作经验是提高司法能力的重要渠道，是推进工作创新的重要方式"。最高人民法院沈德咏副院长针对陇县模式曾经指出："允许并尊重各地因地制宜探索适合当地特色的司法模式。尤其是在我国中、西部广大地区，农业文明样态下乡土社会、人情社会的特征仍然比较明显并将长期存在，人民法院在中国特色社会主义司法制度建设中必须解放思想、实事求是，尊重并有效回应乡土社会的司法需求，注意探索适应乡土社会需要的司法模式。"

（三）四川高院"大调解"工作体系

四川高院为有效预防、减少和化解社会矛盾纠纷，积极推动构建人民调解、行政调解、司法调解联动的"大调解"工作体系，充分发挥人民调解维稳"第一道防线"的基础作用，认真履行行政调解的职能职责，有效发挥司法调解的主导作用，并完善衔接配合机制。四川高院推动构建"大调解"工作体系，是坚持能动司法的具体实践，关键是要按照三种调解机制的不同职能和特点，形成既能充分发挥各自优势，又能相互有效衔接配合，最终形成化解社会纠纷最大合力的有效衔接机制。四川"大调解"工作体系实现了调解网络共建、调解资源共享、调解人员共用，建立了引导不同类型的矛盾纠纷由不同的调解组织调处的分流机制，形成了分工合理、权责明确、配合默契、各扬所长的制度体系，实现了三大调解的有效衔接，取得良好效果。

（四）某基层法院三级诉前调解机制

笔者所了解的某基层法院在2010年初开展了"能动司法、服务社区（村居）"活动，建立了由法院的诉前调解办公室、各街道办事处的人民调解工作站、各居委会的人民调解工作室组成的三级诉前调解新机制，努力做到"社会矛盾化解在社区，社会管理创新进基层，公正廉洁执法到一线"。"积极探索创新新形势下法院工作的新机制，让审判职能向社区（村居）延伸，让法官走进辖区群众，"是开展这项活动的指导思想。活动开展半年以来，该院已建立起了多渠道、多层次、多主体参与的矛盾纠纷信息收集网络，及时发现和梳理易产生矛盾纠纷的领域和环节，使200余起纠纷在诉前得到解决，且未发生一起群体性事件和重大矛盾激化案件，取得了良好的法律效果与社会效果。

表1 某基层法院的诉前调解样本

	诉前调解案件数量	婚姻家庭纠纷	继承纠纷	相邻关系纠纷	小额债权债务纠纷	轻微人身伤害纠纷	赡养抚养纠纷	租赁纠纷	劳动纠纷	其他
2010年3月	46件	6件	5件	5件	9件	10件	3件	3件	4件	1件
2010年4月	52件	7件	5件	6件	11件	12件	4件	2件	3件	2件
2010年5月	60件	6件	6件	4件	13件	16件	4件	3件	6件	2件
2010年6月	78件	9件	4件	7件	18件	19件	5件	5件	7件	4件

四、制度构建：我国法院诉前调解制度的立法规制

我国各地法院对诉前调解制度的有益探索目前还处于一种自发的状态，缺乏成熟的制度设计与法律支持。本文结合我国具体的司法实际，借鉴台湾地区及各地法院探索的相关经验，认为应从以下几方面对我国的诉前调解制度进行构建。

（一）法院诉前调解制度的涵义、性质与原则

本文所探讨的法院诉前调解制度，是指在立案之前，将纠纷交由法院附设的调解机构进行调解，若调解成功，当事人可以请求法院出具民事调解书；若调解不成功，则由法院依法予以立案转入诉讼程序进行解决的纠纷处理机制。就其性质而言，法院诉前调解仍然属于诉讼外调解，仅是某些案件进入诉讼的前置程序。因调解人员主要是法官且调解机构附设在法院，故法院诉前调解与人民调解、行政调解、行业调解等其他诉前调解方式有着显著的不同。

法院诉前调解制度的构建重点是处理好当事人裁判请求权与诉前调解的关系，故应遵循以下原则：（1）有限强制原则：应当把诉前调解的范围严格限

定于家庭、邻里纠纷和简易的债权债务纠纷等,因为这类纠纷通过调解更容易达成合意,从而达到"案结事了"的法律效果。(2)双方自愿原则:在诉前调解阶段,调解人员不享有对纠纷的审判权,当事人的合意对纠纷解决具有决定性意义,法院不能强制调解。(3)过程快捷原则:诉前调解较诉讼调解应当更为快捷、简易、灵活,若调解不成,法院应迅速立案转入诉讼程序,无须当事人另行申请。

(二)法院诉前调解制度的适用范围

我国台湾地区"民事诉讼法"第403条规定:下列事件,除有第406条第一项各款所定情形之一者外,于起诉前,应经法院调解:(1)不动产所有人或地上权人或其他利用不动产之人相互间因相邻关系发生争执者;(2)因定不动产之界线或设置界标发生争执者;(3)不动产共有人间因共有物之管理、处分或分割发生争执者;(4)建筑物区分所有人或利用人相互间因建筑物或其共同部分之管理发生争执者;(5)因增加或减免不动产之租金或地租发生争执者;(6)因定地上权之期间、范围、地租发生争执者;(7)因道路交通事故或医疗纠纷发生争执者;(8)雇用人与受雇人间因雇佣契约发生争执者;(9)合伙人间或隐名合伙人与出名营业人间因合伙发生争执者;(10)配偶、直系亲属、四亲等内之旁系血亲、三亲等内之旁系姻亲、家长或家属相互间因财产权发生争执者;(11)其他因财产权发生争执,其标的之金额或价额在新台币10万元以下者。同时,台湾地区"民事诉讼法"第406条规定:法院认调解之声请有下列各款情形之一者,得径以裁定驳回之:(1)依法律关系之性质、当事人之状况或其他情事可认为不能调解或显无调解必要或调解显无成立之望者;(2)经其他法定调解机关调解未成立者;(3)因票据发生争执者;(4)系提起反诉者;(5)送达于他造之通知书,应为公示送达或于外国为送达者。前项裁定,不得声明不服。

综合考量笔者所在法院的实践经验及我国台湾地区的相关做法,法院诉前调解案件的范围应限定在一审案件的以下几类为宜:(1)婚姻家庭纠纷;(2)继承纠纷;(3)相邻关系纠纷;(4)标的额较小的债权债务纠纷(人民币5万元以下的);(5)轻微的人身伤害赔偿纠纷;(6)赡养纠纷、抚养纠纷;(7)租赁纠纷;(8)劳动工资关系明确且数额不大的劳动关系纠纷;(9)其他可以在诉前调解解决的纠纷。这几类纠纷，法律关系相对简单、明确且案件数量较多，适用诉前调解更能够达成及时化解矛盾的良好效果。

（三）法院诉前调解程序的启动

有文章曾论述了法院诉前调解启动的三种方式："1. 合意启动。除法律有特别规定外，是否启动诉前调解完全取决于双方当事人的合意，如果双方当事人或一方当事人不同意适用诉前调解，则法院不得强制启动该程序。2. 半强制启动。即只要一方当事人申请适用，法院即可启动该程序，建议立法明确规定此类案件法院可半强制启动诉前调解。3. 强制启动。即对某些特殊案件，法院可依法律的直接规定强制启动该程序，如离婚案件。"[①]

笔者认为，在法院诉前调解的启动方面，可以借鉴台湾地区的相关规定，即：在立案前，对一些经常发生的类型化纠纷采取强制启动模式；对于其他类型的纠纷，采取合意启动模式。换言之，对上文所论述的适宜法院进行诉前调解的案件范围中，第（1）至第（8）类纠纷，可由法院强制启动诉前调解程序；对第（9）类纠纷，则由当事人合意启动。这种处理方式是综合考虑纠纷解决的效率、当事人利益的最大化以及诉前调解制度的实施效果等因素后，应采取的最优化选择。实践中，很多法院在立案庭内设置了诉前调解室，从事诉前调解工作。本文认可这一做法。立案法官在进行立案审查时，首先应当审查纠纷是否属于强制启动诉前调解的范畴，如果属于则应直接将案件转到诉前调解室，如果不属于，则可以向当事人介绍诉前调解程序，引导当事人选择诉前调解程序来解决纠纷。为了鼓励当事人选择法院诉前调解，法院对诉前调解案件可不予收取诉讼费。

（四）法院诉前调解人员的选任与管理

目前，我国法院主持调解工作的主要是法官，这种调解主体的单一化主要存在以下缺陷：一是法官往往缺乏除法律知识以外的其他专业知识，以致在处理专业性较强的纠纷时，无法提出切实可行的建设性意见；二是年轻法

[①] 薛媛媛、李珊珊：《论诉前调解程序的相关问题》，载 http://newpaper.dahe.cn/jrab/html/2009-10/13/content_234764.htm，访问时间 2010 年 5 月 2 日。

官生活经验相对不足、阅历浅,对有些复杂的案件常常束手无策。因此,基层法院有必要根据自身的特点以及现有条件,建立一支以法官为主导、以非职业化人员为辅的诉前调解队伍。

笔者认为,诉前调解人员主要应包括以下几类成员:(1)法官,尤其是退休后的法官。退休法官往往具有丰富的调解经验以及丰富的人生阅历与社会经验,如果身体条件允许,相较于其他人而言,更适合做调解工作。(2)法院邀请的人民调解员。这类人员既包括人民调解委员会中的人员,又包括在当地威信较高、有一定社会影响力的人员。人民调解员完全有能力利用自己特定的身份与经验为当事人明法析理,调处一般性纠纷。(3)基层司法所的法律工作者。这类人员往往了解诉讼程序,有着相对丰富的法律知识,且具有调解民间纠纷的经验,所以比较适合做诉前调解工作。(4)人民陪审员。由于法院诉前调解强调当事人的合意而弱化了法律规则的束缚,人民陪审员的参与能更好地发挥其社会经验丰富、热心调解工作的优势。(5)法院邀请的公益律师。律师因具有较强的法律专业知识和较为丰富的实践经验,相对于一般人而言,更易切中纠纷的利弊,其意见也更易被当事人接受。

诉前调解人员应由法院负责选任或聘请,法院应当制定出诉前调解人员的名册,并对聘请的调解人员进行专门培训,当事人可从名册中自主选择调解员。根据案件的复杂程度及不同性质,可采取独任调解(由一名调解员主持调解)或合议调解(由两名以上调解员主持调解)模式。但需注意的是,参与诉前调解的法官在调解不成的情况下,不能担任相关案件的主审法官,这样的制度设计主要是为了防止法官对相关案件产生先入为主式的倾向性意见。调解人员的报酬可以按其工作日支付。鉴于法院诉前调解的公益性特征,调解人员的报酬不宜过高,具体数额可由各地法院向当地党委汇报并与政府沟通后再具体确定。

(五)法院诉前调解的效力及与诉讼程序的对接

对于法院诉前调解的效力,本文认为可以进行以下设计:经法院诉前调解,双方当事人达成调解协议的,可以向法院申请出具民事调解书,该调解书应当与诉讼中法院出具的调解书具有同等法律效力。①如果双方当事人达成调解协议后即时履行的，记明笔录后可不再制作调解书。如果在一定期限内（可设定为 10 日）当事人无法达成协议，立案庭应当及时予以立案，转为诉讼程序进行审理。最高人民法院近期出台的《进一步贯彻"调解优先、调判结合"工作原则的若干意见》指出："法官要根据每个案件的性质、具体情况和当事人的诉求，科学把握运用调解或者裁判方式处理案件的基础和条件。对于有调解可能的，要尽最大可能促成调解，对于没有调解可能的、法律规定不得调解的案件，要尽快裁判，充分发挥调解与裁判两种手段的作用。"台湾地区"民事诉讼法"第 419 条规定，如果诉前调解不成功，法院可依一方当事人的申请，按照该案应适用的诉讼程序，直接进入法庭辩论阶段。这样虽然可以缩短案件审理的时间，但为了充分保障当事人的程序权利，我们目前不宜采用这种做法。同时需注意的是，在诉前调解程序中，当事人为达成调解所做的让步，不得作为进入诉讼阶段后对该方不利之证据。

"适合中国国情，能够不断解决中国社会现实问题的司法制度才是当代中国最好的司法制度。"从各地的司法实践来看，法院诉前调解制度作为能动司法的有效手段之一，不仅在化解个体矛盾、维护当事人之间的和谐关系方面具有判决所不可替代的作用，而且在一定程度上还可以起到软化社会矛盾、维护社会稳定的作用。当然，法院诉前调解制度亦不可避免地存在着弊端。在制度的具体构建上，本文力求扬长避短，以期使该制度的正当性功能得以充分发挥。

---

① 最高人民法院《关于人民法院民事调解工作若干问题的规定》第 13 条规定："根据民事诉讼法第九十条第一款第（四）项规定，当事人各方同意在调解协议上签名或者盖章后生效，经人民法院审查确认后，应当记入笔录或者将协议附卷，并由当事人、审判人员、书记员签名或者盖章后即具有法律效力。当事人请求制作调解书的，人民法院应当制作调解书送交当事人。当事人拒收调解书的，不影响调解协议的效力。一方不履行调解协议的，另一方可以持调解书向人民法院申请执行。"

我国法官选拔制度的改革与完善[*]

法官是最典型的公共法律职业者。埃尔曼指出:"法律职业者中的第一组人员由那些对法律冲突予以裁判的人组成;其中最重要的是法官和治安官(magistrates),另外还有仲裁人、检察官……"①"在一个社会的所有法律工作中,审判人员的选任最为关键。"② 在现代社会,法官成为一种特殊的法治符号,保护公民权利和自由,维系法治秩序,推动社会文明和进步。没有职业法官的社会,外显出法治的不健全。当代中国正处于从传统型法制向现代型法制的历史转型,即法治现代化的过程之中,职业法官群体的缺失是制约法治发展的一个重要因素。中国的司法文明和社会进步呼唤现代职业法官群体的诞生,期待他们高举理性大旗,弘扬法治信仰,积极推动法治社会的发展。改革和建立完善的法官选拔制度,对于形成职业法官群体,进而推动建设法治国家的历史进程,具有重要意义。本文旨在探讨如何改革和完善中国的法官选拔制度,以期加快形成中国的职业法官群体,从而促进中国的法治进程。

一、我国法官选拔制度的现状与问题

(一)我国法官选拔制度的现状

我国 2001 年 6 月修订通过的《法官法》对于法官选拔制度,主要从以下两个方面进行了规定:一是关于初任法官的基本条件。《法官法》明确了担任法官所必须具备的六项基本条件:具有中国国籍、年满 23 周岁;拥护中国宪法;有良好的政治、业务素质和良好的品行;身体健康;高等院校法律专业

---

* 本文系 2009 年全国法院系统第 21 届学术讨论会文章。
① [美]H.W. 埃尔曼:《比较法律文化》,贺卫方等译,三联书店 1990 年版,第 105 页。
② [美]H.W. 埃尔曼:《比较法律文化》,贺卫方等译,三联书店 1990 年版,第 133 页。

本科毕业或高等院校非法律专业本科毕业具有法律专业知识,从事法律工作满 2 年,其中担任高级人民法院、最高人民法院法官,应当从事法律工作满 3 年;获得法律专业硕士学位、博士学位或非法律专业硕士学位、博士学位具有法律知识,从事法律工作满 1 年,其中担任高级人民法院、最高人民法院法官,应当从事法律工作满 2 年。并规定初任法官必须采用严格考核的办法,按照德才兼备的标准,除担任院长和副院长以外,其他初任法官职务的人员必须通过国家统一司法考试取得法律职业资格。院长、副院长应当从法官或者其他具备法官条件的人员中择优提出人选。二是关于初任法官的选任程序及方法。根据《法官法》《人民法院组织法》的有关规定,我国的法官初任主要采用两种方法:一是选举制,即各级人民法院院长由同级人民代表大会选举产生。二是任命制,各级人民法院副院长至审判员由院长提请本级人民代表大会常委会任命;各级人民法院助理审判员由本法院院长直接任命。从 2002 年 9 月开始,最高人民法院下发了《关于加强任命法官管理工作的通知》(法〔2002〕163 号),对初任法官设置了更加严格的程序,规定各级人民法院任命和提请任命法官必须经省高级人民法院审核同意后,方能履行法律任命手续。

(二)我国法官选拔制度存在的问题

1. 法官的任职条件偏低

从学历条件来看,我国《法官法》规定初任法官的学历条件必须为大学本科以上,但由于没有强调本科学历的取得必须是经过正规院校培养,并且对专业要求也不一定为法律专业。我们知道,司法审判是专业性很强的法律实务工作,它要求法官必须具备深厚的法学理论功底,这就造成目前初任法官的法律素养参差不齐状况。另外,从法律实践经验条件来看,目前担任法官的基本条件中,比较看重书本知识,对于法律实践经验和道德品行等要求强调不够。法官职业是个需要社会阅历和经验的职业,一名称职的法官不仅要有深厚的法学理论功底,还要对社会主流思想、现代法治理念、人情世故都具有比较深刻和独到的领悟和洞察。一个刚满 23 周岁的公民,刚刚从学校踏入社会,很难要求他对社会有多么深刻的理解和感悟。

2. 法官选任的范围狭窄

在法院人员分类管理，尤其是书记员单独序列管理工作完全到位前，一些法院初任法官的选任对象依然是本院内部一些具有行政编制、在法院工作多年后，参加国家司法考试取得法律职业资格的人员。这些同志有的并没有非法律院校毕业，仅仅是通过法院内部各种在职教育的形式取得本科学历，平时从事的也大多是行政辅助性工作，其在法学理论功底和法律实践经验方面与一名合格法官的要求还是有一定差距的。但由于目前选任机制的弊端，使得此类人员在每年初任法官的人员中占了相当大的比例，这种局面和法官职业化的要求是不相适应的。

3. 法官考试的制度有待完善

我国法院的人员管理是参照公务员的管理方式，行政化的色彩过于浓厚，法官职业特点难以体现。按现行的法官选任方式，一个公民要想成为法官必须经过两种考试：一是国家司法考试；二是公务员录用考试。但对于两种考试没有规定先后次序，也就是说，可以先通过公务员考试成为法院工作人员，然后再考司法考试，如通过司考取得法律职业资格则被任命为法官，如不通过，还可以继续再考。按照有关人事政策规定，法院必须在空编（达到一定比例）的情况下，才可以向地方组织人事部门申报计划，招录工作人员，许多符合法官任职条件又有志于审判工作的优秀人员却无法加入到法官队伍中来。目前，在个别基层法院就出现了这样情况，由于案多人少，许多一线法官在超负荷地工作，其身心健康受到严重影响。

二、我国法官选拔制度的借鉴与反思

（一）我国法官选拔制度的借鉴：向西方学习

近年来，中国积极推进法官选拔制度的改革，在任职资格、条件、选拔程序等不少方面吸收了很多法治发达国家的经验和做法，显示出某些相似的共性特征。主要表现在：

1. 严格任职条件，强调专业知识背景

西方国家，担任法官必须具备特殊的条件和资格。一般来说，应当具有法学学士学位，经过系统的法律知识的学习和长期的专业技能训练。美国学者罗杰·希尔斯曼说，"美国联邦法院所有法官都有法学学位"。① 亨利·阿伯拉汗谈到美国法官资格时说，"总的来说，各州对大多数法院提名法官的唯一的法定要求，就是法学学位"。② 从职业经历上看，英美法官全部从律师中产生，"几乎没有听说过总统要提名一位不是律师出身的人做法官。"③ 大陆法系国家法官虽不从律师中产生，但无一例外均从法律专业毕业生中选拔培养。"法国的法官，如同意大利和德国的一样，是职业型法官……都必须在大学里读完四年相同的法律课程，取得法学学士学位后到不同的法院和检察官署接受细致的指导以深化专门的法律知识……"④ 在 1995 年《法官法》颁布之前，我国法官遴选缺乏明确的标准，法官主要有三个来源：一是向社会公开招干，吸收社会青年进入司法队伍；二是部队复转军人；三是大专院校的法律毕业生。总的来说，前两部分未受过专业训练的人占了很大一部分，尤其在个别基层法院，这两部分人还占据了一定数量的领导岗位。1995 年《法官法》颁布实施，开始规定担任法官应具备相应的学历条件和法律专业知识。"高等院校法律专业毕业或者高等院校非法律专业毕业具有法律专业知识，工作满二年的；或者获得法律专业学士学位，工作满一年的；获得法律专业硕士学位、法律专业博士学位的，可以不受上述工作年限的限制。"这个条件还是偏低。2001 年，修改后的《法官法》把法官任职的学历标准提高到本科，并增加了从事法律工作经历的要求。可见，在中国法官选拔制度的发展过程中，越来越强调法官职业的独特性与技术性，对于法官所应当具备的专业知识要求在逐步提高。

2. 通过残酷的淘汰测试，获得职业认同

西方国家特别是大陆法系国家，法官通常要通过若干次国家认可的严格的资格选拔考试。在法国，法律专业大学生毕业后，想成为未来司法官的人

---

① [美]希尔斯曼：《美国是如何治理的》，曹大鹏译，商务印书馆 1990 年版，第 191 页。

② [美]亨利·阿伯拉汗：《美国：遴选法官的制度》，载宋冰编：《读本：美国与德国的司法制度及司法程序》，中国政法大学出版社 1999 年版，第 145 页。

③ [美]拉塞尔·韦勒：《美国法官管理制度的演进》，陈海光译，载苏泽林主编：《法官职业化建设指导与研究》2003 年第 1 辑。

④ [德]K. 茨威格特、H. 克茨：《比较法总论》，潘汉典等译，法律出版社 2003 年版，第 191~192 页。

"要通过由政府主办的另一次较难的考试,成功者便可进入设在波尔多的国立司法学院……入学者经过宣誓成为'司法门徒',在其两年培训期间由政府提供费用……经过再一次考试,这个培训时期便告结束,那些成功者们便就任法官或检察官;他们可以选择的管辖区域范围取决于他们在毕业考试中的成绩。"①德国也是如此,在德国,法律专业大学生必须通过两次国家考试才能成为"有资格的法律家",而且只有其中成绩优秀者才能被任命为法官。②自2002年起,中国确立了国家统一司法考试制度,修订后的《法官法》规定,"初任法官采用严格考核的办法,按照德才兼备的标准,从通过国家统一司法考试取得资格,并且具备法官条件的人员中择优提出人选。"国家统一司法考试制度大大增强了法官群体同质化,对于提高法官职业素养和社会地位,赢得社会尊重和权威,具有十分重要的意义。

3. 严格法官任命程序,重视独立的程序价值

美国联邦法官由总统提名,参议院通过,这是由宪法规定的。"根据1787年美国宪法的规定,行使美国司法权力的人员必须由这个国家的总统提名,并由当时的参议院通过。"③在法律规定之外,联邦法官的任命还有一些特殊的程序,使其更加严格和复杂。被提名的法官还要经过司法部、联邦调查局、参议院司法委员会以及美国律师协会的考察。这些考核不是法律所规定的,但是由于历史的原因,它们已经成为选任联邦法官的必经程序。特别是美国律师协会的推荐非常重要,自1953年开始,美国司法部在公开提名人选之前,一定要征求律师协会的意见。④中国法官任命程序比较简单,按照法律规定,长期以来都是由法院内部提出人选,报经同级人大常委会任命(法院院长需经同级人民代表大会选举);其中,助理审判员只需院长任命即可。近年来,特别是随着审判长和独任审判员选任制改革后,各级法院在法官选拔中逐步推行竞争上岗和择优选任,引进竞争机制。2002年底,最高人民法院建立了初任法官审核制度。专门制定文件,要求中基层法院在拟任命法官职

---

① [德]K.茨威格特、H.克茨:《比较法总论》,潘汉典等译,法律出版社2003年版,第192页。
② [日]大木雅夫:《比较法》,范愉译,法律出版社1999年版,第286~287页。
③ [美]拉塞尔·韦勒:《美国法官管理制度的演进》,陈海光译,载苏泽林主编:《法官职业化建设指导与研究》2003年第1辑。
④ 周道鸾主编:《外国法院组织与法官制度》,人民法院出版社2000年版,第149页。

务前，报送上一级人民法院审核。2003年进一步严格程序，把全省法院初任法官审核权统一归并到省高级人民法院。只有在高级法院审核确定人选符合《法官法》的规定条件之后，有关法院才能履行法定任命程序，报送人大任命（审判员）或法院直接任命（助审员）；各级法院任命院长、副院长，要事先征求上级法院的意见。这样，一方面，在内部选环节，通过竞争上岗、择优选任等改革，使优秀的人员被选出；另一方面，加强上级法院对下级法院的监督力度，使程序得到进一步完善，对把好法官进口关、提高法官队伍整体素质具有重要作用。

（二）我国法官选拔制度的反思：从国情出发

从社会历史资源与司法审判的关联度来分析，完善中国的法官选拔制度，必须充分认识和把握以下几个特定因素：

1.法律伦理主义的传统

与西方法律形式主义传统相对应，传统中国的法律类型是一种信念意义上的法律伦理主义，或称儒家伦理法。这种信念伦理在法律生活中的落实，便是伦理规范的法典化或法律的伦理性。它追求道德上的正义性而非规范的法律。在中国古代，体现儒家信念伦理的法律伦理主义，乃是一个建构于"天人合一"的深厚道德基础之上的以王道精神相标榜的通过家族本位和君权主义表现出来的系统，道德律几乎成为法律的化身，被赋予神圣的使命。因此，"德主刑辅"成为中国传统法制的重要原则。这不仅表现在德教的地位高于并优于刑惩，"王者承天意以从事，故任德教而不任刑"，而且，道德教化构成法律评价的准绳，统摄着全部的制度规范。"夫民善其德必称其人。故今之人称五帝三王者，依然若犹存者，其法诚德，其德诚厚"。①

应当看到，中国古代司法传统的这种强烈的道德教化色彩，不仅造成法律本身缺乏逻辑自主地位，进而必然对司法人员的职业能力标准和素质构成提出特殊要求。这表现在道德要求高于专业知识和法律素养。中国人传统上对于法官的最高要求，以包公、海瑞为代表。在他们身上，因为人格的完美

---

① 公王祥：《现代法律的社会机理——一种比较历史分析》，载南京师范大学法制现代化研究中心编：《法制现代化研究》（第四卷），南京师范大学出版社1998年版，第163~167页。

和品德的高尚，寄托了人们对司法的依赖和遵从。只有德行至上的人，才能掌管司法大权。正如我国台湾地区学者史尚宽先生说，"虽有完美的保障审判独立之制度，有彻底的法学之研究，然若受外界之引诱，物欲之蒙蔽，舞文弄墨，徇私枉法，则反而以其法学知识为其作奸犯科之工具，有如为虎附翼，助纣为虐，是以法学修养虽为切要，而品格修养尤为重要。"这在一定程度上代表了国人对法官的传统认知。相对于专业知识、学历层次、司法经验等要件而言，道德标尺对于形成司法裁判的权威而言，分量更重。尤其在基层和农村地区，一位德高望重的长辈对于民间纠纷的影响，很可能超过权力组织和官员的效力；一名学历不高、没有受过系统专业训练的老法官，虽然理论知识不够丰富，但有强烈的爱民之心，公正执法、两袖清风，其权威可能高于那些缺乏基层经验、自身要求不严的一般法官。他们因其品性和人格而使得裁判更有权威，更易被当事人和社会所接受，从而达到服判息诉的结果。①因此，对于中国法官特别是广大基层法院的法官选拔来说，道德标准甚于专业要求，在各项条件和资格要素中居重要位置。

2. 特殊的社会结构特点

中国是世界上最大的发展中国家，国情独特，地区与城乡发展极不平衡。主要表现在：东西部地区收入差距大，从文化和教育方面看，地区之间的差异也同样很大。以上述国情分析对于中国法官选任制度的变革意义何在？其意义在于，我们所面临的现实国情直接决定了制度变革的艰巨性、复杂性、差异性和长期性。②

由于社会经济和文化发展差异，东西部地区之间法律专业人才资源分布很不相同。东部地区高等法律院校集中，高层次人才聚集明显，而中西部地区相对人才缺乏，以致通向法官职位的后继力量明显不足。此外，由于法院受人员编制和管理体制限制，每年从大专院校引进人才相当有限，法官后备人才断档。同样在中西部地区，"一方面是中级以上法院因其待遇优厚、行政级别高和生活环境好（多处于大中城市）而吸引了许多优秀法律人才；另一方面是基层法院因待遇低、行政级别低，生活环境艰苦（基层派出法庭往往

---

① 宋英辉、郭成伟：《当代司法体制研究》，中国政法大学出版社2002年版，第163页。
② 孙谦、郑成良：《司法改革报告——有关国家司法改革的理念与经验》，法律出版社2002年版，第90页。

在偏远地带）而无法吸引和挽留优秀法律人才，但后者却承担了大部分案件的一审工作。"①

3. 法院定位和诉讼功能差异化

法院的基本功能是解决纠纷、维护法律价值体系、实现社会公平和正义。法院的审级序列不同，其功能亦有不同的侧重点。一般来说，中级、高级法院特别是最高法院居于一个国家司法体系的高位，审理的案件具有较大社会影响，有的上诉审或再审须确定法律适用问题。因此，其司法功能主要在于维护法律价值体系，满足公共目的，注重于制定规则和进行政策性衡平。而对基层法院来说，它们处于国家司法体系的初端，是绝大部分社会纠纷进行司法救济的渠道。因此，解决社会纠纷、避免纠纷的进一步激化，是基层法院的主要任务。这种功能要求对于法官选拔制度具有重要影响。越接近基层的法官，越侧重和强调解决纠纷、查明案件事实和判断证据方面的能力；越接近上层的法官，越侧重对于法学理论的积累和深入研究专业问题的能力。"到了最高法院这一级，无论大陆法系还是英美法系，法官任职条件对于法学理论积累和学术才能的侧重，都明显超出其在查明事实方面的能力和经验。"②波斯纳法官指出，司法功能对上诉法官和地区法官的要求是不同的。"迅速作出判决、权威的仪态和审判经验对于有效完成上诉法官的工作来说，并不那么重要，但它们却是地区法官有效履行职责的重要的因素。"③

我国基层法院承担了全国法院70%—80%的案件审理任务，其主要功能是解决纠纷，定分止争，避免社会矛盾激化。因此，对于基层法院的法官来说，妥善调处社会矛盾、解决社会纠纷的能力显得尤为突出。不仅基层法院如此，高级、中级法院的法官同样面临这个问题。这要从以下两个方面来理解：第一，司法为民是社会主义司法制度的本质要求。无论哪级法院，裁判结果都追求尽可能让社会所接受。第二，向往实质合理性的传统诉讼心理。相对于西方形式合理性的司法精神，中国民众的诉讼心态更偏好于实质合理性。为此，调解工作在中国的法院中具有重要地位。特别是近年来，从最高

---

① 郭丹、王肃元：《努力实现法官同质化》，载《法制日报》2001年9月23日。
② 傅郁林：《法官职业化：一个社会分工的视角》，载苏泽林主编：《法官职业化建设指导与研究》2004年第2辑。
③ [美]波斯纳：《联邦法院挑战与改革》，邓海平译，中国政法大学出版社2002年版，第39页。

法院到各省市法院，都明显提高了对调解工作的要求，案件调解率也明显上升。不少基层法院民商事案件调解率达到60%左右，这对法官亦提出了相应要求，仅有法律专业方面的知识显然是不够的，还必须具有相应的调处矛盾和纠纷、促使当事人和解息诉的能力。

从诉讼发展趋势看，法律救济高消耗与司法资源紧缺的矛盾日益突出。司法必须保持社会化和多元化，才能满足社会多层次的要求。因此，应当设置多种途径解决纠纷，对案件进行分流，缓和司法机关的压力。比如，把一部分案件分流出去，发展类似于替代性解决纠纷机制（ADR）；扩大适用简易程序案件审理范围。通过对案件进行层次化、类型化的分流，不同程序体现不同价值的取向，以不同的成本投入生产出不同类型的司法产品。与案件分流、程序分类、审级分层相应，对法官的职业标准进行分层和分类也有其必要性。

三、我国法官选拔制度的改革意见与建议

改革与完善我国的法官选拔制度，要在认真总结近年来法官制度改革的成功经验基础之上，正确把握司法规律的一般性和阶段性要求，理性、有效地深化改革，以激发和保持这一制度的生命力。

（一）正确对待法官任职条件与资格要素

无论是发展中国家还是发达国家，也无论是一个国家的发展中地区还是发达地区，由于司法权的本质要求和市场经济所提供的相似制度基础，法官素质的基本构成有其共同之处。这包括：第一，具有法律专业知识的学习和从业经历。第二，通过职业测试并取得任职资格。第三，悟守职业准则，追求法律信仰和司法公正，具有良好的社会形象，严格自律，受业内人士和当事人认同和尊重。第四，符合职业能力要求。比如，具有法律思维习惯，有洞察力和判断力，能驾驭庭审，擅长语言、文字表达和逻辑推理。第五，有一定人文素养。人格健全，尊重他人，认真听取不同立场的意见，对社会理解较深入，等等。法官的素质，是知识、能力与道德修养的统一，缺一不

可。① 我们对法官选拔的标准应有科学态度，既要强调专业背景，更要把好人文修养关，这是建立司法公信力的重要支撑。

（二）辩证分析和解决法官员额问题

目前，我国法官总数约21万名，与国外法官人数相比，直观地看，数量过多。但认真分析，我们可以发现其中原因很复杂，这个数字并不具有科学性。第一，21万名法官包括有审判职称的院长、副院长、庭长、副庭长、审判员、助审员，这其中，有约1/3的人并不在审判业务部门，而是分布在领导岗位和其他行政、综合部门，如办公室、研究室、行政处等。第二，即使在审判业务部门的约15万名法官，也不一定参与实际办案，还有的法官主要搞调研和对下指导，有的做内勤，有的脱产学习、培训，或是被其他单位借调，从事社会治安综合治理、扶贫等业外事务。这部分法官又占去1/4左右，剩下的约有11万人。第三，国外法院没有立案和执行机构。中国法院立案和执行工作都是重要的业务工作，从事信访接待和立案工作的不少是专职法官，而执行部门在机构规格上是高配的部门，配备的法官人数比例较高。第四，目前我国法院体制中尚未形成人员分类管理的机制，法官没有助手或辅助人员，需要亲自做大量辅助性的审判事务，如起草法律文书、查找法律资料、接待当事人，这部分工作在国外是由法官助手完成。第五，中国法官还承担了大量审判工作之外的事务，如从社会效果和法律效果统一出发，做当事人的和解与撤诉工作，等等。因此，中国21万具有审判职务的法官中，真正在审判岗位上履行法官职责的在7万至8万。这样看，中国真正在审判岗位上的法官数量并不像一些学者认为的那样多，他们所承担的任务实际上相当繁重。因此，建立法官员额制度的关键，是研究如何保证所有的法官都在审判岗位上，保证法官的全部时间和精力用在案件审理中，这也是法官职业化的本质要求。

---

① 樊崇义、张品泽：《论法官的职业道德》，载苏泽林主编：《法官职业化建设指导与研究》2003年第1辑。

(三)法官选拔吸收社会参与,由封闭走向适度开放

这是司法民主化和树立法官权威的客观要求。从世界范围看,法官任命既有任命制,也有选举制。总的来看,任命制多于选举制。任命制对于保障法官独立性和中立性,减少对社会影响的趋附和服从选民的意志,有较明显的积极意义。但在任命制中也存在一些不足,应当通过完善程序的办法,扩大社会参与程度。法院在确定和报送候选人之前,应通过一定方式征求社会有关方面的意见。当然,征求意见和考核的程序应是科学的,且不能唯票数作定论,要结合长期以来对人选表现的一贯了解,综合分析对他们的负面评价,并作必要调查和澄清,以免损害法官的公正形象。任命机关在任命前,应经过相应程序考核,并在法官员额内批准任命。

(四)建立高级、中级法院法官巡回制度

上级法院法官从下级法院法官中选拔,然后向上级法院流动,这是国外法院特别是大陆法系国家法院的通行做法,近乎法官任职的一条普遍规则。① 从司法特性的内在要求来说,这种做法具有一定合理性。最高人民法院《关于加强法官队伍职业化建设的若干意见》提出,"逐步推行法官逐级选任制度,在确定法官员额的前提下,上级人民法院的法官职位出现短缺,逐步做到主要从下级人民法院的法官中择优选任。"但是,由于中国法官管理受行政管理体制等多方面因素的制约,从下级法院选拔法官面临多重限制。一是中国法官的传统家庭观念较强,从下级法院调动到上级法院特别是异地调动,产生家属和子女的随迁及重新就业、上学等一系列问题,越是到中心城市、省会城市,各种限制越多,这些问题法院无力解决,而法官经济待遇不高,自己无法做到一人保障家庭生活。因此,法官家庭面临的现实困境成为向上级法院流动的一大障碍。二是基层法院和派出法庭条件差、编制紧,本来就难以吸引大学毕业生,有的基层法院多年也招不到法律专业毕业生,即使招得进,也很难留得住。经过培养的少数业务骨干,在基层法院挑大梁,如果再调往上级法院,势必使下级法院的审判工作受影响。为解决这些问题,有必要采取派出巡回法官的制度,通过上下交流的办法实现资源有效供给。相

---

① 陈文兴:《法官职业与司法改革》,中国人民大学出版社2004年版,第147页。

对来说，高级、中级法院可以选派部分法官轮流到辖区基层法院挂职办案，为期二年至三年，可以在一个地方，也可以定期在不同法院之间轮换；下级法院的法官也可以到上级法院办案。巡回办案期间，法官的工资待遇仍在原单位，享受休假制度。

司法公正是人类追求的永恒目标。"徒法不足以自行。"司法公正的实现不仅需要一整套完善的立法，更重要的还在于拥有一批具有良好法律素养和优秀品质的精英化的法官队伍。我国经过十多年司法改革，相关立法日趋完善，法官队伍不断强化，但仍存在不足之处，如何保障法官队伍的专业化、职业化和同质化，已成为我国司法改革的关键所在。培养和塑造中国职业法官群体，是建设法治社会的必然要求和现实需要。从西方职业法官群体产生的历史来看，其最终形成有赖于社会、经济、文化等多种因素的共同作用。中国职业法官群体的产生不具有西方那样的社会基础条件，我们也不能消极等待职业法官的自然"进化"生成。当代中国应当按照法官职业的内在规律性要求，借鉴法治发达国家的经验，从制度构建入手，改革和完善中国的法官选拔制度，加快形成中国的职业法官群体。

公益诉讼篇

新时代检察机关提起公益诉讼制度的
职能定位 *

探索建立检察机关提起公益诉讼制度，是党的十八届四中全会部署的一项重大改革任务，是党中央在全面依法治国背景下构建权力监督制约体系所作出的一项重大制度设计，对丰富和发展中国特色社会主义司法制度具有极为深远的重要意义。经过为期两年的试点，2017年6月27日，全国人大常委会第二十八次会议对民事诉讼法和行政诉讼法作出修改，检察机关提起公益诉讼制度正式建立。习近平总书记深刻指出，探索建立检察机关提起公益诉讼制度，目的是充分发挥检察机关法律监督职能作用，促进依法行政、严格执法，维护宪法法律权威，维护社会公平正义，维护国家和社会公共利益。进入新时代，检察机关应当积极适应社会主要矛盾变化对检察工作的新要求，牢牢把握检察机关提起公益诉讼制度的职能定位，为新时代检察服务经济社会发展大局、为新时代人民群众对美好生活的向往作出新的贡献。

一、检察机关提起公益诉讼制度是新时代实现中国特色社会主义发展战略安排的重大举措

党的十九大对新时代中国特色社会主义发展作出两个阶段的战略安排：第一个阶段，从二〇二〇年到二〇三五年，在全面建成小康社会的基础上，再奋斗十五年，基本实现社会主义现代化；第二个阶段，从二〇三五年到本世纪中叶，在基本实现现代化的基础上，再奋斗十五年，把我国建成富强民主文明和谐美丽的社会主义现代化强国。为实现上述战略安排，检察机关应

---

* 本文刊载于《民主与法制时报》2018年2月27日，系中国法学会法治文化研究会2018年年会论文。

当充分发挥在相关领域提起公益诉讼的职能作用。一是加强对生态环境和资源保护领域公益诉讼案件的办理，助推生态文明体制改革，建设美丽中国。"绿水青山就是金山银山"，"建设生态文明是中华民族永续发展的千年大计"。据有关数据统计，试点期间生态环境和资源保护领域案件在线索发现阶段、诉前程序阶段、提起诉讼阶段、法院办结阶段所占全部公益诉讼案件的比重分别为74.25%、72.68%、68.09%、71.18%，两法修改后该领域案件在各阶段所占比重亦长时间维持在70%以上。这既说明了生态环境和资源保护领域公益受损的普遍性和严重性，也凸显了检察机关在着力解决突出环境问题、加大生态系统保护力度、推进绿色发展、助力美丽中国建设中的重要作用。二是加强对食品药品安全领域公益诉讼案件的办理，守护人民群众"舌尖上的安全"，助推健康中国战略。食品药品安全是最基本的民生问题，"增进民生福祉是发展的根本目的"。检察机关应当通过办理该领域公益诉讼案件，促进解决损害人民群众健康利益的突出问题，多谋民生之利、多解民生之忧，以实际行动助推健康中国建设。三是加强对国有财产保护、国有使用权出让领域公益诉讼案件的办理，坚持国家利益至上，激活公益保护的国家力量。保护国家利益是检察机关的神圣职责。检察机关应当通过办理该领域公益诉讼案件，监督行政机关加大对国有财产保护力度，切实防止国有财产流失，为统筹推进"五位一体"总体布局、协调推进"四个全面"战略布局，积蓄物质力量。四是探索在英烈名誉荣誉保护领域适用公益诉讼制度，助力培养和践行社会主义核心价值观，发展社会主义先进文化。捍卫英雄、守卫良知是全社会的共同使命和全体人民的共同责任。在英烈名誉荣誉保护领域探索适用公益诉讼制度，有助于引导人们树立正确的历史观、民族观、国家观、文化观，弘扬民族精神和时代精神，为实现新时代中国特色社会主义发展的战略安排，提供精神支持。

二、检察机关提起公益诉讼制度是新时代维护国家利益和社会公共利益的重要部署

2017年9月11日，习近平总书记在致第二十二届国际检察官联合会年会暨会议代表大会的贺信中突出强调：检察官作为公共利益的代表，肩负着

重要责任;中国检察机关是国家的法律监督机关,承担惩治和预防犯罪、对诉讼活动进行监督等职责,是保护国家利益和社会公共利益的一支重要力量。上述重大论断申明了检察机关在维护国家利益和社会公共利益中的重要作用。公权力的运行应当以维护和增进公共利益为取向[1],但实践中由于部分行政机关违法行使职权或者不作为,生态环境破坏、侵害食品药品安全、国有财产流失等问题普遍存在,国家利益和社会公共利益受到了侵害。建立检察机关提起公益诉讼制度,就是党中央回应全社会对环境资源、食品药品、国有财产等领域公益保护的强烈期盼,而作出的通过司法权来维护国家和社会公共利益的重要部署。由检察机关提起公益诉讼制度,可以有效弥补我国现行公共利益行政保护机制的不足,解决公共利益受损后缺乏有效救济和补偿的问题,防止"公地悲剧"现象的发生。据不完全统计,检察机关试点提起公益诉讼期间,即已督促恢复被污染、破坏的耕地、林地、湿地和草原超过12.8万公顷,督促1400多家违法企业进行整改,索赔环境治理、生态恢复等费用超1.6亿元,督促收回欠缴的国有土地出让金超32亿元。检察机关提起公益诉讼制度,在保护国家利益和社会公共利益方面发挥了不可替代的积极作用,完善了保护国家利益和社会公共利益的法律制度体系,探索出了司法保护公益的中国道路。

三、检察机关提起公益诉讼制度是新时代司法权监督行政权的重要设计

习近平总书记突出强调,由检察机关提起公益诉讼,有利于优化司法权配置,完善行政诉讼制度,也有利于推进法治政府建设。检察机关提起公益诉讼制度建立后,改变了民事行政检察监督存在的被动、滞后、虚化的局面,使民事行政检察职能在诉讼监督范畴上增加了追诉职能,在单纯对法院审判权的监督上增加了对行政机关违法行政的监督,在传统的抗诉、检察建议等监督手段上增加了提起诉讼,在监督形式上增设了诉前程序,监督重点也在事后监督、结果性监督的基础上增加了对行政违法行为的事中事后全过程监

---

[1] 马怀德:《行政公益诉讼制度,从理论走向现实》,载《检察日报》2015年7月2日。

督,进一步拓展了检察监督的内涵和外延,是检察机关行使法律监督权、履行法律监督职能的新方式。检察机关提起公益诉讼,尤其是行政公益诉讼,"实质上是司法权对行政权的制约"[①],是党中央在全面依法治国的背景下,通过法律监督权和审判权协调配合对行政权监督制约的一项创新性制度设计。我们不应把检察机关对行政违法行为的监督权限定在依法查处职务犯罪案件上,"行政违法行为构成刑事犯罪的毕竟是少数,更多的是乱作为、不作为。如果对这类违法行为置之不理、任其发展,一方面不可能根本扭转一些地方和部门的行政乱象,另一方面可能使一些苗头性问题演变为刑事犯罪"[②]。只有认清公益诉讼制度司法权监督行政权的本质属性并在公益诉讼案件办理过程中践行之,才能真正推进法治政府建设,实现国家治理体系和治理能力的现代化。

[①] 曹建明:《深入学习贯彻习近平总书记重要指示精神 发展完善中国特色社会主义公益司法保护制度》,载《学习时报》2017年9月29日。

[②] 习近平:《关于〈中共中央关于全面推进依法治国若干重大问题的决定〉的说明》,载新华网http://www.xinhuanet.com/politics/2014-10/28/c_1113015372.htm,2018年2月11日访问。

检察机关生态环境保护监督机制的价值考量与制度设计[*]

当前,我国面临资源约束趋紧、环境污染严重、生态系统恶化、环境群体事件高发等生态环境问题,影响着经济发展和社会安定,也考验着国家的综合治理能力。司法是生态环境法治保护中的重要一环,严峻的生态环境现状以及党和国家对生态环境保护作出的一系列战略部署对司法工作提出了更高的期望和要求。为此,检察机关应积极探索完善生态环境保护监督机制,加大生态环境保护监督工作力度,在生态环境保护中发挥应有的功能和作用。检察机关生态环境保护监督机制,是检察机关在生态环境保护监督工作中应当采取的支持起诉、督促起诉、提起民事公益诉讼、督促纠正违法、提起行政公益诉讼、监督执行以及提起刑事公诉等一系列监督措施的统称。目前我国理论界对检察机关生态环境保护监督机制尚未达成统一认识,立法对具体参与机制及程序亦未明确规定,在一定程度上造成了相关检察实践的无序和混乱。本文试图从民行检察工作视角对检察机关生态环境保护监督机制进行论证设计,以期对我国环保法治事业的进步和环境问题的最终解决有所裨益。

一、检察机关生态环境保护监督机制的价值考量

(一)公益保护与私益处分之辨

检察机关生态环境保护监督机制的理论争议之一是公益保护与私益处分的矛盾与冲突。主流观点认为,检察机关作为宪法规定的国家专门法律监督

---

[*] 本文获 2015 年中国法学会第十届中国法学家论坛主题征文二等奖。刊载于《中国法治文化》2016 年第 3 期。

机关，其作为社会公共利益的代表与作为法律监督者的身份合而为一，这是其介入公益诉讼的坚实基础。① 换言之，基于保护社会公共利益的基本立场，检察机关参与生态环境保护监督的正当性在于我国检察机关法律监督属性的社会公益性。反对观点认为，检察机关参与生态环境保护监督，制约了当事人私益处分原则的适用，弱化了民事诉讼权利义务的对等原则，打破了民事诉讼原被告地位平等的角色分配格局。② 诚然，环境侵权往往具有社会公共危害性和私人侵权性双重属性，从而导致检察机关环境公益保护和环境受害人私益处分之间存在冲突，但这不能成为否定检察机关生态环境监督机制的理由，而应当通过具体的协调措施，实现公益保护与私益处分之间的平衡。例如严格限定检察机关参与生态环境保护监督的案件范围，设置检察机关与环境受害人就各自诉权行使的协商程序等。再者，之所以由检察机关参与生态环境保护监督，在于侵犯公共利益的主体一般掌握着较为强势的资源（例如康菲石油漏油事件中，康菲石油是全球最大的能源公司之一），个人难以与之对抗，检察机关则在证据收集、举证质证等诉讼权利行使上存在优势，由其行使生态环境公益诉权等监督措施可能更加有利于环境民事权益的保护。

（二）正当履职与职能冲突之辨

有的观点认为，检察机关参与生态环境保护监督，会引起检察机关和行政机关职责上的重叠和冲突。③ 具体理由为：针对环境犯罪行为，由检察机关提起刑事诉讼，以诉讼机制施行刑罚处罚，检察机关承担着社会公益者的角色。而针对其他环境违法行为，则是由环境保护行政机关通过行政执法给予行政处罚，以非诉讼的方式承担着社会公益的责任。本文认为，检察机关参与生态环境保护监督不仅不会造成和行政机关职责上的冲突，反而能够通过参与监督实现对行政机关监管职能的有效补充。实践中，侵害公共利益行为的发生和扩散，往往都有政府监管部门的责任。以环境公害为例，环境行政部门出于部门利益考虑，或受地方保护主义的影响，不主动履行法定职责

---

① 别涛等：《检察机关能否提起环境民事公益诉讼》，载《人民检察》2009 年第 7 期。
② 杨秀清：《我国检察机关提起公益诉讼的正当性质疑》，载《南京师范大学学报（社会科学版）》2006 年第 6 期。
③ 章礼明：《检察机关不宜作为环境公益诉讼的原告》，载《法学》2011 年第 6 期。

或不依法追究相关人员的行政责任,甚至故意违法行政或滥用职权的情况时有发生,严重损害了国家和社会公共利益。因此允许检察机关通过提起民事、行政公益诉讼等方式对参与环境保护监督,不仅是对环境行政机关怠于履行保护公共利益职责的有效救济,也是对环境行政机关监督制约的有效方式。

（三）权力强化与权力膨胀之辨

有的观点认为,检察机关参与生态环境保护监督,代表着检察职能的不断延伸和扩张,这种局面一旦形成将一发不可收拾,导致检察机构和检察权力无限膨胀,进而破坏既有的国家权力配置格局。[1]检察监督权是否会冲破法治的笼子,出现权力膨胀和滥用的现象？本文认为,法律监督是宪法赋予检察机关的神圣职责,无论是刑事诉讼权还是民事、行政公益诉讼权都是法律监督权的表现形式。民事、行政上的公共利益与刑事上的公共利益没有本质区别,只是程度上的差异而已。即使认为检察机关通过提起民事、行政公益诉讼等方式参与环境保护监督属于扩权,那也是合宪性的扩权,属于强化法律监督权的重要举措。换言之,检察机关参与生态环境保护监督,是以宪法所赋予的法律监督权为出发点的,监督法律的遵守与实施是其核心要义,此外别无任何私人利益夹杂其中,因此也不存在滥用公益诉权的任何动因。此外,立法可以通过设立前置程序来防止检察监督权的滥用,即检察机关应先建议环境行政机关依法履行职责,如环境行政机关没有履行,检察机关再行履行诉讼程序。如此一来,检察机关以原告身份提起的环境保护诉讼程序将少之又少,根本不会发生权力膨胀的情况。

（四）司法能动与司法克制之辨

对于司法能动的褒贬、利弊,争论从未停止,这是因为司法能动不仅能够实现个案公正,而且具有弥补立法缺漏、制度创新的功能。从检察角度而言,环境司法的能动化倾向和要求更为明显。2000年,最高人民检察院发布的《关于强化检察职能、依法保护国有资产的通知》强调,检察机关应充分发挥检察职能,对侵害国家利益、社会公共利益的民事违法行为提起诉讼。

---

[1] 章志远:《行政公益诉讼的冷思考》,载《法学评论》2007年第1期。

2011年召开的第十三次全国检察工作会议明确要求，检察机关要充分发挥职能作用，积极稳妥探索开展公害污染等案件的督促起诉、支持起诉和公益诉讼。2014年，《中共中央关于全面推进依法治国若干重大问题的决定》更明确提出，探索建立检察机关提起公益诉讼制度。考虑到司法资源的有限性，当前既要防止从本位主义出发而对检察机关参与生态环境保护监督设置不应有的障碍，又要警惕不正确的政绩观引发的环境保护监督冲动，应在逐步探索的基础上，合理设定检察机关参与生态环境保护监督的方式和程序，合理配置诉讼资源，有效提高检察机关参与生态环境保护监督案件的质量和示范价值，真正发挥其保护生态环境、推进美丽中国建设的作用。

二、检察机关生态环境保护监督机制的制度设计

（一）支持起诉机制

检察机关支持起诉是指国家、集体、社会公共利益及弱势群体的民事权利遭受侵害，有诉权的当事人因诉讼能力欠缺等原因未提起诉讼的，检察机关可支持受侵害的单位、集体或个人向人民法院提起民事诉讼的做法和制度。在生态环境保护案件中，通过检察机关支持起诉，可以降低受害群众的损失救济成本，增强环保案件的实际处理效果。同时，通过支持个体私益的方式，达到整体维护公益的目的。《民事诉讼法》第15条规定："机关、社会团体、企事业单位对损害国家、集体或者个人民事权益的行为，可以支持受损害的单位或者个人向人民法院起诉。"这为检察机关支持起诉机制提供了最直接的法律依据，而"法律的生命在于被司法化的适用"，[①] 必须为检察机关支持起诉机制设立合理的法律程序。

1. 检察机关支持起诉的受案范围

检察机关支持起诉的意义在于通过对弱势一方的支持来实现司法公正，追求的是当事人双方实质的平等，因而必须坚持"有限参加原则"，严格设定检察机关支持起诉的受案范围。本文认为，检察机关支持起诉的环境案件必须同时满足以下条件：一是相关环境案件关乎国家、集体或社会公共利益的

---

① 范进学：《权利政治论》，山东人民出版社2003年版，第138页。

维护;二是被侵害人在诉讼地位中处于绝对弱势,即存在证据收集困难或者诉讼能力缺乏等原因未能起诉;三是受害人有起诉意愿并向检察机关提出支持起诉申请。检察机关无权以支持起诉为原则强制被侵权人起诉。

2.检察机关支持起诉的内容

在支持起诉的内容中,一般应包括以下几个方面:一是道义上的支持,如舆论声援、精神抚慰等,在一定程度上为被侵害人寻求救济提供心理上的可靠性。二是物质支持,如为经济困难的当事人提供一定的诉讼经费或生活经费,助其完成诉讼或改善生活。三是法律支持,如向被侵害人提供法律咨询,运用检察权获取相关资料,调查取证,增强弱势群体的诉讼能力。四是出庭支持。如向法庭表达支持起诉的意见,展示收集的相关证据等。

3.检察机关支持起诉的方式和程序

经检察机关审查决定支持起诉的环境案件,检察机关应制作《支持起诉决定书》,载明案件来源、基本案情、支持起诉理由等事项,一并送达所有利害关系人及同级受案法院。检察机关在作出支持起诉决定前,依职权调查收集的证据,应当随《支持起诉决定书》一并提交人民法院。法院开庭审理时,检察机关应派员出庭,主要职责为宣读支持起诉意见书,阐述客观事实,出示收集的相关证据(作为原告提交的证据予以质证),但不宜参加证据质证和法庭辩论,避免因检察机关的介入造成当事人新的不平等待遇或影响法院实际审理。需要指出的是,检察机关在支持起诉的过程中,仅应作为从诉讼人出现,居于辅助地位,旨在加强被侵害人诉讼行为的效果,其权利义务有限,不需承担共同诉讼人的相关义务,也无法享受共同诉讼人的相关权利。[①]

(二)督促起诉机制

检察机关督促起诉是指检察机关发现损害或足以损害国家和社会公益的违法、违约行为,负有公产管理、社会管理、市场监督、公共服务等公法义务、依法具有民事诉讼原告资格的行政机关和法律法规授权组织不履行或怠于履行职责,足以导致国家财产权益或者公共利益遭受损失的,检察机关督

---

① 孙洪坤:《检察机关参与环境公益诉讼的程序研究》,法律出版社2013年版,第271页。

促其通过提起民事诉讼维护国家财产权益或者公共利益的做法和制度。[①] 检察机关督促起诉的司法实践，目前主要是督促承担国有资产监管、国土资源管理、文物管理、民政管理等职能的政府部门通过提起民事诉讼维护国家和社会公益。在生态环境保护监督方面，行政机关成为督促起诉对象最典型的立法例是《海洋环境保护法》第90条的规定，即海洋行政主管部门可对海洋环境污染损害的责任者提起民事诉讼。但在其他环境保护、污染防治立法中，相应的法律措施仍是由环保行政机关责令赔偿损失。现实中，检察机关对环保行政部门怠于履行公法义务的行为（例如对企业违法排污、拖欠排污费等行为的不作为）进行督促起诉，是必要的也是可行的。如何科学设置检察机关督促起诉程序，是本文要讨论的重点。

1. 检察机关督促起诉的范围

检察机关督促起诉的范围，取决于负有公法上义务的行政机关和相关组织可以提起民事诉讼的范围。基于公益的民事诉讼范围如果扩大，检察机关可以督促起诉的范围也会随之扩大。本着加强环保力度的原则，不妨作出如下制度设计：检察机关认为环保部门或其他依法负有环境监管职责的部门，在环境执法中不作为时，可以督促其提起民事诉讼：一是环保部门对侵害环境公益的违法行为已经依法进行过行政处罚，但侵害行为造成的损害后果尚未处理的；二是存在环境污染或生态破坏的重大风险，负有起诉责任的单位在法定的期限内未采取相关措施的；三是不特定社会群体的财产权或人身权受到环境污染行为侵害的；四是相关部门不提起民事公益诉讼可能导致环境公益遭受进一步损害的；五是其他应当督促起诉的情形。

2. 检察机关督促起诉的方式和程序

检察机关决定督促环保部门起诉的，应当制作《督促起诉决定书》，载明案件来源、基本案情、督促起诉理由等情况，送达环保部门，并附上检察机关调查取得的证据材料。为保障监督起诉的效果，应赋予《督促起诉决定书》必须予以执行的法律效力。但同时应赋予环保部门提出异议的权利，即环保部门认为不应起诉的，应在收到《督促起诉决定书》一定期间内（例如15天）向检察机关提出异议并说明理由，经检察机关审查认为理由成立的，由

---

① 张步洪：《行政检察制度论》，中国检察出版社2013年版，第273页。

检察机关撤回《督促起诉决定书》；经检察机关审查认为理由不成立的，环保机关必须执行《督促起诉决定书》。如果环保部门在收到《督促起诉决定书》后既不执行，也不向检察机关提出异议，致使国家或社会公共利益遭受实际损失的，检察机关可以向有关部门提出法律或纪律处理建议；发现环境监管失职或贪污、贿赂等违法犯罪线索的，情节严重的，由相关机关按照法定程序立案侦查。

（三）提起民事公益诉讼机制

《民事诉讼法》第 55 条规定："对环境污染、侵犯众多消费者合法权益等损害社会公共利益的行为，法律规定的机关和有关组织可以向人民法院提起诉讼。"《环境保护法》第 58 条再次明确了污染环境、破坏生态、损害社会公共利益的行为，相关组织可以提起民事公益诉讼。虽然两法均未直接规定检察机关可以直接提起民事公益诉讼，但并不妨碍检察机关在实践中探索执行。而且根据《刑事诉讼法》第 99 条①的规定，在国家财产、集体财产遭受损失时，检察机关已经可以通过"刑事附带民事"的方式提起公益诉讼，只是这种制度安排远不能满足生态环境保护现状对公益诉讼制度的迫切需求。同时，即使赋予检察机关直接提起民事公益诉讼的权利，亦不意味着所有的环境纠纷都应当有检察机关代表国家、社会和大众来起诉，必须合理划定检察机关直接提起民事公益诉讼的范围，并设置合理的司法程序予以保障，以防止公权力僭越私法自治的底线。

1. 检察机关提起环境民事公益诉讼的范围

环境民事公益诉讼是为解决对环境的损害而确定的特殊制度，即以保护环境公共利益为指向的诉讼制度。检察机关提起环境民事公益诉讼，应严格限定在"污染环境、破坏生态、损害社会公共利益的行为"。污染环境行为是指人的活动向环境排放超过环境自净能力的物质或能量，导致环境质量下降，影响人类及其他生物正常生存、发展和生活，例如违法排放废水、废渣、废气等；破坏生态行为是指人类不合理地开发利用资源，过量地向环境索取物质和能力，使得自然环境的恢复和增殖能力受到破坏或者造成生态失衡，资

---

① 2018 年《刑事诉讼法》修改后，该条内容调整为第 101 条。——编者注

源枯竭，如滥砍滥伐、无度开采等。同时，环境民事公益诉讼应针对损害社会公共利益的行为，其目的只在于预防及修复公共利益的损害。污染环境、破坏生态的行为可能同时导致公共利益与个人利益的损害，甚至两者互为因果、互相转化，但绝对不能以受损害人数的多少来区分公共利益和个人利益。对弱势群体个人利益的损害，可以考虑通过上文探讨的支持起诉机制予以解决。

2. 检察机关提出诉讼请求的范围

由于检察机关在环境民事公益诉讼中不是直接的受害人，与损害结果没有直接的利害关系，其提出诉讼请求的范围属于该制度的焦点问题之一。检察机关提出的诉讼请求的范围，也就是要求被告承担侵权责任方式的范围。《侵权责任法》第 15 条对侵权责任的承担方式作出了一般性规定，其中多数方式适用于环境民事公益诉讼。依据责任目的和功能的不同，可进行如下划分：一是预防性责任，主要是指生态环境的损害后果极有可能发生或已经发生时，检察机关有权请求被告停止侵害行为或采取一定措施防止损害结果的发生或扩大。此时责任承担方式表现为停止侵害、排除妨碍、消除危险等。二是恢复性责任，主要是指环境损害后果已经发生的情况下，检察机关请求被告采取一定措施对受到损害的生态环境进行修复，以使其恢复到污染、破坏行为发生前的状态或在恢复客观上不能时，通过替代性修复等方式，使整个区域范围内恢复生态容量水平。此时的责任承担方式表现为恢复原状或其他替代性方式。三是赔偿性责任，主要是指环境损害结果已经发生时，检察机关请求被告支付一定数额的金钱，以弥补环境本身受到的损害以及检察机关因此而支出的合理费用。此时的责任承担方式表现为赔偿损失。赔偿损失本身是环境私益诉讼中最为重要的责任承担方式，运用到环境公益诉讼中的关键问题是必须合理确定赔偿金的支付对象和控制赔偿金的使用用途，使赔偿金专项用于弥补环境公共利益受到的损害。在损害赔偿的具体范围上，可以参考环境保护部于 2011 年颁布的《环境污染损害数额计算推荐方法》的相关规定。

3. 检察机关参与环境民事公益诉讼的程序与限制

对于检察机关参与环境民事公益诉讼的程序，一般应遵守民事诉讼法的相关规定。但在规制检察机关作为原告的处分权方面，应作出严格限制。一是对检察机关自认的限制。检察机关在诉讼中承认对方诉讼请求以及对己方不利的事实的,应由审判机关在全面、客观地审核其真实性和合法性后方可确认;若审判机关认为检察机关的自认损害社会公共利益的,可不予确认。二是对检察机关调解、和解或撤诉的限制。法院调解、当事人自行和解及撤诉,作为重要的诉讼替代机制以及其内容上的开放性,在环境公益诉讼中予以适用可能产生更好的法律效果和社会效果。基于长远利益考虑或公共利益的有效实现,应当允许检察机关接受法院调解、与当事人和解并撤诉,但调解或和解的过程及结果都必须向社会公开,允许他人在一定期限内提出异议,审判机关也应主动进行审查并作出是否予以确认的裁定,以限制检察机关作为公益诉讼原告的权力行使。

(四)督促纠正违法机制

检察机关督促纠正违法是指检察机关发现环保部门在环境执法过程中存在损害或足以损害国家和社会公益的违法行为,检察机关采取措施督促其纠正违法的做法和制度。检察机关督促行政机关纠正违法目前仅有地方立法例,如1997年安徽人大常委会根据行政处罚法制定的《安徽省行政执法监督条例》第6条规定:"行政执法活动依法受人民法院的审判监督、人民检察院的检察监督。"再如2011年宁夏回族自治区政府与检察院会签的《行政执法工作与检察监督工作相衔接的若干规定》第26条明确规定,检察机关在检察监督工作中发现行政执法机关作出的行政处罚、行政强制措施、行政审批决定存在相关违法情形的,可以向作出具体行政行为的行政执法机关发出《纠正违法通知书》予以监督。党的十八届四中全会的决定中明确指出,检察机关在履行职责中发现行政机关违法行使职权或者不行使职权的行为,应该督促其纠正。在环境执法中,相比较于环保部门的不作为,环保部门的乱作为可能对生态环境的危害更大,如果对这类违法行为置之不理、任其发展,一方面不可能根本扭转环境执法乱象,另一方面可能使一些苗头性问题演变为刑事犯罪,因此建立检察机关督促纠正违法机制势在必行。

1. 检察机关督促纠正违法的范围

对于检察机关督促纠正违法的范围,可以作出如下制度设计:检察机关认为环保部门或其他依法负有环境监管职责的部门,在环境执法过程中存在下列违法情形，影响国家和社会公共利益的，可以督促其纠正：一是执法主要证据不足的；二是执法适用法律、法规、规章错误的；三是违反法定程序的；四是超越职权的；五是滥用职权的；六是其他应当督促纠正的违法情形。

2. 检察机关督促纠正违法的方式和程序

检察机关决定督促纠正违法的，应当制作《纠正违法通知书》，载明违法事实、督促纠正理由及建议等情况，送达环保部门，并附上检察机关调查取得的证据材料。为保障监督纠正违法的效果，应赋予《纠正违法通知书》必须予以执行的法律效力。但同时应赋予环保部门提出异议的权利，即环保部门认为自身行为不违法的，应在收到《纠正违法通知书》一定期间内（例如15天）向检察机关提出异议并说明理由，经检察机关审查认为理由成立的，由检察机关撤回《纠正违法通知书》；经检察机关审查认为理由不成立的，环保机关必须执行《纠正违法通知书》。如果环保部门在收到《纠正违法通知书》后既不执行，也不向检察机关提出异议，致使国家或社会公共利益遭受实际损失的，检察机关可以向有关部门提出法律或纪律处理建议；发现环境监管失职或贪污、贿赂等违法犯罪线索的，情节严重的，由有关机关按照法定程序立案侦查。

（五）提起行政公益诉讼

行政公益诉讼，是指当行政机关的违法行为或不作为对公共利益造成侵害或有侵害危险时，法律规定由特定国家机关为维护公共利益而向法院提起行政诉讼的制度。① 司法权力配置不是纯粹的理论设计，主要还是现实选择的结果。行政诉讼是一种直接控制行政行为效力的事后监督手段。在环境执法领域引入行政公益诉讼制度，有利于及时确定涉及国家和社会公益的环境执法行为的法律效力，以纠正损害公益的环境执法行为，也有利于更好地促进环保机关依法履职与严格执法。检察机关作为独立于行政系统的法律监督机关，地位比较超脱，在非诉讼手段失灵的情况下，由其作为公益代表对环保部门损害公益的行政违法行为和不作为提起行政公诉比较适宜。虽然新修订的行政诉讼法并未规定行政公益诉讼制度，但党的十八届四中全会的决定为

---

① 张步洪：《行政检察制度论》，中国检察出版社 2013 年版，第 249 页。

我们在实践中探索建立检察机关提起行政公益诉讼制度指明了方向。

1. 检察机关提起环境行政公益诉讼的范围

虽然本文认为检察机关是提起行政公益诉讼的合适主体,但应避免检察机关过度干预行政机关的正常活动,防止检察机关直接参与行政机关作出行政行为的具体过程。因而必须对检察机关提起环境公益诉讼的范围和条件作出限制。只有在环境公共利益受到严重损失或面临严重受损的危险,不提起行政公益诉讼难以补救时,检察机关才能提起公诉。同时,确定环境行政公益诉讼的范围,需要在诉讼手段和非诉讼手段之间权衡。如果可以采取非诉讼手段(例如启动督促纠正违法机制或督促起诉机制等)予以解决,检察机关则不得提起行政公诉。要严格防止检察机关通过行使行政公诉权变相实行"一般监督"。另外,环境行政公益诉讼旨在纠正严重侵犯公益的行政执法环节的违法执法与不作为,对于环境立法行为以及环境行政决策行为,检察机关不宜以提起诉讼的方式予以介入。

2. 检察机关提出诉讼请求的范围

在行政公诉中,检察机关提出的诉讼请求的范围,也就是要求被告承担"违法执法或不作为"责任方式的范围。从新修订行政诉讼法相关规定来看,可以将检察机关提出诉讼请求的范围总结为:一是请求确认行政行为违法,二是请求撤销或部分撤销行政行为,三是请求变更行政行为,四是请求重新作出行政行为,五是请求履行行政行为,六是请求采取补救措施或赔偿损失。应当指出的是,检察机关提起环境行政公益诉讼,其诉讼请求一般应以确认行政行为违法为前提,进而要求判决环保部门撤销、变更或重新作出相应行政行为。对于请求履行一定行政行为的,则不要求以确认违法为前提。

3. 检察机关参与环境行政公益诉讼的程序与限制

对于检察机关参与环境行政公益诉讼的程序,一般应遵守行政诉讼法的相关规定。类同检察机关提起环境民事公益诉讼,在规制检察机关作为原告的处分权方面,亦应作出严格限制。以行政调解为例,新修订行政诉讼法第60条规定:"人民法院审理行政案件,不适用调解。但是,行政赔偿、补偿以及行政机关行使法律、法规规定的自由裁量权的案件可以调解。调解应当遵循自愿、合法原则,不得损害国家利益、社会公共利益和他人合法权益。"现实中,司法机关实行的行政诉讼协调、和解机制,实际上是没有调解书的调解。通过协调解决行政争议，并不是要放弃对行政行为的合法性审查，而是要在查明事实、分清是非、不损害国家利益、公共利益和他人合法利益的前提下做好协调工作。对于检察机关参加协调或和解的过程及结果都必须向社会公开，允许他人在一定期限内提出异议，审判机关也应主动进行审查并作出是否予以确认的裁定，以限制检察机关作为公益诉讼原告的权力行使。

三、检察机关生态环境保护监督机制的制度保障

（一）立法支持

支持检察机关参与环境保护监督，是目前理论界和司法实务界的主流观点。但理论的最终目的依然是指导实践，若要建立和完善检察机关环境保护监督机制，首先必须明确检察机关参与环境保护监督的法律授权，其次赋予检察机关支持起诉、督促起诉、督促纠正违法、提起公益诉讼等监督措施一定的法律效力。具体做法有三点：一是可以通过修改《环境保护法》进行明确授权，赋予检察机关参与环境监督的主体资格和程序效力。该法第58条将提起民事公益诉讼的主体范围限定为：依法在设区的市级以上人民政府民政部门登记，专门从事环境保护公益活动连续五年以上且无违法记录的社会组织。这种做法将诉权限制在中华环保联合会等有限范围内，不仅不利于其积极行使诉权，且更容易滋生腐败问题。二是可以通过修改《人民检察院组织法》，明确检察机关参与环境保护监督的主体资格和职能设置。三是修改民事诉讼法和行政诉讼法，明确赋予检察机关参与环境监督的主体资格和程序效力。对于检察机关支持起诉、督促起诉和提起环境民事公益诉讼，司法实践中已有不少成功的案例，可先行予以立法确认。对于检察机关督促纠正违法行为、提起环境行政公益诉讼，应在逐渐探索成熟的基础上，予以立法确认，从而更好地保护公共利益。

（二）执法联动

环境问题的治理需要多方面的协作和共同努力，检察机关和环保部门作为不同的国家职能部门，在环境保护监督机制中应当充分发挥各自的优势。一是要建立和完善信息共享平台，加强两者之间的联系与沟通。只有保障信息通畅，才能对环境污染破坏案件进行及时的监督处理，消除环保部门与检察机关在环境案件中的信息不对称，也有利于加强检察机关对环保部门的执法监督。二是要实现证据衔接，保障检察机关参与环境保护监督有据可依。环保部门根据其自身职能，对环境数据的掌握有着技术上的优势，而相关数据又是检察机关参与环境保护监督案件的重要证据材料，只有实现有效的证据衔接，才能充分保障检察机关参与环境保护监督的有效性。环保部门应定期将查处环境违法行为（尤其对于涉及环境公益的违法行为）的文书和检测检验报告等相关材料复印件，向同级检察机关民行部门报送。检察机关对受理的涉及环境公益案件线索，可向环境部门核查。三是建立检察机关和环保部门关于环境案件的移送和审查程序，明确划分两者之间的法律责任，确保环境污染和生态破坏等损害社会公益案件能够顺利移送。

（三）队伍建设

环境问题具有很强的专业性，涉及环境、水文、地质等多学科领域，这对检察人员参与环境保护监督提出了新的挑战。一是在对环境案件进行定性时，不能仅依据一般的法律规范和伦理规范，还必须参照专业技术指标。二是在现有法律规定不足时，需要在环保理念和思维的指引下，选择和适用符合环境保护宗旨的检察规则。而从我国现阶段的检察实践来看，检察机关面临着环境监督专业人员不足、专业知识欠缺等问题。为此，加强检察队伍环境监督专业化建设势在必行。一是要积极引进人才，吸纳有环境法背景的人才充实到检察队伍。二是要注重培养人才，加大培训力度，通过学习环境资源专业知识，研究实务疑难问题，不断更新司法理念，提升司法能力，努力打造一支政治强、业务精、素质高的专业化环境监督检察队伍。

(四)机构设置

"截止到2014年9月16日,全国共有20个省、市、区人民法院设立了环境资源审判庭、合议庭、巡回法庭,合计368个。"[①] 最高人民法院亦设立了环境资源审判庭。相较于法院系统开展的环境司法实践,检察系统在环境保护监督机制建设方面虽在稳步推进,但至今尚未成立相关机构从事专门环境保护监督。从目前来看,除了对环境犯罪案件依法由公诉部门提起刑事公诉外,对于侵犯公共利益的环境违法行为的监督一般由各级检察机关的民行部门承担,可以考虑在检察机关民行部门内设相关处室(例如环境监督处或公益诉讼处),统一行使环境保护监督职权,履行环境保护监督义务,从而实现法、检职能部分在环境司法中的有序衔接和配合,共同维护环境公共利益,实现环境治理法治化。

---

① 高环智:《提高环境司法水平 实现环境治理法治化》,载《人民法院报》2014年12月3日。

论立体化生态检察监督模式的构建[*]

良好生态环境是实现中华民族永续发展的内在要求,是增进民生福祉的优先领域。进入新时代,解决人民日益增长的美好生活需要和不平衡不充分的发展之间的矛盾对生态环境保护提出许多新要求,其中关于法治方面的新要求尤为突出。2018年6月16日,中共中央、国务院出台了《关于全面加强生态环境保护坚决打好污染防治攻坚战的意见》,要求坚持用最严格制度最严密法治保护生态环境。7月10日,全国人大常委会通过了《关于全面加强生态环境保护依法推动打好污染防治攻坚战的决议》,指出要不断健全生态环境保护法治体系,大力推动生态环境保护法律制度全面有效实施。检察机关作为国家法律监督机关和公共利益的代表,在生态环境保护方面责无旁贷。本文试就建立立体化的生态检察监督模式进行探讨,以期对充分发挥检察监督职能,强化生态环境司法保护,助力打好污染防治攻坚战有所裨益。

一、专业化监督

建立立体化的生态检察监督模式,必须立足专业化监督目标,建立健全"刑事惩处+诉讼监督+公益诉讼"的专业化监督体系。一是要依法严惩危害生态环境犯罪,形成强有力法律震慑。当前破坏生态环境犯罪类型多样,犯罪手段隐蔽,危害后果严重,应当及时掌握破坏生态环境犯罪的新特点、新动向,通过履行批捕起诉职能,以零容忍的态度,坚决惩治多发性破坏生态环境的刑事犯罪。在办案过程中,既要严守罪刑法定、疑罪从无、证据裁判原则,严把事实关、证据关和法律适用关,又要准确把握法律政策界限,做到准确定性、依法办理。二是要强化诉讼监督,维护生态环境法律制度的刚

---

[*] 本文刊载于《民主与法制时报》2018年8月7日。

性和权威。习近平总书记指出，我国生态环境保护中存在的突出问题大多同体制不健全、制度不严格、法治不严密、执行不到位、惩处不得力有关。因此，加强生态环境领域相关案件的诉讼监督，既要深化破坏环境资源犯罪专项立案监督，督促行政执法机关及时移送涉嫌犯罪案件，切实防止和纠正有案不立、有罪不究、以罚代刑、降格处理等问题，又要完善生态环境民事行政申诉案件办理机制，及时受理审查因环境污染责任、资源权属和利用等引发的民行申诉案件，综合运用抗诉、检察建议、支持起诉等手段，加强对涉生态环境民事行政审判和执行活动的监督。三是要充分履行公益诉讼职能，加强环境公益保护。检察公益诉讼是运用法治思维和法治方式解决环境污染问题的重要制度设计，也是推进国家治理体系和治理能力现代化的重要举措。7月6日，中央深改委审议通过《关于设立最高人民检察院公益诉讼检察厅的方案》，强调以强化法律监督、提高办案效果、推进专业化建设为导向，构建配置科学、运行高效的公益诉讼检察机构，为更好履行检察公益诉讼职责提供组织保障。以此为契机，检察机关一方面要充分认识公益诉讼职能对生态保护的特殊功能，进一步加大办案力度，彰显公益诉讼的生态保护效能；另一方面要积极争取党委、政府的领导支持，以推动问题解决为目标，把检察建议与提起公益诉讼、检察监督与促进行政机关自我纠错有效衔接起来，形成生态环境保护合力，实现双赢多赢共赢的监督目标。

二、恢复性司法

建立立体化的生态检察监督模式，必须贯彻恢复性司法的理念，逐步完善生态环境修复工作机制。"恢复性司法"的理论最早由西方学者在20世纪中后期提出，并迅速在英美法系国家付诸实践，国内一些学者将该理念多应用于青少年犯罪研究和刑事和解案件办理中。近年来，随着破坏环境资源犯罪的逐年上升，单纯的刑罚处罚难以实现降低犯罪率的目的，各地积极探索将恢复性司法引入生态环境保护实践，立足修复生态推进生态环境可持续发展。在生态环境领域，惩治犯罪、提起公益诉讼只是手段，最终目的是要保护和修复生态。检察机关应当以恢复性司法理念为引领，积极探索生态修复法治方式和配套机制，着力增强司法保护效果。一是要建立生态环境刑事案件修复工作机制，教育引导被告人与相关单位积极通过消除污染、增殖放流、补植复绿、土地垦复等方式修复生态环境，自愿履行生态修复义务。同时，将修复生态情况作为衡量被告人社会危害性、悔罪表现的重要因素，并据此提出量刑处理意见，实现惩罚犯罪与保护生态有机结合。二是对民事公益诉讼案件，检察机关不能仅仅满足于法院支持诉讼请求的法律效果，还要跟踪生效裁判执行情况，督促被告人履行治理、赔偿等义务，对拒不执行的，要及时建议法院强制执行，真正把公益诉讼的办案效果体现到恢复被污染、破坏的生态环境上，实现办理一个案件、修复一片生态的司法保护效果。

三、社会化治理

建立立体化的生态检察监督模式，必须积极推动社会化治理，促进形成全民共治的生态环境治理格局。生态文明是人民群众共同参与共同建设共同享有的事业。保护生态环境，必须推进全民共治，由政府、企业、公众各尽其责、共同发力，政府积极发挥主导作用，企业主动承担环境治理主体责任，公众自觉践行绿色生活。就检察机关而言，在推进生态检察监督社会化治理过程中，必须主动加强与相关部门沟通协调，不断增强环境治理保护合力。一是要建立健全行政执法与刑事司法衔接平台，积极推进与相关行政机关建立、完善信息交流、案件通报、联席会议等机制，在线索发现、调查取证、专业鉴定、技术支持等方面加强协作，共同研究办案中的疑难复杂问题。二是要结合办案，深入剖析环保领域违法犯罪特点、规律和深层次原因，以及环境治理中的问题隐患，查找制度缺陷和监管漏洞，综合运用专题报告、信息简报、综合通报等方式，及时向党委、政府和主管、监管部门提出风险预警及建议。三是要加强与人民法院的沟通协调，凝聚改革共识，通过办案实践推动检察公益诉讼制度进一步丰富和完善。四是要积极与监察机关沟通协调，围绕检察监督职能和国家监察职能的衔接，建立职务犯罪案件工作衔接及线索"双向"移送工作机制。五是要继续加强与环保协会等社会组织的沟通联系，在法律咨询、证据收集等方面提供专业支持和帮助，形成相关职能部门、社会公益组织、司法机关同心合力保护生态环境的格局。六是要善于抓住典型案件，积极开展普法宣传，使每一起案件都成为鲜活生动的普法公开课，做到办理一案、教育一片，增强广大群众的生态环境保护意识。

四、智能化保障

建立立体化的生态检察监督模式，必须依托现代科技手段，逐步实现办案智能化保障。中共中央、国务院《关于全面加强生态环境保护坚决打好污染防治攻坚战的意见》要求，在开展生态环境保护过程中，要进一步加大投入力度，强化科技支撑，开展重点领域科技攻关。《全国检察机关智慧检务行动指南（2018—2020年）》明确指出，要坚持把科技作为检察工作创新发展的动力，加快推进检察机关智能化建设，促进云计算、大数据、人工智能、物联网、区块链、虚拟现实等新兴科技与检察工作的深度融合，持续提升检察办案质效。就生态检察监督而言，一是在案件线索发现方面，要逐步建立并充分利用行政执法与刑事司法衔接、行政执法与行政检察衔接等信息共享平台，及时抓取环境犯罪和公益诉讼案件线索，着力解决案件线索发现难问题。二是在案件办理方面，要充分利用无人机、区块链等现代科技手段进行调查取证，着力解决案件调查取证难问题。当前，部分地方已着手探索运用"卫星遥感＋区块链技术"支持环境公益诉讼案件的办理，即在环境公益诉讼案件中，运用高分辨率卫星遥感技术进行监测、取证、客观还原案件发生经过、提供案件诉讼证据材料、整改情况核实等工作，取得了积极的成效。卫星遥感技术对于监测地表变化情况具有天然优势，区块链存证是保证电子数据原始性的有效方案，两项技术结合所形成的卫星遥感监测报告等证据材料，具有更高的可信度与证明力，值得探索研究。

制度设计：检察机关提起公益诉讼十二题[*]

自 2014 年党的十八届四中全会提出"探索建立检察机关提起公益诉讼制度"及 2015 年全国人大常委会授权最高人民检察院在部分地区开展公益诉讼试点工作以来，据有关部门统计，截至 2017 年 4 月底，各试点地区检察机关共在履行职责中发现公益案件线索 8526 件，办理公益诉讼案件 7013 件，其中诉前程序案件 6203 件、提起诉讼案件 810 件，人民法院共审结 161 件。在检察机关办理的 7013 件公益诉讼案件中，涉及生态环境和资源保护领域案件 4952 件、国有资产保护领域案件 1193 件、国有土地使用权出让领域案件 807 件、食品药品安全领域案件 61 件。在检察机关提起诉讼的 810 件案件中，涉及民事公益诉讼案件 82 件，行政公益诉讼案件 723 件。据不完全统计，检察机关试点提起公益诉讼以来，已督促恢复被污染、破坏的耕地、林地、湿地和草原约 12.8 万公顷，督促近 1400 家违法企业进行整改，索赔环境治理、生态恢复等费用超 1.6 亿元，督促收回欠缴的国有土地出让金超 32 亿元。换言之，检察机关提起公益诉讼，在保护国家利益和社会公共利益方面发挥了不可替代的积极作用，达到了改革试点的预期目标。2017 年 6 月 27 日，全国人大常委会正式表决通过了最高人民检察院提请审议修改《民事诉讼法》和《行政诉讼法》的议案，在《民事诉讼法》和《行政诉讼法》中增加了检察机关提起公益诉讼的条款。自此，检察机关提起公益诉讼制度在我国正式建立，但在具体的制度运行过程中，检察机关与审判机关并未就相关问题完全达成一致意见。对此，笔者不揣冒昧，试从制度设计层面对相关问题作出论述，以期对这一改革项目的深入开展有所裨益。

---

[*] 本文获 2017 年中国法学会第十二届中国法学青年论坛主题征文二等奖，刊载于《社会治理》2017 年第 9 期。

一、检察机关提起公益诉讼的案件范围

全国人民代表大会常务委员会《关于授权最高人民检察院在部分地区开展公益诉讼试点工作的决定》(以下简称《授权决定》)规定检察机关提起公益诉讼的案件范围是生态环境和资源保护、国有资产保护、国有土地使用权出让、食品药品安全等领域。《检察机关提起公益诉讼试点方案》(以下简称《试点方案》)和《人民检察院提起公益诉讼试点工作实施办法》(以下简称《实施办法》)对民事公益诉讼和行政公益诉讼的案件范围作出了区分,其中将检察机关提起民事公益诉讼的案件范围确定为污染环境、食品药品安全领域侵害众多消费者合法权益等领域,将检察机关提起行政公益诉讼的案件范围确定为生态环境和资源保护、国有资产保护、国有土地使用权出让等领域。修改后的《民事诉讼法》将检察机关提起民事公益诉讼的案件范围确定为生态环境和资源保护、食品药品安全领域侵害众多消费者合法权益等领域,《行政诉讼法》将检察机关提起行政公益诉讼的案件范围确定为生态环境和资源保护、食品药品安全、国有财产保护、国有土地使用权出让等领域。

笔者认为,目前检察机关可以提起公益诉讼的案件范围略为保守,应适度放宽。实践中,公益广受侵害的领域除了《授权决定》和《试点方案》所列举之外,还包括危害社会公众生命和身体健康、扰乱市场经济秩序、破坏社会公益事业、危害公共安全以及财政税收管理、城市规划建设、历史文化保护等众多领域。故有必要在进一步分类列举的基础上,以国家利益和社会公共利益保护为限,增设兜底条款。在此需指出,适度放宽并非全面放开,因为公益诉讼涉及范围的广泛性与检察机关力量投入的有限性决定了目前检察机关提起公益诉讼的范围不宜太宽。目前亦将检察机关提起公益诉讼的范围限定于侵害国家利益和社会公共利益较为严重、社会较为关切的领域,采取重点突破、逐步推进的策略,以最大限度地发挥检察机关提起公益诉讼的制度价值。

二、检察机关提起公益诉讼的诉前程序

根据《试点方案》和《实施办法》的要求,诉前程序是检察机关提起公

益诉讼的必经程序。目前,检察机关在提起民事公益诉讼之前,应当履行以下诉前程序:(1)依法督促法律规定的机关提起民事公益诉讼;(2)建议辖区内符合法律规定条件的有关组织提起民事公益诉讼。有关组织提出需要人民检察院支持起诉的,可以依照相关法律规定支持其提起民事公益诉讼。法律规定的机关和有关组织应当在收到督促起诉意见书或者检察建议书后一个月内依法办理,并将办理情况及时书面回复人民检察院。检察机关在提起行政公益诉讼之前,应当先行向相关行政机关提出检察建议,督促其纠正违法行为或者依法履行职责。行政机关应当在收到检察建议书后一个月内依法办理,并将办理情况及时书面回复人民检察院。笔者认为,诉前程序体现了检察机关在提起公益诉讼中的谦抑原则,其立法原意在于"提供检察监督的效力,发挥行政机关履行职责的能动性,有限节约司法资源"。但从实际运行效果来看,诉前程序在民事公益诉讼和行政公益诉讼中差别显著。就民事公益诉讼诉前程序而言,截至2017年4月底,试点地区共办理民事诉前程序案件170件,其中社会组织起诉的仅有30件,所占比例为17.6%,实际运行效果较差。其主要原因在于很多地区并没有符合条件的公益组织,并且很多公益组织提起公益诉讼的意愿、动力不足,导致民事公益诉讼诉前程序空转,不利于及时收集、固定民事公益诉讼所需证据,亦不利于检察机关及时有效地维护国家利益和社会公共利益。就行政公益诉讼前置程序而言,截至2017年4月底,试点地区共办理行政诉前程序案件6033件,其中行政机关纠正违法或履行职责的为3830件,所占比例为63.5%。基于检察机关的权威性以及对诉讼后果的考量等因素,大部分行政机关在诉前程序中选择纠正违法行为或者依法履行职责。这说明行政公益诉讼诉前程序能够有效督促行政机关担负起其本应承担的监管职责,而且通过司法权与行政权的合力互动,可以有效弥补司法救济滞后、力量薄弱的不足,从而形成社会公益保护的联动机制。

综上,笔者建议取消民事公益诉讼中前置程序的设置,或者将其作为倡导性的条款予以规定,同时保留并加强行政公益诉讼中前置程序的设置,以发挥该程序的独特功能。在此需指出,在办理行政公益诉讼诉前程序案件中,需要严格把握行政机关纠正违法行为或者依法履行职责的标准,不能仅依据行政机关对检察建议的书面回复情况,更重要的是依据行政机关切实的纠正行动和纠正效果。特别是在行政违法行为涉嫌犯罪的情况下,不能简单依据

"已向司法机关移送案件"来作出行政机关已经充分履行法定职责的判断。因为虽然行政处罚与刑事制裁的范围可能存在一定重合（行政罚款和刑事罚金折抵、行政拘留折抵刑期等），但其他如责令停产停业、吊销执照等行政处罚方式，刑事制裁便无法涉及。而且除行政处罚以外，行政机关还可以作出责令纠正违法行为、责令恢复原状等行政强制行为，从而及时止违法行为，并减少其造成的危害后果。[①] 换言之，行政机关向司法机关移送案件，不能作为判断其已经履行法定职责的充分依据。

三、检察机关在所提起公益诉讼中的法律地位

《试点方案》和《实施办法》中规定，检察机关以公益诉讼人的身份提起民事公益诉讼和行政公益诉讼。该项设计的目的在于将检察机关区别于民事、行政诉讼中的原告，以凸显检察机关独特的法律监督地位，但笔者认为，"公益诉讼人"的定位并不能准确表达检察机关在公益诉讼中的地位和作用，个人倾向于将检察机关定位为"公诉人"。理由如下：第一，公诉本身即是检察机关为维护国家利益和社会公共利益提起诉讼之义，将检察机关在公益诉讼中的法律地位定位为"公诉人"，能够准确表明检察机关的国家利益和社会公共利益代表人的身份，亦直接表明其在公益诉讼中的权利义务与私益诉讼的原告有所不同。第二，"公诉人"的定位有利于进一步整合检察机关在刑事、行政、民事三大诉讼领域中的职能，并顺利解决检法两部门在起诉文书名称（起诉书而非起诉状）、开庭通知文书名称（开庭通知书而非传票）、检察人员出庭文书名称（出庭通知书而非授权委托书）、提出财产保全方式（建议保全而非申请保全）、二审程序启动方式（抗诉而非上诉）等多方面的分歧。第三，"公诉人"的定位并不会破坏民事诉讼、行政诉讼中诉讼地位平等的基本构架。因检察机关在公益诉讼中对被告的人身、财产等权益并无处分或限制权，其对人民法院的审判活动也无指挥、指示权，其实质系通过诉讼方式履行法律监督职责，故"公诉人"的定位更能彰显检察机关在公益诉讼中的地位和作用。

---

① 郑新俭：《检察机关提起公益诉讼的若干问题》，载《人民检察》2016年第20期。

四、检察机关提起公益诉讼中的管辖问题

根据《实施办法》的规定，对于民事公益诉讼案件，一般由侵权行为地、损害结果地或者被告住所地的市（分、州）人民检察院管辖；对于行政公益诉讼案件，一般由违法行使职权或者不作为的行政机关所在地的基层人民检察院管辖。这种做法导致检察机关提起的民事公益诉讼需向中级人民法院提起，而行政公益诉讼一般需向基层人民法院提起。笔者认为，这种做法值得商榷，较为适宜的做法是将民事公益诉讼与行政公益诉讼的级别管辖进行统一，且统一到中级人民法院管辖为妥。理由如下：第一，行政公益诉讼相较于民事公益诉讼而言在办理方面困难度更大，造成的社会影响也更为深远，统一到中级人民法院进行管辖可以有效排除地方政府及相关部门对案件的不当干预（行政公益诉讼的被告多数为基层行政机关或组织），取得更好的办案效果。第二，行政公益诉讼案件多数通过前置程序已经解决，向法院提起诉讼的案件数量并不多。换言之，将行政公益诉讼统一到中级人民法院进行管辖并不会陡增其案件压力。就检察机关的立案管辖而言，如果考虑到市级检察院办案压力的问题，可以根据检察一体化原则将诉前程序的办案权限赋予基层检察院或通过指定管辖的方式由基层检察院来办理诉前程序案件，这既可以在一定程度上缓解基层检察院案源不足的问题，又可以充分发挥基层检察院在调查核实、取证以及其他诉讼活动方面的优势和便利条件。

就地域管辖而言，管辖检察院的确定对于管辖法院的确定本具有先定性，但目前面临的突出问题是检察机关如何应对法院集中管辖的问题。实践中，部分法院将公益诉讼案件审理与跨行政区划管辖改革相结合（例如贵州省根据大江大河流域及山脉走势，将全省划定为五个生态司法保护板块，并成立相应的生态环境审判庭），将特定地域内或特定类型的公益诉讼案件进行集中管辖审理，这就会出现办案检察机关到异地起诉的情况。而根据有关法律规定，检察机关履职有严格的地域限制，检察机关到异地起诉目前面临法律障碍。目前解决这一问题的可行办法是用上级检察机关和最高人民检察院在管辖确定上的领导和支配作用，通过指定管辖、交叉管辖、集中管辖、提级管辖等制度和程序，合理确定公益诉讼的管辖检察院，确保检察机关能够顺利

提起公益诉讼。① 此外，检察机关应积极探索设立跨区域的专门检察院，不断完善公益诉讼检察体制和机制，从而使检察机关提起公益诉讼的法律监督职能得以有效发挥。

五、检察机关提起公益诉讼的起诉与受理

《实施办法》规定，检察机关提起民事公益诉讼，应当提交"被告的行为已经损害社会公共利益的初步证明材料"；检察机关提起行政公益诉讼，应当提交"国家和社会公共利益受到侵害的初步证明材料"。在当前立案登记制的背景下，检察机关提起公益诉讼时需提交相关"初步证明材料"的立法设计是不合理的，其弊端有二：一是抬高了检察机关提起公益诉讼的门槛。因为所谓"初步证明材料"往往涉及实体判决要件的内容，在起诉阶段即要求检察机关提交与实体判决要件相关的证据，必然导致检察机关提起公益诉讼门槛的高阶化。二是这种做法实际是将实体判决要件的审理前置于起诉受理阶段，有悖于立案登记制的立法初衷，且法院在起诉阶段即审查与实体判决要件相关的证据，将会延迟检察机关提起公益诉讼的立案时间，不利于及时有效遏制对国家利益和社会公共利益的侵害。综上，笔者认为，对检察机关提起公益诉讼的审查应当与立案登记制相契合，通过弱化对"初步证明材料"的审查，赋予检察机关更为便利的起诉权，以更好地保护国家利益和社会公共利益。

对于检察机关提起的公益诉讼，人民法院是否可以裁定不予受理或者驳回起诉。目前检法两部门对该问题的争议比较大。笔者认为，鉴于检察机关提起公益诉讼的特殊地位（上文已述，个人倾向于将检察机关定位为"公诉人"），对于检察机关提起的公益诉讼案件，人民法院应当受理，不宜裁定不予受理或者在受理后裁定驳回起诉。因为检察机关提起公益诉讼系行使法律监督权而非私人诉权，在公益诉讼案件中对于被告的行为是否违法，需要人民法院行使审判权来进行裁判。假设人民法院直接裁定不予立案或者驳回检察机关的起诉，实际上系剥夺了检察机关的公益诉权和监督权，有悖法律

---

① 汤维建：《检察机关提起公益诉讼试点相关问题解析》，载《中国党政干部论坛》2015 年第 8 期。

精神。

对于检察机关提起的公益诉讼，人民法院是否可以判决驳回诉讼请求。截至 2017 年 4 月底，各试点地区人民法院共审结检察机关提起的公益诉讼案件 161 件，其中判决 148 件、调解 3 件、撤诉 9 件。在上述判决结案的 148 件公益诉讼案件中，检察机关均胜诉，但这并不代表检察机关今后提起的公益诉讼案件均会胜诉。特别是下一步在全国范围内推开检察机关提起公益诉讼制度后，检察机关败诉的案件可能会出现。笔者认为，类比刑事诉讼中人民法院认为检察机关提起公诉的罪名不成立时，应判决被告人无罪而非驳回检察机关诉讼请求的情形，在检察机关提起的公益诉讼案件中，如果人民法院审理后认为被告的行为不存在损害国家利益和社会公共利益的情形，即被告不应承担民事或行政责任时，亦不能判决驳回检察机关的诉讼请求，而应作出被告不存在损害国家利益和社会公共利益行为或被告实施的具体行政行为合法的确认判决。

六、检察机关提起公益诉讼的证据与证明

《实施办法》规定，检察机关提起民事公益诉讼，对提出的诉讼请求所依据的事实或者反驳对方意见所依据的事实，应当提供证据加以证明；检察机关提起行政公益诉讼，对其履行诉前程序提出检察建议且行政机关拒不纠正违法行为或者不履行法定职责的事实，应当提供证据加以证明。上述规定说明，检察机关提起的民事公益诉讼中，实行举证责任倒置，检察机关只需提供损害结果发生的证明责任，对于损害结果与危害行为之间是否存在因果关系，则由被告举证证明；在检察机关提起的行政公益诉讼中，同样实行举证责任倒置，应当由行政机关或有关组织举证证明其作出的具体行政行为并不违法或系依法履职，检察机关只需证明发生了损害结果即可。笔者在此欲重点探讨的问题是如何赋予检察机关公益诉讼调查权并依法作出规制。理论界认为检察机关提起公益诉讼的优势之一在于检察机关在证据收集方面的能力比一般公民和其他社会组织较强，但从实践运行情况来看，因检察机关在调查核实时主要采取阅卷、询问、咨询等常规措施，不得采取限制人身自由及查封、扣押、冻结财产等行政强制措施，故在被告或其他相关人员不予配合

的情形下,检察机关在证据收集方面的能力并不突出。笔者认为,基于对人身权的尊重和保护,检察机关在调查核实阶段不得采用限制人身自由的措施,但是对查封、扣押、冻结财产等强制性措施应适度放宽,以使检察机关享有充分的调查核实手段,保障检察机关及时有效地履行法律监督职能。另外,应当充分利用现行法律赋予的调查核实手段,增强调查核实的专业性,尽快形成成熟的具有可操作性的指引规范。

七、检察机提起公益诉讼的保全与先予执行

《实施办法》规定,检察机关可以以检察建议的方式建议人民法院对被告的财产进行保全、责令其作出一定行为或者禁止其作出一定行为,并且无须提供担保。第一,对于检察机关建议保全的效力,立法对此应作出强制性规定,赋予保全检察建议以强制性效力,人民法院必须执行。第二,对于检察机关建议保全时是否应当提供担保的问题。笔者认为,检察机关系作为"公诉人"提起公益诉讼的,并不享有胜诉所带来的实体利益,亦不应承担败诉所带来的风险,自然也无须提供财产担保;在检察机关具体参与公益诉讼的过程中,若因其错误(例如错误建议保全)给被告造成一定损害,其应作为赔偿义务机关启动相应的国家赔偿程序。理论界有观点认为应区分诉前保全与诉讼保全,对诉前保全仍需检察机关提供担保。此观点的根源在于将检察机关提起的公益诉讼的性质与普通的民事、行政诉讼相等同,对检察机关系通过诉讼方式行使法律监督职责没有认识清楚。[①] 先予执行的情形与保全基本相同,可参照执行。

八、检察机关提起公益诉讼的反诉问题

对于检察机关提起的公益诉讼,被告是否可以提出反诉。《实施办法》规定,检察机关提起民事公益诉讼,被告没有反诉权。笔者认为,反诉是指被告对本诉原告提出的、旨在抵销或吞并原告诉讼请求的反请求,故只有与案

---

① 肖建国、黄忠顺:《环境公益诉讼基本问题研究》,载《法律适用》2014年第4期。

件有直接利害关系的当事人才能作为反诉原告。而在民事公益诉讼案件中，检察机关本身不是案件的权利主体，只是作为公益的代表提出公诉。因此，对于检察机关提起的公益诉讼，被告不可以提出反诉。笔者认为，因为被告在公益诉讼案件中实因客观原因无法行使反诉权，而非没有反诉权，故建议将上述表述修改为"被告不可以提出反诉"。另外，如前所述，如果被告因为检察机关的起诉行为而遭受损失，应通过国家赔偿程序予以解决，而不能通过反诉程序来解决。

九、检察机关提起公益诉讼的二审程序启动问题

对于检察机关提起的公益诉讼案件，被告对于一审裁判不服的，应通过提出上诉的方式启动二审程序。对于检察机关认为同级法院作出的一审裁判确有错误的，应当向上一级人民法院提出抗诉，《实施办法》中即采此种观点。理论界及审判机关有观点认为检察机关应通过上诉方式启动二审程序，实际是将民事公益诉讼和行政公益诉讼的法律性质等同于私益诉讼，对检察机关提起公益诉讼系履行法律监督职责没有认识清楚。笔者在上文中认为检察机关在公益诉讼中的地位应定性为"公诉人"，亦是基于该考虑。在具体的程序设计上，可以借鉴刑事诉讼法的相关规定。例如，地方各级检察机关对同级人民法院第一审裁判的抗诉，应当通过原审人民法院提出抗诉书，并且将抗诉书抄送上一级检察机关；上级检察机关如果认为抗诉不当，可以向同级人民法院撤回抗诉，并且通知下级检察机关；检察机关提出抗诉的案件或者第二审人民法院开庭审理的公益诉讼案件，同级检察机关都应当派员出席法庭；等等。另外，在检察机关提起的公益诉讼案件中，应把二审抗诉与再审抗诉区分开来。再审抗诉属于审判监督程序的范畴，民事诉讼法和行政诉讼法中有较为成熟的规定可资借鉴，此处不再赘述。

十、检察机关提起公益诉讼的调解、和解与撤诉问题

《实施办法》规定，民事公益诉讼案件，检察机关可以与被告和解，人民法院可以调解，但和解协议、调解协议不得损害社会公共利益；行政公益

诉讼案件不适用调解；在民事公益诉讼和行政公益诉讼审理过程中，检察机关诉讼请求全部实现的，检察机关可以变更诉讼请求或撤回起诉。笔者认为，公益诉讼中的处分原则应受到严格限制，即在民事公益诉讼中原则上不应进行调解或和解，在行政公益诉讼中均不应进行调解或和解。因为无论是国家利益还是社会公共利益，均不得通过调解制度的适用而受到损害或者打上折扣。①但在特殊情形下，公益诉讼经过严格的诉讼程序后，如果双方经过和解或调解所达成的合意，确实没有损害国家利益和社会公共利益，可以考虑以调解方式结案；同时，应当设置对调解、和解行为的监督机制，防止该制度被滥用或变相损害国家利益和社会公共利益。例如有的学者提出将公告作为法院调解或同意双方和解的前置程序，这既有助于完善公益诉讼的社会监督机制，又强化了公益诉讼通过和解、调解加以解决的正当性与合法性依据。②

根据《实施办法》的规定，在满足一定条件的基础上，对于民事公益诉讼和行政公益诉讼均可以撤诉。笔者赞同民事公益诉讼中在不损害国家利益和社会公共利益的前提下，在检察机关全部诉讼请求均予实现的基础上，检察机关可以提出撤诉。但在行政公益诉讼中，当行政机关的违法行为确实存在时，从行使法律监督权的角度出发，检察机关应当变更诉讼请求，请求人民法院判决确认行政行为违法，而不应当径行撤诉。从《实施办法》的相关表述来看，在行政公益诉讼案件中赋予了检察机关一定的自由裁量权，既可以请求判决确认违法，亦可以撤回起诉。综上，行政公益诉讼的目的在于督促行政机关依法行政，即使行政机关在判决前或庭审过程中积极履行相关职责，则法院判决其行为违法，也具有督促被诉行政机关加强自身管理、提高行政执法能力的现实作用，不宜适用撤诉制度。

十一、检察机关提起公益诉讼的执行问题

执行是诉讼活动的落脚点和归宿，通过执行使生效判决得以履行才能说是真正做到了对国家利益和社会公共利益的保护。笔者认为，对于检察机关

---

① 孙洪坤、陶伯进：《检察机关参与环境公益诉讼的双重考察》，载《东方法学》2013 年第 5 期。
② 汤维建：《评司法解释中的公益诉讼》，载《山东社会科学》2015 年第 7 期。

提起的公益诉讼案件，应当设置人民法院依职权交付执行制度，即在公益诉讼裁判发生法律效力后，原审判组织应将案件直接移送给执行部门予以执行，而无须检察机关申请执行。另外，检察机关应加强并跟进对人民法院执行活动的监督，在人民法院怠于执行或拒绝执行公益诉讼生效裁判的情况下，检察机关应通过检察建议的方式及时进行监督。另外，在办理公益诉讼案件过程中，应当加强与问责机制的衔接，即在办案过程中发现国家工作人员涉嫌贪污贿赂、渎职侵权等职务犯罪线索的，应当及时移送有关部门；对于发现的轻微违法违纪行为，亦应督促行政机关根据公务员惩戒有关规定，依法追究行政纪律责任。

十二、检察机关提起公益诉讼的立法方式

检察机关提起公益诉讼的立法方式有三种方案可供选择：短期方案为建议全国人大常委会采用决定的形式对检察机关全面授权，即通过全面授权决定的形式，在立法上把检察机关提起公益诉讼试点形成的共识，进行详细规定。全面授权决定是试点工作即将结束时的便捷立法方式，能够快速及时地解决试点工作结束后检察机关开展公益诉讼无法可依的问题。中期方案为启动民事诉讼法和行政诉讼法修法程序，通过细化民事诉讼法第五十五条的规定和增加行政诉讼法相关条款，来对检察机关提起公益诉讼的相关内容进行规定。现行立法采用了中期方案。远期方案为制定单独的《公益诉讼法》，即以单行立法的方式，对公益诉讼司法制度作出系统规定。单行立法可以明确将公益诉讼与私益诉讼区分开来，并从法律上解决两者因本质不同而带来的诸多问题，进而从根本上确立公益诉讼制度并促进公益诉讼工作的健康、有序开展。

"美丽中国"视域下检察机关提起公益诉讼制度的现状分析、问题检视与进阶保障[*]

习近平总书记在党的十九大报告中指出,建设生态文明是中华民族永续发展的千年大计,必须树立和践行绿水青山就是金山银山的理念,坚持节约资源和保护环境的基本国策,推进绿色发展,着力解决突出环境问题,加大生态系统保护力度,改革生态环境监管体制,建设美丽中国。而检察机关作为公共利益的代表,肩负着重要责任,是保护国家利益和社会公共利益的一支重要力量。[①] 生态环境是极为重要的公共利益,生态环境保护、美丽中国建设与检察机关作为公共利益保护者的职责使命深度契合。在经过为期两年的试点后,全国人大常委会于2017年6月27日表决通过了关于修改民事诉讼法和行政诉讼法的决定,在两法中增加了关于检察机关提起公益诉讼的相关规定,标志着我国检察机关提起公益诉讼制度正式建立。检察机关提起公益诉讼,不仅弥补了生态环境和资源保护、食品药品安全、国有财产保护、国有土地使用权出让等领域提起公益诉讼的主体缺位,促进了行政机关依法正确履行职责,有效保护了国家利益和社会公共利益,而且对于促进法治政府建设、开创具有中国特色的公益司法保护道路,具有深远的历史意义。然而毋庸讳言,在具体的制度运行过程中,检察机关提起公益诉讼的程序设计并非完美无缺,检察机关通过公益司法保护助力美丽中国建设的能力仍需不断加强。鉴于此,笔者拟以全国检察机关提起公益诉讼案例,尤其是生态环境

---

[*] 本文收录于2018年《新时代中国检察制度发展的机遇与挑战:第十九届全国检察理论研究年会暨中国法学会检察学研究会年会论文集》。

[①] 引自习近平总书记于2017年9月11日致第二十二届国际检察官联合会年会暨会员代表大会的贺信。

和资源保护领域的案例为样本，对当前检察机关提起公益诉讼的现状、问题与进阶进行阐述，以期对该制度的发展完善以及司法助力美丽中国建设有所裨益。

一、检察机关提起公益诉讼制度的现状分析

表1 全国公益案件数量与生态环境和资源保护领域案件比重

2015.7.1—2017.6.30（两年试点期间，试点地区）				2017.7.1—2017.9.30（两法修改后，全国）			
诉讼进程	案件数量	生态环境和资源保护领域案件数量	生态环境和资源保护领域案件比重	诉讼进程	案件数量	生态环境和资源保护领域案件数量	生态环境和资源保护领域案件比重
公益案件线索发现阶段	11226件	8336件	74.25%	公益案件线索发现阶段	6399件	4537件	70.90%
公益案件诉前程序办理阶段	7903件	5744件	72.68%	公益案件诉前程序办理阶段	2916件	1916件	65.71%
向法院提起公益诉讼阶段	1150件	783件	68.09%	向法院提起公益诉讼阶段	19件	17件	89.47%
法院已办结阶段	458件	326件	71.18%	法院已办结阶段			

据有关统计数据，在检察机关提起公益诉讼制度试点期间（2015.7.1—2017.6.30），各试点地区检察机关共在履行职责中发现公益案件线索11226件，办理公益诉讼诉前程序案件7903件，向人民法院提起公益诉讼1150件，法院已办结458件。"两法"修改后的三个月期间（2017.7.1—2017.9.30），全国检察机关共收集公益案件线索6399件，立案公益诉讼案件3336件，提出检察建议和发布公告等诉前程序案件2916件，向人民法院提起公益诉讼19件（参见表1）。上述案件主要呈现出以下特点：

（一）从案件领域来看，生态环境和资源保护领域案件比重偏高，各领域案件比重失衡

根据民事诉讼法的规定，检察机关提起民事公益诉讼的案件范围是生态环境和资源保护、食品药品安全领域侵害众多消费者合法权益等。根据行政诉讼法的规定，检察机关提起行政公益诉讼的案件范围是生态环境和资源保护、食品药品安全、国有财产保护、国有土地使用权出让等。试点期间，生态环境和资源保护领域案件在线索发现阶段、诉前程序阶段、提起诉讼阶段、法院办结阶段所占全部公益诉讼案件的比重分别为74.25%、72.68%、68.09%、71.18%；"两法"修改后的三个月期间，生态环境和资源保护领域案件在线索发现阶段、诉前程序阶段、提起诉讼阶段所占全部公益诉讼案件的比重分别为70.90%、65.71%、89.47%（参见表1）。上述情况，一方面说明了生态环境和资源保护领域公益受损的普遍性和严重性，凸显了检察机关作为公益的代表，在着力解决突出环境问题、助力美丽中国建设中的重要作用。另一方面说明了检察机关在食品药品安全、国有财产保护、国有土地使用权出让等领域的公益保护作用有待继续加强。

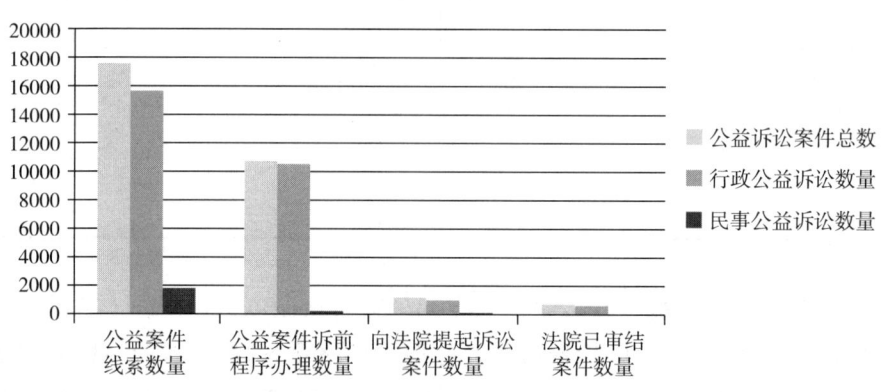

图1　行政公益诉讼与民事公益诉讼案件数量对比（2015.7.1—2017.9.30）

（二）从诉讼类型来看，行政公益诉讼案件比重偏高，民事、行政公益诉讼案件比重失衡

试点期间，行政公益诉讼案件在线索发现阶段、诉前程序阶段、提起诉

讼阶段、法院办结阶段的案件数量分别为 10057 件、7676 件、1029 件、439 件，所占全部公益诉讼案件的比重分别为 89.59%、97.13%、89.48%、95.85%；"两法"修改后的三个月期间，行政公益诉讼案件在线索发现阶段、诉前程序阶段的案件数量分别为 5692 件、2843 件，所占全部公益诉讼案件的比重分别为 88.95%、97.50%（参见图 1）。上述情况的出现，一方面是由于检察机关"重刑轻民"的思想使然。相较于民事公益诉讼，通过行政公益诉讼督促行政机关依法行政、严格执法，更能体现检察机关对行政权力的监督制约，进而彰显改革成果，故提起行政公益诉讼成为试点期间及全国推行后各地检察机关拓展检察工作格局的首选。另一方面是由于检察机关"避难就易"的做法使然。相较于行政公益诉讼，民事公益诉讼的被告更趋复杂，诉讼请求更趋多样，举证责任更趋繁重，执行过程更趋艰难，且在赔偿资金的归属与使用方面争议较大，检察机关多倾向于采用督促起诉、支持起诉等方式，督促、支持法律规定的机关和有关组织提起诉讼，避免因直接提起诉讼而陷于当事人之间的利益纠葛。

（三）从程序阶段来看，诉前程序在检察机关提起公益诉讼的过程中发挥了重要作用

按照"两法"的规定，检察机关在提起民事公益诉讼之前，应当履行以下诉前程序：一是督促法律规定的机关提起民事公益诉讼；二是建议辖区内符合法律规定条件的有关组织提起民事公益诉讼。检察机关在提起行政公益诉讼之前，应当履行以下诉前程序：先行向相关行政机关提出检察建议，督促其纠正违法行为或依法履行职责。试点期间，各检察机关共办理诉前程序案件 7903 件，其中行政公益诉讼诉前程序案件 7676 件。从执行效果看，上述 7676 件诉前程序案件，"除未到一个月回复期限的 984 件外，行政机关纠正违法或者履行职责 5162 件，占到期案件的 77.1%"[①]，效果良好。在以往的行政检察监督中，检察机关向行政机关发送的检察建议所能达到的实际效果极为有限，而在公益诉讼案件中，由于有提起诉讼作为后续保障，"检察机关

---

① 徐全兵：《检察机关提起行政公益诉讼的职能定位与制度构建》，载《行政法学研究》2017 年第 5 期。

发出的检察建议体现出回复更及时、被采纳率更高、实际效果更好的变化"[①]。诉前程序是检察机关保护公益的法定手段,通过诉前程序积极推动相关主体主动保护公益,推动行政机关主动履职纠错,可以有效节约司法资源并形成严格执法和公正司法的良性互动,进而共同推动公益损害问题得到及时有效解决,符合制度设计的最终目的。

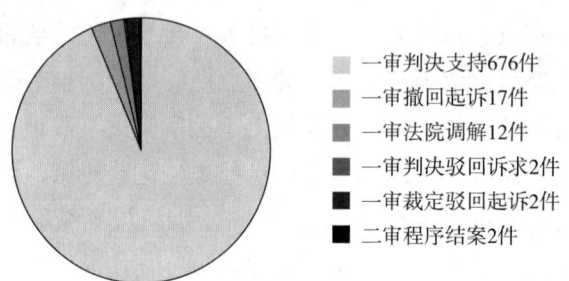

图2 人民法院审结的公益诉讼案件裁判结果类型与比重(2015.7.1—2017.9.30)

(四)从诉讼结果来看,绝大多数案件以检察机关胜诉的方式结案

截至2017年9月30日,试点期间各检察机关提起的1150件公益诉讼案件中,人民法院审结711件,其中一审709件,二审2件。一审案件中,检察机关因行政机关整改到位或出现其他适格主体而撤回起诉17件,人民法院调解12件,裁定驳回起诉2件,判决支持678件,判决驳回2件。二审案件中,裁定撤销原判发回重审1件,判决维持1件(参见图2)。提起诉讼是检察机关提起公益诉讼的核心环节,也是法律赋予检察机关保护公益的刚性手段。诉讼阶段的胜诉率在一定程度上是检验制度合理性以及检察机关公益保护能力的重要指标。从上述数据可知,检察机关提起公益诉讼一审胜诉率为95.35%,效果良好。据不完全统计,检察机关试点提起公益诉讼以来,已督促恢复被污染、破坏的耕地、林地、湿地和草原约12.8万公顷,督促近1400家违法企业进行整改,索赔环境治理、生态恢复等费用超1.6亿元,督促收回

[①] 胡卫列、田凯:《检察机关提起行政公益诉讼试点情况研究》,载《行政法学研究》2017年第2期。

欠缴的国有土地出让金超32亿元。①

二、检察机关提起公益诉讼制度的问题检视

两年多来,检察机关提起公益诉讼所取得的成绩,特别是在生态环境和资源保护领域所取得的成绩有目共睹,检察机关已切实成为"保护国家利益和社会公共利益的一支重要力量"。但在具体的制度运行层面,检察机关提起公益诉讼过程中所暴露出的问题亦不容忽视,这些问题已成为当前制约检察机关提起公益诉讼制度良性发展的重要阻碍。

(一)监督层级较低,对部分突出环境问题不敢监督

从目前全国检察机关提起公益诉讼的情况来看,作为被告的行政机关多限于区县(或县级市)一级的国土部门、环保部门、林业部门、水利水务部门、人民防空部门、住房和城乡建设部门、农业部门等,层级相对较低,检察机关对省、市级行政机关的公益监督维护作用有待继续发挥;监督事项多限于具体事项,诸如某养殖场非法排污、某人滥伐林木、某公司欠缴防空地下室易地建设费、某公司非法焚烧垃圾等,对区域范围内存在的共性问题缺乏明确的监督规划,导致监督的典型意义不强。部分检察机关对当地存在多年的突出环境问题不愿监督、不敢监督。例如,长期以来,祁连山局部生态破坏问题十分突出,主要有:违法违规开发矿产资源问题严重,造成保护区局部植被破坏、水土流失、地表塌陷;部分水电设施违法建设、违规运行导致下游河段出现减水甚至断流现象,水生态系统遭到严重破坏;周边企业偷排偷放问题突出,大气污染物排放长期无法稳定达标,河道水严重污染等。这些问题产生的原因之一,就是行政机关"不作为、乱作为,监管层层失守",诚如中办、国办在相关通报中所指出的,"从主管部门到保护区管理部门,从综合管理部门到具体审批单位,责任不落实、履职不到位问题比较突出,以致一些违法违规项目畅通无阻,自然保护区管理有关规定名存实亡"。②

---

① 滕艳军:《完善检察机关提起公益诉讼的制度设计》,载《社会治理》2017年第7期。
② 《中办、国办就甘肃祁连山国家级自然保护区生态环境问题发出通报》,载环境保护部网站http://www.zhb.gov.cn/xxgk/hjyw/201707/t20170721_418244.shtml,2017年11月8日访问。

保护公益是检察机关提起公益诉讼制度的核心要义，面对公益受损的突出环境问题，检察机关必须有所担当，敢于监督、善于监督，真正履行好公共利益代表的重要职责。

（二）案件来源相对不足，案件线索及转化机制不畅

上文所述不同领域的公益诉讼案件比重失衡，实际上反映了在食品药品安全、国有财产保护、国有土地使用权出让等领域公益诉讼案件来源相对不足的问题。从试点情况来看，线索发现难、转化难、成案难的问题在很大程度上制约了公益诉讼工作的推进和开展。目前公益诉讼案件来源主要有以下途径：一是结合检察机关内部多个部门在查办相关案件中所开展工作的情况，梳理出各领域职务犯罪案件中相关人员已受查处但行政违法行为尚未纠正的案件。例如某县交通局违法发放燃油补贴造成54万元国有财产流失案、某县某村非法占用114亩农用地建筑陵园墓地案等，均为检察机关在办理刑事案件中发现的线索。二是借助"两法衔接"等信息共享平台和案件管理平台，主动对重点领域行政执法信息进行集中排查，跟进相关线索。三是结合检察机关日常的控告举报工作，对可能涉及公益诉讼领域的群众来信来访进行登记和排查，追踪相关线索。四是从检察机关就特定领域进行专项监督活动中发现案件线索。例如试点期间贵州检察机关办理的行政公益诉讼中，生态环境和资源保护领域的线索79.5%来源于2015年全省生态环保专项行动。五是结合新闻媒体的舆论监督功能，从新闻媒体报道中发现相关线索，并进行跟进和排查。例如巢湖银环锚链有限责任公司向巢湖排污案、芜湖美佳新材料公司向长江排污案等，均系从新闻媒体报道中获取的案件线索。但上述案件来源途径尚存在以下问题：一是在国家监察体制改革的大背景下，检察机关内部的反贪反渎职能整体转隶到新成立的监察委，这将给线索发现和移送带来新的难题。二是因行政机关属于被监督对象，有着维护自身利益的天然动力，难以做到充分的信息共享，故相关信息共享平台所发挥的作用有限。三是专项监督活动不具有可持续性，检察机关缺乏获取行政执法信息的日常途径，因而线索发现具有较大的偶然性。

(三) 部分程序设计不合理,有待继续修改完善

一是对检察机关提起民事公益诉讼和行政公益诉讼的案件范围进行区分的做法欠妥,两者在案件范围上应当统一,进而为两者之间在程序上的转换提供可能。而且目前检察机关可以提起公益诉讼的案件范围略为保守,应以国家利益和社会公共利益保护为限,通过增设兜底条款,适度放宽。二是民事公益诉讼中前置程序空转现象严重,应予取消或将其作为倡导性的条款予以规定,同时加强行政公益诉讼中前置程序的设置,以发挥该程序的独特功能。三是目前民事公益诉讼和行政公益诉讼在级别管辖上并不统一,为有效排除地方政府及相关部门对案件的不当干预,宜统一到中级人民法院管辖为妥。同时,可根据检察一体化原则将诉前程序的办案权限赋予基层检察院或通过指定管辖的方式由基层检察院来办理诉前程序案件,缓解基层检察院案源不足和市级检察院办案压力的问题。四是从案件实际情况来看,检察机关仍然承担了较重的举证责任,且目前检察机关在调查核实时主要采取阅卷、询问、咨询等常规措施,不得采取限制人身自由及查封、扣押、冻结财产等行政强制措施,故在被告或其他相关人员不予配合的情形下,检察机关在证据收集方面的能力并不突出。

三、检察机关提起公益诉讼制度的进阶保障

(一) 在国家监察体制改革大背景下,不断提升检察机关提起公益诉讼制度的威慑力

毋庸讳言,检察机关提起公益诉讼制度自试点以来能够取得巨大成效,与检察机关拥有对贪污贿赂、渎职侵权等职务犯罪案件的侦查权密不可分。一方面,检察机关内部反贪、反渎等刑事侦查部门在查办相关案件时提供了大量的公益诉讼案件线索;另一方面,职务犯罪侦查权为检察机关办理公益诉讼案件提供了后续权力保障。在国家监察体制改革的大背景下,检察机关应当思考公益诉权在失去侦查权保障的情况下,如何继续发挥制度效力并保持制度威慑力的问题,这是检察机关提起公益诉讼制度能否长效发展的根本所在。在具体路径上,可以从以下几个方面构建:

一是建立健全检察机关在公益诉讼案件中调查取证的配套机制,为检察机关调查取证提供刚性保障。学界一般认为检察机关提起公益诉讼的优势之一在于检察机关在证据收集方面的能力比一般公民和其他社会组织较强,但从实际情况来看,因检察机关在调查核实时主要采取阅卷、询问、咨询等常规措施,不得采取限制人身自由及查封、扣押、冻结财产等行政强制措施,故在被告或其他相关人员不予配合的情形下,检察机关在证据收集方面的能力并不突出。笔者认为,必须适当增加有效开展调查取证工作的刚性保障措施,例如赋予检察机关部分强制性调查取证权、明确涉案相关方的协助义务及拒绝配合调查取证的法律后果,对查封、扣押、冻结财产等强制性措施适度放宽,以使检察机关享有充分的调查核实手段,保障检察机关及时有效地履行法律监督职能。

二是建立公益诉讼判决的执行监督机制,消除执行过程中存在的障碍。在公益诉讼案件中,法院作出判决仅仅是对公共利益的确定和宣示,行政机关对生效判决的履行才是公共利益的实现方式。如何对行政机关履行法律生效判决进行有效监督,是实践中的难题。一方面是由于行政管理的复杂性、专业性以及公共利益的不确定性,难以对判决履行确定一个客观明确的衡量标准;另一方面是在部分生态环境和资源保护案件中,判决履行周期可能长达数年,甚至是一个不确定的长期过程,行政机关能否持续履行判决亦令人担忧。为此,应当通过建立检察机关对公益诉讼判决的执行监督机制,设计合理的监督程序,对行政机关的判决履行行为和法院的执行行为进行持续监督,充分发挥检察机关的监督作用。例如建立对行政机关履行判决情况的跟踪监督机制,要求行政机关定期向检察机关报送判决履行情况;对于法院不启动强制执行程序的,检察机关应当向法院提出检察建议等。

三是建立健全公益诉讼程序与行政机关工作人员问责程序的衔接机制。行政公益诉讼的主要监督对象是行政机关,但从行使法律监督权、维护公共利益的目的出发,行政机关工作人员也应当处于检察机关的监督之下。如果检察机关对公益诉讼过程中发现的行政机关工作人员的违法违纪行为不予处理,那么依法行政目标的实现将大打折扣。为此,检察机关在办理公益诉讼案件过程中发现国家工作人员涉嫌贪污贿赂、渎职侵权等职务犯罪线索或其他犯罪线索的,应当及时移送有关部门;对于发现的轻微违法违纪行为,亦应督促行政机关根据公务员惩戒有关规定,依法追究行政纪律责任。同时,应当积极探索检察机关与监察委员会的工作衔接机制,明确案件线索移送反馈、联合执法检查、信息资源共享等协作内容,及时纠正行政违法行为,依法惩治违法犯罪。

(二)以保护公益为核心,不断深化司法权对行政权的监督制约,推进国家治理体系和治理能力现代化

检察机关提起公益诉讼是民事诉讼法和行政诉讼法确立的特殊诉讼制度,拓展了检察机关进行法律监督的内涵和外延,是检察机关行使法律监督权、履行法律监督职能的新方式。检察机关进行法律监督主要是对公权力的监督,尤其是对行政权这一重要公权类型的监督。检察机关提起公益诉讼,"尤其行政公益诉讼,实质上是司法权对行政权的制约,敏感而复杂"[1]。对此,一是要严格以保护公益为核心,准确把握生态环境和资源保护、食品药品安全、国有财产保护、国有土地使用权出让等领域公益受损的主要表现形式,严守法律监督的边界,依法监督、规范监督,在法定范围内依法履行职责。二是要始终坚持法律监督的宪法定位,敢于监督、善于监督,通过办理具有典型意义的公益诉讼案件不断深化司法权对行政权的监督制约,从而促进行政机关依法行政、严格执法,推进法治政府建设,推进国家治理体系和治理能力现代化。

(三)积极加强内外部的沟通协调,汇聚形成公益保护合力

在检察机关内部,应当继续完善各业务部门之间信息共享、线索移送、案件协查、结果反馈等工作机制,形成以民行检察部门为主导、相关业务部门积极协作配合的工作格局。在检察机关外部,一是要紧紧依靠各级党委的领导和人大监督。2017年9月,吉林省委出台了《关于支持全面开展检察机关提起公益诉讼工作推动法治吉林建设的意见》,这是检察机关提起公益诉讼制度在全国推开以来,第一份由省级党委出台的专门支持检察机关提起公益

---

[1] 曹建明:《深入学习贯彻习近平总书记重要指示精神,发展完善中国特色社会主义公益司法保护制度》,载《学习时报》2017年9月29日。

诉讼的意见，支持力度空前，收效甚大。二是要积极争取各级政府的支持，充分发挥行政机关公益保护的主体作用。行政机关是保护国家利益和社会公共利益责任的主要承担者。检察机关提起公益诉讼，旨在督促环境保护、食品药品监管、国土资源管理等行政机关依法正确履行职责，发挥行政机关自身职能作用，提起诉讼只是作为威慑和预防的一种手段来使用[1]。三是要建立与人民法院的沟通协调机制，就公益诉讼案件法律适用、检察机关法律地位、诉讼程序等问题尽快达成共识，完善公益保护的司法制度。

（四）从公益诉讼制度的长远发展来看，宜对公益诉讼制度单独立法

无论是检察机关还是其他机关或组织提起的公益诉讼，与普通的私益诉讼在起诉主体的身份定位、案件范围、证明标准、二审程序、调解撤诉等方面均存在较大差别。通过在民事诉讼法和行政诉讼法中增设相关条款对检察机关提起公益诉讼进行立法确认，本身亦为权宜之计。而通过单独立法的方式，对公益诉讼相关制度作出系统性规定，可以明确将公益诉讼与私益诉讼区分开来，并从法律上解决两者因本质不同而带来的诸多问题，进而从根本上确立公益诉讼制度并促进公益诉讼工作的健康、有序开展。当然，制定单独的《公益诉讼法》，需要深厚的理论支撑和论证，以及大量的司法实践案例来检验，尚需社会各界共同作出努力。

---

[1] 郑新俭：《检察机关提起公益诉讼的若干问题》，载《人民检察》2016年第20期。

检察机关一审败诉行政公益诉讼案件实证研究*

　　检察机关提起行政公益诉讼是检察机关行使法律监督权、履行法律监督职能的新方式，对于促进行政机关依法正确履行职责、有效保护国家利益和社会公共利益具有重要意义。经过北京、吉林等13个省市区为期两年（2015年7月—2017年6月）的试点，全国人大常委会于2017年6月27日对行政诉讼法作出修改，即在第二十五条增加一款"人民检察院在履行职责中发现生态环境和资源保护、食品药品安全、国有财产保护、国有土地使用权出让等领域负有监督管理职责的行政机关违法行使职权或者不作为，致使国家利益或者社会公共利益受到侵害的，应当向行政机关提出检察建议，督促其依法履行职责。行政机关不依法履行职责的，人民检察院依法向人民法院提起诉讼"，从而在法律层面正式确立了检察机关提起行政公益诉讼制度。据不完全统计，三年以来（截至2018年12月），全国检察机关共发现行政公益诉讼案件线索14万余件，立案11万余件，履行诉前程序10万余件，提起行政公益诉讼2600余件，人民法院一审审结1500余件，其中绝大部分案件是以检察机关胜诉的方式结案。①对此应作如下认识：第一，虽然大约90%的行政公益诉讼案件通过履行诉前程序得以解决，仅有10%左右的行政公益诉讼案件进入诉讼程序，但应当认识到，提起诉讼作为法律赋予检察机关保护公益的刚性手段，是行政公益诉讼诉前程序之所以取得良好效果的重要保障。第二，虽然进入诉讼程序的行政公益诉讼案件绝大部分以检察机关胜诉的方式

---

* 本文刊载于《社会治理》2019年第9期，系国家检察官学院2018年度课题"检察机关一审败诉行政公益诉讼案件实证研究"研究成果。

① 本文相关数据系根据最高人民检察院新闻发布会资料、最高人民法院新闻发布会资料及中国裁判文书网数据综合整理得出。

结案，但随着行政公益诉讼的深入开展，检察机关败诉案件逐渐出现。一方面说明检察机关在对行政机关不依法履行职责的判断标准、检察机关的举证责任和证明标准、请求确认违法与撤诉的选择等问题上的认识，尚未与法院达成一致；另一方面说明检察机关在对上述问题的把握上亦有不足。对一起败诉案件的反思，其价值可能胜过十个胜诉案件。本文拟就检察机关一审败诉行政公益诉讼案件进行梳理和分析①，并在此基础上提出解决问题的意见和建议，以期对检察机关提起行政公益诉讼制度的完善有所裨益。

一、检察机关一审败诉行政公益诉讼案件情况分析

表1 检察机关一审败诉行政公益诉讼案件基本情况

序号	案件名称	案件争议焦点	法院裁判结果	检察机关败诉理由
1	A检察院诉A环保局不履行法定职责案	A环保局在查处辖区无牌养猪场非法排污违法行为中是否怠于履职。	裁定驳回起诉	法院认为：A检察院要求A环保局在一定期限内履行法定职责，对位于辖区内所有未依法取得排污许可证即投入使用的无牌生猪养殖场依法立案，对违法当事人作出责令停止生产、停止排放污染物、罚款等相关行政处罚，该诉讼请求针对的是一类行为，不具体、不明确，与行政诉讼法"一事一诉"的原则相悖，不符合行政案件受理条件。
2	B检察院诉B镇政府不履行监管职责案	B镇政府在查处辖区某房地产公司将其拥有使用权的国有土地低价转让给另一公司的过程中是否存在怠于履职的行为，是否采取有效措施挽回流失的国有资产。	裁定驳回起诉	法院认为：涉案陈某滥用职权等犯罪一案已经刑事立案，尚未作出刑事终审判决，而对B镇政府作出相关审批批复的处理应以该刑事案件的审理结果为依据，在刑事案件终结前B检察院启动诉前程序并提起行政公益诉讼不符合行政案件起诉条件。
3	C检察院诉C林业局不履行职责案	C林业局在查处赖某滥伐林木一案中是否存在怠于履职的行为。	判决驳回诉讼请求	法院认为：在C检察院提起本案诉讼前，C林业局已按照检察建议的内容履行了全部法定职责，不存在怠于履行法定职责的情形。

---

① 本文所指"检察机关一审败诉行政公益诉讼案件"，具体包括法院一审裁定驳回检察机关起诉和法院一审判决驳回检察机关诉讼请求两种情形。

续表

序号	案件名称	案件争议焦点	法院裁判结果	检察机关败诉理由
4	D检察院诉D人民防空办公室怠于履行职责案	D人民防空办公室是否怠于履行职责，未依法收取某房地产开发公司欠缴的防空地下室易地建设费228万元。	判决驳回诉讼请求	法院认为：D人民防空办公室履职有瑕疵，但不属于违法，且所欠人易地建设费在检察机关起诉后已收回，追缴欠缴期间利息无法律依据。
5	E检察院诉E林业局不正确履行法定职责案	E林业局在查处刘某非法伐木取土一案中是否履行了法定监管职责。	裁定驳回起诉	法院认为：在E检察院没有发出检察建议时，E林业局针对刘某的违法行为已经作出处罚决定，其中就有恢复生态资源一项（即限刘某于2017年春节将林地恢复原状，如果刘某60日内不申请复议、6个月内也不起诉，将申请法院强制执行）。上述处罚决定在E检察院提起诉讼时尚未发生法律效力，即使已经发生法律效力，亦存在3个月申请执行期限。司法权不能代行行政机关的职责，只能补充环境行政执法不足，故本案不符合起诉条件。
6	F检察院诉F国土资源局不履行法定职责案	F国土资源局对周某违法采矿行为是否依法履行了法定监管职责。	判决驳回诉讼请求	法院认为：因周某违法开采行为涉嫌犯罪，F国土资源局已将案件移送公安机关（目前处于侦查阶段），其作出后续相关行政行为应当以公安机关作出的认定和处理为依据。同时，F检察院未举证证明F国土资源局在收到检察建议后存在哪些不履行法定职责的行为，及具体应当履行何种方式的监管职责。
7	G检察院诉G环保局不依法履行法定职责案	G环保局对某建材公司擅自向公益林地倾倒粉煤灰的违法行为是否履行了法定监管职责。	判决驳回诉讼请求	法院认为：G环保局在收到检察建议后，主观上没有怠于履行法定职责的故意或过失，客观上积极采取有效措施，克服不利因素，在合理期限内依法履行了法定职责。G检察院在提起本案诉讼前，其诉讼请求已全部实现，已丧失本案诉的利益。

通过梳理人民法院一审审结的行政公益诉讼案件，目前可以找到7件检察机关一审败诉案件（参见表1）。这7件败诉案件呈现出以下特点：第一，从法院的裁判形式来看，败诉案件中3件为裁定驳回起诉，4件为判决驳回诉讼请求。这说明法检双方不仅在案件受理、请求确认违法与撤诉的选择等程

序性问题方面存在不同认识，在行政机关不依法履行职责的判断标准、检察机关的举证责任和证明标准等实体性问题方面亦存在不同认识。第二，从案件领域来看，败诉案件中5件为生态环境和资源保护类案件，1件为国有财产保护类案件，1件为国有土地使用权出让类案件，即败诉案件主要集中在生态环境和资源保护类案件，该类案件在败诉案件中的比重与其在全部案件中的比重基本相符。第三，从案件类型来看，7件案件均为不（完全）履行法定职责类案件，没有违法行使职权类案件。第四，从案件立案与起诉时间来看，7件案件均在两年试点期间提起诉讼，2017年7月检察机关提起公益诉讼制度全面推行以来，尚无检察机关败诉案件发生。第五，从案件来源省份来看，其中案件1、2、3来源于同一省份，案件5、6、7来源于同一省份，在一定程度上说明这两个省份对公益诉讼案件的整体把握存在偏差。第六，从败诉案件所反映的问题来看，集中于行政机关不依法履行职责的判断标准、检察机关的举证责任和证明标准、请求确认违法与撤诉的选择以及诉前检察建议的质量等几个方面，对此下文将具体论述。

二、检察机关一审败诉行政公益诉讼案件反映的问题与对策建议

（一）行政机关"不依法履行职责"的判断标准问题

根据行政诉讼法的相关规定，行政机关在收到检察机关诉前检察建议后仍不依法履行职责，是检察机关依法提起诉讼的前提条件和实质要件。此处的"不依法履行职责"，从内容来看包括行政机关不纠正违法行为和不作为行为两种情形，从程度来看则包括行政机关完全不纠正、部分不纠正（履职不到位）等情形。从实践情况来看，90%以上的行政公益诉讼案件为行政机关不作为类案件，且绝大多数为履职不到位类案件，包括上述人民法院一审判决驳回检察机关诉讼请求的四个案件。例如在案例3中，法院认为在C检察院提起本案诉讼前，C林业局已按照检察建议的内容履行了全部法定职责，不存在怠于履行法定职责的情形。在案例4中，法院认为D人民防空办公室履职有瑕疵，但不属于违法，且所欠人防易地建设费在检察机关起诉后已收

回,追缴欠缴期间利息无法律依据。这种观点区分了行政瑕疵行为与行政违法行为,进而认为行政瑕疵行为不能作为判断行政机关不依法履行职责的依据。在案例 7 中,法院亦认为 G 环保局在收到检察建议后,主观上没有怠于履行法定职责的故意或过失,客观上积极采取有效措施,克服不利因素,在合理期限内依法履行了法定职责。上述案件均涉及行政机关"不依法履行职责"的判决标准问题,这也是检察机关需要从败诉案件中省思的主要问题之一。

关于行政机关"不依法履行职责"的判断标准,理论界主要有以下观点:

第一种观点认为,检察机关判断行政机关是否履职应秉持行为标准(审查行政机关是否履行法定职责)而非结果标准(审查行政机关是否造成国家利益和社会公共利益的损害),理由有三点:一是从制度逻辑考察,如果行政机关违法行使职权或者不作为,则行政机关的行为特征是未履行法定职责,行为结果体现为导致国家利益和社会公共利益的损害;反之,一旦行政机关纠正了违法行为或者履行了法定职责,则其行为后果便有利于维护国家利益和社会公共利益。二是从制度效用边际约束考察,并非所有的生态环境损害都可恢复,这也就意味着并非所有的环境公益损害都能得到救济。要求行政机关在特定期限内救济所有的环境公益损害是不切实际的。三是从制度负面效应考察,行政机关按照检察建议矫正了行政行为,但依然因为行为后果而承担过于严苛的法律责任,必然产生负面制度后果。①

第二种观点认为,对行政机关是否"依法履行职责"要作出定性和定量分析,既要看行为的本身,也要看行为的结果;既要有一个相对统一的标准,也要根据不同案件做具体处理。具体可从以下几方面作出判断:一是从行政机关的行为看,行政机关有没有正在纠正主要违法行为或有没有正在履行重要职责,有没有明确规定自我纠错的期限,有没有建立长效的处理机制等。二是从危害的实际结果看,行政机关有没有使危害状态得以制止,有没有消除危害后果。三是在对行政机关处理程度认定方式上,检察机关有必要聘请相关专业机构和专家对行政机关处理损害的情况进行实时评估,还可以引入听证程序,就行政机关是否依法履行职责举行听证,以更好地判断行政机关

---

① 刘超:《环境行政公益诉讼诉求程序省思》,载《法学》2018 年第 1 期。

的履职情况。①

第三种观点认为，检察机关判断行政机关是否依法履职以及作出的行为是否合乎法律的要求，应当坚持形式合法性为辅、实质合法性为主的判断标准。如果行政行为已达到实质合法标准，就不再起诉；不能达到实质合法标准，则需要提起诉讼。出于切实保护公益的需要，行政公益诉讼扩展了"合法"的涵义，实际上将"形式合法性"审查标准拓展到了"维护客观法秩序"的层面。与此相应，法院对行政公益案件的审查也不局限于形式合法性，还依据过错原则进行实质合法性审查。比如，行政机关若以无法律明确规定为由不履行职责，但该不作为行为在结果上却明显有失公正或者造成了具体的重大损害，法院也可以建立实质违法性、可归责性和损害因果关系在内的实质合法性审查原则。②

本文认为，检察机关在对行政机关是否充分履行法定职责的审查中，应当坚持行为标准与结果标准相结合（形式标准与实质标准相结合），当两者不完全契合时，应当严格坚持结果标准或实质标准。具体而言，行为标准包括以下两方面：（1）行政机关对诉前检察建议按期答复。按照"两高"司法解释的相关规定，行政机关应当在收到检察建议书之日起两个月内依法履行职责，并书面回复人民检察院。出现国家利益或者社会公共利益损害继续扩大等紧急情形的，行政机关应当在十五日内书面回复。（2）行政机关纠正违法或切实履行职责。实践中，对行政机关纠正违法行为相对容易判断，对行政机关切实履行职责（纠正不作为）的把握相对较难。从理论角度而言，行政不作为一般应当符合三个要件：一是行政机关具有法定职责；二是行政机关没有履行法定职责；三是不履行法定职责是主观上不为而不是客观上不能为。在实践中存在较多的情况为行政机关不完全履职或者说履职不到位，而对履职是否到位的评价标准，行政机关与检察机关、审判机关与检察机关往往并不一致，上述几个案例即是评价标准不一致的反映。"行政公益诉讼多重职责交叉的存在使不作为的认定十分复杂，可以实质性的履行为核心标准，区分不

---

① 王春业：《行政公益诉讼"诉前程序"检视》，载《社会科学》2018 年第 6 期。
② 刘艺：《构建行政公益诉讼的客观诉讼机制》，载《法学研究》2018 年第 3 期。

同情况具体把握。"① 换言之，判断行政机关是否履职到位应结合结果标准（实质标准）来综合把握。判断行政机关是否充分履行法定职责的结果标准是，国家和社会公共利益仍然处于受侵害状态或者处于受侵害的潜在威胁状态。在检察机关提起行政公益诉讼的过程中，必须坚持"行为+结果"的判断标准。如果仅秉持行为标准，则可能会忽视行政机关履职不充分或履职不到位而导致国家利益和社会公共利益仍受损害的情况。同时，秉持结果标准亦不能忽视行政机关在纠正违法及切实履职过程中的积极状态和实际困难。同时，上述案例反映出在实践中，以下几个问题尚需研究。

1.行政机关移送犯罪线索或侦查部门已立案能否作为行政机关充分履行法定职责的判断标准

在案例 2 中，法院认为涉案陈某滥用职权等犯罪一案已经刑事立案，尚未作出刑事终审裁判，而对 B 镇政府作出相关审批批复的处理应以该刑事案件的审理结果为依据，在刑事案件终结前 B 检察院启动诉前程序并提起行政公益诉讼不符合行政案件起诉条件，故裁定驳回起诉。在案例 6 中，法院认为因周某违法开采行为涉嫌犯罪，F 国土资源局已将案件移送公安机关（目前处于侦查阶段），其作出后续相关行政行为应当以公安机关作出的认定和处理为依据。在这两个案例中，行政机关和法院实质上是将刑事立案作为了判断行政机关已依法履行职责的标准。从理论角度来看，虽然对于行政违法与刑事违法的竞合目前存在"刑优说"（即重罚吸收轻罚，单处刑罚后无须再追究行政责任）和"并罚说"（行政机关和司法机关可以在各自职权范围内追究违法行为人的行政责任和刑事责任）之分，但"并罚说"是为通说，更符合对国家利益和社会公共利益予以保护的现实需要。从现行规定来看，行政诉讼法和"两高"司法解释对行政诉讼，尤其是行政公益诉讼的起诉条件作出了明确规定，其中并未明文规定行政诉讼与刑事诉讼之间的先后顺序。故在案例 2 中，陈某刑事案件的终结与否，与检察机关对 B 镇政府行使职权造成国有财产流失而提起行政公益诉讼之间，没有任何关联，人民法院裁定驳回检察机关起诉于法无据。同理，在案例 6 中，人民法院以已经刑事立案为由

---

① 胡卫列、迟晓燕：《从试点情况看行政公益诉讼前置程序》，载《国家检察官学院学报》2017 年第 2 期。

判决驳回检察机关诉讼请求亦于法无据。总之，公益侵权人被追究了刑事责任，并不代表其行政责任就当然免除，如果违法行为造成的公益侵害后果没有得以修复或者纠正而行政机关又放任这种后果的发生，在刑事诉讼阶段检察机关仍可提起行政公益诉讼。

2. 行政机关充分履行法定职责的限制条件与履职期限

行政机关充分履行法定职责受以下条件限制：一是自然条件的限制。例如在案例7中，G检察院在检察建议中要求"立即采取有效措施，依法确保《2001号处罚决定》确定的延吉市小营镇东光村南山沟处限期恢复原状"，但G环保局在实地检查后，发现因为当时处于化冰期，土路泥泞，车辆无法通行，且表层覆盖大量建筑垃圾，导致客观上暂无法清理运送粉煤灰。二是生态规律的约束。例如我国《水污染防治法》第85条规定的水污染"代为治理"（逾期不采取治理措施的，环境保护主管部门可以指定有治理能力的单位代为治理）、《水土保持法》第56条规定的水土流失"代为治理"（逾期仍不治理的，县级以上人民政府水行政主管部门可以指定有治理能力的单位代为治理）等代履行的强制执行方式中，受生态规律约束的情形较为突出。三是履行法定程序的时限要求。例如在案例5中，E林业局针对刘某的违法行为作出的处罚决定中，就有恢复生态资源一项，即限刘某于2017年春节将林地恢复原状，如果刘某60日内不申请复议、6个月内也不起诉，将申请法院强制执行。上述处罚决定在E检察院提起诉讼时尚未发生法律效力，即使已经发生法律效力，亦存在3个月申请执行期限。四是相关职能部门的配合。"我国当前的环境法律体系是依据环境要素的具体分类分别制定法律规范的，形成了体系庞大的控制环境污染和防治生态破坏的单行法。这种立法体系特征使得生态环境与资源保护领域的执法权由多个行政部门承担，产生环境行政权力碎片化、职能交叉、政出多门的现象。各环境要素之间相互联系、相互依存的特点，要求环境行政执法中相关部门之间的配合。"① 在上述情形下，一律要求行政机关在收到检察建议书之日起两个月内充分履行法定职责并不现实，应结合行政机关的履职状态（是否积极履行法定职责）和客观情形，在特定情形下可允许适当延长行政机关的履职期限。

---

① 刘超:《环境行政公益诉讼诉求程序省思》，载《法学》2018年第1期。

（二）举证责任和证明标准的问题

1. 举证责任

举证责任问题是决定案件胜败的核心问题。目前法律对行政公益诉讼中的举证责任尚无明确规定。理论界和实务界目前存在以下几种观点：第一种观点认为应当遵守《行政诉讼法》第 34 条"被告对作出的行政行为负有举证责任，应当提供作出该行政行为的证据和所依据的规范性文件"的规定，原则上实行举证责任倒置，由行政机关承担举证责任。[①] 第二种观点认为鉴于检察机关具有法律专业人才和专业优势，原则上应由检察机关承担举证责任，否则不利于行政秩序的稳定，同时可防止检察机关滥用行政公益诉讼。[②] 第三种观点认为应由检察机关和行政机关合理分担举证责任，但在如何分担方面又语焉不详。

根据"两高"司法解释的相关规定，检察机关提起行政公益诉讼应当提交下列材料：（1）行政公益诉讼起诉书，并按照被告人数提出副本；（2）被告违法行使职权或者不作为，致使国家利益或者社会公共利益受到侵害的证明材料；（3）检察机关已经履行诉前程序，行政机关仍不依法履行职责或者纠正违法行为的证明材料。而根据《人民检察院提起公益诉讼试点工作实施办法》的相关规定，检察机关提起行政公益诉讼仅需提交以下材料：（1）行政公益诉讼起诉书；（2）国家或社会公共利益受到侵害的初步证明材料。上述变化说明自行政公益诉讼制度经立法确认并在全国推行以来，检察机关的举证责任相应加重了。有的观点认为："检察机关在提出检察建议之前，需要就行政机关违法行使职权或者未履行法定职权的情况进行初步调查核实，无须广泛、充分地收集证据……行政公益诉讼在诉前程序的证据成本是非常低廉的。"[③] 然而实践证明，如果将检察机关的举证责任要求限定于相关"初步证明材料"，往往会导致败诉的结果。例如在案例 4 中，检察机关在 D 人民防空办公室将某房地产公司所欠人防易地建设费收回后，要求其追缴欠缴期间利息有无明确

[①] 朱全宝：《论检察机关提起行政公益诉讼：特征、模式与程序》，载《法学杂志》2015 年第 4 期。
[②] 傅国云：《行政公益诉讼制度的构建》，载《中国检察官》2016 年第 3 期。
[③] 王玎：《行政公益诉讼证据制度构建——以法经济学为分析视角》，载《青海社会科学》2018 年第 3 期。

法律依据？再如在案例 7 中，检察机关在 G 环保局客观上积极采取措施履行职责的情况下，仍认为国家利益和社会公共利益受到侵害的证据是否充分？总而言之，在上述 7 个败诉案件中，除去个别案件系因法检认识不同外，检察机关败诉的原因在一定程度上均与举证不到位有关。

本文认为，虽然检察机关相较于普通原告而言在举证方面具有专业优势，且检察机关利用这种专业优势保障了绝大部分行政公益诉讼案件获得胜诉，但较重的举证负担亦是检察机关无法承受的，应当由行政机关和检察机关合理地分担举证责任。具体而言：（1）在作为类行政公益诉讼案件中，应当由行政机关承担主要举证责任，其应提供作出相关行政行为的法律依据和实施证据，以证明其并未违法行使职权。检察机关则需证明其履行了诉前程序，且国家利益或社会公共利益仍处于受侵害状态。检察机关亦可以提供证明行政行为违法的证据，但此举并不免除被告的举证责任。（2）在不作为类行政公益诉讼案件中，行政机关不可能主动证明自身未履行法定职责以及对国家利益或社会公共利益造成了侵害，否则就违反了"不得自证其罪"的证据规则，故应当由检察机关承担主要举证责任。检察机关需证明其履行了诉前程序、相关行政机关具有法定监管职责、相关行政机关拒不履行法定职责或不完全履行法定职责、国家利益或社会公共利益仍处于受侵害状态。

2. 证明标准

行政公益诉讼中的证明标准。当事人履行证明责任如何使证据确信而必须达到的状态。[①] 关于行政公益诉讼中的证明标准，目前主要有以下三种观点：第一种观点认为应当采用"优势证明"标准。该观点主要是从举证成本的经济学角度，认为应将行政公益诉讼的证明标准设置在最低限度，才能保证搜寻证据获得的收益大于成本。如果行政公益诉讼采用较高的证明标准，检察机关为了获得胜诉判决，也必然会不惜成本代价去搜寻证据，可能导致搜寻证据的成本超过维护公益的收益。[②] 第二种观点认为应当根据分层体系对不同层次的证明对象设置不同的证明标准。即在行政公益诉讼中，检察机关

[①] 转引自张硕：《论行政公益诉讼证明标准》，载《哈尔滨工业大学学报（社会科学版）》2018 年第 4 期。

[②] 王玎：《行政公益诉讼证据制度构建——以法经济学为分析视角》，载《青海社会科学》2018 年第 3 期。

对存在行政违法事实的证明要达到"合理的可能性"程度,对公共利益受损的证明应达到"高度盖然性"的程度,对检察机关自身已履行过检察监督职责要达到"确信无疑"程度;行政机关对行政行为合法性的证明要达到"清楚和有说服力"的程度。第三种观点认为应当参照适用裁判标准。即"要把人民法院的审判标准前移参照。自公益诉讼立案、诉前程序开始,就要用裁判标准去分析案情,把好事实关、证据关和法律关,以保障立案督促的精准性、诉前程序的针对性、证据特质的'三性'和终局裁判的预见性。"[①]本文认为,"合理设定行政公益诉讼的证明标准,需要兼顾诉讼性质、诉讼目的、可操作性、举证成本等多重因素,在众多价值中择取恰当的平衡点。"[②]具体而言:(1)对于程序性事项的证明标准,例如检察机关对其履行了诉前程序的证明,应当达到确定无疑的程度。在案例3中,即涉及对法院立案时间这一程序性事项的证明。该案中,C检察院于2016年11月16日向有管辖权的法院依法递交起诉状及相关证据,鉴于法院立案庭当日拒绝按照行政诉讼法相关规定"出具收件书面凭证",C检察院经请示并依照上级要求,对交接件过程予以拍照固定。检察机关现有大量确信无疑的证据能够印证法院的立案时间,并据此进一步证明C林业局系在法院立案后作出行政处罚决定并督促违法行为人"复绿"。(2)对于实体性事项的证明标准,应有所区别。其中对于行政机关证明其行为合法性、检察机关证明相应行政机关具有法定监管职责,应当达到确定无疑的程度。这是因为举证责任方只要出具相应的法律规定或法律授权文件即可完成举证责任,举证难度相对较小。对于检察机关证明国家利益或社会公共利益仍处于受侵害状态,应当达到高度盖然的标准。这是因为对于公共利益受侵害的证明在实践中有一定的难度,往往需要通过司法鉴定或借助相应科技手段来固定证据,过高的证明标准会加重检察机关的取证负担,不利于国家利益和社会公共利益的保护,过低的证明标准则难以防止检察权对行政权的不当干预,而参照民事损害高度盖然的证明标准,则可以有效平衡公益保护、司法权控制与行政权监督三者之间的关系。

[①] 张雪樵:《检察公益诉讼的"智慧之门"》,载《检察日报》2018年4月9日。
[②] 王玎:《行政公益诉讼证据制度构建——以法经济学为分析视角》,载《青海社会科学》2018年第3期。

（三）请求确认违法与撤诉的选择问题

"两高"司法解释规定："在行政公益诉讼案件审理过程中，被告纠正违法行为或者依法履行职责而使人民检察院的请求全部实现，人民检察院撤回起诉的，人民法院应当裁定准许；人民检察院变更诉讼请求，请求确认原行政行为违法的，人民法院应当判决确认违法。"上述规定赋予了检察机关在诉讼请求全部实现时对诉讼进程的选择权。对于如何选择，理论界与实务界主要存在两种观点。第一种观点认为，既然行政机关已经确实纠正违法行为或者依法履行了职责，诉讼目的已经达到，从节约司法资源的角度考虑，检察机关应当撤诉。实践中上述条款往往成为检察机关撤诉的理由。第二种观点认为，如果行政机关确实存在违法行为，从行使法律监督权的角度出发，检察机关应当请求法院判决确认行政行为违法，真正发挥法律监督的作用，而不应当选择撤诉。

据不完全统计，在法院一审结案的行政公益诉讼案件中，以检察机关撤诉方式结案的不足 30 件。在大多数情况下，即使检察机关的诉讼请求全部实现，检察机关亦是选择变更诉讼请求，请求确认原行政行为违法。例如在案例 7 中，法院于 2018 年 1 月再次开庭时，G 检察院认可 G 环保局已经督促第三人将其向公益林地违法倾倒的粉煤灰全部清理完毕，并撤回第二项"判令 G 环保局对上述行政处罚决定所涉违法行为，依法继续履行职责"的诉讼请求，但同时表示不撤回起诉，而是请求确认 G 环保局未依法履行职责违法，法院并未支持检察机关关于确认违法的诉讼请求。在案例 6 中存在与此类同的问题。对于法检两家就此类问题的分歧，有学者指出系"根基于主观诉讼和客观诉讼的立场差异。主观诉讼的救济功能仅停留在诉求的实现层面，而客观诉讼则不仅要纠正正在发生的违法行为，还要通过确认判决定性以前发生的违法行为，避免同类违法行为再次发生，从而维护法律的权威。"[①] 本文认为，在请求确认违法与撤诉的选择问题上，检察机关应当在公益保护与行政权监督这两种价值取向之间寻求平衡。行政公益诉讼的根本目的和终极价值取向系公益保护。行政公益诉讼的本质系对行政权的监督，并通过监督实现对公益的保护，而非追求对行政机关进行问责或追责。因此，当检察机关的

---

① 刘艺：《构建行政公益诉讼的客观诉讼机制》，载《法学研究》2018 年第 3 期。

诉讼请求全部实现，即行政机关履职到位，国家利益和社会公共利益不再处于受侵害状态时，检察机关原则上应当申请撤诉。另外，检察机关在行政机关履职到位后申请撤诉，亦有利于减少来自行政机关方面的阻力，便于行政公益诉讼在全国范围内推行和开展。

（四）诉前检察建议的质量问题

"诉前程序不光是检察机关提起公益诉讼之前必经的前置程序，而且是实质性办理公益诉讼案件的开始。"[①]诉前检察建议的质量高低在一定程度上能够影响公益诉讼案件的胜败。在案例7中，检察机关一审败诉的主要原因即是G检察院在履行制发诉前检察建议职责时，未明确写明公益诉讼受损情况，而是直接引用了G环保局处罚决定中查明的内容，未充分考虑诉前检察建议与诉讼在实体内容方面的衔接关系以及可能造成的诉讼过程中的被动情况。在案例6中，因对公益受损情况语焉不详，以致法院在判决理由中直接点明"检察机关提起类似本案行政公益诉讼并无实质意义"。在案例4中，因对行政机关的违法行为及是否应当追缴欠缴利息论证不足，以致法院认为行政机关的相关行为仅系瑕疵行为，不应确认违法，并认为追缴欠缴期间利息无法律依据。

提升诉前检察建议的质量，首先应当明确并完善诉前检察建议的内容。相关法律与司法解释对于诉前检察建议的具体内容，没有作出明确的规定。最高人民检察院《关于深入开展公益诉讼试点工作有关问题的意见》曾作出规定："诉前检察建议应载明行政机关违法行使职权或者不作为的事实、构成违法行使职权或者不作为的理由和法律依据以及建议的内容。应当针对行政机关的违法行为，提出督促其依法正确履行职责的建议内容。"该规定将诉前检察建议的内容限定为行政违法认定与履职建议两方面，其缺陷在于未能规定必须载明国家利益或社会公共利益受损情况。行政违法与公益受损是检察机关启动行政公益诉讼的两个必要条件，两者共同构成启动公益诉讼的正当性基础。诉前检察建议的内容必须与可能提起的行政公益诉讼相契合，要对

[①] 胡卫列、迟晓燕：《从试点情况看行政公益诉讼前置程序》，载《国家检察官学院学报》2017年第2期。

诉前程序后可能提起诉讼进行预判，提前在诉前程序中做好准备工作，保证诉前检察建议内容与诉讼内容衔接、统一，防止因诉前检察建议与诉讼内容不协调而导致败诉。

提升诉前检察建议的质量，应当注意检察建议的详略程度。有的观点认为，"检察建议书要切实做到事实证据清楚、观点清晰明确、建议合理可行。"① 有的观点则认为，在诉前程序中，检察机关向行政机关发出的检察建议应重在对行政行为进行定性，不必纠缠具体细节，这既节约成本，也给行政机关留有更多的处理空间。因为"实际上大部分案件通过诉前程序后最终都由行政机关自己得以纠正的，根本不会提交到法院，在这种情况下，检察机关所做的这些工作实际上是多余劳动，浪费了大量的人力物力"，"一个简明扼要的检察建议，就足以起到督促作用，促进行政机关自觉并积极地纠正违法行政行为或履行法定职责"。② 本文并不认同这种观点。实践中，正是基于诉前检察建议的高质量，才得以在一定程度上保障诉前检察建议被行政机关所采纳，而且随着行政公益诉讼的深入开展，质量低下的检察建议的负面作用已逐渐出现，即检察机关一审败诉的行政公益诉讼案件日渐增多。在诉前检察建议中，检察机关应结合自身的举证责任和证明标准，把行政机关违法事实（证据与法律依据）、公益受损情况（高度盖然的证据）及两者之间的因果关系论证清楚，并提出合理可行的履职建议，确保诉前检察建议的高质量。

三、检察机关一审行政公益诉讼案件提质增效的路径分析

（一）更新监督理念

张军检察长在讲话和有关文件中，就新时代检察工作创新发展提出了一系列新理念，行政公益诉讼应当遵循这些新理念，探寻提质增效的新思路、新方法。一是以办案为中心，在办案中监督、在监督中办案。"办案是第一

---

① 韩耀元：《准确把握诉前程序基本特征 科学构筑诉前程序工作机制》，载《人民检察》2015年第14期。
② 王春业：《行政公益诉讼"诉前程序"检视》，载《社会科学》2018年第6期。

位的,优质高效办案是我们的第一任务。"① 行政公益诉讼的本质是司法权对行政权的监督,必须把监督寓于公益诉讼案件办理过程当中,把办案作为监督履责的过程和基本手段,并通过办案实现对国家利益和社会公共利益的保护。应当如何看待检察机关在一审行政公益诉讼案件中败诉问题? 虽然案件的胜败不应作为评价行政公益诉讼制度运行效果的绝对标准,但是败诉案件在一定程度上暴露了部分检察机关和检察人员监督理念的偏失和监督能力的不足,以致造成办案与监督相脱节,应引以为戒。二是双赢多赢共赢的监督理念。"检察机关提起行政公益诉讼是督促之诉、协同之诉。行政机关是保护国家利益和社会公共利益责任的主要承担者。检察机关不论是提出检察建议还是提起行政公益诉讼,都旨在督促行政机关依法正确履行职责,依法解决侵害公益的突出问题。"② 行政公益诉讼不是追责之诉,在这项工作中监督者与被监督者在法定职责本质上是一致的,在工作目标、追求效果上也是一致的。检察机关在工作开展过程中要注重与其他执法司法部门形成良性、互动、积极的工作关系,树立双赢多赢共赢的监督理念。这也是为何在行政机关履职到位、公共利益得以保护的情况下,检察机关决定不再提起诉讼,或者在诉讼阶段选择撤诉的根本原因。三是精准监督的理念。检察机关通过精准监督,达到监督一案、警示一片、教育社会面的目的,实现办案政治效果、社会效果、法律效果的有机统一。对此,要正确看待高检院办案硬性要求与精准监督的关系,不能为了完成办案指标任务而刻意降低办案要求。

(二)保障调查取证

"两高"司法解释规定:"人民检察院办理公益诉讼案件,可以向有关行政机关以及其他组织、公民调查收集证据材料;有关行政机关以及其他组织、公民应当配合;需要采取证据保全措施的,依照民事诉讼法、行政诉讼法相关规定办理。"上述司法解释规定有关行政机关以及其他组织、公民在检察机关调查收集证据时有配合义务,但没有规定其不予配合时所应承担的法律责

---

① 参见正义网:《首席大检察官透露检察工作创新发展方向标!》,http://www.jcrb.com/xztpd/ZT2018/201807/djcg_dlf/201807/t20180726_1889349.html,2018年9月30日访问。

② 参见最高人民检察院、国土资源部《关于加强协作推进行政公益诉讼促进法治国土建设的意见》。

任。调查取证关系到公益诉讼案件的线索发现、证据固定,对公益诉讼庭审和最终判决具有重要意义,然而在实践中,调查取证是检察机关提起行政公益诉讼的薄弱环节。检察机关在公益诉讼中调查取证难主要表现在以下方面:一是部分行政机关存在抵触情绪,对调查取证不予配合;二是公益诉讼案件的专业性、复合性和公益性为调查取证带来一定难度;三是目前检察机关行使调查取证权缺乏操作性的指引规范;四是自侦部门的转隶在一定程度上影响到检察机关调查取证的权威。虽然在有的地方公益诉讼工作得到党委、人大以及政府的支持,这在很大程度上保障了检察机关调查取证权的行使,但这并非治本之策或制度保障。

提升行政公益诉讼案件的办理质效,应当采取以下措施来保障检察机关调查取证权的充分实现:一是适当增加有效开展调查取证工作的刚性保障措施,例如赋予检察机关部分强制性调查取证权、明确涉案相关方的协助义务及拒绝配合调查取证的法律后果,对查封、扣押、冻结财产等强制性措施适度放宽,以使检察机关享有充分的调查核实手段,保障检察机关及时有效地履行法律监督职能等。"为了保证法律监督的顺利进行和精准,法律应当赋予检察机关在履行职责中的调查核实权及其必要的措施",这是法律监督的题中应有之义。[①] 二是完善专业鉴定、评估、审计制度,例如由检察机关建立统一的全国性专家库,发挥专家在公益诉讼工作中的积极作用,并可跨区域委托鉴定;细化勘验现场的具体操作标准,确保勘验笔录作为证据的效力;督促环保部门加强对社会中介评估机构的监督管理,不断提高环境监测取证水平等。

(三)优化监督程序

完整的行政公益诉讼办案程序包括检察立案、诉前程序、提起诉讼后的一审、二审与再审程序以及执行程序等。提升行政公益诉讼案件的办理质效,应当优化各监督程序内部之间的衔接。一是诉前程序与诉讼程序之间的优化衔接。对此,应当"以公益保护为核心,把好公益诉讼案件的结案节点……要把实现保护公益的检察诉求作为公益诉讼结案的必要前提。只有解决了公

---

① 朱孝清:《增强检察监督刚性》,载《中国检察官》2018年第15期。

益侵害的现实问题，才可以不提起诉讼，才可以和解撤诉，才可以服判息诉。""只要通过诉前督促的检察建议能够实现保护公益的预期目的，就不必再提起诉讼。"① 二是一审程序与二审程序之间的优化衔接。据了解，上述一审败诉的案件中，除部分案件因现实原因未启动二审程序，案件2、3系通过抗诉方式启动二审，案件6、7系通过上诉方式启动二审，案件4由当地检察机关按照审判监督程序依职权提出抗诉。关于二审程序的启动方式，"两高"司法解释改变了《人民检察院提起公益诉讼试点工作实施办法》的相关规定，将原通过抗诉启动二审，变更为通过上诉启动二审。对于二审程序的启动，亦应当以公共利益是否得到有效维护为条件。三是审判与执行程序的优化衔接。"两高"司法解释规定："人民检察院提起公益诉讼案件判决、裁定发生法律效力，被告不履行的，人民法院应当移送执行。"在公益诉讼案件中，法院作出判决仅仅是对公共利益的确定和宣示，行政机关对生效判决的履行才是公共利益的实现方式。如何对行政机关履行法律生效判决进行有效监督，是实践中的难题。一方面，由于行政管理的复杂性、专业性以及公共利益的不确定性，难以对判决履行确定一个客观明确的衡量标准；另一方面，在部分生态环境和资源保护案件中，判决履行周期可能长达数年，甚至是一个不确定的从长期过程，行政机关能否持续履行判决亦令人担忧。为此，应当通过建立检察机关对公益诉讼判决的执行监督机制，设计合理的监督程序，对行政机关的判决履行行为和法院的执行行为进行持续监督，充分发挥检察机关的监督作用。例如建立对行政机关履行判决情况的跟踪监督机制，要求行政机关定期向检察机关报送判决履行情况；对于法院不启动强制执行程序的，检察机关应当向法院提出检察建议等。

（四）凝聚监督合力

提升行政公益诉讼案件的办理质效，必须坚持检察一体化工作机制，强化协作配合，凝聚监督合力。公益诉讼中的检察一体化工作机制是指检察机关立足司法办案职能，坚持检察长统一指挥、部门横向协作一体化、上下级院纵向协作一体化原则，在公益诉讼线索收集、调查取证、出庭诉讼、诉讼

---

① 张雪樵：《检察公益诉讼的"智慧之门"》，载《检察日报》2018年4月9日。

监督等办案环节中，相互配合，形成以公益诉讼部门为主导、相关职能部门通力协作的工作机制。公益诉讼工作要坚持党的绝对领导，紧紧依靠各级党委政府的支持，围绕服务和保障中心工作强化办案争取双赢多赢共赢。在内部协作方面，相关检察业务部门在办理破坏环境资源保护类犯罪、生产销售伪劣商品类犯罪、走私类犯罪及部分职位类犯罪时发现的公益诉讼案件线索，应当及时移送公益诉讼部门，由公益诉讼部门对线索价值进行审查评估；公益诉讼部门因发现案件线索需要，经审批可以查询案件信息管理系统、"两法衔接"信息共享平台，相关部门应提供协助。在上下统筹方面，上级检察机关可统筹安排本辖区公益诉讼部门办案力量，根据案件需要，采取主办、交办、督办、提办、参办的方式指挥本辖区公益诉讼案件办理；上级检察机关应加强对下级检察机关的业务指导，严格把握诉前检察建议的质量及提起诉讼、撤诉、上诉等程序转化的条件，通过督促行政机关依法履行职责，有效保护国家利益和社会公共利益。另外，公益诉讼部门应当加强与技术信息部门的合作，推动大数据、人工智能在公益诉讼工作中的深度应用，探索"互联网＋公益诉讼"新模式，将技术信息化作为优化办案格局、提升办案质效的新引擎。

司法文书篇

黄洁明案民事抗诉书*

黄洁明因与关永汉房屋买卖合同纠纷一案，不服广东省高级人民法院（2014）粤高法民一终字第24号民事判决，向广东省人民检察院申请监督，该院提请本院抗诉。本案现已审查终结。

2012年9月10日，关永汉起诉黄洁明至广东省江门市中级人民法院，请求法院判令：1.黄洁明向关永汉返还已支付款项100万元。2.黄洁明承担违约责任，向关永汉双倍返还定金4000万元。3.黄洁明承担本案一切诉讼费用。2013年4月12日，在庭审过程中，关永汉增加一项诉讼请求：要求解除其与黄洁明分别于2012年3月8日、3月22日以及4月20日签订的《新华市场转让合同》《补充协议》《补充协议书》。黄洁明提起反诉，请求法院判令：1.关永汉向黄洁明支付违约金2000万元。2.关永汉承担本案全部的诉讼费用。2013年4月12日，在庭审过程中，黄洁明增加一项诉讼请求：要求解除其与关永汉分别于2012年3月8日、3月22日以及4月20日签订的《新华市场转让合同》《补充协议》《补充协议书》。

广东省江门市中级人民法院于2013年9月16日作出（2012）江中法民一初字第22号民事判决。该院一审查明：关永汉与黄洁明于2012年3月8日签订《新华市场转让合同》，约定由黄洁明向关永汉转让其所有的鹤山市新华市场的6处房产及经营管理权，成交价格为1亿元。由于上述转让的标的物中有3处房产，因黄洁明为案外人的银行贷款（总金额为4601万元）提供担保并办理了抵押登记手续，故双方协定，本次交易以关永汉首先向黄洁明支付部分转让款（4600万元），后由关永汉负责替黄洁明偿还案外人的银行贷款（即赎楼）并注销上述3处转让房产的他项权登记后，再行将涉案全部标的物过户的方式进行。同时，双方还约定了通过银行资金监管的途径来保障

---

* 该文书获中国法学会法律文书学研究会第二届全国优秀法律文书评选活动一等奖。

本次交易的进行，双方应于本合同签订当天，共同前往银行签订《资金共管协议》。

双方关于转让款的支付方式及时间的主要约定有：1. 2012年3月22日前，关永汉应将第一期转让款2000万元支付到双方开设的银行共管账户中，并作为定金。2. 2012年3月30日前，关永汉应将第二期转让款2600万元支付到银行共管账户。3. 2012年4月9日前，关永汉应代替黄洁明偿还约定的4601万元银行贷款。

双方针对共管资金的解付、4601万元的银行贷款的偿还、存在抵押权房产的他项权注销登记以及转让房产的过户等问题的主要约定有：1. 黄洁明在关永汉支付第一期转让款4600万元到银行共管账户后，应于2012年4月2日与关永汉一起到鹤山市公证处办理《委托书》，授权关永汉负责办理抵押房产的他项权登记注销手续和涉案标的物的权属交易登记手续。《委托书》办理完毕后交由黄洁明保管。2. 在公证处办理完毕《委托书》后，由关永汉签署《委托付款通知书》，授权银行解付共管账户中的4400万元到黄洁明指定收款账户。在银行审查《委托付款通知书》且确认无误后，黄洁明将《委托书》移交给关永汉。3. 关永汉在取得《委托书》后应在2012年4月9日前负责偿还4601万元的银行贷款并注销他项权登记。4. 在关永汉履行完自己的前述义务后，双方应在2012年9月1日前完成本次交易全部房产的过户手续。

双方针对违约责任问题的主要约定有：若关永汉未支付定金或未足额支付定金的，则须向黄洁明支付违约金2000万元；若黄洁明逾期超过十五天，未按约定办理移交《委托书》授权关永汉办理涉案房产的他项权登记注销及权属交易登记手续的，关永汉有权单方取消本协议，黄洁明应双倍返还定金。

此外，双方还针对涉案转让房产移交、转让标的租金的处理、违约责任等问题作出了具体约定。还约定了黄洁明应在本协议签订后的五个工作日内办理6处房产中3处没有设定抵押权房屋产权证的旧证换新证手续。

上述合同签订后，双方没有确定资金监管的银行，没有签订《资金共管协议》。关永汉也没有依照《新华市场转让合同》的约定履行相关的付款义务。在合同签订当日，黄洁明办理了约定的3处房产旧证换新证的手续。2012年3月13日，黄洁明提前与关永汉一起前往广东省鹤山市公证处办理了合同中约定的《委托书》，并由黄洁明保管。《新华市场转让合同》中约定的其他合同义务,双方均未实际履行。

2012年3月22日,黄洁明与关永汉签订《补充协议》,对《新华市场转让合同》中约定的部分内容进行了补充约定,主要是针对4601万元的抵押房产银行贷款的偿还问题。因上述银行贷款分两部分构成。其中一笔的贷款金额为2500万元,主债务人为鹤山市华大物业管理有限公司,债权人为中国工商银行鹤山市支行,抵押物为黄洁明所有的鹤山市沙坪前进路42号房产。另一笔的贷款金额为2101万元,主债务人为鹤山市华大发展有限公司,债权人为中国工商银行鹤山市支行,抵押物为黄洁明所有的鹤山市沙坪前进路44号、46号两处房产。故双方约定,由原来《新华市场转让合同》中约定的关永汉在2012年4月9日前负责偿还上述4601万元贷款变更为:关永汉先行支付转让款2000万元至银行监管账户并负责偿还2101万元的银行贷款,后由黄洁明以自己的财产为关永汉向银行贷款提供担保。关永汉取得银行贷款资金后,再行支付第二期转让款并负责偿还第二笔贷款2500万元。完成后,黄洁明再行提供财产为关永汉再次向银行贷款提供担保。《补充协议》中还针对黄洁明的收款账户变更、银行监管资金的支付等问题作出了约定。其中双方约定在2012年3月22日前,双方应与银行签订资金监管协议。

《补充协议》签订后,除于当日双方共同与广发银行江门分行签订了《交易资金托管协议》外,《补充协议》中约定的其他主要合同义务,双方也没有实际履行。2012年4月20日,黄洁明与关永汉再次就本次交易进行补充协商,并签订了《补充协议书》,双方当事人针对相关合同义务的履行再次作出约定,主要内容如下:1.签订本《补充协议书》当天,关永汉应支付100万元转让款至黄洁明指定的账户。同时关永汉到鹤山市工商银行以自己或指定的公司名义开设保证金账户,并在2012年4月23日前支付2101万元到该账户。款项到账后,关永汉与鹤山市工商银行签订《质押合同》,该款项作为鹤山市沙坪前进路44号、46号两处存在抵押登记房产涉及的贷款债务的质押保证金。关永汉保证未经黄洁明同意,关永汉不得单方撤销该《质押合同》。2.2012年4月24日前,关永汉应将2000万元转让款支付到广发银行江门分行建设支行的监管账户中。在前述转让款到位且《质押合同》签订后,黄洁明提供其所有的鹤山市沙坪镇新湖二巷49号之五、鹤山市沙坪镇新湖二巷44号101房、鹤山市沙坪镇新湖二巷51号之三、之四等3处房产(即本次交易的6处房产中原来没有设定抵押权的 3 处房产）为关永汉向银行申请贷款提供抵押担保，关永汉申请贷款的金额不超过 2300 万元。3. 在前述黄洁明为关永汉申请贷款提供担保房产的相关抵押登记手续完成的同时，关永汉应将第一期转让款 2000 万元的《委托付款通知书》交付给黄洁明，由黄洁明前往相关银行办理款项的解付手续。4. 2012 年 4 月 27 日前，黄洁明与关永汉应到银行签订《委托还款协议》，由关永汉偿还以鹤山市沙坪前进路 44 号、46 号两处房产作担保的 2101 万元贷款债务。5.《补充协议书》中涉及的银行的工作由关永汉负责办理，黄洁明予以协助。

另外，《补充协议书》中针对关永汉应支付的第二期转让款的支付问题以及 2500 万元的抵押房产银行贷款的偿还问题约定的操作流程与前述方式基本一致。其中约定，2012 年 5 月 3 日前，关永汉应支付 2500 万元到鹤山市工商银行的保证金账户中并签订《质押合同》，该款项作为鹤山市沙坪前进路 42 号存在抵押登记房产涉及的贷款债务的质押保证金。此外，双方在《补充协议书》中还对本次交易标的物的过户、新华市场租户租金收益、税费等问题进行了约定。

《补充协议书》签订后，双方着手开始履行各自的相关义务。2012 年 4 月 20 日，案外人黄微珍、梁建雄分别向黄洁明的账户中划入款项共计 100 万元。黄洁明于同日向关永汉出具《收据》一份，载明："今收到关永汉关于新华市场转让合同款订金共壹佰万元整（该款项分别由梁建雄、黄微珍汇入伍拾万元整）"。2012 年 4 月 26 日，中国工商银行鹤山支行与新粤公司签订《质押合同》一份，约定新粤公司为鹤山市华大发展有限公司的债务向债权人中国工商银行鹤山支行提供质押担保。在该《质押合同》的附件中载明：保证金账户开户行：鹤山工行；户名：鹤山市新粤纤维有限公司；账号：20120060412××××××××；质物价值为：人民币 2101 万元。2012 年 5 月 7 日，鹤山市沙坪前进路 44 号、46 号两处房产上的他项权登记办理了注销手续。2012 年 5 月 8 日，关永汉往其在广发银行江门分行开设的资金监管账户中划入款项 2000 万元。后双方就《补充协议书》的履行问题产生争议。黄洁明认为因关永汉并未向其提供梁建雄、黄微珍以及新粤公司出具书面的同意代为付款、代为质押的手续，导致其交易安全不能得到保障，而且关永汉也没有提供办理相关银行贷款（2300 万元贷款）的申请资料，其无法配合关永汉并提供抵押物作担保。关永汉则认为黄洁明不配合其办理银行贷款手续并提供抵押物进行担保的行为在先,导致其无法继续《补充协议书》中约定的其他义务。2012年5月22日,黄洁明重新以鹤山市沙坪前进路44号、46号两处房产为鹤山市华大发展有限公司2101万元的债务提供抵押担保,并办理了抵押登记手续。双方当事人各执一词,遂成本案诉讼。

该院一审另查明:2012年7月9日,因关永汉与江门市中盈融资担保有限公司之间存在追偿权纠纷,江门市新会区人民法院依据江门市中盈融资担保有限公司的申请冻结了上述监管账户中的2000万元款项。后江门市新会区人民法院作出(2012)江新法执字第1529-1号《执行裁定书》扣划了上述2000万元款项,并于2012年7月20日向关永汉、黄洁明发出(2012)江新法执字第1529-1号《通知书》。

该院一审还查明:一审庭审后,根据该院的要求,关永汉向该院提交一份由梁建雄、黄微珍于2013年4月13日出具的《证明》,载明梁建雄、黄微珍分别向黄洁明的账户中划入款项50万元系受关永汉委托。该院于2013年7月12日对梁建雄、黄微珍进行询问,二人均确认《证明》的真实性。黄微珍陈述其系关永汉开设公司的出纳人员,其根据关永汉的指示向黄洁明汇入50万元款项。梁建雄则向该院陈述其因与关永汉之间存在款项往来,其系受关永汉的委托向黄洁明的账户中划入款项50万元。

该院一审认为:本案为房屋买卖合同纠纷。关永汉与黄洁明签订的《新华市场转让合同》《补充协议》《补充协议书》系当事人在平等、自愿、协商一致基础上共同订立,为当事人的真实意思表示,内容不违反法律、行政法规的强制性规定,为有效合同,各当事人应当严格遵照履行。

(一)关于合同解除的问题。庭审中,关永汉、黄洁明均同意解除合同,并相应增加要求解除《新华市场转让合同》《补充协议》《补充协议书》的诉讼请求。根据《中华人民共和国合同法》第九十三条:"当事人协商一致,可以解除合同"之规定,该院对于关永汉、黄洁明分别在本诉与反诉中提出解除合同的诉讼请求均予以支持。

(二)关于合同解除的原因和责任问题。审查双方当事人的实际履行情况,在履行涉案合同过程中,关永汉和黄洁明均存在违约,导致涉案合同解除的过错不能单一归责于一方,双方均有责任。对此分析如下:

1. 关永汉在本次交易过程中存在多处违约行为。《补充协议书》约定关永汉应于 2012 年 4 月 20 日当天到鹤山工商银行，根据银行的要求以自己或者指定公司的名义开设保证金账户，并在 2012 年 4 月 23 日前支付 2101 万元的质押款项到账，用以赎楼办理注销抵押登记手续。但关永汉则是于 2012 年 4 月 26 日才委托了新粤公司与中国工商银行鹤山市支行签订《质押合同》并汇入了 2101 万元质押款项，关永汉上述迟延履行行为构成违约。《补充协议书》约定关永汉应于 2012 年 4 月 24 日前将转让款 2000 万元支付至银行监管账户，而实际上关永汉亦逾期履行该项义务，迟至 2012 年 5 月 8 日才履行该项义务，构成违约。《补充协议书》约定，在关永汉履行支付 2101 万元的质押款用以赎楼办理注销抵押登记手续及向银行监管账户汇入 2000 万元转让款的合同义务后，由关永汉另行向银行贷款（不超过 2300 万元）用作资金周转，黄洁明则需提供房产抵押担保。虽然关永汉主张其曾经准备好了申请贷款的相关资料且通知了黄洁明，但未提供证据证实，亦构成违约。此外，关永汉于 2012 年 5 月 8 日向银行监管账户中汇入的转让款 2000 万元，于 2012 年 7 月被江门市新会区人民法院因案件的执行依法扣划。至本案起诉前，关永汉并未举证证实其仍有足够的合同履行能力，并且在被扣划了相关款项后其为能够继续履行合同作出了充分准备，应当认为，关永汉在购房款的支付问题上存在重大违约情形。

2. 黄洁明于 2012 年 5 月 22 日将鹤山市沙坪前进路 44 号、46 号两处房产重新设定抵押登记的行为，不属于为保障自身合法权益所采取的合理措施，构成违约。理由如下：

首先，虽然关永汉在本次交易过程中确实存在逾期签订《质押合同》用于办理银行赎楼手续、逾期支付 2000 万元监管资金的违约行为。但根据本案合同的性质及嗣后的实际履行情况，应当认为关永汉的上述违约行为并未达到致使合同目的不能实现的程度。且黄洁明也未提供证据证实其在关永汉迟延履行债务后进行过催告，关永汉上述两项合同义务的实际履行时间仍然超过了经催告后所确定的合理期限。因此并不存在合同可以法定解除的情形。同时，审查关永汉 2000 万元监管资金的实际支付时间（2012 年 5 月 8 日），比照《补充协议书》中约定的履行期限（2012 年 4 月 24 日），也未超过双方在《新华市场转让合同》约定的可以解除合同的 15 天期限，因此本案也不存在符合当事人约定的解除情形。故本案所涉及的一系列合同具备应当继续履行的条件。

其次，黄洁明主张在履行过程中因关永汉并未向其提供由梁建雄、黄微珍以及新粤公司出具的同意代为付款100万元、代为质押2101万元的手续，导致其交易安全无法获得保障，应视为关永汉没有履行上述两项义务，其有理由相信关永汉不具备继续履行合同的能力。该院认为，黄洁明的该项主张实质行使的是履行抗辩权。履行抗辩权性质上是当事人一方为对抗另一方履行义务请求而暂时不履行己方合同义务的抗辩权，但并非否定己方合同义务存在的抗辩权。

依据双方签订的一系列合同内容，关永汉的合同目的是获得涉案房屋，黄洁明的合同目的是通过出售房屋获得合同约定的价款。关永汉的主要合同义务是支付购房款，黄洁明的主要合同义务是通过赎楼消除设定于涉案房屋上的抵押权后，交付涉案房屋并协助关永汉将该房屋的产权过户登记。从双方对本次交易约定的整个流程来看，关永汉如要办理房屋过户登记手续、取得涉案房屋的所有权的前提是必须付清全部转让款（包括代为支付赎楼款用于注销设定于涉案房屋上的抵押权），即：关永汉付款在先，黄洁明转移房屋所有权在后。而本案双方发生争议，尚处在关永汉的第一期付款阶段。即便黄洁明关于关永汉没有适当履行合同义务的主张成立，但鉴于黄洁明已经实际领受了100万元的款项、新粤公司也已经实际与中国工商银行鹤山支行签订《质押合同》，鹤山市沙坪前进路44号、46号两处房产的抵押登记亦于2012年5月7日办理了注销登记手续，应当认为，截至此时，黄洁明的合法权益并未受到任何实质影响；相反，黄洁明还因此获得部分受益（即在未改变所有权登记的情况下原设定抵押的房屋消除了抵押手续、实际控制占有100万元的款项），黄洁明的合同目的并未受到影响。黄洁明若认为只有在第三人能够提供相关手续的情况下，才能保障其交易安全，完全可以在接下来的合同履行阶段继续与关永汉协商并提出要求，甚至还可以在最后的房产过户阶段通过行使履行抗辩权拒绝过户来保障。因此，黄洁明的该项主张不能成立。

综上，在本案出现关永汉违约但不影响本次交易继续进行的情况下、在黄洁明自身合同权利未受到实质性影响且有足够能力与条件对自身权益进行保障的情况下，黄洁明于2012年5月22日将已经从银行赎出的鹤山市沙坪前进路44号、46号两处房产重新设定抵押,系对其负有赎楼合同义务的违反,明显阻碍了对方当事人合同目的的实现,依法应认定为构成违约。

(三)关于当事人提出的各项诉讼请求能否成立的问题

1. 关于关永汉本诉主张的100万元转让款的退还问题。2012年4月20日,案外人黄微珍、梁建雄分别向黄洁明的账户中划入款项共计100万元。黄洁明也于同日向关永汉出具《收据》确认收到上述款项作为订金。加之,经该院询问黄微珍、梁建雄也明确表示其汇出款项系应关永汉的委托。故该100万元的款项性质系关永汉为履行《补充协议书》所支付的转让款。根据《中华人民共和国合同法》第九十七条:"合同解除后,尚未履行的,终止履行;已经履行的,根据履行情况和合同性质,当事人可以要求恢复原状、采取其他补救措施,并有权要求赔偿损失"的规定。在本案《新华市场转让合同》《补充协议》《补充协议书》已经双方当事人协商一致解除的情况下,关永汉要求黄洁明返还已经支付的转让款100万元,合法有据,予以支持。

2. 关于关永汉本诉主张的要求黄洁明双倍返还定金4000万元、黄洁明反诉主张要求关永汉支付违约金2000万元的问题。如前所述,在履行涉案合同过程中,关永汉和黄洁明均存在违约,导致涉案合同解除的过错不能单一归责于一方,根据《中华人民共和国合同法》第一百二十条:"当事人双方都违反合同的,应当各自承担相应的责任",两方当事人作为违约方均不能要求对方承担合同解除的违约责任,本案黄洁明将收取的相关款项返还给关永汉即可。故黄洁明反诉主张要求关永汉支付违约金2000万元的诉讼请求,不予支持。至于关永汉本诉主张要求黄洁明双倍返还定金4000万元的问题。首先,基于前述理由,关永汉在本案中存在违约是导致涉案合同解除的原因之一,其无权请求适用定金罚则;其次,关永汉向监管账户中汇入的2000万元款项,根据其与黄洁明、广发银行江门分行三方签订的《交易资金托管协议》第二条:"在托管期间,托管账户内的资金所有权属于资金存入方……"的约定,该2000万元款项作为定金,不能视为已经交付给了黄洁明,加之,该款项实际已于2012年7月被江门市新会区人民法院因案件的执行依法扣划,故关永汉要求返还定金,理据不足,对其诉讼请求,不予支持。

综上所述,该院一审判决如下:一、解除关永汉与黄洁明分别于2012年

3月8日、3月22日以及4月20日签订的《新华市场转让合同》《补充协议》《补充协议书》；二、黄洁明应于该判决发生法律效力之日起10日内向关永汉返还已收取的转让款100万元；三、驳回关永汉的其他诉讼请求；四、驳回黄洁明的其他反诉请求。关永汉、黄洁明均不服一审判决，向广东省高级人民法院提起上诉。

广东省高级人民法院于2014年7月21日作出（2014）粤高法民一终字第24号民事判决。该院二审对一审法院认定的事实予以确认。另查明，二审时，关永汉出示其打印的2012年5月9日、11日、16日向黄洁明电子邮箱发送邮件的网络页面，证明其催促黄洁明办理抵押登记，并当庭登陆邮箱相应页面，显示的页面内容与打印内容一致。黄洁明表示无法确认电子邮件真实性，不确认收到该邮件，且邮件内容也无具体指向，未显示是向具体哪一家银行申请贷款，或者具体哪家银行同意贷款、出具了贷款通知材料。二审时，经向双方当事人释明，是否认为涉案合同所约定的违约金过高应予调整，双方均表示，如己方应承担违约责任，则请求调整约定违约金数额。此外，该院向黄洁明一方释明，按黄洁明一方主张，关永汉构成迟延履行，同时也构成根本违约，若经人民法院认定关永汉不构成根本违约，是否在本案中要求其承担迟延履行违约责任。黄洁明当庭表示，关永汉具体构成何种违约，由人民法院依法认定，就迟延履行应承担的责任，以书面意见明确要求关永汉按逾期付款每日千分之二计算违约金2730300元（9101万元×15天×0.002）。

该院二审认为：本案是房屋买卖合同纠纷，诉讼过程中，关永汉、黄洁明对涉案合同及补充协议的解除均无异议，对此予以确认。本案的争议焦点是，合同的解除原因是什么，也即双方当事人是否存在违约，以及违约方应如何承担违约责任。

双方为交易鹤山市新华市场的6处房产先后签订三份合同，交易房产中3处已由黄洁明为银行贷款办理抵押登记，购房款总额为1亿元，其中4601万元以代为偿还涉案房屋所担保的银行贷款的形式支付（贷款分两笔，一笔金额为2101万元，一笔为2500万元），799万元作为买方办理过户时卖方应缴税费予以扣减。2012年4月20日双方签订的《补充协议书》对交易款项支付细节作了最后一次变更约定，引述该协议相关内容如下：

1. 签订协议当日，关永汉支付 100 万元转让款给黄洁明。

2. 签订协议当日，为代黄洁明偿还银行贷款一事，关永汉到鹤山市工商银行按照银行要求以其或其指定的公司名义开设保证金账户，并在 2012 年 4 月 23 日之前支付 2101 万元到此账户，将到账银行回单复印件给黄洁明，提供原件核对，与鹤山市工商银行签订《质押合同》，约定款项作为原以鹤山字第 0100004121 号、鹤山市 0100003810 号房产作抵押的贷款的质押保证金。关永汉保证未经卖方同意，不单方撤销该合同。

3. 2012 年 4 月 24 日之前，关永汉将 2000 万元转让款支付到广发银行江门分行建设支行的监管账户。

4. 前述 2、3 项完成当日，双方办理交易房产中三个无抵押登记的房产的他项权登记，作为关永汉贷款的抵押物，贷款金额不超过 2300 万元。

5. 在前述第 4 项完成后，由关永汉向黄洁明出具委托书，办理前述第 3 项 2000 万元监管资金的解付。

6. 2012 年 4 月 27 日之前，关永汉替黄洁明偿还贷款 2101 万元。即前述第 2 项所涉银行贷款。

2012 年 5 月 3 日前，为替黄洁明偿还银行贷款 2500 万元，关永汉需支付 2500 万元到保证金账户，并与贷款银行签订《质押合同》，具体细节与前述第 2 项相同。

完成上述事项后，黄洁明提供原作为 2101 万元银行贷款担保物的两个房产，为关永汉办理贷款提供担保。

7. 2012 年 5 月 8 日前双方签订《委托还款协议》，关永汉当天替黄洁明偿还贷款 2500 万元，银行注销该贷款担保房产（也是交易六个房产之一）的他项权登记。

2012 年 5 月 8 日前，黄洁明再支付 2500 万元到监管账户。当日双方办理前述 2500 万元贷款原担保房产的抵押登记，作为关永汉贷款的抵押物。

8. 在银行、房管部门确认上述第 7 条他项手续无误，黄洁明签名的同时，关永汉将监管资金 2400 万元的《委托付款通知书》交付给黄洁明。若因关永汉原因上述资金不能支付给黄洁明，则属关永汉违约，按关永汉逾期付款进行处理，黄洁明可取消所签的他项。若以上房产不能完全办理抵押他项则属黄洁明违约，按黄洁明违约责任处理。

9. 以上所有银行工作由关永汉负责办理，黄洁明给予配合。

结合《新华市场转让合同》、3月22日补充协议的内容看，涉案合同就付款事宜经过两次变更，延迟原约定的付款时间，变更原约定的付款方式，从关永汉应分期直接付款，代为偿还贷款，变更为黄洁明陆续提供交易的六套房产为关永汉办理贷款提供担保，以保障交易资金，可以反映关永汉自身支付能力存在困难，但双方对此达成谅解，并且重新协商了付款时间和方式，以保障合同顺利履行完毕。变更后的合同约定合法有效，双方均应遵照履行。

经查，合同实际履行情况为：关永汉在签订合同当日支付了100万元，2012年4月26日由新粤公司与鹤山市工商银行签订《质押合同》，并支付2101万元保证金。2012年5月7日该2101万元银行贷款担保物鹤山市沙坪前进路44号、46号两处房产被抵押双方涂销了抵押登记。2012年5月8日关永汉向约定的资金监管账户划入2000万元。其后合同未继续履行，黄洁明于2012年5月22日重新以鹤山市沙坪前进路44号、46号两处房产为银行贷款办理了抵押登记。

黄洁明一方认为，第一笔100万元是由案外人梁建雄、黄微珍支付，为偿还贷款2101万元支付保证金并与银行签订质押合同的是案外人新粤公司，关永汉未能提供案外人代为付款、代为质押的证据，自身交易安全不能得到保障。就此问题分析如下，就合同履行的方式，关永汉有权在保障黄洁明一方利益不受影响的情况下选择由第三人代为履行，由案外人梁建雄、黄微珍支付的100万元已由黄洁明出具收据表示收到关永汉支付的款项，黄洁明再对该笔款项支付方式提出异议，不予支持。而新粤公司与鹤山市工商银行所签订的《质押合同》，也明确指向是为涉案合同中约定的2101万元银行贷款提供质押担保，并已支付2101万元保证金，黄洁明根据合同约定应获取的利益已经得到充分保障，黄洁明认为关永汉未能提交新粤公司受其委托办理质押事宜的证据，交易安全不能得到保障，缺乏理据。

关永汉签订质押合同代为偿还贷款，支付2000万元至监管账户时均迟于合同约定，分别迟延3天和14天，但根据《新华市场转让合同》约定，逾期十五天卖方可解除合同，未超过十五天的承担迟延履行的违约责任。黄洁明作为卖方，可以在保留追究对方迟延履行责任的前提下，继续履行合同，按照《补充协议书》的约定，在关永汉为2101万元银行贷款签订质押合同并支付保证金，支付 2000 万元至监管账户后，黄洁明应提供交易的三处无抵押登记的房产作为关永汉办理银行贷款的担保物。黄洁明一方表示未能提供是因关永汉不能提供办理银行贷款的申请资料，无法配合，但根据二审查明的事实，关永汉曾于 2012 年 5 月 9 日、11 日、16 日向合同载明的黄洁明电子邮箱发送邮件协商办理抵押登记事宜，黄洁明虽不认可收到该邮件，但未能给予充分理由予以反驳，应当认定关永汉就抵押登记事宜与黄洁明协商。黄洁明主张是因关永汉不能提供办理银行贷款申请资料而无法配合，二审时提出是因关永汉资信差无法贷款，应予以举证而未能举证，对其该项主张不予采信。

更重要的是，黄洁明在银行涂销了 2101 万元贷款两处担保房产的抵押权登记后，于 2012 年 5 月 22 日再次重新办理抵押权登记。该两处担保房产，是涉案合同标的，按照合同后续安排，也将作为关永汉办理贷款的担保物为关永汉提供担保，黄洁明重新办理抵押登记的行为，是以自己的行为明确表示拒绝继续履行合同，足以印证关永汉提出的黄洁明拒绝提供担保的主张。

最后一份《补充协议书》的约定环环相扣，每一环节都是下一步骤履行的前提。黄洁明一方重新办理抵押登记的行为，影响关永汉依约向银行融资，导致合同事实上无法顺利履行。关永汉支付到监管账户的 2000 万元资金被人民法院因其他纠纷扣划，是在合同事实上无法履行之后发生，不影响对黄洁明一方构成根本违约这一事实的认定。

关于违约责任的承担问题。根据《补充协议书》第八条的约定，"若因关永汉原因上述资金不能支付给黄洁明，则属关永汉违约，按关永汉逾期付款进行处理，黄洁明可取消所签的他项。若以上房产不能完全办理抵押他项则属黄洁明违约，按黄洁明违约责任处理。"根据《新华市场转让合同》第八条违约责任约定："1. 本协议签订后，若关永汉没按时支付定金，黄洁明有权单方终止本协议，因此产生的责任由关永汉承担。2. 关永汉逾期付款，每逾期一天按未付金额的千分之二向黄洁明支付逾期违约金。若逾期超过十五天，黄洁明有权单方取消本协议并没收定金，若关永汉未支付定金或未足额支付定金的，关永汉须向黄洁明支付违约金 2000 万元。3. 若黄洁明未能按本协议第五条的约定办理及移交《委托书》授权关永汉负责办理上述房产的他项登记注销及权属交易登记手续，每逾期一天按 4600 万元的千分之二向关永汉支付违约金,若逾期超过十五天,关永汉有权单方取消本协议,黄洁明双倍返还定金。但非黄洁明的原因造成的除外。"该约定实质是双方若根本违约,另一方有权解除合同,并要求违约方按 2000 万元承担违约责任。若迟延履行未超过十五天,则按未付款额或已收款额的日千分之二支付逾期违约金。合同所约定的定金 2000 万元性质为违约定金。约定的定金数额并未违反《担保法》第九十一条不得超过主合同标的额百分之二十的规定,合法有效。双方在履行《补充协议书》时发生的违约行为,应适用前述约定承担责任。

黄洁明一方表示自己未实际收到定金 2000 万元,定金罚则不生效,但关永汉是根据合同约定将 2000 万元支付到银行监管账户,也即已经依约履行支付定金的义务。黄洁明一方违约的,应当按照合同约定承担双倍返还定金的违约责任,因该笔 2000 万元后被人民法院依法扣划,不存在返还问题,黄洁明应向关永汉按 2000 万元承担违约责任,关永汉要求黄洁明双倍返还 4000 万元以弥补损失,不能得到支持。关永汉就其迟延履行行为,包括签订质押合同,支付保证金 2101 万元代为偿还贷款迟延 3 天,支付 2000 万元至监管账户时迟延 14 天,其中签订质押合同虽非直接付款行为,但必然导致合同后续事项的迟延,故关永汉对该两项应当承担违约金 126060 + 560000 元共计 686060 元(2101 万元 × 3 × 0.002 + 2000 万元 × 14 × 0.002)。因涉案房产交易合同标的金额较大,因违约造成的损失受房地产市场影响,难以估算,为引导市场交易主体诚实守信,维护合法有效的合同效力,在当事人未充分举证证实合同约定的违约金过分高于对方所受实际损失的情况下,对违约金数额不予调整。

综上所述,一审判决认定事实清楚,但适用法律不当,予以部分改判。原审判决第一项解除涉案合同正确,予以维持。合同解除后,关永汉已支付的 100 万元应由黄洁明返还,对原审判决第二判项予以维持。双方当事人部分上诉理由成立,予以支持。判决:一、维持广东省江门市中级人民法院(2012)江中法民一初字第 22 号民事判决第一项、第二项。二、撤销广东省江门市中级人民法院(2012)江中法民一初字第 22 号民事判决第三、四项。三、黄洁明应于本判决发生法律效力之日起十日内向关永汉支付 2000 万元违约金。四、关永汉应于本判决发生法律效力之日起十日内向黄洁明支付 686060 元违约金。五、驳回关永汉的其他诉讼请求。六、驳回黄洁明的其他反诉请求。

黄洁明不服二审判决,向广东省高级人民法院申请再审。该院于 2015 年 3 月 20 日作出(2014)粤高法审监民申字第 12 号民事裁定,驳回黄洁明的再审申请。

黄洁明不服,向检察机关申请监督。

本院审查认定的事实与二审法院查明的事实一致。

本院认为,广东省高级人民法院(2014)粤高法民一终字第 24 号民事判决适用法律确有错误。理由如下:

一、二审判决认为对涉案部分房产"黄洁明一方重新办理抵押登记的行为,影响关永汉依约向银行融资,导致合同事实上无法顺利履行",从而构成根本违约,属于适用法律确有错误。第一,黄洁明在关永汉逾期履行的情况下,为本已解除抵押的鹤山字第 0100004121 号、第 0100003810 号两处房产重新办理抵押登记的行为,并不影响关永汉依约向银行融资(金额不超过 2300 万元)。因为按照《补充协议书》的约定,为关永汉进行融资担保的是黄洁明未设定抵押的另外三处房产,即鹤山字第 0100017469 号、第 0100017471 号、第 0100017472 号房产,而非上述重新设定抵押的两处房产。二审判决认为黄洁明重新设定抵押的行为将影响关永汉依约向银行融资,无事实依据。第二,《补充协议书》的各条款有明确的先后履行顺序,黄洁明履行以鹤山字第 0100004121 号、第 0100003810 号两处房产为关永汉进行融资担保的义务,系在关永汉尚需履行下列三项主要义务之后:一是关永汉先办理银行监管资金 2000 万元的解付给黄洁明;二是关永汉替黄洁明偿还在工商银行鹤山支行的 2101 万元贷款;三是关永汉再支付 2500 万元到银行保证金账户,并与工商银行鹤山支行签订《质押合同》,作为原以鹤山市第 0100003811 号房产作抵押的贷款的质押保证金。在关永汉尚未履行上述三项义务的前提下,二审判决认为黄洁明重新设定抵押的行为将导致合同事实上无法履行,依据不足。第三,根据《补充协议书》第四条的约定,鹤山字第 0100017469 号、第 0100017471 号、第 0100017472 号三处房产设定抵押的目的系为关永汉本人购买涉案房屋进行融资,并未约定关永汉可以指定其本人以外的主体或基于其他目的向银行进行贷款。但本案中关永汉提交的建设银行新会支行两份《客户告知书》显示,申请贷款的主体分别为江门市荣信燃料物资有限公司和江门市新会耀翔贸易有限公司,且明示贷款不得用于固定资产或股本权益性投资,这与《补充协议书》约定的贷款主体和贷款目的明显不符,黄洁明据此拒绝为关永汉进行融资担保有一定的合理性。综上,黄洁明将涉案两处房产重新设定抵押的行为,不足以导致合同无法继续履行以及合同目的无法实现,二审判决认定该行为构成根本违约,适用法律确有错误。

二、二审判决黄洁明向关永汉支付 2000 万违约金,属于适用法律确有错误。第一,涉案房屋转让协议相关内容经过两次变更后,原《新华市场转让合同》《补充协议》中约定的定金条款已经被《补充协议书》变更取消。双方当事人就合同的履行先后签订了三份协议,其中关于第一期转让款 2000 万元的内容在三份协议中均作出约定,前两份协议中均有"作为定金"的表述,而第三份协议却在其他表述不变的前提下删除了"作为定金"的内容,而且在协议的其他条款中也没有关于定金的表述。由于第三份协议签订在后,且三份协议关于第一期转让款 2000 万元的表述不一致,应当认定双方在第三份协议中取消了关于定金的约定。第二,关永汉存入资金监管账户的 2000 万元,在本案起诉之前已因另案被执行划走,应视为其支付定金的义务没有有效履行,故其要求黄洁明双倍返还定金的诉讼请求无事实依据。综上,二审法院援引《新华市场转让合同》《补充协议》中的定金条款进行判决,适用法律确有错误。

综上所述,广东省高级人民法院(2014)粤高法民一终字第 24 号民事判决适用法律确有错误。根据《中华人民共和国民事诉讼法》第二百条第六项、第二百零八条第一款的规定,特提出抗诉,请依法再审。

2015 年 9 月 28 日

郑桂林案民事抗诉书

郑桂林因与青海鑫瑞建设工程有限公司买卖合同纠纷一案，不服青海省高级人民法院（2015）青民再终字第6号民事判决，向青海省人民检察院申请监督，该院提请本院抗诉。本案现已审查终结。

2014年6月13日，郑桂林起诉青海鑫瑞建设工程有限公司至青海省西宁市中级人民法院，请求：判令青海鑫瑞建设工程有限公司支付货款2070790元。后双方以达成调解协议为由，请求法院确认调解协议。

青海省西宁市中级人民法院于2014年6月16日作出（2014）宁民二初字第243号民事调解书。双方当事人自愿达成如下协议：一、青海鑫瑞建设工程有限公司拖欠郑桂林货款2070790元，于2014年7月15日前一次性付清全部货款，若逾期给付，每日支付郑桂林资金占用费1万元；二、本案案件受理费23366元，减半收取11683元，保全费5000元，均由郑桂林承担。

因青海鑫瑞建设工程有限公司未依约履行（2014）宁民二初字第243号民事调解书确定的义务，郑桂林于2014年7月25日向青海省西宁市中级人民法院申请强制执行。后双方达成执行和解协议，协议约定：一、双方当事人确认该案执行款项为2536897.9元（含执行费）；二、经双方当事人协商被执行人于2014年8月29日一次性以227万元解决此案，双方债权债务两清；三、申请执行人放弃资金占用费24万元、货款790元及逾期双倍利息；四、本案执行费26107.9元由被执行人承担。该执行和解协议达成后青海省西宁市中级人民法院从被执行人银行账户内扣划了执行款项227万元，款项已给付申请执行人，此案已全部执行完毕。青海省西宁市中级人民法院于2014年9月1日作出（2014）宁执字第212-1号执行裁定书，裁定：（2014）宁民二初字第243号民事调解书终结执行。

2014年12月15日，青海鑫瑞建设工程有限公司以（2014）宁民二初字第243号民事调解书调解协议内容违反法律、郑桂林伪造相关证据、隐瞒已收货款为由向青海省西宁市中级人民法院申请再审。青海省西宁市中级人民法院于 2015 年 4 月 29 日作出（2015）宁民申字第 14 号民事裁定书，裁定本案由该院另行组成合议庭再审。

青海省西宁市中级人民法院于 2015 年 7 月 21 日作出（2015）宁民再初字第 4 号民事判决。该院再审一审查明，2013 年 8 月 10 日，甲方郑桂林经营的西宁市城北联谊钢材经营部作为供货方与乙方青海鑫瑞建设工程有限公司茫崖项目部作为需货方签订《钢材买卖合同》，约定乙方承建的茫崖高通农贸市场工程所用的钢材全部由甲方提供，乙方应把每批次所需钢材计划提前 3—5 天告知甲方，以便甲方组织货源，乙方授权并委派周龙为现场货物验收员，签字生效；乙方以甲方的出库单为依据，数量、吨位、双方当场点清，经乙方验收无异议后，由乙方经办人签字生效；出库单或欠条与本合同具有同等法律效力；每批量钢筋 700 吨，乙方预付甲方每批量钢筋款 50 万元，甲方同意垫资给乙方的钢材数量限 700 吨之内，所垫的每批量钢筋款乙方必须在 2013 年 10 月 10 日前全部付清。除所垫资的钢材款外，每次钢材款自提货之日应以现金交易，如未能付清钢材款即视为违约；乙方如果未能按本合同约定履行义务，即视为违约，乙方愿意按本合同所欠的钢材款每日每吨附加 6 元作为违约金进行结算。郑桂林从 2013 年 7 月 16 日至 10 月 7 日之间向青海鑫瑞建设工程有限公司茫崖项目部供应钢材，郑桂林向原审提交供应钢材的十三张出库单记载的金额共计 2661236 元。2014 年 1 月 13 日，青海鑫瑞建设工程有限公司茫崖项目部的投资人及项目部总负责人龙毅给郑桂林出具欠条一张，内容为"今欠到西宁城北联谊钢材经营部钢材款 2490790 元，愿支付因钢材款未及时支付造成的违约金 15 万元。"郑桂林以此欠条为依据提起诉讼，承认青海鑫瑞建设工程有限公司于 2014 年 1 月 23 日支付 45 万元，6 月 12 日支付 40 万元，又将 40 万元中的 28 万元作为资金占用费计入应付款中，即起诉的应付款为 2920790 元（钢材款 2490790 元 + 违约金 150000 元 + 资金占用费 28 万元），扣减两笔已付款 45 万元和 40 万元，郑桂林主张剩余货款 2070790 元。

该院再审一审认为：关于原审调解是否违反自愿原则的问题，从原审诉讼过程来看，郑桂林于 2014 年 5 月 19 日向该院申请诉前保全，要求青海鑫瑞建设工程有限公司支付剩余货款 2040790 元，违约金 60 万元，并保全青海鑫瑞建设工程有限公司等额的财产。5月22日,该院作出(2014)宁民保字第49号民事裁定书,裁定冻结青海鑫瑞建设工程有限公司银行存款2640790元或查封、扣押等值财产。5月27日,该院冻结青海鑫瑞建设工程有限公司的几个银行账户。6月13日,该院进行调解时,郑桂林和青海鑫瑞建设工程有限公司的委托代理人谭永生陈述双方已达成和解协议,请求法院确认。于是,该院出具调解书对双方当事人达成的协议予以确认。从调解过程看,承办法官在征求当事人是否同意调解时,双方即主动说出自行达成和解协议,不存在当事人违心接受调解的情况,更不存在法官反复做调解工作或强行调解的情况。因此,原审调解没有违反当事人自愿原则。关于原审调解是否违反法律规定的问题,双方当事人之间是买卖合同关系,并非借贷关系,约定的资金占用费的性质应该是违约金。双方虽然在合同中约定了违约金的计算方式和货款的给付时间,但在2014年1月13日龙毅出具欠条时,约定欠款2490790元和未及时支付钢材款的违约金15万元,应视为双方对欠付货款的数额及违约金进行了确定,此欠条没有约定还款时间。法院采取保全措施后,郑桂林收取青海鑫瑞建设工程有限公司违约金28万元。郑桂林起诉时又将15万元和28万元算入总货款2920790元(2490790元+15万元+28万元),减去已付款85万元,主张欠款2070790元。双方达成调解协议时,又约定逾期给付的违约金每日1万元。至执行和解协议时青海鑫瑞建设工程有限公司给付郑桂林欠付货款和违约金227万元,此次郑桂林又收取青海鑫瑞建设工程有限公司违约金199210元。由此可见,郑桂林不仅将违约金算入总货款后又重复收取违约金,而且在实际欠付货款只有1111236元的情况下,在2013年8月11日(出具欠条前最后一次付款)至执行和解的2014年8月29日的一年期间,收取违约金高达629210元。虽然此违约金数额接近双方合同约定计算的违约金(1111236元÷4100元/吨×6元×382天=621208元),但已达到货款本金的57%。无论参照违约金不超过实际损失的30%的规定来计算,还是参照民间借贷利率不超过银行同期贷款利率四倍的规定来计算,均已远远超过法定限度。因此双方当事人约定的违约金过高,原审没有向当事人释明要求核减的权利,尤其是在郑桂林隐瞒重要证据,即对当事人达成的协议予以确认,出具的调解书违反了《民事诉讼法》第九十三条关于"人民法院审理民事案件。根据当事人自愿原则在事实清楚的基础上,分清是非,进行调解"的规定。关于郑桂林在原审诉讼及调解时是否存在伪造证据的问题，郑桂林在原审提交的十三张出库单均有周龙的签字，青海鑫瑞建设工程有限公司所持有的其中六张出库单上没有周龙的签字，但双方各自持有的出库单除了单据编号和书写笔迹不一致外，其他记载的日期、品名、规格型号、数量、单价、金额等内容完全一致。况且周龙对其余十一张出库单上的签字既没有肯定也没有否定，只是不能确认，而青海鑫瑞建设工程有限公司也不申请笔迹鉴定，周龙也承认其有外出未能及时签字的情况和别人代签的情况。青海鑫瑞建设工程有限公司认可其实际上已收到十二张出库单记载的货物。综合双方当事人陈述及证人证言，无论出库单上的签字是否系周龙本人所签，十三张出库单记载的内容真实。因此，郑桂林在原审调解时出具的十三张出库单不存在伪造的情形。关于郑桂林在原审诉讼中是否存在隐瞒证据和已收货款的问题，郑桂林再审庭审中陈述收到青海鑫瑞建设工程有限公司钢材款共计155万元，但其在原审诉讼及调解时仅承认收到青海鑫瑞建设工程有限公司钢材款85万元，隐瞒了2013年8月11日50万元和2013年7月16日20万元的交易凭证和已收货款的事实。关于涉案应付货款的问题，双方当事人均认可十二张出库单记载的货款总额2657037元，应予确认，对于有周龙签字的编号为1368的出库单记载的货款4200元，青海鑫瑞建设工程有限公司虽不予认可，但该出库单在原审诉讼期间郑桂林就已提交法院，当时青海鑫瑞建设工程有限公司并未提出异议，而周龙在庭审作证时也未作出确定的回答，且青海鑫瑞建设工程有限公司又不申请笔迹鉴定，该笔货款应当认定为应付货款。至于郑桂林再审中提交的三张编号为2975、2976、2978出库单记载货款570857元，因该出库单没有周龙签字，青海鑫瑞建设工程有限公司不予认可，且郑桂林在原审诉讼期间并未提交，再审中郑桂林又无其他证据证明青海鑫瑞建设工程有限公司已收取了该出库单记载的钢材，故此项货款560857元不应认定为应付货款。因此，周龙签字的十三张出库单记载的货款总额2661236元应当认定为应付货款。关于已付货款的问题，双方对于以下三笔已付款110万元（2013年7月16日20万元、2013年8月11日50万元、2014年6月12日40万元）没有争议，应予认定。根据郑金芳再审中的书面证词，2014年1月27日收到的80万元中的45万元为钢材款，其余35万元为木方、模板、水电、瓷砖材料费。因对于郑桂林在原审起诉时承认2014年

1月23日收到货款45万元的主张,青海鑫瑞建设工程有限公司也已认可,但双方均提交不出相应的付款凭证或交易记录,结合郑桂林与郑金芳合伙关系以及二人与青海鑫瑞建设工程有限公司还存在木材买卖合同关系等事实,且双方对郑金芳书面证词内容不持异议,应当认定2014年1月27日郑金芳收到的80万元中的45万元为钢材款,此款与双方认可的2014年1月23日货款45万元应为同一笔款项,其余35万元和另外两笔各5万元均为木方、模板、水电、瓷砖等材料费用,与本案无关。因此,郑桂林在原审起诉前已收取青海鑫瑞建设工程有限公司支付的货款115万元,起诉后收取40万元,本案已付货款为155万元。关于欠付货款的问题,青海鑫瑞建设工程有限公司将执行款算作已付款不妥,此款应在执行程序解决。郑桂林不仅在原审诉讼和调解时隐瞒了两笔已收货款共计70万元的事实,而且两次诉讼中的陈述前后矛盾,甚至在双方提交证据比较齐全的再审中,郑桂林依据自己提交和认可的证据都无法计算出其主张的欠付款数额,计算过程和数额不能一一对应。其主张的欠付款数额与查明的事实与认定的证据不相符合,故其主张证据不足,不予支持。根据前述认定的应付货款2661236元,减去已付货款155万元,欠付货款为1111236元。综上,原审调解支持郑桂林重复计算的违约金且数额过高,违反法律规定,在郑桂林隐瞒了部分已付款的证据和付款事实的情况下进行调解,导致调解的案件事实不清,达成的调解协议显失公平,侵害了青海鑫瑞建设工程有限公司的合法权益,依法应予撤销。根据再审查明的事实,青海鑫瑞建设工程有限公司应给付郑桂林剩余货款1111236元。因双方合同关于"所欠钢材款每日每吨附加6元作为违约金进行结算"的违约金约定过高,青海鑫瑞建设工程有限公司已提出异议,依法应予核减。鉴于郑桂林没有证明因青海鑫瑞建设工程有限公司拖欠钢材款给其造成的实际损失,亦未主张按实际损失赔偿违约金,因此,青海鑫瑞建设工程有限公司应自双方约定的最后全部付清款项的2013年10月10日之次日起至法院执行扣划的2014年8月29日期间,按照银行同期贷款利率的两倍向郑桂林赔偿逾期付款的违约损失164950.17元(按照6%的年利率以每次付款后的欠款数额分段计算)。综上,判决:一、撤销(2014)宁民二初字第243号民事调解书;二、青海鑫瑞建设工程有限公司于本判决生效后十日内给付郑桂林欠付钢材款1111236元;三、青海鑫瑞建设工程有限公司按照银行同期同类贷款利息的两倍向郑桂林支付 2013 年 10 月 11 日起至 2014 年 8 月 29 日期间欠付钢材款的违约金 164950.17 元。

郑桂林不服再审一审判决，向青海省高级人民法院提起上诉，请求撤销青海省西宁市中级人民法院作出的（2015）宁民再初字第 4 号民事判决。

青海省高级人民法院于 2015 年 12 月 3 日作出（2015）青民再终字第 6 号民事判决。该院再审二审审理查明的事实与一审查明的事实一致。另查明，2014 年 6 月 12 日中国银行网上银行电子回单载明付款人龙毅，收款人郭雪，汇款 400000 元，其中注明用途为 12 万元本金，28 万元利息，期间为 2014 年 1 月 23 日至 2014 年 7 月 15 日。

该院再审二审认为：关于（2014）宁民二初字第 243 号民事调解书是否违反法律的相关规定应当被撤销的问题，从原审法院对案件的调解过程审查，不存在违背当事人自愿原则而反复强行调解的事实。一审法院在查清案件基本事实的基础上，认定该案调解时郑桂林隐瞒部分已付货款所进行的调解，导致案件事实不清，对此双方虽然达成了一致意见，但调解协议内容不真实，损害了一方当事人的利益，当事人可以就调解书申请再审。一审经审理认定郑桂林重复计算违约金，原调解支持的违约金数额过高违反法律规定，以郑桂林所称理由与案件事实不符为由，对其主张不予支持得当。一审根据查明事实认定该院未认真核实案件基本事实和证据，即对当事人达成的协议出具民事调解书，违反《中华人民共和国民事诉讼法》第九十三条的规定，将（2014）宁民二初字第 243 号民事调解书予以撤销，符合法律规定。一审对应付货款、已付款及欠付款的认定是否得当的问题，双方当事人均认可十二张出库单记载的货款总额 2657036 元。对于周龙签字的编号为 1368 的出库单在原审诉讼期间已由郑桂林作为证据提交，青海鑫瑞建设工程有限公司虽不认可，因有该公司周龙签字确认，该出库单能够证明 4200 元货款存在的事实，对此应予以认定，上述两笔应付款合计 2661236 元。郑桂林在原审起诉前已收取青海鑫瑞建设工程有限公司支付的货款 1150000 元，又根据 2014 年 6 月 12 日中国银行网上银行电子回单证明，郭雪收取的 400000 元中 120000 元为本金，280000 元为支付的违约金，至此，应确认青海鑫瑞建设工程有限公司已付货款 1270000 元。前述应付货款 2661236 元，减去已付款 1270000 元，青海鑫瑞建设工程有限公司尚欠货款为 1391236 元。关于郑桂林主张的违约金应否由青海鑫瑞建设工程有限公司承担的问题,本案事实表明郑桂林就同一违约行为主张了三次违约金,合计 629210 元,是未付货款 1391236 元的 45.2%；按双方合同中关于"所欠钢材款每日每吨附加 6 元作为违约金进行结算"的约定进行计算,所得出的违约金数额为 777734 元（1391236 元 ÷4100 元／吨 ×6 元 ×382 天 =777734 元）,超过未支付货款 1391236 元的 55.9%。《中华人民共和国合同法》第一百一十四条第二款规定："约定的违约金低于造成的损失的,当事人可以请求人民法院或者仲裁机构予以增加；约定的违约金过分高于造成的损失的,当事人可以请求人民法院或者仲裁机构予以适当减少。"青海鑫瑞建设工程有限公司提出双方约定违约金过高要求核减,其理由符合法律规定。但青海鑫瑞建设工程有限公司截止 2014 年 6 月 12 日拖欠货款总额为 1391236 元,青海鑫瑞建设工程有限公司在银行电子回单中承诺以利息方式支付违约金 280000 元,其承诺的违约金数额与拖欠货款的数额比例为 20.1%,未超过未付货款的 30%,且双方已按违约金实际履行,对此不应再认定为已付货款。一审将该部分款项按货款本金计算并不符合双方原意和法律规定,予以纠正。综上,对青海鑫瑞建设工程有限公司拖欠郑桂林钢材货款 1391236 元并支付违约金 280000 元的事实予以确认,该事实应视为对先前 150000 元违约金的重新约定。当青海鑫瑞建设工程有限公司已支付 280000 元违约金后,郑桂林就同一违约行为又主张 199210 元的违约金,属重复主张权利,该院不予支持。郑桂林在 2014 年 5 月 19 日对涉案纠纷已提起民事诉讼,而青海鑫瑞建设工程有限公司对 2014 年 6 月 12 日之前所欠货款已承担违约责任。据此,一审按照银行同期同类贷款利息的两倍认定青海鑫瑞建设工程有限公司向郑桂林支付自 2013 年 10 月 11 日起至 2014 年 8 月 29 日期间欠付钢材款的违约金 164950.17 元不当,该院予以纠正。郑桂林关于不应按银行同期同类贷款利息的两倍认定违约金,而应按双方表明的合意认定青海鑫瑞建设工程有限公司承担违约责任的上诉理由成立。综上,判决：一、维持青海省西宁市中级人民法院（2015）宁民再初字第 4 号民事判决第一项,即撤销青海省西宁市中级人民法院（2014）宁民二初字第 243 号民事调解书；二、撤销青海省西宁市中级人民法院（2015）宁民再初字第 4 号民事判决第三项；三、改判青海省西宁市中级人民法院（2015）宁民再初字第 4 号民事判决第二项为青海鑫瑞建设工程有限公司于本判决生效后十日内给付郑桂林欠付钢材款1391236元；四、青海鑫瑞建设工程有限公司给付郑桂林违约金280000元（此款已履行）。

郑桂林不服再审二审判决，向检察机关申请监督。

本院对再审判决认定的郑桂林隐瞒已收货款和重复计算违约金一节事实有异议，对再审判决查明的其他事实予以确认。

本院认为，青海省高级人民法院（2015）青民再终字第6号民事判决认定案件基本事实缺乏证据证明，适用法律确有错误。理由如下：

一、本案中并不存在针对调解书启动再审程序的法定事由。《中华人民共和国民事诉讼法》第二百零一条规定："当事人对已经发生法律效力的调解书，提出证据证明违反自愿原则或者调解协议的内容违反法律的，可以申请再审。经人民法院审查属实的，应当再审。"本案中，双方在原审程序中达成调解协议，确定青海鑫瑞建设工程有限公司拖欠郑桂林货款2070790元。双方在执行阶段又达成执行和解协议，青海鑫瑞建设工程有限公司同意"于2014年8月29日一次性以227万元解决此案，双方债权债务两清"。综合审查本案相关情况，本案中并不存在针对调解书启动再审程序的法定事由。具体分析如下：（一）原审调解并不违反当事人自愿原则。经再审后的一审判决认定，"从调解过程看，承办法官在征求当事人是否同意调解时，双方即主动说出自行达成和解协议，不存在当事人违心接受调解的情况，更不存在法官反复做调解工作或强行调解的情况。因此，原审调解没有违反当事人自愿原则。"经再审后的二审判决认定，"从原审法院对案件的调解过程审查，不存在违背当事人自愿原则而反复强行调解的事实。"换言之，再审后的一审、二审判决均认为原审调解并不违反当事人自愿原则。（二）调解协议的内容并不违反法律规定。第一，经再审后的一审判决认定，郑桂林在原审提交的十三张出库单均有周龙的签字，青海鑫瑞建设工程有限公司认可其实际上已收到十二张出库单记载的货物，因此，"郑桂林在原审调解时出具的十三张出库单不存在伪造的情形"。再审后的二审判决对此予以认可。第二，虽然《中华人民共和国合同法》第一百一十四条第二款规定"约定的违约金低于造成的损失的，当事人可以请求人民法院或者仲裁机构予以增加；约定的违约金过分高于造成的损失的，当事人可以请求人民法院或者仲裁机构予以适当减少"，但在本案原审程序中，青海鑫瑞建设工程有限公司并未提出调整违约金的请求，而是与郑桂林在协商的基础上达成了调解协议和执行和解协议。再审判决以违约金数额过高违反法律规定为由启动再审，法律依据并不充分。第三，本案中郑桂林系以龙毅于2014年1月13日出具的欠条作为主要证据起诉的，即双方在2014年1月13日确定欠付钢材款数额为2490790元。而青海鑫瑞建设工程有限公司所称郑桂林隐瞒的两笔已收货款（2013年7月16日支付的20万元、2013年8月11日支付的50万元），均系在龙毅出具上述欠条之前支付的。故再审判决认定本案中郑桂林隐瞒已收货款，证据不足。

二、本案启动再审程序后，再审判决在认定事实方面有两处错误。第一，上文已述，青海鑫瑞建设工程有限公司所称郑桂林隐瞒的两笔已收货款（2013年7月16日支付的20万元、2013年8月11日支付的50万元），均系在龙毅出具欠条之前支付的。故本案中计算欠付货款的正确方式为：龙毅于2014年1月13日出具的欠条所确认的欠款2490790元－2014年1月23日支付的45万元－2014年6月12日支付的40万元中的12万元＝1920790元。本案中，再审判决并未否定龙毅出具的欠条的效力，其应以该欠条作为确定应付货款的依据。再审判决一方面对上述欠条的效力予以认可，另一方面又在计算欠付货款时对上述欠条不予采纳，两者之间明显存在矛盾。第二，本案中郑桂林主张的三次违约金（分别为龙毅于2014年1月13日出具欠条时约定的15万元、青海鑫瑞建设工程有限公司于2014年6月12日支付40万元中的28万元、执行和解时双方认可的199219元），系分段计算的（15万元违约金为合同到期日2013年10月10日至结算出具欠条之日2014年1月13日之间的违约金；28万元为青海鑫瑞建设工程有限公司在付款时的电子回单中注明的，且双方均认可的2014年1月23日至2014年7月15日之间的违约金；199210元为双方调解书约定应付款时间2014年7月15日至实际履行完毕时间2014年8月29日之间的违约金），并不存在再审判决所认定的重复计算的问题。而且对于双方在执行和解阶段均予以认可的违约金199219元，因系在执行阶段所产生，并非在原审调解时所产生，故再审判决把各阶段的违约金相加后的数额作为认定原审调解时违约金是否过高的依据，明显不当。

综上所述，青海省高级人民法院（2015）青民再终字第6号民事判决认定案件基本事实缺乏证据证明,适用法律确有错误。根据《中华人民共和国民事诉讼法》第二百零九条第一款、第二百零八条第一款和第二百条第二项、第六项的规定,特提出抗诉,请依法再审。

2016 年 12 月 29 日

陈德心案民事抗诉书

陈德心、陈锦心与陈直心、陈冰心、陈石心、陈莹心、陈恒心、陈愉心、陈琴心继承纠纷一案,广东省高级人民法院于2014年11月11日作出(2014)粤高法审监民提字第24号民事判决。广东省人民检察院审查后提请本院抗诉。本案现已审查终结。

2008年11月6日,陈德心、陈锦心起诉陈直心至佛山市禅城区人民法院,请求:1.判令佛山市禅城区高基街3号房产为陈德心、陈锦心和陈直心共同继承,各占三分之一产权;2.判令佛山市禅城区高基街3号房产拆迁补偿房产为陈德心、陈锦心和陈直心共同所有,各占三分之一产权;3.本案诉讼费用由陈直心承担。一审法院追加陈琴心、陈冰心、陈石心、陈莹心、陈恒心、陈愉心参加本案诉讼后,陈德心、陈锦心变更诉讼请求为:1.判令佛山市禅城区高基街3号房产由10名继承人共同共有,陈直心减少应分份额;2.判令佛山市禅城区高基街3号房产补偿房产由10名继承人共同共有,陈直心减少应分份额。3.本案诉讼费用由陈直心承担。

佛山市禅城区人民法院于2011年6月17日作出(2008)佛禅法民一初字第1910号民事判决。该院一审查明,黄意所有的房产位于佛山市高基街3号,原广东省佛山市人民委员会于1957年5月4日向该房产所有人黄意出具了上述房屋的房地产所有证(证号为证字第NO.013740号)。黄意与陈瑞泉为夫妻关系,共生育陈基、陈甫英两个子女。陈基与关维青是夫妻关系,共生育陈方心、陈琴心、陈冰心、陈石心、陈莹心、陈恒心、陈直心、陈德心、陈锦心、陈愉心十个子女。黄意于1977年1月去世,陈瑞泉于1929年去世,陈基于1984年4月去世,关维青于1991年去世。

1987年12月15日,陈直心向佛山市公证处申请办理黄意名下的高基街3号房产的继承手续。同日,佛山市公证处向陈甫英、关维青、陈琴心、陈直心、陈愉心做了一份谈话笔录,其中陈甫英、陈琴心表示自愿放弃对涉案房产的继承，后关维青向佛山市公证处提供了陈方心、陈冰心、陈石心、陈莹心、陈恒心、陈德心、陈锦心、陈愉心八人的身份证及陈莹心、陈石心、陈锦心、陈冰心、陈恒心五人作出的放弃继承涉案房产份额的《声明书》。1988年5月20日，佛山市公证处作出了（88）佛市公证字第479号《继承权证明书》，证明"黄意遗下坐落佛山市高基街3号房屋一间……黄意的女儿陈甫英、孙子女陈方心、陈石心等表示放弃继承权……黄意遗下坐落佛山市高基街3号房屋产权，可由陈直心继承。"后陈直心依据（88）佛市公证字第479号《继承权证明书》在佛山市房地产管理局申请办理了高基街3号房产的产权所有人变更手续。1989年3月29日，佛山市房地产管理局将高基街3号房产所有人变更为陈直心，并向其出具了上述房屋的房地产所有证，房地产所有证号为0570944，所有权来源为1988年5月20日向黄意继承。

1994年4月12日，佛山市升平商业总公司（以下简称升平公司）与陈直心签订《佛山市房屋拆迁合同书》一份，约定陈直心将高基街3号房产交给升平公司拆除，升平公司在原拆迁区第二期新楼住宅用楼一厅三房一套给陈直心，房屋产权属陈直心所有。高基街3号房于1994年被拆迁，陈直心于2002年入住高基街3号房的补偿房——佛山市禅城区大塘正街20号501房，该房产由于整栋楼都没有验收，尚未能办理房产证。

2008年2月20日，陈德心到佛山市禅城区房地产档案馆查询高基街3号房产情况，发现该房产的所有权人已变更为陈直心后，陈德心、陈锦心认为其权利受到侵害，遂向法院提起本案诉讼。诉讼中，陈琴心再次声明放弃对高基街3号房产的继承。

该院一审认为，本案是继承纠纷。本案争议的焦点问题包括：1.陈直心的继承公证书是否合法有效；2.陈直心取得高基街3号房产的所有权是否合法有效；3.陈德心、陈锦心的起诉是否超过诉讼时效期间；4.高基街3号房的补偿房由何人继承，继承份额为多少。

（一）关于继承公证书的问题。高基街3号房产的原所有权人是黄意，黄意的丈夫先于黄意去世，黄意生前未立下遗嘱，故黄意去世后，该房产由黄意的法定第一顺序继承人陈基、陈甫英继承。陈基去世前未立下任何遗嘱。陈基去世后，陈甫英、陈琴心声明自愿放弃对高基街3号房产的继承。因此，高基街3号房产应由陈基的第一顺序法定继承人即其妻子关维青及其九个子女陈方心、陈冰心、陈石心、陈莹心、陈恒心、陈直心、陈德心、陈锦心、陈愉心共同继承。陈直心于1987年12月15日向佛山市公证处申请办理继承公证时，只有陈甫英、关维青、陈琴心、陈直心、陈愉心到场，并由公证处向其做询问笔录。陈方心、陈冰心、陈石心、陈莹心、陈恒心、陈德心、陈锦心七位继承人未到公证处，而是由关维青向公证处提供上述七人的身份证办理相关手续。诉讼中陈琴心陈述，公证处档案资料中陈莹心、陈石心、陈锦心、陈冰心、陈恒心作出的放弃继承黄意遗下高基街3号房屋份额的声明书均是由关维青、陈甫英提供给公证处的；陈方心在其身份证复印件上写的放弃继承高基街3号房屋的声明也是由关维青提供给公证处的。该院认为，双方均未能举证证明陈莹心、陈石心、陈锦心、陈冰心、陈恒心的声明书是由其本人签名确认，故该院对上述五份声明书及陈方心的放弃声明书的真实性不予确认。此外，公证档案中也没有关维青、陈德心、陈愉心放弃继承高基街3号房产的相关证据。佛山市公证处在未得到除陈直心外其他继承人放弃继承权的表示的情况下，出具《继承权证明书》确认佛山市高基街3号房屋产权全部由陈直心继承，是无效的。

（二）关于陈直心取得高基街3号房产的所有权是否合法的问题。佛山市公证处于1988年5月20日作出的《继承权证明书》载明黄意遗下坐落于佛山市高基街3号房屋产权可由陈直心继承，并未涉及陈直心购买该房产的任何事宜。而根据佛山市房地产管理局于1989年3月29日向陈直心出具的高基街3号房产的房地产所有证显示，该房产的所有权来源为1988年5月20日向黄意继承。因此，陈直心主张自己出资人民币5600元、港币2000元向母亲关维青购买了高基街3号房产并办理继承公证，以继承的方式确认其购买取得房产所有权的答辩意见，不予采信。该院认定陈直心对高基街3号房产的所有权来源系继承所得。根据上述论述，因确认佛山市高基街3号房屋产权全部由陈直心继承的公证书无效，故陈直心根据公证书取得高基街3号房产的全部所有权亦属无效。

（三）关于诉讼时效问题。因陈直心根据公证书取得高基街3号房产全部所有权的行为无效，该房产一直没有分割，故高基街3号房应由陈方心、陈冰心、陈石心、陈莹心、陈恒心、陈直心、陈德心、陈锦心、陈愉心9人共同共有。陈德心、陈锦心于2008年2月20日到佛山市禅城区房地产档案馆查询高基街3号房产情况，发现该房产的所有权人已变更为陈直心后，才知道自己的权利受到侵害。另，根据不动产物权登记主义和公示主义原则，其他八位继承人的权利受到侵害之日应当为陈直心将高基街3号房产所有人变更为陈直心之日，即1989年3月29日。依照《中华人民共和国民法通则》第一百三十七条"诉讼时效期间从知道或者应当知道权利被侵害时起计算。但是，从权利被侵害之日起超过二十年的，人民法院不予保护"的规定，陈德心、陈锦心于2008年11月6日起诉，并未超出法律规定的诉讼时效期间。故认为陈德心、陈锦心的起诉已经超过了2年的诉讼时效，及20年的最长诉讼时效期间的答辩意见，该院不予采纳。

（四）关于高基街3号房产的继承份额问题。综上所述，高基街3号房由陈方心、陈冰心、陈石心、陈莹心、陈恒心、陈直心、陈德心、陈锦心、陈愉心9人共同共有，各占九分之一所有权。因高基街3号房于1994年被拆除，该遗产已灭失，故陈德心、陈锦心要求分割高基街3号房的诉讼请求，该院不予支持。高基街3号房被拆除后，拆迁单位已将佛山市禅城区大塘正街20号501房作为补偿安置房交付陈直心使用，故该院确认佛山市禅城区大塘正街20号501房由陈方心、陈冰心、陈石心、陈莹心、陈恒心、陈直心、陈德心、陈锦心、陈愉心9人共同共有，各占九分之一房屋产权。由于陈方心早年移民加拿大，双方均无法提交陈方心的住所，该院无法通知其本人到庭参加诉讼，故该院在分割高基街3号房产的补偿房佛山市禅城区大塘正街20号501房时，依法保留陈方心应继承的份额。判决如下：一、位于佛山市禅城区大塘正街20号501房由陈德心、陈锦心、陈冰心、陈石心、陈莹心、陈恒心、陈愉心、陈直心共同共有，各占九分之一的房屋产权；二、驳回陈德心、陈锦心的其他诉讼请求。

陈直心不服一审判决，向佛山市中级人民法院提起上诉。

佛山市中级人民法院二审作出（2011）佛中法民一终字第1610号民事判决。该院二审确认了一审法院查明的事实。该院二审认为，本案系继承纠纷，处理的是各方对产权人原为黄意的涉讼房屋的继承问题。首先，黄意1977年去世后，其遗产由黄意的第一顺序继承人即其子陈基和其女陈甫英继承，两人各占1/2份额。陈基1984年去世后，其占有的1/2房屋份额当中有一半即房屋份额的1/4属于其配偶关维青所有，其余的一半即房屋份额的1/4为陈基遗产，由陈基的第一顺序继承人即其配偶关维青和十个子女共 11 人继承（每人可继承 1/44 房屋份额），因此，在 1987 年 12 月 15 日陈直心申请办理继承公证时，涉讼房屋的继承份额为：陈甫英占 1/2，关维青占 12/44（1/4+1/44），本案各方当事人各占 1/44。其次，关于《继承权证明书》的效力问题。虽然本案多个当事人作为涉讼房屋的继承人没有参与涉讼房屋处理的公证过程，但只能说明谈话笔录、继承权证明书的内容对没有参与公证过程的人员无法律约束力，并不影响陈甫英、关维青、陈琴心、陈愉心在公证过程中所作出的意思表示所产生的法律效果，原审判决认定继承权证明书对所有人员无约束力不当，该院予以纠正。尽管在谈话笔录中，陈甫英、陈琴心表示自愿放弃继承权的同时，未明确其放弃的份额给予陈直心，关维青、陈愉心在笔录中亦未明确表示放弃继承，但是该笔录首页载明陈直心作为申请人申请办理涉讼房屋的继承手续，参与公证的人员均在谈话笔录中签名，表明陈甫英、关维青、陈琴心、陈愉心是知晓制作谈话笔录的目的，再结合关维青向公证处提交声明书以及公证处其后作出内容为涉讼房屋由陈直心继承的继承权证明书这一事实，可知陈甫英、关维青、陈琴心、陈愉心在公证时是作出放弃其继承份额，由陈直心继承的意思表示，因此，陈直心享有的涉讼房屋继承份额合共为 37/44（陈甫英的 1/2+ 关维青的 12/44+ 陈直心的 1/44+ 陈琴心的 1/44+ 陈愉心的 1/44）。因陈方心、陈冰心、陈石心、陈莹心、陈恒心、陈德心、陈锦心未参与整个继承公证程序，亦没有证据显示其有事后追认继承权证明书内容的意思表示，且陈德心、陈锦心更为涉讼房屋的继承问题提起本案诉讼，因此，继承权证明书的效力仅及于陈甫英、关维青、陈琴心、陈直心、陈愉心，对陈方心、陈冰心、陈石心、陈莹心、陈恒心、陈德心、陈锦心并没有约束力，其基于陈基的去世而享有的涉讼房屋继承份额并未失去。最后，《中华人民共和国继承法》第二条规定：继承从被继承人死亡时开始。第八条规定："继承权纠纷提起诉讼的期限为二年，自继承人知道或者应当知道其权利被侵犯之日起计算。但是，自继承开始之日起超过二十年的，不得再提起诉讼。"据此，陈方心、陈冰心、陈石心、陈莹心、陈恒心、陈德心、陈锦心所享有的继承份额从 1984 年 4 月陈基去世时开始，直至 2004 年 4 月即陈基去世后的二十年内，陈方心、陈冰心、陈石心、陈莹心、陈恒心、陈德心、陈锦心均无主张继承权利，即使陈德心、陈锦心在 2008 年 2 月通过查询涉讼房屋的权属状况从而得知自己的权利被侵犯,但是其于2008年11月起诉亦超过了前述法律规定的二十年期限,因此,陈方心、陈冰心、陈石心、陈莹心、陈恒心、陈德心、陈锦心所享有的继承份额(合共7/44)因诉讼时效的届满而失去。基于此,该院对陈德心、陈锦心提出笔迹鉴定的申请,不予准许,对陈直心二审期间提交的证据,亦不作审查。《最高人民法院关于贯彻执行〈中华人民共和国民法通则〉若干问题的意见(试行)》第177条规定,继承的诉讼时效按继承法的规定执行。原审判决没有依据《中华人民共和国继承法》的规定,而是引用《中华人民共和国民法通则》的相关规定认定本案诉讼时效未过,属适用法律不当。综上,陈直心基于陈甫英、关维青、陈琴心、陈愉心对继承份额的放弃以及其他继承人的起诉超过诉讼时效而取得整个涉讼房屋的继承份额。一审判决认定涉讼房屋由陈德心、陈锦心、陈冰心、陈石心、陈莹心、陈恒心、陈愉心、陈直心共同继承,各占有1/9房屋产权不当,该院予以纠正。综上,一审判决适用法律不当,应予纠正。陈直心的上诉请求,具有事实与法律依据,该院予以支持。判决:一、撤销广东省佛山市禅城区人民法院(2008)佛禅法民一初字第1910号民事判决;二、驳回陈德心、陈锦心的全部诉讼请求。

陈德心、陈锦心不服二审判决,向广东省高级人民法院申请再审。

广东省高级人民法院于2012年11月16日作出(2012)粤高法民一申字第2665号民事裁定。该院认为,本案主要审查的焦点问题是公证机关作出的公证书是否对全部继承人具有法律约束力。陈直心作为本案被告抗辩主张其余继承人在办理继承公证时,已经放弃继承案涉房屋,为证明该主张陈直心在本案中提交了佛山市公证处于1988年5月20日作出的(88)佛市公证字第479号《继承权证明书》,一审法院依法调取有关该公证书相关档案资料,包括佛山市公证处于1987年12月15日向案外人陈甫英、关维青及陈琴心、陈直心、陈愉心所作的《谈话笔录》,和关维青向佛山市公证处提供陈方心、陈冰心、陈石心、陈莹心、陈恒心、陈德心、陈锦心、陈愉心八人的身份证,以及有陈冰心、陈石心、陈莹心、陈恒心、陈锦心五人签名表示放弃继承案涉房屋份额的《声明书》。陈德心、陈锦心对上述公证材料的真实性并无异议,只是主张上述公证材料因陈直心伪造其他继承人的签名而应认定无效。根据"谁主张、谁举证"的原则,陈德心、陈锦心对此应承担举证责任。陈德心、陈锦心认为应由陈直心对上述公证材料中其他继承人的签名真实性承担举证责任，缺乏法律依据。由于陈德心、陈锦心在本案中未能提供相应的证据证明其关于伪造证据的主张，也未能提供相反证据足以推翻上述公证书，根据最高人民法院《关于民事诉讼证据的若干规定》第七十六条关于"当事人对自己的主张的，只有本人陈述而不能提出其他相关证据的，其主张不予支持"的规定，陈德心、陈锦心依法应承担举证不能的法律后果，上述《谈话笔录》《继承权证明书》和《声明书》应作为本案的定案依据，并对所有继承人具有法律约束力，故二审判决结果驳回陈德心、陈锦心的全部诉讼请求并无不当。至于本案的案由、诉讼时效的认定，均不影响本案的实体处理。陈德心、陈锦心关于"原判决认定的基本事实缺乏证据证明"及"原判决适用法律确有错误"的再审事由依法不能成立，该院不予采纳。裁定：驳回陈德心、陈锦心的再审申请。

陈德心、陈锦心不服，向检察机关申请监督。广东省人民检察院于2013年12月5日以粤检民抗字〔2013〕262号民事抗诉书，向广东省高级人民法院提出抗诉。抗诉理由为：陈德心、陈锦心提起本案诉讼并未超过诉讼实效，二人对涉案房产的产权份额应得到法律保护，二审判决适用法律错误。

广东省高级人民法院于2014年11月11日作出（2014）粤高法审监民提字第24号民事判决。该院再审对二审法院查明的事实予以确认。再审中，陈德心、陈锦心称，一审认定的事实中说关维青向公证处提供了陈德心的身份证及陈石心的放弃继承《声明书》有误，实际上陈德心没有提供过身份证，陈石心没有签名放弃继承。另，陈德心、陈锦心提出，佛山市公证处1987年12月15日制作的谈话笔录中签名有不真实情况，放弃继承的《声明书》陈恒心的签名为陈直心冒签，因此申请委托鉴定。陈直心述称，当时在公证处签名时五人均在场。关维青、陈甫英的名字是陈甫英所签，陈愉心、陈琴心的名字是陈琴心所签，陈直心只签了自己的名字，《声明书》中的签名不是陈直心签的，是谁签的不清楚。鉴于一二审均未认定陈德心、陈恒心放弃继承，陈直心又作了上述说明，陈德心、陈锦心当庭撤回鉴定申请。

该院再审认为，依照最高人民法院《关于适用〈中华人民共和国民事诉讼法〉审判监督程序若干问题的解释》第33条的规定，法院应在抗诉支持的范围内再审本案。根据检察机关的抗诉意见和被申诉人的答辩意见，本案争议焦点是：陈德心、陈锦心提起本案诉讼是否超过诉讼时效的问题。

《中华人民共和国继承法》第八条规定："继承权纠纷提起诉讼的期限为二年，自继承人知道或者应当知道其权利被侵犯之日起计算。但是，自继承开始之日起超过二十年的，不得再提起诉讼。"是否该适用该规定，首先得确定本案属继承权纠纷还是物权确权纠纷。本案讼争房产原属黄意所有，黄意去世后，属陈基、陈甫英所有。陈基于1984年4月去世后，陈基所有的部分房产在分出其与关维青的夫妻财产份额后，由关维青及其子女即本案各当事人继承。陈直心于1987年12月向佛山市公证处办理继承公证。当时陈甫英、关维青、陈琴心、陈愉心到场，同意由陈直心继承并登记为陈直心名下所有。实际上陈甫英是将从黄意处继承的份额赠与陈直心，关维青将陈基继承的份额的一半即房产的1/4份额即夫妻共有财产分得的份额赠与陈直心。其余1/4房产，属于陈基的遗产，本应由关维青及10个子女继承，但作为陈基的部分继承人，关维青、陈琴心、陈愉心、陈直心直接处分了陈基的遗产，侵害了陈德心、陈锦心、陈冰心、陈石心、陈恒心、陈莹心、陈方心的继承权。因此，本案应认定为遗产继承纠纷，而非单纯的共有财产确权纠纷，应适用《中华人民共和国继承法》关于继承权纠纷的诉讼时效规定。陈直心在没有经所有继承人同意的情况下，将原佛山市高基街×号房产过户登记在其名下，并一直占有、使用拆迁安置补偿房产佛山市禅城区大塘正街×号××房，侵犯了陈德心、陈锦心等部分继承人的继承权。诉讼时效从陈基死亡时开始，不得超过二十年。因陈德心、陈锦心的起诉超过了法律规定的诉讼时效，其诉讼请求应予驳回。检察机关抗诉认为本案属物权纠纷而非继承权纠纷，应适用《中华人民共和国民法通则》或《中华人民共和国物权法》关于诉讼时效的规定，缺乏依据，再审不予采纳。判决：维持广东省佛山市中级人民法院（2011）佛中法民一终字第1610号民事判决。

本院审查认定的事实与再审判决一致。

本院认为，广东省高级人民法院（2014）粤高法审监民提字第24号民事判决适用法律确有错误。理由如下：

（一）再审判决认定本案属遗产继承纠纷，属于适用法律确有错误。陈德心、陈锦心自被继承人黄意死亡后即与其他继承人取得涉案房屋的共有物权，本案应为共有物确认与分割纠纷而非继承权纠纷。

第一，《中华人民共和国继承法》第二条规定："继承从被继承人死亡时开始。"第二十五条规定："继承开始后，继承人放弃继承的，应当在遗产处理前作出放弃继承权的表示。没有表示的，视为接受继承。"《中华人民共和国物权法》第二十九条规定："因继承或者受遗赠取得物权的，自继承或者受遗赠开始时发生效力。"第一百零三条规定："共有人对共有的不动产或者动产没有约定为按份共有或者共同共有，或者约定不明确的，除共有人具有家庭关系等外，视为按份共有。"依据上述法律规定，因继承产生的遗产分割纠纷有一个法律性质的转化过程：一是确认继承权的过程，遗产分割前未明示放弃的视为接受继承，继承人身份确定；二是确定继承之物权利状态的过程，继承人对于遗产享有物权（共有物权），受法律保护，遗产尚未分割的，不影响继承人取得遗产物权的效力；如有多个继承人的，按照《物权法》第一百零三条的规定，继承人对遗产共同共有。遗产分割显然属于第二个阶段。

第二，本案争议之关键在于如何理解《中华人民共和国继承法》第八条规定"继承权纠纷的诉讼时效为二年，自继承人知道或应当知道其权利被侵犯之日起计算。但是，自继承开始之日起超过二十年的，不得再提起诉讼"。换言之，本案因继承而引发的遗产确认及分割之争是否属于继承权纠纷。本院认为，继承纠纷和继承权纠纷是不同概念，不应将全部与继承相关的纠纷全部归类为"继承权纠纷"。案件性质系基于纠纷所侵害的权利对象而确定。最高人民法院《民事案件案由规定》中的继承权纠纷，包括法定继承纠纷、遗嘱继承纠纷、被继承人债务清偿纠纷、遗赠纠纷、遗赠抚养协议纠纷五类。根据该案由的划分，继承权纠纷应当限定在享有继承权的自然人身份有争议、或者继承权的取得和丧失、继承人以外的自然人是否分得遗产、继承权受侵害等情形。遗产分割纠纷中，继承者因身份关系进而取得遗产物权，兼具人身权和财产权双重属性，存在继承与物权产生冲突的可能，但继承法设置的拟制继承，将未表示放弃继承视为接受，从而加快了遗产物权的确认过程，将待定之物（遗产）变为确定之物（继承物权）。此时，继承权纠纷应转化为确认与分割共有物的共有权纠纷。如果将与遗产分割有关的纠纷全部归类为继承权纠纷并适用20年的最长时效，可能导致未分割的遗产永远处于权利不明确之状态，这与《物权法》第四条确立的物权受平等保护的原则相悖。

第三，最高人民法院《关于继承开始时继承人未表示放弃继承遗产又未分割的可按析产案件处理的批复》(〔1987〕民他字第12号)规定:"诉争的房屋应属各继承人共同共有,他们之间为此发生之诉讼,可按析产案件处理。"以及最高人民法院《关于父母的房屋遗产由兄弟姐妹中一人领取了房屋产权证并视为己有发生纠纷应如何处理的批复》(〔1987〕民他字第16号)规定:"一人领取房产证的行为认定为代表共有人登记取得的产权证明。"表明了最高人民法院对遗产分割案件一般按共有物确认和分割的处理原则,该两个批复目前仍有效,应适用于本案。

综上,本案中被继承人黄意于1977年去世时,陈德心、陈锦心未放弃继承权,视为接受继承,陈德心和陈锦心的继承人身份,不是本案争议焦点。在黄意遗产禅城区高基街×号房产分割前,其与本案其他继承人对涉案房产享有共有权。陈德心、陈锦心诉讼请求是确认涉案房产共同共有,以及分割涉案房产被拆迁后补偿所得的房产,属于共有物确认及分割纠纷,即本案案由应为共有权纠纷,而非继承权纠纷。再审法院认为关维青、陈琴心、陈愉心、陈直心处分遗产侵犯了陈德心、陈锦心的继承权,故本案应认定为遗产继承纠纷,属于适用法律确有错误。

(二)再审法院认为陈德心、陈锦心的起诉超过了法律规定的诉讼时效,属于适用法律确有错误。共有物的分割请求权是否适用诉讼时效,目前相关法律法规和司法解释并没有明确规定,但可从诉讼时效的制度价值、立法原意等方面进行分析。最高人民法院《关于审理民事案件适用诉讼时效制度若干问题的规定》(法释〔2008〕11号)第一条规定:"当事人可以对债权请求权提出诉讼时效抗辩。"该条款确立的原则是:诉讼时效制度的适用对象是债权请求权,而共有物的分割请求权是指共有人对其享有共有权的确认并以此为基础请求分割共有物,其本质应为形成权。形成权不属于债权请求权,不应适用诉讼时效的规定。因此,基于继承产生的遗产分割请求权不应受诉讼时效的限制。

综上所述,广东省高级人民法院(2014)粤高法审监民提字第24号民事判决适用法律确有错误。根据《中华人民共和国民事诉讼法》第二百零九条第一款、第二百零八条第一款和第二百条第六项的规定,特提出抗诉,请依法再审。

2016年8月17日

应贤喜案民事抗诉书

应贤喜因与贵州百花医药股份有限公司、黄文荣、重庆天脉实业有限公司、杨友利、李显鹄借款合同纠纷一案，重庆市高级人民法院于2013年1月24日作出（2012）渝高法民终字第00253号民事判决。贵州省遵义市公安局红花岗分局在侦办贵州百花医药股份有限公司内部员工内外勾结职务侵占一案过程中，发现相关事实与重庆市高级人民法院（2012）渝高法民终字第00253号民事判决所认定的事实存在矛盾，并于2014年3月4日就应贤喜等人涉嫌犯罪的情况向检察机关作了通报。因涉及虚假诉讼，重庆市人民检察院依职权对本案进行审查后，以渝检民监〔2016〕185号提请抗诉报告书提请本院抗诉。本案现已审查终结。

2012年2月7日，应贤喜起诉贵州百花医药股份有限公司（以下简称百花医药公司）、黄文荣、重庆天脉实业有限公司（以下简称天脉实业公司）、杨友利、李显鹄至重庆市第三中级人民法院，请求：1.判令百花医药公司偿还借款270万元及利息、律师费3.5万元。2.黄文荣、天脉实业有限公司、杨友利、李显鹄承担连带偿还责任。

重庆市第三中级人民法院于2012年8月14日作出（2012）渝三中法民初字第00006号民事判决。该院一审查明：2010年10月8日，应贤喜与百花医药公司签订借款协议，约定：百花医药公司向应贤喜借款270万元，期限为三个月，借款期限内按借款金额以每月1.4%计算利息；如逾期还款，则按人民银行同期贷款利息四倍计算利息，而且还需从借款之日起按逾期还款额每日千分之三向应贤喜支付违约金，黄文荣、杨友利、李显鹄在该协议上作为担保人提供连带责任保证。同日，应贤喜与天脉实业公司签订《连带保证责任保证书》，约定：天脉实业公司为百花医药公司向应贤喜借款270万元提供连带责任担保，担保期为三年。当日，应贤喜与百花医药公司、四川省岳池送变电工程公司合川分公司（以下简称岳池变电合川公司）签订《协议书》，约定：岳池变电合川公司代应贤喜向百花医药公司支付借款270万元。同年12月3日，岳池送变电工程公司出具270万元的转账支票（开户行：中国银行九龙园区支行，账号：110205×××××，支票号：1026×××），然后交给百花医药公司签收，百花医药公司同时出具收到借款确认书。根据岳池送变电合川公司在中国银行九龙园区支行开设账号110205×××××的账户交易记录显示，该账户于2010年12月6日以凭证号码1026×××发生一笔支出业务270万元。借款到期后，百花医药公司未履行还款义务，黄文荣、天脉实业公司、杨友利、李显鹄亦未承担保证义务，应贤喜遂提起诉讼。

该院一审认为，应贤喜与百花医药公司于2010年11月8日签订的借款协议以及应贤喜与黄文荣、天脉实业公司、杨友利、李显鹄就该笔借款所签订的保证担保协议，均系双方当事人的真实意思表示，且未违反法律、行政法规的强制性规定，合法有效，应受法律保护。在借款合同生效后，应贤喜委托第三方岳池变电合川公司以转账方式支付给百花医药公司借款270万元。对第三人是否支付借款的事实，根据中国银行重庆九龙园区支行现保存的1026×××号转账支票所记载的内容，其上的收款人为百花医药公司，转账支出金额为270万元，结合岳池变电合川公司在该行开设的银行账户于2010年12月6日以凭证号为1026×××号支出270万元等信息，可以认定岳池变电合川公司所出具的1026×××号转账支票所载明的款项已实际支付给百花医药公司，故对百花医药公司、黄文荣、天脉实业公司、杨友利、李显鹄辩解应贤喜未实际支付借款270万元的理由不予采纳。百花医药公司作为借款人，其在收到借款后，负有按照约定期限承担返还借款及支付利息的义务，其至今未偿还借款本金及利息，应依法承担违约责任，故对应贤喜请求百花医药公司偿还借款270万元及利息的请求予以支持。虽然应贤喜为向百花医药公司主张本案的合法债权而委托律师代为诉讼，并因此支付了律师费用，客观上造成了一定损失，但是因双方在借款协议中对此未作明确约定，该损失与百花医药公司的违约行为之间没有必然的联系，因此应贤喜请求百花医药公司赔偿该损失没有相应的事实依据及法律依据，故对应贤喜的这一诉讼请求不予支持。黄文荣、天脉实业公司、杨友利、李显鹄自愿为百花医药公司向应贤喜借款270万元提供连带责任保证，且约定担保范围为借款本金、利息以及其他实现债权的费用，故黄文荣、天脉实业公司、杨友利、李显鹄应对百花医药公司向应贤喜借款270万元及利息承担连带保证责任。判决：一、百花医药公司于本判决生效后十日内偿还应贤喜的借款270万元及利息（利息自2010年12月3日起至2011年3月2日至，按月息1.4%计算；自2011年3月3日按中国人民银行同期贷款利率的4倍计算至付清时止）。二、黄文荣、天脉实业公司、杨友利、李显鹄对百花医药公司偿还应贤喜的借款270万元及利息承担连带清偿责任。三、驳回应贤喜的其他诉讼请求。

百花医药公司不服一审判决，向重庆市高级人民法院提起上诉，请求撤销原判，驳回应贤喜的全部诉讼请求。

重庆市高级人民法院2013年1月24日作出（2012）渝高法民终字第00253号民事判决。该院二审查明：1.岳池变电合川公司于2009年4月21日被依法注销工商登记。2.岳池变电合川公司于2010年12月3日出具270万元转账支票一张，支票号为1026×××，付款行为中国银行九龙园区支行，出票人账号110205××××××，收款人为百花医药公司。该支票后被百花医药公司背书转让给重庆大通电器厂。3.百花医药公司在二审中陈述，公司的财务专用章和公章已交由案外第三人实际控制。该院二审对一审查明的其他事实予以确认。

该院二审认为，本案争议的焦点是：应贤喜是否向百花医药公司支付借款270万元。应贤喜与百花医药公司签订的借款协议合法有效，应贤喜已经按约向百花医药公司支付借款270万元，百花医药公司应当按约偿还借款并支付利息。主要事实和理由：1.岳池变电合川公司虽然在签订代付协议前已经被工商局注销，该分公司的主体资格归于消灭，但是该事实并不影响分公司的实际控制人或清算人通过分公司尚未被注销的银行账户履行代付借款的义务。2.代付借款的主体在法律上是否实际存在，与代付借款的义务是否实际履行无关。借款270万元已从分公司的银行账户实际划出，百花医药也出具了加盖有其公司公章和财务专用章的收款确认书，确认其已收到借款270万元。故代付借款的主体资格是否实际存在，不影响代付借款协议的履行。3.岳池变电合川公司主体不存在，其签订的代付协议即使无效，合同无效的法律后果影响的也只是应贤喜与分公司之间的利益，与百花医药公司权利义务的行使无关。4.百花医药公司将公司公章和财务专用章交由他人保管使用,表明其同意他人享有公司相关资产的管理权、处分权。百花医药公司将银行转账支票背书转让给案外第三人,客观上使公司的对外债务减少,百花医药公司也从中实际受益。综上,判决:驳回上诉,维持原判。

因涉及虚假诉讼,检察机关依职权对本案进行了审查。

本院对二审判决认定的应贤喜与百花医药公司之间存在真实借款关系一节事实有异议,对二审判决查明的其他事实予以确认。另查明:

(一)百花医药公司与应贤喜并未发生真实的借贷关系,而且百花医药公司与刘仕刚之间缺乏270万元借款的真实意思。应贤喜系刘仕刚的姐姐刘仕群的丈夫。据公安机关对应贤喜的讯问材料及应贤喜的书面说明证实:百花医药公司与应贤喜并未发生真实的借贷关系,应贤喜仅代刘仕刚在借款合同上签字。上述事实得到刘仕刚在公安机关所作的询问笔录的印证。同时,百花医药公司与刘仕刚之间也缺乏270万元借款的真实意思。公安机关在2014年4月24日询问刘仕刚"应贤喜为什么要借款给贵州百花医药股份有限公司?"刘仕刚答:"实质上是:通过朋友杨友利介绍百花医药股份有限公司向我借钱,金额是400万元。我当时对百花医药股份有限公司不了解,是重庆人,我的朋友杨友利拿出了套房产证作担保所作出借款400万元给百花医药股份有限公司,借款期限为15天。利息按借款协议,每月百分之壹点肆计算。借款居间服务合同约定每月按百分之肆点陆收取居间服务费,违约金按借款之日起按千分之叁计算。借款的时间从2010年6月23日至2010年11月23日,共计5个月(150天)。总共欠我利息和违约金270万元。黄文荣口头认可,并有遵义市忠庄大道土地[产权号为(2006)07号]作抵押。双方相商,将利息和违约金270万元变更为借贷关系。首先谈好我与百花医药股份有限公司签订270万元借款协议,考虑到要到遵义去办理相关抵押手续,我当时无时间,就委托我姐哥应贤喜出面与百花医药股份有限公司于2010年11月8日签订270万元借款协议。"另外,公安机关在2012年9月10日询问刘仕洪(系刘仕刚之弟,曾任大通电器厂法定代表人),在回答这笔款为什么通过百花医药公司背书转给重庆市大通电器厂,刘仕洪表示:"百花医药公司老总黄文荣欠我哥刘仕刚的利息和违约金,共计270万元。刘仕刚为了防止黄文荣事后不认账,找我出钱,给四川岳池变电工程公司合川分公司,借款的方式给百花医药公司一张转账支票,再通过百花医药股份有限公司背书,转入重庆大通电器厂,由大通电器厂职工应贤喜办理。"

(二)刘仕刚与百花医药公司之间形成本案借条之基础来源于双方400万元的真实借贷,而400万元的借款纠纷已经重庆市高级人民法院另案判决。2013年11月8日,重庆市高级人民法院作出(2013)渝高法民终字第00179号民事判决。该院查明:2010年6月23日,刘仕刚与百花医药公司等签订《借款协议》一份,约定:由百花医药公司向刘仕刚借款400万元,借款期限15天,借款期内的利息按月1.4%计算,逾期按中国人民银行同期贷款利率四倍计算,并从借款之日起按逾期还款额每日3‰支付违约金……该院判决,由百花医药公司支付刘仕刚借款利息(计算公式为:15天借款期按月利率1.4%的标准,其他期间为按中国人民银行公布的同期贷款利率的四倍标准)。

(三)四川岳池变电工程公司合川分公司在中国银行重庆市分行九龙园区支行设立的银行账户系他人冒用该公司名称所为。四川省岳池送变电工程公司合川分公司已于2009年4月被工商部门注销,公章也已上缴。经公安机关调查,四川省岳池送变电工程公司及合川分公司均未在中国银行重庆市分行九龙园区支行开立过银行账户,以四川省岳池送变电工程公司合川分公司名义设立的银行账户系他人冒用该公司名称所为。刘仕刚和刘仕洪曾挂靠了四川省岳池送变电工程公司合川分公司,并每年缴纳管理费。

(四)百花医药公司未收到借款协议约定的270万元款项。岳池变电合川分公司开具的以百花医药公司为收款人的270万元转账支票后,并未将款转入给百花医药公司账户,而是加盖百花医药公司财务专用章后将支票背书转让给重庆大通电器厂。为查明百花医药公司背书转让支票的真实性,公安机关从该公司财务档案中调取时间为2010年12月前后的相关凭证的财务专用章印鉴,同时到银行调取涉案转账支票原件进行鉴定,经重庆市公安局物证鉴定中心鉴定,涉案支票背书栏中加盖的给重庆大通电器厂的百花医药公司财务专用章与百花医药公司同期使用的财务专用章不是同一印章。另据百花医药公司董事长黄文荣在公安机关陈述称为尽快得到借款的款项,借款收条及收款确认书均系在签订借款协议当日书写,但未填写内容和时间。

(五)应贤喜自愿放弃执行申请书和刘仕刚撤回执行情况说明。应贤喜于2014年4月29日向重庆市第三中级人民法院提交自愿放弃执行申请书,载明:"本人自愿放弃重庆市第三中级人民法院对百花医药公司判决执行的所有债权债务关系。因为本人没有借钱给百花医药公司,并且没有向人民法院提起诉讼,更没有向人民法院申请强制执行。"刘仕刚于2014年4月22日向重庆市公安局北部新区分局经侦大队作出情况说明,载明:"2014年4月22日北部新区公安分局经侦大队的陶支队、管警官向我了解了'关于黄文荣告我诈骗贵州百花医药公司270万元'案子的相关情况并作了笔录后,我认识到虽然经过重庆市高级人民法院终审判决应贤喜胜诉的270万元的案件背后问题的复杂性,于2014年4月23日上午通知重庆向道律师事务所的李应德律师向重庆市第三中级人民法院提交撤回执行百花药业公司的强制执行申请书……"

本院认为,重庆市高级人民法院(2012)渝高法民终字第00253号民事判决涉及虚假诉讼,该案主要证据系伪造且有新的证据足以否定原判决。理由如下:

第一,本案中应贤喜与百花医药公司之间并不存在真实的借款关系。据公安机关对应贤喜及刘仕刚的询问材料及应贤喜自愿放弃执行申请书等证据证实,应贤喜本人并没有与百花医药公司协商借款事宜,也没有参与实施行为,而仅仅是根据刘仕刚的委托在协议文本上签署了自己的名字(应贤喜系刘仕刚的姐夫)。

第二,本案中刘仕刚与百花医药公司之间亦不存在真实的借款关系。刘仕刚系与百花医药公司的黄文荣将另案中400万元真实借款的利息、逾期贷款利息和违约金,共计270万元变更为借贷关系,所谓借贷意思表示并不真实。事实上,此借条的目的是固定双方所约定的远远超过国家所允许的利率和违约金的款项,为了掩盖刘仕刚高利贷的非法利益。

第三,本案中四川省岳池送变电工程公司合川分公司并未代为履行涉案借款协议。经公安机关查实,四川省岳池送变电工程公司合川分公司在签订该代付借款协议前已被工商局注销,该分公司的主体资格归于消灭,且四川省岳池送变电工程公司及合川分公司均未在中国银行九龙园区支行开立过银行账户。以四川省岳池送变电工程公司合川分公司名义在中国银行九龙园区支行开设账户并开出270万元转账支票系应贤喜、刘仕刚等人冒用,且根据刘仕洪的陈述,开出涉案转账支票270万元所需的钱系由大通电器厂的法定代表人刘仕洪所支出。

第四，本案中百花医药公司并未实际收到应贤喜、刘仕刚履行270万元"借款"的转账支票，也未从中实际获益。一方面，经重庆市公安局物证鉴定中心鉴定，涉案支票背书栏中加盖的给重庆大通电器厂的百花医药公司财务专用章与百花医药公司同期使用的财务专用章并不是同一印章。涉案收款确认书亦系黄文荣在签订借款协议当日书写的空白文件，未填写内容和时间。另一方面，重庆大通电器厂是刘仕刚和刘仕洪的私人企业，百花医药公司与重庆大通电器厂无任何经济往来。本案所涉"借款"并未与另案400万元借款所抵扣，且最终又背书流转给重庆大通电器厂，百花医药公司对外债务并没有减少。换言之，百花医药公司并未从中实际受益。综观全部的履行环节，270万元的转账支票系在加盖了虚假的百花医药公司财务专用章后将支票背书转让给重庆大通电器厂，使该270万元的转账支票顺利地回到了刘仕刚和实际出钱人刘仕洪所控制的私人企业，其真实目的是使刘仕刚取得借以向百花医药公司主张270万元"借款"的虚假证据。

综上所述，重庆市高级人民法院（2012）渝高法民终字第00253号民事判决涉及虚假诉讼，该案主要证据系伪造且有新的证据足以否定原判决。根据《中华人民共和国民事诉讼法》第二百零九条第一款、第二百零八条第一款和第二百条第一项、第三项的规定，特提出抗诉，请依法再审。

2016年11月22日

李花荣案民事抗诉书

李花荣等七人因与李彩云借款合同纠纷一案，不服河南省高级人民法院（2011）豫法民提字第00318号民事判决，向河南省人民检察院申请监督，该院提请本院抗诉。本案现已审查终结。

2007年6月5日，李花荣等七人起诉至河南省新密市人民法院，请求判令李彩云偿还欠款140万元及利息。

新密市人民法院于2009年2月4日作出（2007）新密民二初字第159号民事判决。该院一审查明：2004年至2005年期间，李彩云因经营耐火材料厂，分四次向魏陆义借款140万元。其中，2004年11月21日借款40万元，同年12月8日借款60万元，同年12月24日借款30万元，2005年11月6日借款10万元。上述借款李彩云均向魏陆义出具了借条。2006年7月31日魏陆义因病去世，后魏陆义家人向李彩云催要欠款，但李彩云拒绝还款。2007年6月5日，魏陆义之妻李花荣、长女魏方贞、次女魏慧贞、三女儿魏素贞、四女儿魏芳卉、长子魏志超、次子魏子恩向新密市人民法院提起诉讼。李彩云应诉后，向新密市人民法院提交内容为"李彩云借款已全部还清，以前双方所写借款条和还款条自行撕毁，以此为据。2006.5.8立字据人：魏陆义"的字据（以下简称2006年5月8日字据）一份，并辩解其已将借款全部偿还完毕。

2007年7月9日，李彩云自行向河南检苑司法鉴定中心提出鉴定申请，对2006年5月8日字据进行鉴定。河南检苑司法鉴定中心于2007年7月17日作出豫检苑司鉴中心（2007）文鉴字第114号司法鉴定书，鉴定结论为："1.'字据'中的'魏陆义'签名字迹，是魏陆义所写；2.'字据'中的'魏陆义'签名字迹上的指纹，是魏陆义捺印；3.'字据'中字迹，不具备书写时间的鉴定条件；4.'字据'中'魏陆义'签名字迹上的指纹是其落款时间（2006年5月）捺印形成"。2007年7月26日，李花荣等七人向新密市人民法院提出鉴定申请，申请对 2006 年 5 月 8 日字据予以司法鉴定，新密市人民法院委托西南政法大学司法鉴定中心进行鉴定。在鉴定期间中的 2007 年 8 月 14 日，有人冒用新密市人民法院名义向西南政法大学司法鉴定中心寄送内容为"李彩云原借款下欠 20 万元未还，因合作硅砖款未收回，收回后归还，其他借款已全部归还，原借款条作废。2006.5.4.魏陆义"的字据复印件一份。2007 年 9 月 4 日，西南政法大学司法鉴定中心作出司鉴 2007 第 1143 号鉴定书，鉴定结论为："1.送检的 2006.5.8 字据上'魏陆义'三字不是打印形成；不能确定'魏陆义'押名指印是否打印形成。2.上述送检字据上署名'魏陆义'三字不是魏陆义本人书写形成。3.上述送检字据'魏陆义'押名指印是魏陆义的指印，但不能确定其形成方式。4.不予受理送检字据正文、日期、署名字迹及指印形成时间鉴定事项。5.上述送检字据上署名字迹与其他字迹的墨水成分不一致。"李彩云认为 2006 年 5 月 4 日字据系套模 2006 年 5 月 8 日字据形成，魏陆义从未向李彩云出具过 2006 年 5 月 4 日字据，李彩云也没见过该字据；李花荣等七人认为 2006 年 5 月 8 日字据系套模 2006 年 5 月 4 日字据形成，李花荣等七人通过朋友向李彩云催要借款时，李彩云曾出示过 2006 年 5 月 4 日字据的复印件，后其朋友也曾将该字据复印件交给过李花荣等七人，李花荣等七人当时就表示 2006 年 5 月 4 日字据是假的。

李彩云以西南政法大学司法鉴定中心采用来源不明的 2006 年 5 月 4 日字据复印件，鉴定程序违法为由，提出重新鉴定申请，经新密市人民法院审判委员会讨论，决定予以重新鉴定。2008 年 5 月 8 日，新密市人民法院委托辽宁北方司法鉴定所重新鉴定。2008 年 5 月 21 日，辽宁北方司法鉴定所作出辽北文鉴字（2008）第 38 号司法鉴定意见书，鉴定结论为："1.2006.5.8 字据上签名及字迹是签字笔直接书写形成。上述字迹由直接书写的特点，不具有打印、复印、扫描拓印等方式形成的印迹特征。2.该字据上'魏陆义'签名与样本上'魏陆义'签名为同一人所写。3.该字迹上正文、落款、签名形成时间，因不具备检验条件，不做检验。4.该字据上签名与其他字迹的墨水，在色泽、笔迹粗细、可溶性和光谱特性上无区别。"

该院一审认为：李彩云借魏陆义款 140 万元的事实，双方均无异议，予以确认。李彩云辩解已全部偿还，并提交了 2006 年 5 月 8 日字据一份，该字据历经河南检苑司法鉴定中心、西南政法大学司法鉴定中心、辽宁北方司法鉴定所三次鉴定。河南检苑司法鉴定中心所做鉴定,系李彩云单方委托,且该鉴定所采用的鉴定样本系未经双方当事人质证的复印件,李花荣等七人对此提出异议,该院已重新委托其他鉴定机构进行了鉴定,故对该鉴定结论不予采纳;对西南政法大学司法鉴定中心所做鉴定,因其在鉴定过程中采用了未经当事人质证且来源不明的2006年5月4日字据复印件作为鉴定依据,故该鉴定程序违法,不予采信;辽宁北方司法鉴定所所做鉴定,鉴定程序合法,鉴定依据充分,对该鉴定结论予以采信。依据该鉴定结论,2006年5月8日字据上"魏陆义"署名系其本人所签,故对该字据的真实性予以认定。李花荣等七人提出辽宁北方司法鉴定所所作鉴定超出鉴定范围的意见,因辽宁北方司法鉴定所在接受该院委托时,已明确表示其鉴定资质仅能接受文书鉴定,本案委托的指纹鉴定属痕迹鉴定,其不予受理,故辽宁北方司法鉴定所所做鉴定,没有超出其鉴定范围,李花荣等七人的该反驳意见不成立,不予支持。对2006年5月8日字据上指纹的真伪问题,因本案进行鉴定的目的是确定2006年5月8日字据的真伪,该字据上"魏陆义"的签名或押名指印如有一项为真,即可确定该字据的真实性。因此,在确定2006年5月8日字据上"魏陆义"签名字迹系其本人所写后,再进行指纹鉴定已无必要。故对李彩云所作其已将140万元借款全部归还的辩解,该院予以采信。经该院审判委员会讨论决定,判决:驳回李花荣等七人对李彩云的诉讼请求。

李花荣等七人不服一审判决,向郑州市中级人民法院提出上诉。

郑州市中级人民法院于2009年12月7日作出(2009)郑民三终字第119号民事判决。该院二审查明的事实与一审法院查明一致。另外,根据李花荣等七人的鉴定申请,郑州市中级人民法院审判委员会研究决定重新鉴定。该院司法技术处委托北京华夏物证鉴定中心对本案的2006年5月8日字据进行了鉴定。北京华夏物证鉴定中心于2009年10月19日作出华夏物鉴中心(2009)文检字第263号《司法鉴定检验报告书》。该鉴定书中记录的委托鉴定事项是:"1.对检材上的字迹、指印的形成方式(署名是否仿写、指印是否转印、扫描、拓印形成)进行鉴定;2.对检材上的字迹是否魏陆义本人亲自书写进行鉴定;3.对检材上的指印是否魏陆义用印油按捺形成进行鉴定;4.对检材上的正文、落款时间、'魏陆义'署名字迹、指印的形成时间进行鉴定;5.对检材上'魏陆义'署名字迹与其他字迹的墨水成分是否一致进行鉴定。"

检验结果为："1. 检材上的字迹是用黑色墨水硬笔书写；指印是用红色印油捺印形成；2. 检材上'魏陆义'签名字迹与样本上'魏陆义'签名字迹是同一人所写。因为没有魏陆义本人书写其他字迹样本，因此无法判断检材上其他字迹是否为魏陆义本人所写；3. 检材上的指印是魏陆义用印油按捺形成；4. 根据目前现有技术条件，无法对检材上的正文、落款时间、'魏陆义'署名字迹、指印的形成时间进行鉴定；5. 检材上'魏陆义'署名字迹与其他字迹的墨水成分不一致。"

该院二审认为：北京华夏物证鉴定中心进行重新鉴定时所提取的检材和样本经双方质证后均无异议，鉴定程序合法，鉴定依据充分，对该鉴定结论予以采信。依据该鉴定结论，2006年5月8日字据上"魏陆义"签名字迹与样本上魏陆义签名字迹是同一人所写，指印是魏陆义用印油按捺形成，故应对2006年5月8日字据的真实性予以认可。李花荣等七人认为北京华夏物证鉴定中心出具的《司法鉴定检验报告书》存在诸多不合法情形，不能作为定案依据的理由不足，不予采信。据此李花荣等七人主张原审判决认定事实错误和适用法律不当且程序违法，依法应当撤销并判令李彩云立即归还借款140万元及利息的上诉请求和理由，证据不足，不予支持。判决：驳回上诉，维持原判。

李花荣等七人不服二审判决，向河南省高级人民法院申请再审。

河南省高级人民法院于2012年3月28日作出（2011）豫法民提字第00318号民事判决。该院再审查明的事实与原审法院查明一致。另查明，再审过程中，李花荣等7人提供的证据中：1. 魏芳贞自行委托广东明鉴文书司法鉴定所对2006年5月8日字据上"魏陆义"签名字迹进行鉴定，鉴定结论为2006年5月8日字据不是魏陆义所写，拟证明2006年5月8日字据不真实，该院认为该鉴定与其应举证的范围没有关联性，且该鉴定中检材及样本均为复印件，李彩云不予认可，故对该鉴定结论不予采信。2. 新密市人民法院刑事案件出庭通知书两份及网络下载的刑事判决书一份，拟证明李彩云为赖账利用黑社会严重伤害申请再审人及司法鉴定人王某某，该院认为李彩云对此予以否认，刑事判决书亦未认定李彩云指使黑社会人员伤害申请再审人及鉴定人王某某，故该证据与李彩云是否还款没有关联性。3. 王振东的录音资料两份，拟证明李彩云未归还借款及2006年5月4日字据来源于李彩云，该院认为该证据与李彩云提供的录音资料及王振东的书面证明内容相悖。4.2006年5月4日EMS邮件详情单一份，上有"被告辩称"字样，拟证明2006年5月4日字据复印件系李彩云向西南政法大学司法鉴定中心邮寄，因该字据来源清楚，应采信西南政法大学司法鉴定中心的鉴定结论。但李彩云否认，亦无其他证据证明，仅凭邮件详情单上的"被告辩称"字样不能认定2006年5月4日的字据复印件系李彩云邮寄。5.北京市司法局出具的"北京市司法局关于魏方贞投诉北京华夏物证鉴定中心问题的答复"一份，拟证明北京华夏物证鉴定中心出具的检验报告书程序不合法，文书格式不合法，鉴定结论不合法，该院认为该答复并未认定该检验报告程序不合法，文书格式的瑕疵亦不影响鉴定结论的科学性。6.过路费收据六份，拟证明2006年5月8日魏陆义在焦作，不在新密市，不可能在新密市接受李彩云还款。该院认为，因人车可以分离，不能据此推断魏陆义不在新密市。

该院再审认为：李彩云向魏陆义借款140万元，事实清楚，证据充分，李彩云应履行还款义务。李彩云提供2006年5月8日字据证明其偿还魏陆义140万元借款，举证责任已经完成。鉴于李花荣等七人对本案的四份鉴定均有异议，该院认为：（一）李彩云自行向新密市人民法院收集鉴定样本并委托河南检苑司法鉴定中心对2006年5月8日字据进行鉴定，不违反法律规定，但该鉴定采用的样本系未经双方当事人质证的复印件，李花荣等七人对此提出异议，原审法院不予采信正确。河南检苑司法鉴定中心在鉴定过程中对检材进行了剪裁，但不足以构成对样本的破坏，不影响鉴定，李花荣等七人认为2006年5月8日字据被破坏不具有证明力的理由不能成立。（二）西南政法大学司法鉴定中心于鉴定过程中采用了未经当事人质证且来源不明的2006年5月4日字据复印件作为鉴定样本，鉴定程序违法，原审法院不予采信正确。李花荣等七人认为2006年5月4日字据原件由李彩云持有，是李彩云私自向西南政法大学司法鉴定中心邮寄的证据不足，不能证明李花荣等七人的主张，该院不予采信。（三）辽宁北方司法鉴定所在接受一审法院委托时，明确表示其鉴定资质仅能接受文书鉴定，指纹鉴定属痕迹鉴定，不予受理。一审法院在征得双方当事人同意，特别是李花荣等七人明确表示"能鉴定多少就鉴定多少"的情况下，委托辽宁北方司法鉴定所在其鉴定资质范围内进行鉴定，程序合法，李花荣等七人认为辽宁北方司法鉴定所不具有本案鉴定资质的理由不能成立。辽宁北方司法鉴定所接受委托时，辽宁省司法厅对该鉴定所的行政处罚期已届满，且沈阳市中级人民法院作出的暂停对该鉴定所的行政处罚期已届满，且沈阳市中级人民法院作出的暂停对该司法鉴定所委托鉴定六个月的决定对其他法院不具有约束力，李花荣等七人认为辽宁北方司法鉴定所不能接受本案委托的理由不能成立。辽宁北方司法鉴定所鉴定人刘稼民当庭陈述该鉴定中的特征比对表由其本人制作，但该鉴定结论还有鉴定人贾玉文的审核签字，鉴定人数符合法律规定，李花荣等七人认为该鉴定由一人所作出的理由不成立。李花荣等七人提供的该鉴定人员与李彩云电话频繁联系的证据，来源不明，不予认定，该项异议理由亦不能成立。原审法院采信辽宁北方司法鉴定所在鉴定资质范围内作出的鉴定结论，认定2006年5月8日字据上"魏陆义"签名字迹系魏陆义本人所写并无不当。（四）二审法院经李花荣等七人申请及该院审判委员会决定，并在李彩云的同意的情况下，委托北京华夏物证鉴定中心作出的重新鉴定，虽与辽宁北方司法鉴定所的鉴定结论存在一定的差异，但主要内容相同，进一步印证了李彩云的主张。李花荣等七人认为北京华夏物证鉴定中心的《司法鉴定检验报告书》不能作为定案依据的理由不能成立，该院不予采纳。原审判决事实清楚，适用法律正确，结果妥当，应予维持。判决：维持郑州市中级人民法院（2009）郑民三终字第119号民事判决。

李花荣等七人不服河南省高级人民法院再审判决，向检察机关申请监督。

本院审查认定的事实与再审法院认定的事实一致。

本院认为，河南省高级人民法院（2011）豫法民提第00318号民事判决认定李彩云已经偿还借款的事实缺乏证据证明。理由如下：

第一，原审判决认定李彩云一方已经偿还借款的证据系孤证，且该证据自身存在重大瑕疵。一审中，李彩云为了证实其已经偿还借款，向法院提交了一份内容为"李彩云借款已全部还清，以前双方所写借款条和还款条自行撕毁，以此为据。2006.5.8立字据人：魏陆义"的字据，该字据中"魏陆义"的签名被溶解，签名上的指纹被剪裁。导致该证据出现上述破坏的原因是，李彩云在将2006年5月8日字据向一审法院提交前，自行委托河南检苑司法鉴定中心对字据进行鉴定，并且鉴定机构在鉴定过程中对字据原件中"魏陆义"的签名和指印采取了溶解、剪切的破坏性检验方法。这次鉴定致使作为主要鉴定对象的签名和指印被破坏，而且无法对相关内容做出进一步鉴定。一般而言，当事人举证时会直接向法院提交证据，只有其他当事人对证据的真实性提出异议时，法院才会依据一方的申请对证据进行鉴定。李彩云从事律师多年，其应当明知采取破坏性方式对证据进行鉴定会导致的法律后果，李彩云的这一行为明显与通常的诉讼行为不符，足以使人对其行为的目的产生合理怀疑。因此，在李花荣等人对该瑕疵证据的真实性提出异议的情况下，原审法院应当对李彩云的反常诉讼行为进行审查，并要求其提供其他能够证明还款事实的必要证据予以补强。原审判决在2006年5月8日字据存在明显瑕疵的情况下，仅依据该单一瑕疵证据确认还款事实，依据明显不足。

第二，再审判决采信的两份鉴定意见均存在瑕疵，且未采信西南政法大学司法鉴定中心的鉴定意见理由不够充分。首先，辽宁北方司法鉴定所出具的鉴定意见认为，字据上"魏陆义"签名与样本上"魏陆义"签名为同一人所写。但是，李花荣等人在一审中提交了在鉴定前及鉴定期间（2008年4月3日至2008年7月30日）李彩云与该鉴定机构负责人曹树森及鉴定人贾玉文、刘稼民多次电话联系的证据线索，以证明该鉴定程序可能存在违法情形，并向一审法院提出调取李彩云2008年3月份至同年7月份的通话清单及2008年5月11日3U8849次航班的信息的申请。上述证据系当事人因客观原因不能自行收集的证据，原审法院对这一足以影响鉴定意见的证据未依据当事人的申请予以调查收集，而直接采信鉴定意见，明显不当。其次，北京华夏物证鉴定中心出具的鉴定意见认为检材上"魏陆义"签名字迹与样本上"魏陆义"签名字迹是同一人所写。但是，原审法院在送检时未说明该检材已经经过多次鉴定的情形。《司法鉴定程序通则》第十二条第四款规定："委托鉴定事项属于重新鉴定的，应当在委托书中注明"。原审法院在委托鉴定时未告知该鉴定属重新鉴定，违反了上述规定，再审判决采信该鉴定意见亦有瑕疵。再次，西南政法大学司法鉴定中心出具的鉴定意见认为，送检字据上署名"魏陆义"不是魏陆义本人书写形成。再审法院以鉴定过程中采用了未经当事人质证且来源不明的2006年5月4日字据复印件为由，认定鉴定程序违法，未予采信。但是，鉴定人王成荣在《出庭质证的书面说明》中指出："依据样本1和对检材分别检验，鉴定人已判断出检材具有仿写特征"。换言之，即使不采用2006年5月4日字据进行对比，也能够得出检材字迹"魏陆义"非本人所写的结论，且该鉴定中心接受委托程序合法，具有需要鉴定内容的各项资质，且没有其他违法情形。再审判决以鉴定过程中采用了 2006 年 5 月 4 日字据作为样本为由，不予采信该鉴定意见理由不够充分。根据上述分析，本院认为，有必要委托权威鉴定机构对 2006 年 5 月 8 日字据进行重新鉴定，以进一步查明案件事实。

第三，在本案历次诉讼过程中，李彩云主张其还款的 100 万元款项来自承兑汇票贴息兑付，办理承兑汇票贴息兑付手续时李彩云必然会得到相关凭据，即使相关凭据灭失，李彩云也能从银行获取相关证明。由于李彩云提供的还款证据存在瑕疵，且对方当事人对还款来源提出异议，原审法院应当要求李彩云提供承兑汇票贴息兑付的相关凭据来证明还款款项的来源。这一举证责任对李彩云而言非常容易，但李彩云却以涉及商业秘密为由拒绝提供证据，理由明显不够充分。从本案的客观情况来看，款项来源对正确认定还款事实具有重要意义，在还款凭据这一主要证据存在瑕疵的情况下，原审法院应当要求李彩云提供相关证据对款项来源予以证明。

综上所述，河南省高级人民法院（2011）豫法民提字第 00318 号民事判决认定李彩云已经偿还借款的事实缺乏证据证明。根据《中华人民共和国民事诉讼法》第二百条第二项和第二百零八条第一款的规定，特提出抗诉，请依法再审。

2015 年 5 月 12 日

唐秀华案民事抗诉书

唐秀华因与重庆华润万家生活超市有限公司、重庆华润万家生活超市有限公司南坪店劳动争议纠纷一案,不服重庆市高级人民法院(2014)渝高法民提字第00153号民事判决,向重庆市人民检察院请监督,该院提请本院抗诉。本案现已审查终结。

2012年8月6日,唐秀华起诉重庆华润万家生活超市有限公司(以下简称华润万家)、重庆华润万家生活超市有限公司南坪店(以下简称华润万家南坪店)至重庆市南岸区人民法院,请求判令:1.补发2011年3月1日至2012年6月30日休息日加班工资11181元;2.补发2011年3月1日至2012年6月30日法定节假日加班工资1314元;3.补发2011年3月1日至2012年6月30日被克扣的工资3600元;4.解除与华润万家之间的劳动关系;5.支付经济补偿金2400元;6.支付赔偿金4800元;7.支付经济赔偿金8048元;8.要求工资与其他员工一样。

2013年5月6日,重庆市南岸区人民法院作出(2012)南法民初字第8589号民事判决。该院一审查明,2011年2月16日华润万家与唐秀华订立书面劳动合同,合同期限为2011年2月17日至2014年3月31日。劳动合同约定华润万家实行标准工时制,即每日工作不超过8小时,每周工作不超过40小时,每周至少休息一日。劳动合同第十三条第二款还约定,《华润万家员工手册》作为劳动合同附件,与劳动合同具有同等效力。2011年2月17日唐秀华在《员工手册确认书》上签字,确认已收到《华润万家员工手册》。《华润万家员工手册》第24条规定:"公司要求员工在工作时间内完成任务,如因公司经营和工作需要加班的员工,必须使用公司办公自动化系统或书面《加班申请单》提前申请,并经上级审核批准后交人力资源部备案,计算考勤。未按此程序办理者,不视为加班。员工的加班补偿按国家和公司相关规定执行;如需补休的,原则上在六个月内完成补休。"唐秀华是与华润万家建立的劳动关系，但其工作地点为华润万家南坪店。华润万家实行轮休工作制度，为了公平起见，一审法院按照电子考勤记录表显示的唐秀华打卡记录和唐秀华的诉讼请求所涉期间，从整个时间段综合计算唐秀华的休息日加班时间。双方在劳动合同中已约定，华润万家实行标准工时制，唐秀华每周至少休息一日。电子考勤记录表显示，从2011年4月1日至2012年6月30日共计457天，折合65周零2天。在该时间段内，唐秀华除国家法定节假日外至少应休息65天，而唐秀华除国家法定节假日外实际已休息112天，超过65天。电子考勤记录表还显示，在上述时间段内，唐秀华在2011年中秋节加班1天，国庆节加班2天，2012年春节加班3天，元旦、清明节、劳动节、端午节各加班1天，累计在国家法定节假日加班10天。华润万家对唐秀华举示的5号证据"工资条"的真实性无异议，唐秀华对华润万家举示的9号证据"工资表"称无法确认。华润万家举示的"工资表"完整且与唐秀华举示的"工资条"显示的相应金额一致，故对华润万家举示的"工资表"予以采信，作为计算唐秀华工资水平的标准。

华润万家向唐秀华支付的基本工资由岗位工资、效益工资、特岗工资和司龄工资等组成。2011年9月、10月，2012年1月、4月、5月、6月唐秀华的基本工资分别为1450元、1450元、1450元、1475元、1575元、1575元。华润万家已向唐秀华支付上述六个月的国家法定节假日加班工资1262.8元。根据华润万家提供的"工资表"，唐秀华申请仲裁前一年，其月基本工资（岗位工资＋效益工资＋特岗工资＋司龄工资）为1479.17元。

另查明，唐秀华与华润万家、华润万家南坪店发生纠纷后，于2012年7月23日向重庆市南岸区劳动人事争议仲裁委员会申请仲裁，请求事项为：1. 补发休息日加班工资11181.61元；2. 补发法定节假日加班工资1314.74元；3. 补发拖欠、克扣工资3600元；4. 要求与公司解除劳动合同；5. 要求支付经济补偿金2400元；6. 要求支付赔偿金4800元。

该院一审认为，华润万家与唐秀华签订了书面劳动合同，确立了双方之间的权利义务关系。华润万家是合同一方，应承担相应的责任。劳动者主张加班费的，应当就加班事实的存在承担举证责任。但劳动者有证据证明用人单位掌握加班事实存在的证据，用人单位不提供的，由用人单位承担不利后果。本案中，唐秀华未举示证据证明2011年3月1日至2011年3月31日存在加班事实，亦无证据证明华润万家掌握加班事实存在的证据而不提供，因此，对唐秀华要求二华润万家支付2011年3月1日至2011年3月31日的法定节假日加班费、休息日加班费之诉讼请求，该院不予支持。用人单位与劳动者建立劳动关系后，应当遵守有关法律，自觉维护劳动者权利。《中华人民共和国劳动法》（简称劳动法）第四十四条规定："有下列情形之一的，用人单位应当按照下列标准支付高于劳动者正常工作时间工资的工资报酬：……（二）休息日安排劳动者工作又不能安排补休的，支付不低于工资的200%的工资报酬；（三）法定休假日安排劳动者工作的，支付不低于工资的300%的工资报酬。"《中华人民共和国劳动合同法》第三十条第一款规定："用人单位应当按照劳动合同约定和国家规定，向劳动者及时足额支付劳动报酬。"另外，《国务院关于职工工作时间的规定》中亦规定，企业可以根据实际情况灵活安排周休息日。在2011年4月1日至2012年6月30日期间，唐秀华实际休息日超过劳动合同约定的休息日，故对其要求支付此段时间内休息日加班工资的主张该院不予支持。《关于〈劳动法〉若干条文的说明》（劳办发〔1994〕289号）第四十四条规定："有下列情形之一的，用人单位应当按照下列标准支付高于劳动者正常工作时间的工资标准：……本条的'工资'，实行计时工资的用人单位，指的是用人单位规定的其本人的基本工资，其计算方法是：用月基本工资除以月法定工作天数（23.5天）即得日工资；实行计件工资的用人单位，指的是劳动者在加班加点的工作时间内应得的计件工资。"重庆市劳动局转发劳动部《关于印发对〈工资支付暂行〉规定有关问题的补充规定的通知》（渝劳薪发〔1995〕11号）第一条第三项规定"企业支付劳动者加班加点工资，原则上不将津补贴（有毒有害、高温、高空等行业性津贴除外）以及一次性奖金列入计算加班加点工资基数重复计发"。因此，根据上述规定，计算唐秀华加班费时均以其基本工资（岗位工资＋效益工资＋特岗工资＋司龄工资）为基数。被告已安排原告在国家法定节假日加班，应当依法及时足额补发原告应得国家法定节假日加班工资。虽然原告唐秀华未能举示证据以证明其在国家法定节假日加班已依照员工手册规定进行申请并得到批准，但被告已向原告唐秀华支付了部分国家法定节假日加班工资，可推定被告已知悉并批准了原告唐秀华在国家法定节假日加班的事实。根据被告举示的"工资表"和劳动合同约定的每周工作时间，2011年中秋节、国庆节、2012年元旦、春节原告应得法定节假日加班工资为 1450 元 ÷ 26.08 天 × 7 天 × 3 = 1167.56 元，2012 年清明节原告应得法定节假日加班工资为 1475 ÷ 26.08 天 × 1 天 × 3 = 169.67 元，2012 年劳动节、端午节原告应得法定节假日加班工资为 1575 元 ÷ 26.08 天 × 2 天 × 3 = 362.35 元。被告已向原告支付上述六个月的法定节假日加班工资 1262.8 元，还应补发 436.78 元。

唐秀华认为华润万家将清凉费和餐补（生活费）作为工资来计算是错误的，因为清凉费和生活费是华润万家提供给员工的一种福利待遇，不能计入工资，华润万家应补发这部分工资。该院认为，华润万家除向唐秀华支付工资外，无义务向唐秀华提供清凉费和餐补，唐秀华也无权利要求享受清凉费和餐补；清凉费和餐补实为唐秀华工资的组成部分。对唐秀华要求补发该部分工资的诉讼请求该院不予支持。作为劳动者，唐秀华有权依法解除与华润万家的劳动关系，唐秀华既可以直接向华润万家提出解除，也可以通过法院判决来解除，对唐秀华的此项诉讼请求该院予以支持。根据《劳动合同法》第三十七条之规定，唐秀华要求解除与华润万家所订立的劳动合同，应当提前 30 日通知对方，但华润万家自收到唐秀华的起诉状副本之日起已超过 30 日，可视为唐秀华向华润万家提前 30 日发出了解除劳动合同的通知。唐秀华于 2011 年 2 月 16 日到华润万家工作，至 2012 年 7 月 23 日唐秀华申请劳动仲裁时，在华润万家处工作已经超过一年，但不满一年六个月。因华润万家存在拖欠唐秀华国家法定节假日工资的事实，根据《劳动法》第三十八条第（二）项、第四十六条第（一）项、第四十七条第一款的规定，华润万家应该向唐秀华支付 1.5 个月工资的经济补偿金。唐秀华在申请劳动仲裁前一年，月平均应发工资为 1479.17 元，因此，唐秀华应获得的经济补偿金为 1479.17 元/月 × 1.5 月 = 2218.76 元。对于唐秀华所主张的加付赔偿金的请求，因其此前未向劳动行政部门主张，劳动行政部门亦无责令华润万家限期支付的行为，故该院对唐秀华此项请求不予支持。对于唐秀华所主张的二倍赔偿金，根据《劳动合同法》第八十七条之规定，只有当用人单位违法劳动合同法规定解除或者终止劳动合同时才予以适用。在本案诉讼过程中，双方劳动合同关系尚未终止，且唐秀华在起诉时主动提出了解除与华润万家的劳动合同。因此，对唐秀华的此项诉讼请求该院不予支持。综上，判决：一、华润万家自本判决生效之日起十日内向唐秀华支付 2011 年 3 月 1 日至 2012 年 6 月 30 日国家法定节假日加班工资4498元；二、解除唐秀华与华润万家所订立的劳动合同；三、华润万家自本判决生效之日起十日内向唐秀华支付解除劳动合同经济补偿金2218.76元；四、驳回唐秀华的其他诉讼请求。

唐秀华不服一审判决，向重庆市第五中级人民法院提起上诉。

重庆市第五中级人民法院于2013年10月23日作出（2013）渝五中法民终字第3294号民事判决。该院二审查明的事实与一审法院查明的事实一致。该院二审认为，关于唐秀华提出应以《排班表》而不是电子考勤记录来计算休息日加班工资的问题。因一审中唐秀华对华润万家提交的电子卡考勤记录的真实性表示认可，而华润万家对唐秀华提交的《排班表》的真实性不予认可，故该院认为电子卡考勤记录能反映出唐秀华的真实加班情况。华润万家未提供2011年3月份的电子卡考勤记录，但唐秀华亦未举证证明其加班情况，应承担举证不力的后果。

关于唐秀华提出华润万家应补发国家法定节假日加班工资的问题。根据2011年9月、10月，2012年1月、4月、5月唐秀华应发工资扣除已发法定节假日加班工资的应得工资额和劳动合同约定的每周工作天数，同时依据电子卡考勤记录计算出的唐秀华在上述五个月里法定节假日加班的天数，唐秀华应得加班工资共计1711.8元，华润万家已向唐秀华支付上述五个月的法定节假日加班工资1262.8元，还应补发449.8元。

关于唐秀华要求华润万家支付解除合同的经济补偿金的问题。该院认为，唐秀华上诉时，与对方的劳动关系仍存续，且其要求解除与对方的劳动关系的原因是工作量的增加，不属于《劳动合同法》第46条规定的劳动者单方提出解除劳动合同，用人单位需支付经济补偿金的情形。因此，唐秀华要求对方支付经济补偿金没有事实和法律依据。

关于唐秀华要求华润万家支付经济赔偿金的问题，没有相应的事实和法律依据，该院不予支持。

关于唐秀华认为清凉费和餐费（生活费）系福利不能计入工资，华润万家应补发2011年3月至2012年6月这部分被克扣的工资的问题。该院认为，华润万家无法律上的义务向唐秀华支付清凉费和餐补，清凉费和餐补实为工资的组成部分。故对唐秀华要求补发该部分工资的请求不予支持。综上，一审判决认定事实清楚，程序合法，判决正确，唐秀华的上诉理由不能成立。

判决：驳回上诉，维持原判。

唐秀华不服二审判决，向重庆市高级人民法院院申请再审。

重庆市高级人民法院于2014年12月19日作出（2014）渝高法民提字第00153号民事判决。该院再审查明，《华润万家员工手册》中关于"工作时间"的内容为："原则上每周工作不超过四十小时，每周至少休息一天，考勤统计周期为一个自然月。各业务单元人力资源部可以依据国家法律法规及当地相关规定按照工作性质（如机房值班、门店、配送中心等）制订工时制班及考勤时间或其他工时制。"关于"考勤卡"的内容为："员工上下班需自觉打（刷）卡，因故不能打（刷）卡，需由所在部门经理级或隔级上级签卡并注明原因……"另查明，本案一审第一次开庭审理时，唐秀华向法庭提交了排班表，拟佐证其出勤情况，华润万家及华润万家南坪店对排班表的真实性不予认可；本案一审第二次开庭审理时，华润万家和华润万家南坪店向法庭提交了涉案16位职工的考勤记录表，相关质证记录为"原：唐秀华（不）认可考勤记录，真实性（不予）认可。原告其他都认可考勤记录表真实性认可"，其中的"不"和"不予"字样被涂掉。再审期间，再审申请人举示了证人证言，拟佐证再审申请人系按排班表进行上班。被申请人对其真实性不予认可。再审申请人还提交了加班申请单（试行）（审批栏空白），拟佐证存在先加班后办理审批手续情形，被申请人对其未发表意见。再审法院查明的其他事实与一、二审一致。

该院再审认为，在诉讼中，当事人争议的焦点为：劳动合同中关于工时制度的约定如何认定，电子考勤记录表和排班表能否作为职工出勤情况的依据，法定节假日日加班工资基数如何确定，以及唐秀华的再审请求是否应予支持。

关于工时制度问题。合同当事人所订立的劳动合同第三条中关于工作时间的约定为"标准工时制，即每日工作不超过8小时，每周工作不超过40小时，每周至少休息一日。"根据《劳动法》和《国务院关于职工工作时间的规定》的规定，标准工时制是指每日工作8小时，每周工作40小时，每周休息二日的工时制度；而"每日工作不超过8小时，每周工作不超过40小时，每周至少休息一日"属于标准工时制之外的其他工时制之一，这种工时制度亦符合法律规定。由此可见，劳动合同中关于工作时间的约定，实际包含了两种不同的工时制度。对于应采用何种工时制度，可结合合同的其他约定，进行分析判断。劳动合同第十三条约定,《华润万家员工手册》等公司规章制度为其附件,与劳动合同具有同等效力,因此,可结合《华润万家员工手册》等来确定合同当事人约定采取的工时制度方式。唐秀华收到的《华润万家员工手册》关于工作时间的内容为"原则上每周工作不超过四十小时,每周至少休息一天",该内容文字表述明确,当事人不会对此产生歧义。故合同当事人关于工作时间的约定实为,每日工作不超过8小时,每周工作不超过40小时,每周至少休息一日。原一、二审认定合同当事人约定的工时制度为标准工时制不当,该院予以纠正。据此,劳动者一周工作的第六天不应视为休息日加班。

关于出勤情况的依据问题。根据本案一审庭审笔录内容以及重庆市南岸区人民法院民事审判第三庭向该院出具的情况说明,唐秀华对电子考勤记录表的真实性予以认可。此外,华润万家及华润万家南坪店对唐秀华提交的排班表的真实性不予认可。故电子考勤记录表可以作为认定唐秀华出勤情况的依据。关于再审申请人提交的证人证言,被申请人对其真实性不予认可,证人亦未出庭接受质询,故对其应不予采信。

关于法定节假日加班工资基数问题。如前所述,双方当事人约定的工时制度并非标准工时制,即每日工作不超过8小时,每周工作不超过40小时,每周至少休息一日,故原审按月计薪天数26.08天计算节假日加班工资基数符合合同约定。原审关于应补唐秀华节假日加班工资的计算方式亦无不当之处,但一审判决主文中关于唐秀华应补发节假日加班工资的金额与计算的结果不一致,该院予以纠正。

针对再审申请人的其他再审请求,评析如下:

关于休息日加班费问题。在一审诉讼中,唐秀华对华润万家提交的电子考勤记录表予以认可,根据该记录(即使考虑深训学习往返时间等情形),其在华润万家工作期间的休息日情形符合"每周至少休息一日"的约定,故原审对其主张休息日加班工资的主张未予支持并无不当。

关于经济补偿金的问题。唐秀华于2011年2月16日到华润万家工作,至2012年7月唐秀华申请劳动仲裁时,在华润万家处工作已经超过一年,但不满一年六个月。因华润万家存在拖欠唐秀华国家法定节假日工资的事实,华润万家应该向唐秀华支付1.5个月工资的经济补偿金。唐秀华在申请劳动仲裁前一年月平均工资为1479.17元,因此,唐秀华应获得的经济补偿金为

2218.76元，原审相关判项并无不当。

关于补发工资（餐补和清凉费）问题。餐补和清凉费属于用人单位支付给劳动者的福利或劳动保护方面的费用，不属工资的组成部分，用人单位将其与工资一并发放给劳动者，并不会导致劳动者工资的减少，也不损害劳动者合法权益，故原审对唐秀华的相关请求未予支持并无不当。

关于补发克扣工资392.5元的问题。唐秀华在一审诉讼中未提出该项请求。根据《最高人民法院关于适用〈中华人民共和国民事诉讼法〉审判监督程序若干问题的解释》第三十三条的规定，此超出一审诉讼请求的部分，不属再审审理范围，本案对其不予审理。

关于加付赔偿金的问题。因唐秀华在诉讼前未向劳动行政部门主张，劳动行政部门亦无责令被告限期支付，故原审对唐秀华此项请求未予支持并无不当。

综上所述，原审认定的基本事实清楚，但判决部分不当，应予纠正。判决：一、撤销重庆市第五中级人民法院（2013）渝五中法民终字第3294号民事判决；二、维持重庆市南岸区人民法院（2012）南法民初字第8589号民事判决第二、三、四项；三、变更重庆市南岸区人民法院（2012）南法民初字第8589号民事判决第一项为：由重庆华润万家生活超市有限公司自判决生效之日起十日内向唐秀华支付2011年4月1日至2012年6月30日期间国家法定节假日加班工资436.78元。

唐秀华不服再审判决，向检察机关申请监督。

本院对再审判决认定的休息日加班时间有异议，审查认定的其他事实与再审判决一致。

本院认为，重庆市高级人民法院（2014）渝高法民提字第00153号民事判决认定案件基本事实缺乏证据证明。理由如下：

第一，再审判决对唐秀华主张休息日加班费的诉讼请求未予支持主要系采信了华润万家提交的电子考勤记录。但华润万家在庭审时的陈述表明电子考勤记录并不完整反映出勤情况。申请人等员工提出有多次电子考勤存在故障，不能打卡。华润万家委托代理人龚某某在重庆市高级人民法院再审庭审时也陈述，"开业培训期间，打卡记录比较少，但是全额发放工资的"，可见，华润万家确实存在员工正常上班但未打卡的情形。同时，代理人龚某某还陈述,"如果不能正常打卡,我们有另外的方式记录",但其并没有向法庭提交其他记录。故电子考勤表不完整,不能够如实、全面反映员工的作息时间。

第二,排班表可以作为申请人出勤情况的依据。排班表系公司张帖于公告栏内、告知职工上下班时间的书面通知,也是职工上下班的唯一依据,能够反映职工的工作时间,应当以此为依据认定职工的作息时间。如果出现有病、事假及旷工等情况,应当由公司提供证据予以扣除。

第三,现有证据可以证明劳动者存在休息日加班情况。从排班表可以看出每日工作时间在八小时以上。每周工作6天。华润公司代理人亦多次在庭审时陈述,工作时间为每周工作六天。按照标准工时制的规定,每周工作五天外的二日为休息日。即使按照再审法院所言,争议双方所签劳动合同并非"标准工时制",依据《工资支付暂行规定》(劳部发〔1994〕489号)第十三条的规定,合同约定每周至少休息一日,不是仅能休息一日,而是在每周工作时间不超过40小时的情况下,最多可以安排每周工作六天,若前五日已完成40个小时工作时间,每周第六日工作应视为休息日加班。

第四,未填写按员工手册加班申请表不能否定员工加班。华润万家一直按照每天8小时、每周六天工作日在执行。职工是按照公司安排加班,公司对职工工作情况自然明知并许可,因此不能以未填写加班申请表为由否定劳动者休息日存在加班情况。

综上所述,重庆市高级人民法院(2014)渝高法民提字第00153号民事判决认定案件基本事实缺乏证据证明。根据《中华人民共和国民事诉讼法》第二百零九条第一款、第二百零八条第一款和第二百条第二项的规定,特提出抗诉,请依法再审。

2016年10月21日

哈尔滨市不锈钢制品厂案民事抗诉书

哈尔滨市不锈钢制品厂因与姜江房屋买卖合同纠纷一案，不服黑龙江省高级人民法院（2009）黑监民再字第54、（2009）黑监民再字第54-1号民事判决，向黑龙江省人民检察院申请监督，该院提请本院抗诉。本案现已审查终结。

2003年11月24日，姜江起诉哈尔滨市不锈钢制品厂（以下简称不锈钢厂）至哈尔滨市中级人民法院，请求判令不锈钢厂继续履行购房协议，为姜江办理产权变更登记手续，并承担本案诉讼费用。

哈尔滨市中级人民法院于2006年12月14日作出（2003）哈民一初字第110号民事判决。该院一审查明，2003年4月13日，姜江与不锈钢厂签订《房屋买卖协议》，约定不锈钢厂将其所有的位于哈尔滨市香坊区菜艺街125号北侧建筑面积1573.37平方米的工业厂房出卖给姜江，同时将以上建筑物及附属土地使用权共计1506平方米（以实测为准），其中厂房前的部分厂区共计500平方米的土地使用权转让给姜江，房屋价款190万元；姜江负责办理产权过户手续，过户全部税费由姜江承担。双方签订协议后，不锈钢厂于2003年4月8日将房屋交付姜江使用。姜江分别于2003年4月12日向不锈钢厂交付70万元，4月18日交付110万元。姜江向不锈钢厂共交付180万元，尚欠10万元购房款。姜江交款后多次要求交付过户手续并履行双方所签协议，但不锈钢厂未依约定为姜江办理房屋过户手续。该院一审认为，双方争议焦点是涉案房屋买卖协议是否合法有效。姜江与不锈钢厂双方签订的房屋买卖协议所涉及的土地，是不锈钢厂于1993年2月6日取得的国有划拨土地。本案所涉及的房屋买卖协议中约定转让的标的为房屋所有权和土地使用权。《中华人民共和国城市房地产管理法》第三十九条规定："以划拨方式取得土地使用权的，转让房地产时，应当按照国务院的规定，报有批准权的人民政府审批；有批准权的人民政府准予转让的，应当由受让方办理土地使用权出让手续,并依照国家有关规定缴纳土地使用权出让金;以划拨方式取得土地使用权的,转让房地产报批时,有批准权的人民政府按照国务院规定决定可以不办理土地使用权出让手续的,转让方应按照国务院规定将转让房地产所获收益中的土地收益上缴国家或者作其他处理"。最高人民法院《关于审理涉及国有土地使用权合同纠纷案件适用法律问题的解释》第七条规定:"土地使用权转让合同,是指土地使用权人作为转让方将出让土地使用权转让于受让方,受让方支付价款的协议。"第十一条规定:"土地使用权人未经有批准权的人民政府批准,与受让方订立合同转让划拨土地使用权的,应当认定合同无效。但起诉前经有批准权的人民政府批准办理土地使用权出让手续的应当认定合同有效。"根据以上规定,本案房屋买卖合同所涉及的土地使用权的转让在起诉前未经有批准权的人民政府办理审批手续,亦未办理土地使用权出让手续,故双方所签订的合同违背了国家法律强制性规定,属无效合同。姜江要求继续履行协议的诉讼请求,该院不予支持。根据《中华人民共和国合同法》的规定,双方因无效合同取得的财产应予返还。关于双方损失问题,经该院释明双方均不主张,该院不予审理。判决:一、双方签订的房屋买卖协议无效;二、不锈钢厂待本判决生效后十日内返还姜江购房款180万元,同时姜江从位于哈尔滨市香坊区莱艺街125号北侧建筑总面积1573.37平方米的工业厂房中迁出;三、驳回姜江的其他诉讼请求。

姜江不服一审判决,向黑龙江省高级人民法院提出上诉。

黑龙江省高级人民法院于2007年8月20日作出(2007)黑民一终字第115号民事判决。该院二审查明的事实与一审法院一致。该院二审认为,《城市房地产管理法》第三十一条规定:"房地产转让、抵押时,房屋的所有权和该房屋占用范围内的土地使用权同时转让、抵押。"不锈钢厂作为权利人虽有对自己的房屋占有、使用、受益的权利,但依据上述规定,转让房屋时必然涉及土地使用权的转让。本案《房屋买卖协议》所涉及的土地是不锈钢厂以划拨方式取得的,处分房屋亦涉及划拨土地使用权的转让问题。对此,《城市房地产管理法》第三十九条规定:"以划拨方式取得土地使用权的,转让房地产时,应当按照国务院规定,报有批准权的人民政府审批。"该法律虽未明确未经审批转让行为无效,但国务院《城镇国有土地使用权出让转让暂行条例》第四十四条和第四十五条明确规定未经市、县人民政府批准的划拨土地使用权不得转让。该条例属于行政法规定的强制性规定，违反此规定的，应当认定合同无效。故双方签订的《房屋买卖协议》所涉及的土地为划拨取得，土地使用权人未经有批准权的人民政府审批，不具有对土地使用权进行处分的权利，双方签订的合同违反了法律、法规的强制性规定，符合《中华人民共和国合同法》第五十二条第五项规定的情形，应认定本案的《房屋买卖协议》无效，姜江请求履行无效的合同，不能得到法律的保护和支持。如姜江请求赔偿因合同无效给其造成的损失，可另行主张权利。关于一审法院恢复审理是否违法的问题，原审法院以"另案二审终结后再继续审理本案为宜"裁定中止诉讼，在该院另案未作出二审判决前作出本案判决虽欠妥，但按照民事诉讼的相关规定，恢复中止诉讼案件审理需以中止原因消除为前提，是否违反此项要求，不属于最高人民法院《关于适用中华人民共和国民事诉讼法若干问题的意见》第一百八十一条规定的严重违反法定程序的情形，且一审法院可能造成的事实认定或法律适用错误，二审法院可以直接予以纠正，不会影响办案最终处理结果的正确性，故该院对此问题不予审查。最高人民法院《关于审理涉及国有土地使用权合同纠纷案件适用法律问题的解释》对本案无溯及力，原审法院参照该司法解释对合同效力作出认定结果正确，但引用该解释不当。姜江在原审中的诉讼请求为判令不锈钢厂继续履行合同，为其办理产权变更登记手续，原审法院在不锈钢厂未反诉、姜江没有诉请的情况下，判令不锈钢厂返还购房款及姜江从所购房屋中迁出错误。二审中姜江虽未对此提出上诉，但二审法院应对一审判决进行全面审查。另外，原审法院对姜江是否请求赔偿损失进行释明，其明确表示诉请为继续履行合同，原审法院判决主文第二项超出了当事人的诉讼请求，该院对此予以纠正。判决：一、维持哈尔滨市中级人民法院（2003）哈民一初字第110号民事判决主文第一、三项；二、撤销哈尔滨市中级人民法院（2003）哈民一初字第110号民事判决主文第二项。

  姜江不服二审判决，向黑龙江省高级人民法院申请再审。

  黑龙江省高级人民法院于2009年11月18日作出（2009）黑监民再字第54号民事判决。该院再审对二审判决认定的事实予以确认。该院再审认为，本案争议焦点为姜江与不锈钢厂签订《房屋买卖协议》的效力问题。《中华人民共和国民法通则》第五十五条规定："民事法律行为应当具备下列条件：(一)行为人具有相应的民事行为能力；(二)意思表示真实；(三)不违反法律或者社会公共利益。"第五十七条规定："民事法律行为从成立时起具有法律约束力。行为人非依法律规定或者取得对方同意，不得擅自变更或者解除。"不锈钢厂作为诉争房屋的所有权人，其与姜江签订的《房屋买卖协议》系双方真实意思表示，内容不违反法律、行政法规的强制性规定，该协议合法有效。根据《城市房地产管理法》第三十一条关于"房地产转让、抵押时，房屋的所有权和该房屋占用范围内的土地使用权同时转让、抵押"的规定，转让房屋必然涉及土地使用权的转让。本案《房屋买卖协议》所涉及的土地系不锈钢厂以划拨方式取得，处分房屋亦涉及划拨土地使用权的转让问题。对此，《城市房地产管理法》第三十九条规定："以划拨方式取得土地使用权的，转让房地产时，应当按照国务院规定，报有批准权的人民政府审批。有批准权的人民政府准予转让的，应当由受让方办理土地使用权出让手续，并依照国家有关规定缴纳土地使用权出让金；以划拨方式取得土地使用权的，转让房地产报批时，有批准权的人民政府按照国务院规定决定可以不办理土地使用权出让手续的，转让方应当按照国务院规定将转让房地产所获收益中的土地收益上缴国家或者作其他处理。"据此规定，办理涉案的《房屋买卖协议》所涉及的划拨土地转让审批手续是土地使用权属物权变动的程序，是双方履行合同的行为，至于其能否得到批准权仅对土地使用权变动产生影响，并不影响《房屋买卖协议》本身的效力。故本案双方当事人应依上述法律规定履行协议的义务，办理相关的报批手续，交付有关转让费用。综上，一、二审判决认定事实清楚，但适用法律不当，应予纠正。判决：一、撤销该院(2007)黑民一终字第115号民事判决及哈尔滨市中级人民法院(2003)哈民一初字第110号民事判决；二、本判决发生法律效力后十日内，不锈钢厂依《房屋买卖协议》约定，协助姜江办理所购房屋，即坐落于哈尔滨市香坊区菜艺街125号北侧建筑面积1573.37平方米房屋产权证、土地使用权证的更名过户手续，因办理房屋产权、土地使用权更名过户所发生的一切费用由姜江承担。

不锈钢厂不服再审判决，向最高人民法院申请再审。

最高人民法院于2011年4月29日作出(2011)民再申字第58号民事裁定。该院认为，本案焦点问题是讼争《买卖协议书》的效力问题。关于以划拨方式取得土地使用权的，转让房地产时，未经房地产管理部门审批，合同是否有效的问题。《中华人民共和国合同法》第四十四条规定："依法成立的合同，自成立时生效。法律、行政法规规定应当办理批准、登记等手续的，依照其规定。"而《城市房地产管理法》并未将批准作为合同生效要件。《城市房地产管理法》第四十四条规定："以划拨方式取得土地使用权的，转让房地产时，应当按照国务院规定，报有批准权的人民政府审批。有批准权的人民政府准予转让的，应当由受让方办理土地使用权出让手续，并依照国家有关规定缴纳土地使用权出让金。"根据该规定，涉及划拨土地使用权的房地产转让合同签订后，需办理相关审批手续，经过房地产管理部门批准转让的，应由合同的受让方直接与房地产管理部门签订土地使用权出让合同，缴纳土地出让金。该规定所指的审批并非是对房地产转让合同的审批，因双方只有签订房地产转让合同后，履行合同时才会发生报批问题，该规定实际上对涉及划拨土地使用权的房地产转让合同的效力给予了肯定。房地产管理部门是否批准转让主要涉及合同义务能否得到履行问题，如果房地产管理部门不予批准，不办理过户登记，物权不能发生变动，房地产转让合同也将不能履行。但是否批准并不必然导致合同无效。不锈钢厂主张转让讼争房地产未经审批，《买卖协议书》无效的主张没有法律依据，原再审判决适用法律并无不当，不锈钢厂的该项申请理由不能成立。关于订立《买卖协议书》未经职工代表大会同意，该协议是否有效问题。不锈钢厂是集体所有制企业法人，具有对外订立合同的民事权利能力和民事行为能力，其订立合同是否经职工代表大会同意系企业内部管理问题，不影响对外订立合同的效力，故不锈钢厂的该项申请理由也不能成立。裁定：驳回不锈钢厂的再审申请。

黑龙江省高级人民法院于2014年9月25日作出（2009）黑监民再字第54-1号民事判决书。该院认为，不锈钢厂除应按该院再审判决主文第二项向姜江履行义务外，还应履行将建筑物的附属土地使用权共计1506平方米（以实测为准），其中厂房前的部分厂区共计500平方米的土地使用权，以及位于出卖的工业厂房北侧的一层偏厦220平方米和北侧小二楼（均无房照）交付给姜江的义务。此外，姜江尚有购房款10万元未付，应予给付。鉴此，经该院审判委员会讨论决定，依照《中华人民共和国民事诉讼法》第二百零七条第一款、第一百七十条第一款第二项的规定，再行判决如下：一、本判决发生法律效力后十日内，不锈钢厂依《房屋买卖协议》约定，协助姜江办理坐落于哈尔滨市香坊区菜艺街125号北侧建筑面积1573.37平方米工业厂房的附属土地使用权共计1506平方米（以实测为准），其中厂房前的部分厂区共计500平方米，工业厂房北侧的一层偏厦220平方米和北侧小二楼（均无房照）的交付、更名过户手续，因办理土地使用权更名过户所发生的一切费用由姜江承担；二、本判决发生法律效力后十日内，姜江给付不锈钢厂购房款10万元。

不锈钢厂不服，向检察机关申请监督。

本院对再审判决查明的事实予以确认。另查明，不锈钢厂已被黑龙江一片绿食品开发有限公司整体兼并。

本院认为，黑龙江省高级人民法院（2009）黑监民再字第54、（2009）黑监民再字第54-1号民事判决适用法律确有错误，且存在违反法律规定剥夺当事人辩论权利等程序性错误。理由如下：

第一，黑龙江省高级人民法院（2009）黑监民再字第54民事判决认定涉案《房屋买卖协议》有效，属于适用法律确有错误。《中华人民共和国城市房地产管理法》第三十九条明确规定，以划拨方式取得土地使用权的，转让房地产时，应当按照国务院的规定，报有批准权的人民政府审批。国务院《城镇国有土地使用权出让和转让暂行条例》第四十四条和第四十五条亦明确规定，未经市、县人民政府土地管理部门批准，划拨土地使用权不得转让。本案中，《房屋买卖协议》所涉及的土地为划拨取得，土地使用权人未经有批准权的人民政府审批，不具有对土地使用权进行处分的权利。双方签订的《房屋买卖协议》因违反上述法律、行政法规的强制性规定，应依法认定为无效。另外，参照最高人民法院《关于审理涉及国有土地使用权合同纠纷案件适用法律问题的解释》第十一条"土地使用权人未经有批准权的人民政府批准，与受让方订立合同转让划拨土地使用权的，应当认定合同无效。但起诉前经有批准权的人民政府批准办理土地使用权出让手续的应当认定合同有效"的相关规定，涉案《房屋买卖协议》亦应认定为无效。

第二，黑龙江省高级人民法院（2009）黑监民再字第54-1号民事判决判令不锈钢厂向姜江交付工业厂房北侧一层偏厦220平方米和北侧小二楼（均无房照）并办理更名过户手续，属于适用法律确有错误。涉案《买卖协议书》中载明："甲方同意在乙方付清全部购房款后，将位于出卖的工业厂房北侧的一层偏厦220平方米和北侧小二楼（以上两处房产均没有所有权证照）无偿赠予乙方所有，但该赠予并不影响甲乙双方购房款的具体数额。"经查，姜江共向不锈钢厂交付180万元，尚欠10万元购房款，即赠与条款所附加的条件并未成就。故上述判决判令不锈钢厂向姜江交付工业厂房北侧的一层偏厦220平方米和北侧小二楼（均无房照）并办理更名过户手续，缺乏法律依据。

第三，最高人民法院《关于适用〈中华人民共和国民事诉讼法〉审判监督程序若干问题的解释》第三十一条第二款规定："人民法院审理再审案件应当开庭审理。但按照第二审程序审理的，双方当事人已经其他方式充分表达意见，且书面同意不开庭审理的除外。"经查，（2009）黑监民再字第54-1号民事判决相较于（2009）黑监民再字第54号民事判决，主要增加了"工业厂房北侧的一层偏厦220平方米和北侧小二楼（均无房照）的交付、更名过户手续"等内容，这一判项与《买卖协议书》中的赠与条款有关。本案中，关于赠予一层偏厦220平方米和北侧小二楼等内容，在原审中并未涉及，原庭审中双方亦未就此进行举证、质证和辩论，在（2009）黑监民再字第54-1号民事判决未经开庭审理的情况下，终审法院迳行作出（2009）黑监民再字第54-1号民事判决，既超出了原审诉讼请求，又非法剥夺了当事人的辩论权利。

第四，根据民事诉讼法的相关规定，对于笔误可以裁定的形式予以补正，但并未规定对于实体判决中存在的错误或漏判可以再行判决的形式予以补正。终审法院在（2009）黑监民再字第54号民事判决作出约五年之后，在未经开庭审理的情况下作出（2009）黑监民再字第54-1号民事判决，属于严重的程序违法。另外，本案中姜江系原告，且不锈钢厂并未提出反诉，（2009）黑监民再字第54-1号民事判决判令"姜江给付不锈钢厂购房款10万元"，亦违反了不告不理的民事诉讼法原则。

综上所述，黑龙江省高级人民法院（2009）黑监民再字第54、（2009）黑监民再字第54-1号民事判决适用法律确有错误，且存在违反法律规定剥夺当事人辩论权利等程序性错误。根据《中华人民共和国民事诉讼法》第二百零九条第一款、第二百零八条第一款和第二百条第六项、第九项的规定，特提出抗诉，请依法再审。

2016年6月16日

湖南湘龙超市有限公司案民事抗诉书

湖南湘龙超市有限公司因与湖南湘聚投资有限责任公司、湖南广通电子城有限公司其他经营纠纷一案，不服湖南省高级人民法院（2008）湘高法民再终字第158-1号民事裁定，向湖南省人民检察院申请监督，该院提请本院抗诉。本案现已审查终结。

2002年，湖南湘龙超市有限公司（以下简称湘龙超市公司）起诉湖南湘聚投资有限责任公司（原湖南亚华高校产业投资有限公司，以下简称湘聚公司）至湖南省高级人民法院称，请求：判令湘聚公司赔偿经济损失920万元，并解除双方合资经营协议。湖南省高级人民法院于2003年10月15日作出（2002）湘法民三初字第2号民事调解书。后案外人湘龙实业有限公司（以下简称湘龙实业公司）认为该调解书侵犯其合法权益，向湖南省高级人民法院申请再审。湖南省高级人民法院于2006年3月30日作出（2005）湘高法民监字第99号民事裁定，撤销（2002）湘法民三初字第2号民事调解书，指令长沙市中级人民法院进行审理。

长沙市中级人民法院于2008年7月2日作出（2006）长中民再初字第0454号民事判决。该院审理查明，1998年1月2日，湘龙超市公司作为甲方（董事长罗武震）与乙方湖南恒星贸易公司（董事长盛建华，以下简称恒星公司）签订了一份《合资经营协议》，约定甲方以其现有全部资产入股，其资产包括原超市地产16.56亩，已建成房产2万平方米（裙楼1—4层），已完成的装修和采购、安装的设备等。乙方运作以大市场开业前的各项工作，包括原裙楼土建、安装、装修未完工程，原超市裙楼开业前必要的装修及设备资金，另为甲方承担800万元的债务等入股。同月6日，长沙市湘龙实业公司董事会作出了同意湘龙超市公司与恒星公司合资经营湘龙超级市场（裙楼）的批复。同月16日，湘龙超市公司作为甲方与乙方恒星公司又签订了《投资协议书》，约定合资成立湖南省广通国际电子城有限公司（以下简称广通公司）。注册资金为700万元人民币，甲方股本为49%，股本总额为340万元；乙方为51%，股本为360万元。双方均以持股本数额分别享有权利和义务，承担风险责任。同年3月22日，马王堆乡政府（甲方）与湘龙实业公司（乙方）签订了《终止合作经营长沙市综合贸易市场协议书的协议》，双方同意终止1993年5月18日签订的《合作经营长沙市综合贸易市场协议书》，从本协议签定之日，双方均再无任何经济往来及责任，甲方收回土地使用权，双方都愿意移交与恒星公司进行合作。次日，马王堆乡政府（甲方）与恒星公司（乙方）签订了《合作经营长沙市综合贸易市场协议书》，约定甲方提供湘龙超级市场17亩土地交乙方租赁经营50年，乙方每年向甲方上交定额包干费，从1999年4月1日起，第一到第五年每年50万元，第六年到第十年每年80万元，每5年递增一次。合作期内，市场房产的使用权、所有权及市场地产的使用权、管理权归乙方，甲方不得以任何理由转让、变卖和租借。同日，恒星公司（甲方）与湘龙实业公司（乙方）签订了《合作经营长沙市贸易市场协议书》，约定甲方提供湘龙超级市场17亩土地交乙方租赁经营28年，乙方每年向甲方上交费用。第一、二年每年90万元，第三年120万元，第四年140万元。以后每年递增5%。合作期满，在合作的土地上建起的大市场的所有权归甲方。合作期内，市场房产的使用权、所有权及市场地产的使用权、管理权归乙方，甲方不得以任何理由转让、变卖和租借。1998年6月17日，长沙市立诚会计师事务所出具一份"长立内验（1998）第29号"验资报告对广通公司的注册资金到位予以验实，另注明，"湘龙超市公司将八一东路1号的房地产19200平方米及土地使用移交广通公司，正在办理有关手续，该房地产经评估现值8659.2万元，由于还需进行土建、装修、设备投资，本次投入资本，暂按双方协商的注册资本作价700万元。甲方（湘龙超市公司）340万元，乙方（广通公司）360万元，"并附有1998年6月18日的资产划拨清单［湖南省公安厅刑事侦察局于1999年6月2日作出（99）湘公刑技字第203号刑事技术鉴定书，结论为"资产划拨清单"上的签名"罗武震"不是罗武震本人所书写。］同年7月2日，恒星公司凭上述验资报告在湖南省工商行政管理局注册成立了"湖南省广通国际电子城有限公司"（董事长盛建华）。同年8月27日，长沙市计划委员会以"长计基〔1998〕287号"文件批复同意广通公司兴建广通电子城。同年12月，长沙市国土管理局作为甲方与乙方广通公司签订了《国有土地使用权出让合同》和《国有土地使用权出让合同补充协议》，约定甲方以现状出让给乙方的宗地位于远大一路五里牌，面积为 10414.65 平方米，年限为 50 年，乙方应在 2003 年 12 月 30 日前支付给甲方的土地使用权出让金共计人民币 2463736 元。同年 12 月 4 日，广通公司取得了八一东路 1 号的建设用地规划许可证。同月 16 日取得了该块土地的红线图。由于恒星公司以广通公司名义单方实施报批广通电子城、办理国土使用证等行为，对湘龙市场的投资承诺又没有兑现，湘龙超市公司与恒星公司在合作中出现纠纷。1999 年 2 月 3 日，湘龙超市公司向恒星公司发出《关于加强友好合作的函》，一是对恒星公司以合资公司的名义行文不进行会签不满，二是对恒星公司以广通公司的名义在长沙市有关部门办理诸如报建等手续不协商不通报表示反对，三是对恒星公司答应承担的 800 万元债务和 11 万元的行政经费不兑现提出严正要求，四是对恒星公司 3 次均未在承诺开业的时间内开业，认为恒星公司未进行任何实质性的准备工作，特别是建设资金、注册资金和工程债务及其经营定向，没有正式措施，造成了严重后果，要求在 10 天内作出答复。1999 年 3 月 17 日，广通公司取得了湘龙市场 9888.58 平方米的土地使用权证，由于广通公司办理国有土地使用证时应支付土地补偿费和安置费不到位，长沙市芙蓉区人民政府请求长沙市国土局停止办理湘龙市场土地有关手续，国土使用证没有正式颁发。1999 年 4 月 1 日，湘龙超市公司与恒星公司协商，作出《启动湘龙市场工作联系会议纪要》，恒星公司承认投资未达到预定要求，给市政府领导的文件中有关"接管"湘龙等词语不当，并承诺投资建设资金尽快到位。1999 年 6 月 2 日，湘龙超市公司向省检察院去函催促履约，省检察院函告，恒星公司已于 1998 年底与检察院脱离关系，其经营活动与检察院无关。1999 年 8 月 20 日，湘龙超市公司以《假合资、真诈骗》对恒星公司进行举报。1999 年 8 月 21 日，湘龙超市公司向湖南省工商行政管理局递交《关于请求支持依法中止广通公司经营活动的报告》，指出广通公司利用不正当手段获得原湘龙超市公司行政公章，仿造湘龙超市公司法定代表人罗武震的签名，制造虚假证件，盗取固定资产，虚报注册资本，采取欺诈手段通过验资报告办理了广通公司注册登记，又以广通公司名义办理了国土、规划、报建、报批等手续，要求中止广通公司的经营活动。1999 年 9 月 14 日，湘龙超市公司向长沙市公安局递交《请求立案侦查报告》，要求追究恒星公司虚假出资、虚报注册资本刑事责任。1999年11月22日，湘龙超市公司向长沙市岳麓区工商分局递交《关于中止"湖南省广通电子城有限公司"经营活动的请示》。

2000年8月18日，湖南亚华高校产业投资有限公司（湘聚公司）与湘龙超市公司签订了一份《合资经营协议》，该协议内容和恒星公司与湘龙超市公司签订的合资经营协议相同。2000年8月22日，恒星公司与湖南亚华高校产业投资有限公司（湘聚公司）签订了《股权转让协议》，约定将广通公司51%的股份和广通公司相应的经营权，以双方共同认定的金额为准或共同委托审计机构审计结果为准进行转让，另由亚华高校公司向恒星公司对广通电子城一年的经营一次性补偿100万元。2001年，亚华高校公司以广通公司名义提起诉讼时，向马王堆乡政府缴纳了土地租金100万元，向长沙市国土局支付土地出让金100万元。2001年6月20日，岳麓区工商行政管理局对广通公司立案查处，在报省工商局的报告中，建议撤销广通公司的登记；对恒星公司处罚36万元；提请追究恒星公司法定代表人盛建华的经济诈骗的刑事责任。2001年9月，长沙市芙蓉区人民政府在调查湘龙市场的土地使用权没有进行任何补偿的情况下被广通公司非法取得，造成马王堆乡4个村200多村民闹事的事件中，发现广通公司注册资金验资不实，也发函请求工商行政管理部门查处广通公司涉嫌虚报注册资金行为。2002年12月16日，湖南省工商行政管理局作出《关于对湖南省广通电子城有限公司虚报注册资本一案的处罚决定》，认定恒星公司、湘龙超市公司以东区八一路1号的房地产及土地使用权移交广通公司，作价700万元作注册资本，湘龙超市公司为340万元、广通公司为360万元。事实上两股东并没有取得八一路1号土地使用权，也没有取得八一路1号地上附着物（房产）的所有权，其土地使用权属马王堆乡政府，土地上附着物（房产）是湘龙超市公司母公司湘龙实业公司于1993年没有办理任何报建审批手续开工建设的违章建筑。广通公司虚报注册资本的事实成立，罚款49万元，责令在6个月内改正。广通公司于2005年9月29日取得了湘龙市场的土地使用权证，于2006年3月14日取得了湘龙市场的建筑工程施工许可证，于2006年4月12日取得了湘龙市场的建设用地规划许可证，于2006年8月14日取得了湘聚大厦商品房预售许可证。

现湘龙市场由亚华高校公司单方控制，2003年2月14日，以广通电子城的名义将一、二层出租给新一佳超市，租期为 2003 年 9 月 10 日至 2023 年 9 月 9 日。首年租金为 550 万元，第二年在上年度租金和装修返还金为基层上按 3% 递增。2003 年 9 月，湖南亚华高校投资有限公司更名为湖南湘聚投资有限责任公司。

该院审理认为，湘龙超市公司按合同约定履行了相关义务。湘聚公司没有按合同投入注册资金，应对股东承担责任，同时，湘聚公司也没有按合同约定在规定的时间内开业，也应承担违约责任，故应赔偿湘龙超市公司的经济损失。湘龙超市公司原审时请求赔偿损失的数额为 920 万元，再审中变更为 1325.5 万元。湘龙超市公司的损失虽超过了其诉讼请求但根据最高人民法院的司法解释，再审中不能增加诉讼请求，因此只能以原审的诉讼请求为准，计算至湘龙超市公司起诉之日。之后的损失，湘龙超市公司可另行提起诉讼。湘聚公司承接了恒星公司的权利义务，应由湘聚公司在本案中承担责任。因原审双方的主要合同义务已履行，湘龙超市公司请求解除合同的诉讼请求理由不能成立。综上，判决：一、湘聚公司在判决生效后十日内赔偿湘龙超市公司经济损失 920 万元，逾期则按每日万分之二点一支付迟延履行金；二、驳回湘龙超市公司的其他诉讼请求。

湘龙超市公司不服上述判决，向湖南省高级人民法院提起上诉。2009 年 9 月 10 日，湖南省高级人民法院裁定中止本案诉讼，理由为：本案所涉标的湘龙大市场涉及一系列纠纷，相关政府部门已成立专门机构对该市场进行协调处理，鉴于该处理结果与本案有关联性，故中止审理本案。2011 年 10 月 18 日，湖南省高级人民法院恢复审理本案，并于 2011 年 11 月 11 日作出（2008）湘高法民再终字第 158—1 号民事裁定。该院认为，本案所涉标的湘龙大市场，涉及一系列纠纷，长沙市芙蓉区人民政府就处理该市场遗留问题已由区委政法委牵头成立专门办公室。为便于本案统一、全面、整体地协调处理，本案交由该专门办公室即长沙市芙蓉区处理湘龙大市场遗留问题办公室统一处理为宜。综上，裁定：一、撤销长沙市中级人民法院（2006）长中民再初字第 0454 号民事判决；二、驳回湘龙超市公司的起诉。

湘龙超市公司不服，向检察机关申请监督。

本院审查认定的事实与长沙市中级人民法院（2006）长中民再初字第 0454 号民事判决查明的事实一致。

本院认为，湖南省高级人民法院（2008）湘高法民再终字第158-1号民事裁定适用法律确有错误。理由如下：

本案符合民事诉讼法规定的起诉条件。《中华人民共和国民事诉讼法》第一百一十九条（2012年修改前为第一百零八条）规定："起诉必须符合下列条件：（一）原告是与本案有直接利害关系的公民、法人和其他组织；（二）有明确的被告；（三）有具体的诉讼请求和事实、理由；（四）属于人民法院受理民事诉讼的范围和受诉人民法院管辖。"本案中，湘龙超市公司与本案有直接利害关系，有明确的被告即湘聚公司，湘龙超市公司的诉讼请求、事实与理由具体、明确，所争议的纠纷亦属于民事诉讼受理范围和受诉人民法院管辖，故湘龙超市公司的起诉符合民事诉讼法规定的起诉条件，湖南省高级人民法院以"本案所涉标的湘龙大市场，涉及一系列纠纷，长沙市芙蓉区人民政府就处理该市场遗留问题已由区委政法委牵头成立专门办公室。为便于本案统一、全面、整体地协调处理，本案交由该专门办公室即长沙市芙蓉区处理湘龙大市场遗留问题办公室统一处理为宜"为由，驳回湘龙超市公司的起诉，缺乏法律依据，属于适用法律确有错误。

综上所述，湖南省高级人民法院（2008）湘高法民再终字第158-1号民事裁定适用法律确有错误。根据《中华人民共和国民事诉讼法》第二百零九条第一款、第二百零八条第一款和第二百条第六项的规定，特提出抗诉，请依法再审。

2016年9月7日

深圳土畜产茶叶进出口有限公司案民事抗诉书

深圳土畜产茶叶进出口有限公司因与广东地产公司、深圳长江兴业发展有限公司、徐小鸿、深圳市广地龙实业发展有限公司、广东地产龙岗公司、刘增城、袁财荣建设用地使用权转让合同纠纷一案，不服广东省高级人民法院（2013）粤高法民一终字第11号民事判决，向广东省人民检察院申请监督，该院提请本院抗诉。本案现已审查终结。

2008年12月4日，深圳土畜产茶叶进出口有限公司（以下简称土畜产公司）起诉广东地产公司、深圳长江兴业发展有限公司（以下简称长江兴业公司）、徐小鸿、深圳市广地龙实业发展有限公司（以下简称广地龙公司）、广东地产龙岗公司、刘增城、袁财荣至深圳市中级人民法院，请求：确认土畜产公司与长江兴业公司、广东地产公司、徐小鸿于2002年5月15日签订的《合作成立项目公司协议书》无效。

深圳市中级人民法院于2012年5月21日作出（2008）深中法民五初字第27号民事判决。该院一审查明：1992年9月2日，广东地产公司与深圳市宝安县国土局（后变更为深圳市规划和国土资源委员会龙岗管理局，以下简称深圳规土委龙岗局）签订宝国合字（1993）第008号《土地使用权出让合同书》（后称深龙地合字〔1993〕008号《土地使用权出让合同》），约定龙岗国土局将位于龙岗爱联村委新屯村面积为240718平方米的土地（下称涉案土地）使用权出让给广东地产公司使用；土地用途为工业用地；土地使用年期50年，自1992年9月2日至2042年9月2日止；土地使用权总出让金人民币6499386元，于合同生效之日起2个月内支付，广东地产公司在按合同规定期限付清地价款后30天内，到国土部门办理土地使用权登记手续；广东地产公司除领有国有土地使用证外，还要投入不少于1.25亿元人民币的开发建设资金，始准将土地使用权转让；广东地产公司转让土地使用权须按有关规定到深圳规土委龙岗局办理批准或登记手续等内容。

随后，广东地产公司与深圳宝安恒隆实业发展公司（后变更为深圳龙岗恒隆实业发展公司，以下简称恒隆公司）商定合作开发涉案土地，深圳宝安恒隆实业发展公司又联系到土畜产公司，由土畜产公司出资与广东地产公司进行合作。1992年12月16日、1993年1月6日、4月23日，土畜产公司支付1450万元给深圳宝安恒隆实业发展公司委托其代付投资上述土地款项。1993年1月、6月、12月，龙岗爱联村委新屯村收到地租款和土地补偿费共计650万元，广东地产龙岗公司收到200万元"地价款"。

1993年12月30日，广东地产公司宝安分公司（广东地产公司下属分公司，已注销）与深圳规土委龙岗局就涉案土地签订《土地使用权出让补充合同》，约定涉案土地的用地面积调整为248137平方米，其中工业用地48900平方米，市政道路43472平方米，中小学预留地38000平方米，区政府收回10000平方米作弹性用地，商业和商品住宅用地为107765平方米（含幼儿园用地），广东地产公司宝安分公司需补交商业和商品住宅用地价款3897万元；本合同自签订之日起执行，与深龙地合字〔1993〕008号《土地使用权出让合同》具有同等效力等内容。

1994年，广东地产龙岗公司办理了上述出让土地中两宗地块的房地产证，宗地号为：G01057-1，面积19760.8平方米；G01059-1，面积17949.7平方米。房地产证号分别为：深房地字第100432号、深房地字第100438号，登记用途为商住。后广东地产龙岗公司以19760.8平方米土地使用权抵押给深圳市商业银行上步支行（以下简称上步支行），用于深圳龙岗爱联新城物业管理公司（以下简称爱联物业公司）贷款2000万元的担保。取得上述贷款后，爱联物业公司将其中17274742.10元支付给土畜产公司，土畜产公司出具四张收款收据，注明还投资款、利息及往来款。1995年10月，上步支行申请法院强制执行，以19760.8平方米土地使用权作价11066040元抵偿了上述贷款利息，以17949.7平方米土地作为广东地产龙岗公司开办爱联物业公司注册资金200万元不到位所承担的责任一并申请了强制执行，共获得土地使用权折抵价款13066040元。2001年，上述两地块转移登记至上步支行名下。2004年12月30日，深圳市国土和房产管理局将上述土地置换为从涉案土地中分出的另一块37707.24平方米土地（G01058-0027号）。

1998年7月30日，土畜产公司、广东地产公司就联合经营涉案土地签订《协议书》，约定双方就涉案土地的合作是经由恒隆公司连带达成的，合作过程中，资金全部由土畜产公司提供，现恒隆公司表示愿意退出，由土畜产公司和广东地产公司双方直接协议合作经营；土畜产公司和广东地产公司同意恒隆公司退出合作，并分别撤销广东地产公司及下属广东地产公司宝安分公司和广东地产龙岗公司与恒隆公司所签订的涉案土地的所有合作协议、合同，土畜产公司撤销其与恒隆公司签订的关于涉案土地的所有合作协议、合约，由土畜产公司、广东地产公司直接合作经营涉案土地项目；土畜产公司在涉案土地项目前期经营中，已直接投入资金1538万元，其他投入300万元（未含从投入自今的利息）。对此，由土畜产公司另行与恒隆公司结算、协议解决，并报广东地产公司；土畜产公司和广东地产公司双方联合经营涉案土地办法由土畜产公司、广东地产公司双方另行协商。

1999年，土畜产公司与广东地产龙岗公司签订《关于爱联综合用地投资开发及过名的合同书》，约定就涉案土地项目的投资开发及过名事宜，双方签订本合同；广东地产龙岗公司负责从政府有关部门拿回涉案土地，并办理过名到土畜产公司的名下，负责按合同约定向土畜产公司移交涉案土地的一切有关资料，提供办理本项目开发所需的有关资料；土畜产公司给广东地产龙岗公司补偿120万元，签订本合同之日，土畜产公司同时代广东地产龙岗公司向乾富公司支付退还订金30万元及其银行利息；涉案土地经国土部门批准，同意过名到土畜产公司名下时，土畜产公司须一次性向广东地产龙岗公司支付补偿金尾数90万元，广东地产龙岗公司同时向土畜产公司移交涉案土地的存在广东地产龙岗公司的一切有关资料；土畜产公司付清广东地产龙岗公司所得款项后，土畜产公司持有上述经国土部门重新核定可供开发土地的全部土地使用权及经营权；过名前涉及涉案土地的一切债权债务，由土畜产公司负责清理，并承担其经济法律责任；有关开发涉案土地（项目）所需的全部资金和一切税费，按有关部门的规定由土畜产公司负责投入缴交；有关涉案土地（项目）广东地产龙岗公司已缴纳的一切相关款项不得向土畜产公司追偿；涉案土地经国土部门批准过名到土畜产公司名下，土畜产公司付清广东地产龙岗公司应得的款项后，由土畜产公司自主独立经营，并承担前后经营期间的盈亏和一切债权债务等内容。

1999年11月20日、12月10日，土畜产公司、广东地产公司分别向深圳规土委龙岗局提交报告，请求深圳规土委龙岗局：1. 将龙岗爱联镇新屯村的 228437 平方米（已除去做抵押的 19700 平方米）土地的产权过名到土畜产公司名下，所欠的地价款和农民的补偿费由土畜产公司补交，前期的经济法律责任由土畜产公司承担；2. 减免欠交地价款的利息；3. 恢复该地块中 107765 平方米的工业用地功能，土畜产公司按工业用地的功能进行规划、开发。2001 年 5 月 25 日，深圳规土委龙岗局在第二次局业务会议纪要中决定：2001 年 6 月 30 日前一次性缴清地价，免收滞纳金和利息；厘清与村的土地权属关系，完善该用地的征地手续，申请转名须查清款项来源实际情况后再提出意见报区用地预审会。

2002 年 5 月 15 日，土畜产公司与长江兴业公司、广东地产公司、徐小鸿签订《合作成立项目公司协议书》，约定就广东地产公司拥有的涉案土地合作成立项目公司（即广地龙公司）；广地龙公司由土畜产公司、长江兴业公司、徐小鸿共同成立，广地龙公司股权比例为：土畜产公司占 50%、长江兴业公司占 45% 和徐小鸿占 5%，土畜产公司不投入注册资本金，其注册资本由徐小鸿支付，广地龙公司的法定代表人由徐小鸿派人出任；在广地龙公司被国土部门确认具有涉案土地的土地使用权，即同意接收项目公司缴交未交的第一笔地价款后，土畜产公司、广东地产公司不参与该项目日后的开发、建设、经营和任何收益、利润分配，土畜产公司自愿退出项目公司，由长江兴业公司收购土畜产公司的全部股权，即长江兴业公司占项目公司 95% 的股权，徐小鸿占 5% 的股权，具体的投入和参与由长江兴业公司、徐小鸿自行确定，其经济、法律责任与土畜产公司、广东地产公司无关；由徐小鸿全权负责，另三方积极配合，将广东地产公司名下的涉案土地的土地使用权过户到广地龙公司（即国土部门同意接收广地龙公司缴交涉案土地未交部分的地价款）；徐小鸿负责涉案土地市场地价按现有的规划要点总包干不超过 4850 万元（含地土前期拆迁补偿，青苗补偿及地上附着物，上盖物的清理拆迁等费用），在总包干费用中，应补交深圳市规划与国土资源局地价不超过 3550 万元，补爱联村青苗和征地费不超过 1070 万元，收购土畜产公司在广地龙公司 50% 的股权转让费 200 万元（含前期代付乾富公司的 80 万元），广东地产公司前期差旅补偿费 30 万元；并约定涉案土地概况、付款方式、各方责任、违约责任及免责条款等内容。

上述《合作成立项目公司协议书》签订后，土畜产公司、长江兴业公司及徐小鸿依约于 2002 年 6 月 10 日成立广地龙公司，其中，土畜产公司出资 50 万元，出资比例占 50%，长江兴业公司出资 45 万元，出资比例占 45%，徐小鸿出资 5 万元，出资比例占 5%。同年 8 月 20 日，中国深圳对外贸易（集团）公司同意土畜产公司转让其持有的广地龙公司股权。2003 年 8 月 25 日，土畜产公司在中国高交网发布公告，转让上述股权给刘增城和袁财荣。10 月 17 日、11 月 3 日，广地龙公司两次股东会决议，同意长江兴业公司和公司徐小鸿分别将持有的广地龙公司全部股权转让给刘增城，同意土畜产公司将持有的广地龙公司全部股权转让给刘增城、袁财荣。

2002 年，土畜产公司与广东地产公司共同向深圳规土委龙岗局提交《关于申请确认 G010058-20 地块土地使用权出让合同和缴交地价款的报告》，申请以广地龙公司名义缴交地价，完善有关手续，并将土地使用权确认在广地龙公司名下，并由广地龙公司补交涉案土地地价款、爱联村委青苗补偿费和开发建设、经营管理，同时请求免去涉案土地地价利息及滞纳金。同年 12 月 31 日，深圳规土委龙岗局在涉案土地上历史遗留问题处理协调会上，形成《广东地产公司及深圳商业银行上步支行在爱联新屯村用地历史遗留问题处理协调会议纪要》，广东地产公司（广地龙公司）、深圳市商业银行、新屯村同意通过以下方案处理广东地产公司及深圳市商业银行上步支行在涉案土地的历史遗留问题：1. 新屯村认可已将涉案土地 248137 平方米内的 20 万平方米土地出让给广东地产公司，原用地红线内新屯村不认可征用的 48137 平方米土地退回该村使用；2. 同意将深圳市商业银行上步支行的两块用地调换到新屯村重新认可征用的 20 万平方米土地范围内；3. 由广东地产公司（广地龙公司）与新屯村在 2002 年 11 月底前就上述 20 万平方米土地出让的历史遗留问题的处理进行协商，对买卖的 20 万平方米土地重新核定范围位置，明确有关权利义务关系，以龙岗国土局、新屯村、广东地产公司（广地龙公司）名义签订征地补充协议，完善征地手续；4. 在上述 20 万平方米用地范围内，扣除商业银行用地、市政道路、公共设施配套等用地外剩余的用地为重新出让用地范围，并按现行基准地价计收地价，该用地申请主体由广东地产公司与广地龙公司协调有关民事关系后再确定。

2003 年 2 月 21 日，深圳规土委龙岗局向广东地产公司（广地龙公司）、龙岗爱联新屯自然村发出《通知》，要求广东地产公司（广地龙公司）与新屯村务必于 2003 年 3 月 10 日前落实处理方案第 3 条内容，即双方重新核定买卖的 20 万平方米土地范围，明确双方权利义务关系，签订协议，完善征地手续；上述要求若未依时落实，处理方案不能执行，深圳规土委龙岗局将研究采取其他方法解决涉案土地遗留问题。

2003 年 3 月 21 日，深圳市龙岗区龙岗镇爱联村新屯经济合作社（下称新屯合作社）与广地龙公司签订《征地补偿协议书》，就涉案土地（面积已改为 200017.78 平方米）的征地补偿事宜进行了约定，同时约定广地龙公司应支付征地补偿总费用人民币 2000 万元，并确认广地龙公司（原广东地产公司）已支付征地款 600 万元（不包括已支付爱联村委的 50 万元）予以扣减。同年 6 月 18 日，深圳规土委龙岗局、深圳市龙岗区龙岗镇爱联村民委员会（下称爱联村委会）、新屯合作社，广地龙公司签订深规土龙补征字〔2003〕14 号《征地补偿协议》，约定广东地产公司委托广地龙公司负责处理广东地产公司在涉案土地上的历史遗留问题，广地龙公司作为本协议一方，承担广东地产公司相应的权利与法律责任；广东地产公司已支付 600 万元给爱联村委会及新屯合作社；深圳规土委龙岗局同意将征地范围调整为爱联村委会、新屯合作社、广地龙公司确认的 200034.4 平方米红线范围；本协议签订后 3 个月内，广地龙公司必须按 2003 年 3 月 21 日与爱联村委会、新屯合作社签订的《征地补偿协议书》的约定，如期履行义务；广地龙公司同意深圳规土委龙岗局对原签订的宝国合字（1993）第 008 号《土地使用权出让合同书》出让的土地位置进行调整，广地龙公司同意在上述确认的 200034.4 平方米用地范围内，扣除商业银行用地、市政道路、公共设施配套等用地外剩余的土地按规定办理相关用地手续等内容。2004 年 11 月 18 日，深圳市国土资源和房产管理局龙岗分局向龙岗区龙城街道办爱联村委会及新屯合作社发出《关于尽快清理移交土地的函》，要求及时将土地移交。

2004 年 4 月 30 日，《龙岗区 2004 年第 3 次建设用地预审会议纪要》载明，同意广地龙公司所提完善用地问题的申请，一揽子解决涉案土地用地问题，涉案土地剩余 86680.7 平方米商住用地出让给广地龙公司。同年，龙岗国土局制作上述土地分宗地图（4 宗地）标明土地使用者为广地龙公司。2005 年 1 月 28 日，深圳市规划局龙岗分局向广地龙公司核发了涉案土地的《建设用地规划许可证》。2006年1月26日,深圳市规划局龙岗分局就广地龙公司提出的变更涉案土地《建设用地规划许可证》申请出具复函,因该项目至今未办理土地使用权出让手续,请广地龙公司完善土地出让手续后再行申报。

2005年,深圳市人民检察院就涉案土地向深圳规土委龙岗局出具《关于协助暂停办理宗地号为C010058-20的土地使用权过户手续的函》,称因接中国深圳对外贸易(集团)有限公司紧急报案书称其所属全资的土畜产公司在处理涉案土地使用权过程中,涉嫌不经评估、低价转让、损害国有企业利益的非法行为,深圳市人民检察院已介入调查,请深圳规土委龙岗局协助暂停办理涉案土地使用权的过户手续。2006年4月,深圳市人民检察院再向深圳规土委龙岗局具函,称有关单位举报国有资产流失的问题已办结,深圳规土委龙岗局可依照国家法律、行政法规的有关规定办理涉案土地征地用地出让手续。

另查明,广东地产公司宝安分公司是广东地产公司1992年设立的直属分公司,1994年被撤销。同年,广东地产公司设立广东地产龙岗公司,承继广东地产公司宝安分公司的债权债务及所签订的合同的权利和义务,经营期限自1994年3月9日至1996年12月31日,从1997年起该公司未年检,1998年7月15日被吊销工商登记。深圳龙岗爱联新城物业管理公司是广东地产龙岗公司的全资子公司,1994年6月15日成立,1995年至今没有经营活动;注册资金为200万元,经营范围是涉案土地内的物业管理业务,法定代表人为谢火生。谢火生在1990年至1995年期间,同时是土畜产公司贸易部的承包人。

该院一审认为:本案的争议焦点是:一、土畜产公司是否对涉案土地享有完整权益,是否为实际权利人。二、《合作成立项目公司协议书》的性质及效力。三、土畜产公司起诉是否超过诉讼时效。四、土畜产公司起诉广地龙公司是否符合法律规定。

关于土畜产公司是否对涉案土地享有完整权益,是否为实际权利人。该院认为,有证据表明,土畜产公司前期投入涉案土地的1838万元投资款已收回,其在涉案土地中实际上不再享有投资权利。理由一是广东省高级人民法院(2003)粤高法民二终字第209号生效民事判决确认,深圳龙岗爱联新城物业管理公司代广东地产龙岗公司偿还了土畜产公司17274742.10元的土地投资款；二是土畜产公司通过转让广地龙公司股权方式收回投资 200 万元。

对于 17274742.10 元的土地投资款的认定。本案中，土畜产公司主张上述债权债务与本案无关，并提供土畜产公司贸易部原承包人谢火生证言及审计报告，证明该贸易部收回的 1700 多万元是用于归还案外人借款而没有入土畜产公司的财务账。经审查，谢火生在本案中的证言与其在（2003）粤高法民二终字第 209 号案件中的离任审计结论相矛盾且谢火生不能到庭质证，土畜产公司也没有提供与案外人存在债权债务关系的新证据，故对谢火生在本案中的证言真实性该院不予确认。本案中，中国深圳对外贸易（集团）公司委托深圳佳正华会计师事务所对土畜产公司贸易部进行财务专项审核，结论是在中国深圳对外贸易（集团）公司提供的 1994 年账册及会计凭证中，未发现与土畜产公司出具给深圳龙岗爱联新城物业管理公司四张收据相对应的记录。该院认为，该审计委托人为土畜产公司上级公司，审计结论并非司法鉴定结论，委托人提供审计的财务账册是否齐全不得而知，该审计结论的证明力并不高于前述 209 号判决确认的谢火生 1998 年离任审计报告，故在没有其他确切证据的情况下，省法院生效判决具有既判力，该院以上述判决认定的事实为依据，确认土畜产公司已收回 17274742.10 元的土地投资款。

对于 200 万元股权转让款的认定。土畜产公司主张其内部人员与第三方勾结，以 200 万元转让土畜产公司持有的广地龙公司的股份，使得土畜产公司约 2000 万元土地投资收益流失，广地龙公司是为了侵吞巨额国有资产的非法目的而成立。该院认为，第一，项目公司即广地龙公司注册资本为 100 万元，土畜产公司的 50% 股份即 50 万元注册资金的实际出资人为徐小鸿，土畜产公司在成立广地龙公司时没有实际出资，也没有将土畜产公司在涉案土地中的 1838 万元投资作价入股的意思表示。第二，《合作成立项目公司协议书》约定广地龙公司在国土部门同意以广地龙公司名义缴交地价款后，土畜产公司退出项目公司并以 200 万元价格转让其在广地龙公司的股权，从合同文字表述上看，该 200 万元的对价款亦没有包含土畜产公司 1838 万元投资权益之意，不能得出 200 万元转让价格不合理的结论。第三，深圳龙岗爱联新城物业管理公司代广东地产龙岗公司偿还了土畜产公司 17274742.10 元的土地投资款。第四，土畜产公司转让其持有的广地龙公司股权获得上级公司中国深圳对外贸易（集团）公司的批准，亦经过广地龙公司股东会议决议通过，没有证据证明其内部人员和第三方恶意串通。深圳市人民检察院接受中国深圳对外贸易（集团）公司举报，对本案土畜产公司所称国有资产流失问题进行调查，没有相关人员受到违法犯罪的刑事追究。综上，土畜产公司在涉案土地的其余投资款项已通过股权转让的方式收回。土畜产公司主张最终以50万元价格转让股权，并没有提供证据证明，且实际转让价格的多少涉及合同履行问题，不影响对其约定以200万元转让股权事实的认定。土畜产公司主张上述协议以合法形式掩盖侵吞国有资产的非法目的没有事实依据，该院不予支持。

关于《合作成立项目公司协议书》的性质及效力的认定。该院认为，从土畜产公司与广东地产公司于1998年7月30日签订的《协议书》和1999年签订的《关于爱联综合用地投资开发及过名的合同书》内容来看，双方约定广东地产公司在收取土畜产公司支付的固定费用后，由土畜产公司独立开发经营土地并获得土地使用权，上述两份协议实质内容是双方对涉案土地使用权转让而达成的合意。2002年5月15日，土畜产公司与长江兴业公司、广东地产公司、徐小鸿签订《合作成立项目公司协议书》，各方约定以成立项目公司的方式取得涉案土地使用权并完成土地的开发建设经营，广东地产公司和土畜产公司收取固定费用后退出在项目公司的股权，该协议是在前述两份协议基础上而做出的履行方式的变更约定，实质上也是转让涉案土地使用权。除了转让涉案土地使用权的约定外，合同还涉及成立项目公司及股权转让的约定内容。

对于合同涉及转让土地使用权内容的效力，该院认为，2003年6月18日，深圳规土委龙岗局、爱联村委会、新屯合作社、广地龙公司签订深规土龙补征字〔2003〕14号《征地补偿协议》，约定由广地龙公司办理用地手续，2004年4月30日，《龙岗区2004年第3次建设用地预审会议纪要》载明，国土局同意广地龙公司所提完善用地问题的申请，一揽子解决涉案土地用地问题，涉案土地剩余86680.7平方米商住用地出让给广地龙公司。上述事实可以认定国土部门已同意将涉案土地重新出让给广地龙公司，因此，依据最高人民法院《关于审理涉及国有土地使用权合同纠纷案件适用法律问题的解释》第九条规定，起诉前有批准权的人民政府已同意转让涉案土地，应认定合同中关于土地使用权转让部分的约定有效。

对于合同涉及项目公司成立及股权转让内容的约定，该院认为该约定不违反法律、行政法规的强制性规定，亦为有效。

关于诉讼时效问题。土畜产公司和广东地产公司在《合作成立项目公司协议书》中约定，双方退出涉案地块项目开发建设的条件是广地龙公司被国土部门确认具有涉案地块土地使用权即国土部门同意接收广地龙公司缴交第一笔地价款，该条件也是合同各方办理交接和结算手续的前提之一。在合同履行过程中，虽然土畜产公司完成了相关股权转让，但国土部门始终没有确定由广地龙公司补交地价款，也没有与广地龙公司签订土地使用权出让合同确认广地龙公司为土地使用权受让方，《合作成立项目公司协议书》并没有履行完毕，故本案的诉讼时效应从合同履行期届满开始计算。土畜产公司的起诉没有超过诉讼时效期间，对广地龙公司关于土畜产公司的起诉已超过诉讼时效的抗辩，不予支持。

关于土畜产公司起诉广地龙公司是否符合法律规定。一审法院认为，广地龙公司虽然不是《合作成立项目公司协议书》的签约主体，但其是《合作成立项目公司协议书》权利义务的承受主体，土畜产公司与广地龙公司具有法律上的利害关系，土畜产公司起诉广地龙公司符合《中华人民共和国民事诉讼法》第一百零八条之规定，广地龙公司辩称土畜产公司起诉广地龙公司主体不适格的意见不予采纳。

综上，本案经该院审判委员会讨论认定，2002年5月15日土畜产公司与长江兴业公司、广东地产公司及徐小鸿签订的《合作成立项目公司协议书》有效，土畜产公司的诉讼请求不能得到支持。判决：一、土畜产公司与长江兴业公司、广东地产公司及徐小鸿于2002年5月15日签订的《合作成立项目公司协议书》有效；二、驳回土畜产公司的诉讼请求。

土畜产公司不服一审判决，向广东省高级人民法院提起上诉。

广东省高级人民法院于2013年12月2日作出（2013）粤高法民一终字第11号民事判决。该院对一审法院查明的事实予以确认。该院二审认为，本案系建设用地使用权转让合同纠纷。综合土畜产公司的上诉及广东地产公司和广地龙公司的答辩，本案的争议焦点是:《合作成立项目公司协议书》是否有效。对此，该院经审理认为，《合作成立项目公司协议书》为合法有效合同，理由有如下几点：

（一）《国有资产评估管理办法》的有关规定不能作为认定涉案合同效力

的依据。《中华人民共和国合同法》第五十二条第一款第五项的规定,"违反法律、行政法规的强制性规定"的合同无效。对于该项规定所指的"强制性规定",最高人民法院《关于适用〈中华人民共和国合同法〉若干问题的解释（二）》第十四条规定作了专门解释:"《合同法》第五十二条第一款第五项规定的'强制性规定',是指效力性强制性规定。"据此,只有违反了效力性强制性规定的合同才能被认定为无效合同,违反了管理性强制性规定的合同,不影响合同效力。根据《国有资产评估管理办法》第三条第一项规定,国有资产的拍卖、转让应当进行评估,但该项规定对未经评估的拍卖、转让行为的效力未作规定。因此该项规定显属管理性强制性规定,只约束国有资产占有单位而不能约束国有资产占有单位所从事民事行为的相对方。不影响国有资产占有单位在从事民事活动中的行为的效力,故《国有资产评估管理办法》第三条第一项规定不能作为确认《成立项目公司合作协议书》及相关股权转让行为效力的依据。土畜产公司关于违反该项规定的行为必须认定为无效的主张依法无据,该院不予支持。

（二）没有充分证据证明土畜产公司转让涉案土地使用权导致国有资产流失。主要依据有两点:一是土畜产公司确认其投入本项目的款项为1838万元,而据二审法院（2003）粤高法民一终字第209号民事判决确认土畜产公司已收回投资款17274742.10元,加上其后来转让广地龙公司股权时收回的200万元;土畜产公司已收回投资款19274742.10元,已超过其投入的款项。二是深圳市人民检察院对土畜产公司处理涉案土地是否造成国有资产流失曾立案调查,也曾查封了该涉案土地,结案后又函告深圳市规土委龙岗局,可依照国家法律、行政法规的有关规定办理涉案土地征地、用地出让手续,这一函告内容应视为检察机关对土畜产公司处理涉案土地是否造成国有资产流失作出的结论。因此,土畜产公司上诉提出《成立项目公司合作协议书》是低价转让涉案项目并导致国有资产流失的主张,不能成立。

（三）涉案土地使用权的转让业经有关政府部门同意。最高人民法院《关于审理涉及国有土地使用权合同纠纷案件适用法律问题的解释》第九条规定,转让方未取得土地使用权证书与受让方订立合同转让土地使用权,起诉前转让方已经取得土地使用权证书或者有批准权的人民政府同意转让的,应当认定合同有效。本案中,2003年6月18日,深圳规土委龙岗局、爱联村委会、新屯合作社、广地龙公司签订深规土龙补征字〔2003〕14号《征地补偿协议》，约定由广地龙公司办理用地手续，2004年4月30日，《龙岗区2004年第3次建设用地预审会议纪要》载明，国土局同意广地龙公司所提完善用地问题的申请，一揽子解决涉案土地用地问题，涉案土地剩余86680.7平方米商住用地出让给广地龙公司。据此，上述事实可以认定当地国土部门已同意将涉案土地重新出让给广地龙公司。

综上，一审判决认定事实清楚，适用法律正确，处理恰当，该院予以维持。土畜产公司的上诉请求没有事实和法律依据，该院不予支持。判决：驳回上诉，维持原判。

土畜产公司不服二审判决，向最高人民法院申请再审。最高人民法院于2014年10月14日作出（2014）民申字第304号民事裁定。该院认为：（一）涉案土地系广东地产公司通过与土地行政管理部门签订土地出让合同受让而来，后广东地产公司与土畜产公司联合开发经营该土地。合作开发期间，土畜产公司虽然在该土地上投资了1838万元，但根据广东省高级人民法院（2003）粤高法民一终字第209号民事判决的认定，土畜产公司已收回投资款17274742.1元，加上其转让广地龙公司股权时收回的200万元，土畜产公司收回的投资款已超过其在涉案土地上的成本，因此土畜产公司不存在低价转让股权和土地权益的问题。由于土畜产公司转让其在涉案土地上的权益未导致国有资产流失，加之没有证据证明其与广东地产公司、深圳长江兴业发展有限公司、徐小鸿在签订《合作成立项目公司协议书》时存在主观上的恶意和行为上的串联，故土畜产公司主张合同各方恶意串通损害国家利益不成立。土畜产公司称（2003）粤高法民一终字第209号民事判决确认该公司已收回投资款17274742.1元错误，不应作为定案依据，但根据相关规定，除当事人有相反的证据足以推翻的除外，已为人民法院发生法律效力的裁判所确认的事实可以直接采信，故土畜产公司该再审申请理由亦不能成立。诉讼中，土畜产公司还提交关于涉案土地使用权的市场价格评估报告书，但该市场价格评估报告与本案不具有关联性，不属于民事诉讼法所规定的新证据。（二）土畜产公司主张《合作成立项目公司协议书》违反《国有资产评估管理办法》的强制性规定，应当无效。关于强制性规定的问题，该院相关司法解释中明确规定，《合同法》第五十二条第五项中的"强制性规定"是指效力性强制性规定。而《国有资产评估管理办法》第三条规范的国有资产占有单位处置国有资产的行为，属于管理性强制性规定，不能据此确认合同的效力。据此，土畜产公司主张《合作成立项目公司协议书》无效于法无据。一、二审判决认定事实清楚，适用法律正确，判决结果并无不当。综上，裁定：驳回土畜产公司的再审申请。

土畜产公司不服，向检察机关申请监督。

本院对土畜产公司已收回涉案土地投资款19274742.1元这一事实有异议，对二审法院查明的其他事实予以确认。本案另查明：

（一）关于广东省高级人民法院（2003）粤高法民二终字第209号民事判决的相关情况。2001年3月6日，深圳市商业银行上步支行以借款合同纠纷为由起诉爱联物业公司、广东地产公司、土畜产公司（第三人）至深圳市中级人民法院，请求：一、判令爱联物业公司偿还贷款本息25904960元；二、判令广东地产公司在无偿接受爱联物业公司17274742.1元的范围内承担责任。深圳市中级人民法院于2001年11月15日作出（2001）深中法经一初字第174号民事判决。上步支行不服上述判决，向广东省高级人民法院提起上诉。广东省高级人民法院于2002年5月20日作出（2002）粤高法民二终字第91号民事裁定，裁定撤销原判，发回重审。深圳市中级人民法院重审后作出（2002）深中法经一重字第7号民事判决。上步支行不服该判决，上诉至广东省高级人民法院。广东省高级人民法院于2003年12月3日作出（2003）粤高法民二终字第209号民事判决。

该院查明：上步支行与爱联物业公司、广东地产龙岗公司于1994年7月20日签订抵押贷款合同，约定：上步支行贷款2000万元给爱联物业公司，用于流动资金周转……广东地产龙岗公司以其位于龙岗爱联新村的19760.8平方米土地使用权抵押担保该笔贷款的本息、违约罚息、滞纳金和相关费用。合同签订后，上步支行发放贷款2000万元给爱联公司。贷款到期后，爱联公司没有归还借款本息。经法院执行，以广东地产龙岗公司提供的抵押物19760.8平方米土地使用权作价11066040元抵偿了本案的债务利息，以广东地产龙岗公司所属的另一块土地，作为广东地产龙岗公司开办爱联物业公司注册资金200万元不到位所应承担的责任。通过执行，上步支行共获得土地使用权折抵的价款共13066040元。至2001年4月21日，爱联物业公司尚欠上步支行借款本金 2000 万元及利息 2635128.29 元没有清偿。另查明，爱联物业公司是广东地产龙岗公司于 1994 年 6 月 15 日投资成立的企业法人，其法定代表人是广东地产龙岗公司聘任的经理谢火生，该公司已于 1997 年 8 月 19 日被吊销营业执照。1994 年 8 月 25 日，土畜产公司（该案第三人）向爱联物业公司出具一份收到付还 500 万元投资款的收据；1994 年 8 月 29 日又向爱联物业公司出具一份收到付还投资款 689 万元的收据、一份付还 1992 年 11 月 11 日至 1994 年 6 月 4 日累计利息 4012704.68 元的收据；1994 年 12 月 28 日又向爱联公司出具一份收到往来款 1373037.42 元的收据；上述四份收据总款为 17275742.1 元。

该院认为，土畜产公司与爱联物业公司并无业务往来，仅与广东地产公司、广东地产龙岗公司合作开发相关房地产项目。上步支行提供的四张土畜产公司出具给爱联物业公司的收据显示，土畜产公司曾收到爱联物业公司 17275742.1 元款项。根据爱联物业公司时任经理谢火生的陈述及谢火生的离任审计报告的确认，爱联物业公司从上步支行所借的 2000 万元款项中有 17275742.1 元用于代广东地产龙岗公司偿还土畜产公司的债务。该院据此判令广东地产公司对爱联物业公司不能偿还上步支行的债务在 17274742.1 元的范围内承担清偿责任。

（二）关于公安机关于 2007 年 12 月 17 日对谢火生的讯问笔录。该笔录中记载了以下相关内容：第一，谢火生在上步支行与爱联物业公司、广东地产公司借款合同纠纷中，因伪造广东地产公司公章用在诉讼文件中而获刑。第二，对于涉案 2000 万元贷款的实际用途，谢火生称：全部用于归还土畜产公司贸易部向深大电话公司、深圳信托公司的借款了。谢火生承包了土畜产公司贸易部，曾以土畜产公司贸易部的名义向深大电话公司借款 2500 万元、向深圳信托公司借款 1000 万元。后来爱联物业公司从深圳商业银行贷款 2000 万元，就用于归还这些欠款了。第三，关于涉案四张收据，谢火生称：这四张收据是我当时承包土畜产公司贸易部期间，贸易部曾陆续收到了从爱联物业公司转入的款项，有好多笔我无法每笔都记清了，但总的就开了这四张收据给爱联物业公司，总数是 1700 多万元。这四张收据涉及的款项没有转入土畜产公司的账上，是转入贸易部的账上。贸易部不是独立法人，所以就在收据上盖了土畜产公司的财务章。

（三）关于公安机关于2008年5月6日对谢火生的讯问笔录。该笔录中记载了以下相关内容：第一，谢火生称：土畜产公司先期投入的这一千多万元是真实存在的，在资金投入后办理了相关的土地手续，我以前在向法院作证的时候证明土畜产公司已收回土地款1700多万元，其实是我自己承包的贸易部收回了1700多万元，由土畜产公司开了四张收据给爱联物业公司，这1700万元没有转让土畜产公司账上，因此土畜产公司并未收到这1700多万元。第二，关于贸易部与土畜产公司的关系，谢火生称：我独立负责贸易部经营，自负盈亏，除每年向土畜产公司交纳一定费用外，没有其他隶属关系。

（四）关于广东省高级人民法院（2013）粤高法民一终字第10号判决的情况。（1）2006年，土畜产公司起诉广东地产公司、广地龙公司（第三人）至深圳市中级人民法院，请求：一、判令深龙地合字〔1993〕008号土地使用权出让合同项下的土地使用权归土畜产公司所有；二、判令广东地产公司继续履行《关于爱联综合用地投资开发及过名的合同书》。2008年1月30日，深圳市中级人民法院分别作出（2006）深中法民五初字第110号民事裁定书和民事判决书，裁定驳回土畜产公司要求确认深龙地合字〔1993〕008号土地使用权出让合同项下的土地使用权归其所有的起诉（理由：土地使用权的确权，应交由人民政府处理，不属于法院民事诉讼受案范围），判决驳回土畜产公司要求广东地产公司继续履行《关于爱联综合用地投资开发及过名的合同书》的诉讼请求（理由：涉案土地使用权的转让因违反了法律强制性规定而无效）。土畜产公司不服，提出上诉。广东省高级人民法院于2008年10月24日裁定撤销上述一审判决和裁定，发回深圳市中级人民法院重审。（2）深圳市中级人民法院于2012年5月25日作出（2009）深中法民五重字第1号民事判决，该院认为：第一，第一项诉讼请求性质系土地所有权确认纠纷，该审查权在于政府部门，对此该院已另行裁定驳回起诉。第二，双方在签订《关于爱联综合用地投资开发及过名的合同书》时，广东地产龙岗公司没有取得出让土地使用权证书，起诉前也没有经有批准权的人民政府同意转让，该合同应认定为无效，故应驳回土畜产公司继续履行合同的诉讼请求。综上，判决：驳回土畜产公司要求继续履行《关于爱联综合用地投资开发及过名的合同书》的诉讼请求。土畜产公司不服上述判决，提出上诉。（3）广东省高级人民法院于2013年12月2日分别作出（2013）粤高法民一终字第10号民事裁定书和民事判决书，维持原裁判。

本院认为，广东省高级人民法院（2013）粤高法民一终字第 11 号民事判决认定案件的基本事实缺乏证据证明，适用法律确有错误。理由如下：

一、二审判决认为"土畜产公司已收回投资款 19274742.1 元（17274742.1 元 + 200 万元），已超过其投入的款项"，缺乏证据证明。二审判决据以认定土畜产公司收回相应投资款的主要证据系另案已生效的广东省高级人民法院（2003）粤高法民二终字第 209 号民事判决，即该判决认为根据涉案四张收据、爱联物业公司时任经理谢火生的陈述及谢火生的离任审计报告，"爱联物业公司从上步支行所借的 2000 万元款项中有 17275742.1 元用于代广东地产龙岗公司偿还土畜产公司的债务"。最高人民法院《关于民事诉讼证据的若干规定》第九条规定，已为人民法院发生法律效力的裁判所确认的事实，当事人无须举证证明，但当事人有相反证据足以推翻的除外。具体分析如下：

第一，本案中，谢火生既是爱联物业公司的法定代表人，又是土畜产公司贸易部的实际承包人。在公安机关的询问笔录中，谢火生明确承认涉案四张收据中的款项系由爱联物业公司转入土畜产公司贸易部账户后，用于归还土畜产公司贸易部所欠深大电话公司与深圳信托公司的借款，而非代广东地产龙岗公司偿还土畜产公司的债务。

第二，虽然广东省高级人民法院（2003）粤高法民二终字第 209 号民事判决认定"爱联物业公司从上步支行所借的 2000 万元款项中有 17275742.1 元用于代广东地产龙岗公司偿还土畜产公司的债务"，但该判决系基于上步支行与爱联物业公司、广东地产公司之间的借款合同纠纷而作出，土畜产公司仅系该案第三人且在该案中未承担责任，在庭审中其亦辩称与该借款合同纠纷没有任何关系并否认爱联物业公司对其享有 17275742.1 元债权，故若以（2003）粤高法民二终字第 209 号民事判决认定的相关事实来证明土畜产公司已收回涉案投资款，证据不足，亦有失公允。

第三，土畜产公司与广东地产公司于 1998 年 7 月 30 日就联合经营涉案土地签订《协议书》，约定：恒隆公司表示愿意退出，由土畜产公司和广东地产公司双方直接协议合作经营；土畜产公司在涉案土地项目开发中的前期投入资金 1538 万元与其他投入 300 万元，由土畜产公司另行与恒隆公司结算、协议解决，并报广东地产公司；土畜产公司和广东地产公司双方联合经营涉案土地办法由土畜产公司、广东地产公司双方另行协商。从上述协议的内容可知，对于土畜产公司的前期投入问题双方约定由土畜产公司与恒隆公司协商解决。（2003）粤高法民二终字第 209 号民事判决所认定的爱联物业公司代广东地产龙岗公司偿还土畜产公司债务的相关事实与上述约定亦不符。

第四，在上步支行与爱联物业公司、广东地产公司借款合同纠纷一案［（2003）粤高法民二终字第 209 号民事判决］中，广东地产公司辩称："涉案 17275742.1 元是爱联物业公司偿付谢火生的债务，并非归还土畜产公司投资款，爱联物业公司并未接到广东地产公司的任何付款指示；广东地产公司在涉案土地项目中一直是帮助土畜产公司代征土地的，对土畜产公司投入 1830 万元的事实予以承认；如果爱联物业公司已代其还清了土畜产公司的投资款，则广东地产公司将享有该部分权益，该土地实际所有者亦应为广东地产公司，所以广东地产公司不可能投入资金为别人作嫁衣裳。"据此，广东地产公司在借款合同纠纷中否认已偿还土畜产公司前期投资款，而在本案中却又主张已偿还土畜产公司前期投资款，其主张前后矛盾，在无充分证据的情况下对其在本案中的相关主张不应予以支持。

二、涉案各方在《合作成立项目公司协议书》中约定土畜产公司以 200 万元价格转让其在广地龙公司 50% 的股权，属于以合法形式掩盖非法目的，二审判决认为该合同有效且并未导致国有资产流失，属于适用法律确有错误。土畜产公司与长江兴业公司、广东地产公司、徐小鸿于 2002 年 5 月 15 日签订的《合作成立项目公司协议书》约定：就涉案土地项目由土畜产公司、长江兴业公司、徐小鸿共同成立项目公司（即广地龙公司，其中土畜产公司的股份为 50%）；在项目公司取得涉案地块的土地使用权后，土畜产公司、广东地产公司不参与该项目日后的开发、建设、经营和任何收益、利润分配，土畜产公司自愿退出项目公司；在项目公司取得涉案地块的土地使用权后，由徐小鸿负责将土畜产公司拥有的 50% 股权有偿转让给长江兴业公司（股权转让费 200 万元）；该项目公司的股权转让给长江兴业公司的同时，其公司拥有的本地块土地使用权也随之一次性转让给长江兴业公司。具体分析如下：

第一，《合作成立项目公司协议书》实际是以转让公司股份的形式，掩盖转让涉案土地使用权预期利益的目的。该案实际包含了两层土地使用权转让关系：一是广东地产公司与土畜产公司之间约定的第一次土地使用权转让关系；二是土畜产公司与广地龙公司之间约定的第二次土地使用权转让关系。因此，《合作成立项目公司协议书》是基于广东地产公司向土畜产公司转让土地使用权后再由土畜产公司转让给广地龙公司。最高人民法院《关于审理涉及国有土地使用权合同纠纷案件适用法律问题的解释》第九条规定："转让方未取得出让土地使用权证书与受让方订立合同转让土地使用权的，起诉前转让方已取得出让土地使用权证书或者有批准权的人民政府同意转让的，应认定合同有效。"依据该规定，另案已生效的广东省高级人民法院（2013）粤高法民一终字第10号民事判决，已确认广东地产公司与土畜产公司签订的《关于爱联综合用地投资开发及过名的合同书》无效，故《合作成立项目公司协议书》因系基于之前的无效合同而做出，亦应认定为无效。

第二，土畜产公司以200万元价格转让其在广地龙公司50%的股权，导致国有资产流失。土畜产公司向其主管部门中国深圳对外贸易（集团）公司请示合作成立广地龙公司及转让公司股权时，表示成立项目公司及转让股权的目的是收回资金（投入及合理回报）200万元，但均回避了土畜产公司已就涉案土地项目支出1838万元的事实。上述股权转让时，广地龙公司委托深圳市中项资产评估有限公司对该公司的全部资产予以评估，因对涉案土地权益的价值未予评估，导致其所评估的广地龙公司的全部资产数额较低，仅为100万元。但后来广地龙公司委托深圳市鹏信资产评估土地房地产估价有限公司就涉案土地同一时期的价值所作的《土地估价报告》显示，涉案土地总地价为8453.09万元。因中国深圳对外贸易（集团）公司在批复中明确要求"股权转让的价格不得低于中介机构对广地龙公司进行资产评估后你司（土畜产公司）的股东权益值"，故土畜产公司在转让涉案股权时未计算涉案土地权益值和已支付的前期投资款1838万元，仅以200万元价格转让其在广地龙公司50%的股权，导致国有资产流失。

综上所述，广东省高级人民法院（2013）粤高法民一终字第11号民事判决认定案件的基本事实缺乏证据证明，适用法律确有错误。根据《中华人民共和国民事诉讼法》第二百零九条第一款、第二百零八条第一款和第二百条第二项、第六项的规定，特提出抗诉，请依法再审。

2016年6月16日